도덕적
상상력과
동학의
공공행복

도덕적 상상력과 동학의 공공행복

도덕적 상상력을 통해 동학은
공공철학, 공공윤리, 공공세계를
새롭게 열어 준다.

동학이 우리들에게 지혜와 용기를
제공할 때, 우리의 새로운 삶과 연동된다.
동학의 '공공성'은
동학의 공공재를 통해

도덕적 상상력을 발휘함으로써 공동체의
정의를 구현하게 되는 특성을 말한다.
이는 공공가치와 도덕적 상상력의
끊임없는 대화이다.
우리가 공유하는 공공가치를
도덕적 상상력을 매개로 살려 나갈 때,
공공행복도 가능해진다.

김용환 지음

도서출판 모시는사람들

머리말

인지과학의 혁명적인 성과에 기대어 인간을 새롭게 조명하면, 인간은 도덕적 동물이라고 말할 수 있다. 한때는 도덕이성을 보편적 법칙의 체계라고 간주하였다. 인지과학이 발달하면서 도덕이성에 관한 혁신적 탐구가 확장되고 고양되었다. 오늘날 우리는 도덕적 인지세계가 도덕적 상상력에 뿌리를 두고 있음을 확신하게 되었다.

도덕적 상상력을 통해 동학은 공공철학, 공공윤리, 공공세계를 새롭게 열어 준다. 동학이 우리들에게 지혜와 용기를 제공할 때, 우리의 새로운 삶과 연동된다. 동학의 '공공성'은 동학의 공공재를 통해 도덕적 상상력을 발휘함으로써 공동체의 정의를 구현하게 되는 특성을 말한다. 이는 공공가치와 도덕적 상상력의 끊임없는 대화이다. 우리가 공유하는 공공가치를 도덕적 상상력을 매개로 살려 나갈 때, 공공행복도 가능해진다.

공공철학은 개체의 도덕적 상상력과 공공의 가치를 이어주고, 매개하고, 살리는 철학을 의미한다. 도덕성이 합리적인 능력의 확정적 명령으로 이루어진다는 생각은 독단이며, 낡은 사고방식이다. 우리가 매일 매일 새롭게 변하지 않는다면 이러한 독단의 잠에서 깨어날 수가 없다. 도덕적 법칙이 표준적 전통에 자리 잡고 있다는 생각도 낡은 생각의 틀이다.

'지금 여기'의 상황을 직시하면서 공공가치를 끊임없이 살리기 위한 도덕적 상상력이 뒷받침되지 않는다면, 낡은 생각, 어제의 관습에서 우리는 벗어날 수 없다. 따라서 동학의 정신과 대화하면서 우리를 새롭게 변화시켜야 한다. 동학은 조선 성리학의 독단에서 깨어나 조선 사회를 해체시키는 경험을 거치고 오늘에 이른다. 오늘의 동학은 인류의 공공행복을 실현하기 위한 도덕적 상상력의 보고(寶庫)이다.

우리에게 '한' 의 보물이 있음에도 불구하고, 우리는 서양의 문물에 쏠림을 당하고 있지 않은가 성찰하게 된다. 전통의 동학에는 삶의 방식에 대한 은유가 숨겨져 있다. 동학은 오늘 우리에게 마음속의 몸을 느끼게 하며, 개개인이 자유의 주체임을 환기시켜 준다. 개체의 삶을 전환시켜 더불어 행복한 삶으로 고양하기 위해서 우리는 공공행복을 꿈꾸게 된다. 혼자 행복한 것보다 서로서로가 행복한 것이 낫고, 서로서로가 행복한 것보다 더불어 행복한 것이 낫다. 공공행복은 우리가 함께 하며 더불어 행복한 꿈의 길이다.

실제로 주위의 아픈 사람이 있으면, 우리의 마음이 편하지 않다. 내가 보는 세계가 바로 나의 삶을 구성하기 때문이다. 그들을 향해 가슴 아파하고, 함께하고, 그들의 행복을 발원할 때, 그들은 우리와 함께 하는 우리 이웃으로 다가온다. 공공행복을 추구하는 도정에서 이웃의 슬픔과 아픔을 결코 외면할 수가 없다. 도덕적 상상력을 발휘하여 이웃의 고통을 치유하는 힘을 발휘하지 못하면, 공공행복 실현의 꿈은 사라지거나 요원해진다.

도덕교육의 새로운 해법은 공공세계를 통해 도덕적 상상력을 발휘하고, 이웃과 더불어 행복한 공공행복의 새 밝힘에 달려 있다. 이 새 밝힘은 21세기 세계 시민성의 비전에 의한 공공경영의 새 밝힘이다. 세계화 시대의 도덕교육이 정의윤리와 배려윤리의 통합적 관점에서, 서로간의 대화와 협력, 그리고 개신(開新)의 공공성에 뿌리를 내릴 때, 도덕은 새로운 비전이 될 것이다. 우리는 이러한 비전을 전통의 동학에서 모색하고자 한다.

　도서출판 〈모시는사람들〉이 협력하여 그동안 이러한 문제의식을 갖고 발표한 글들을 단장하면서 빛을 보게 하였으니 큰 기쁨이 아닐 수 없다.

　독자제현의 질정을 바란다.

2012년 9월

능혜 김용환

차례 　도덕적 상상력과 동학의 공공행복

머리말 — 5

동학의 불연기연과 풍류화랑의 신명 —————— 11

  1. 동학의 불연기연 — 13

  2. 풍류도의 특성 — 19

  3. 풍류도의 소통 — 22

  4. 풍류화랑의 정신 — 28

  5. 풍류화랑의 교육 — 32

  6. 풍류화랑의 표상 — 40

동학의 천도와 겨레얼 살리기 운동 —————— 49

  1. 동학과 선도의 양기(養氣) — 51

  2. 동학과 불교의 각성(覺性) — 54

  3. 동학과 유교의 윤리(倫理) — 57

  4. 동학과 도학의 기상(氣像) — 61

  5. 수심정기(守心正氣)와 겨레얼 살리기 — 66

동학의 공공작용과 무극대도의 연동 —————— 77

  1. 서사적 맥락과 상관적 연동 — 79

  2. 동학 무극대도와 풍류도와 유불선 — 84

  3. 동학 무극대도와 진단의 무극도 — 92

4. 동학 무극대도의 공공작용 —99

5. 서사적 통일성과 무극대도의 연동 —104

동학의 공공철학과 인성교육의 활용 ——————— 111

1. 동학과 도덕적 상상력 —113

2. '양천주'에 나타난 삼재의 공공철학 —121

3. '삼경'에 나타난 공공철학의 공사공매 —125

4. 천지부모 믿음에 대한 공공철학 —129

5. 동학의 공공철학을 인성교육에 활용하기 —135

동학의 공공윤리와 인격 함양의 가치 ——————— 145

1. 동학의 윤리와 인격 함양 —147

2. 공공적 인격교육론 —151

3. 공(公)윤리의 해체와 공공(公共)윤리의 대위 —159

4. 공공윤리의 심화와 확대 —166

5. 시민적 공공성과 세계평화의 구현 —172

6. 동학의 공공윤리 가치 —177

7. 정의와 배려의 공공가치 —181

동학의 다시 개벽과 민족종교의 원류 ——————— 195

1. 동학의 다시 개벽 —197

2. 선천 하늘신앙 원류 —203

3. 단군 삼신신앙 원류 —213

4. 국선풍류도의 원류 —223

5. 민족종교의 원류 — 226

동학의 성경신과 은유적 본성 ─────────────── 233

1. 은유적 본성과 원형적 구조 — 235

2. 수심정기(守心正氣)에 나타난 정성의 공공세계 — 248

3. 삼경(三敬)에 나타난 공경의 공공세계 — 258

4. 인내천(人乃天)에 나타난 믿음의 공공세계 — 261

5. 동학 성·경·신의 구조적 이해 — 265

6. 동학 성·경·신과 도덕적 상상력 — 267

동학의 공공행복과 천지인의 조화 ───────────── 277

1. 공공행복과 하도 형상 — 279

2. 동학의 공공인격 함양 — 287

3. 동학의 군자공동체 구현 — 296

4. 동학의 공공행복 기치 — 300

5. 영성공동체와 천지인의 조화 — 308

주석 — 322

찾아보기 — 344

동학의
불연기연과
풍류화랑의
신명

풍류도는 공공윤리의 지침으로서 자연의 덕성에 따라 이기심을 버리고 삶을 살아 갈 것을 강조하고 있다. 제천의례에서의 가무나 화랑 수련에서의 가락은 하늘의 본성과 인간이 소통하는 것이다. 그것은 겨레가 하늘 또는 자연과 하나가 되는 것이다. 이러한 체험을 통해 인간됨의 양식을 체득하는 것이다. 풍류도를 몸에 지닌 사람은 사심 없이 일을 처리하고 집안에 들어와서는 부모에게 효도하고, 나가서는 나라에 충성하며, 모든 악한 일을 버리고 선을 행할 수 있는 교육 가치를 실천하게 된다. 무엇보다도 풍류도에는 유·불·도의 조화 정신이 내재되어 있는데 이를 온전히 되살린다면 오늘날의 심각한 종교적 갈등을 극복하고 종교 사이의 참다운 대화를 가능하게 할 것이다. 선교와 포교는 이후의 문제이다.

1. 동학의 불연기연

동학은 이치로 알 수 없는 불연(不然)의 측면과 이치로 알 수 있는 기연(其然)의 측면을 공공으로 포함한다. 동학의 알 수 없는 측면은 고신도(古神道)와 연동된 영성의 측면이고, 알 수 있는 측면은 우리 사회와 역사에 어떤 영향을 미치고 작용했는가를 파악하는 합리적 측면이다. 앞의 길은 천도교 교단 활성화와 맥을 같이 하고, 뒤의 측면은 동학이 펼친 사회운동이나 민족주의 운동과 맥을 같이 한다. 따라서 동학은 종교와 철학 등 인문과학의 분야에서만이 아니라 정치와 경제·사회 등 사회과학 분야에서까지 폭넓은 관심의 대상으로 부상하게 되었다.

일찍이 수운은 불연기연(不然其然)에 관해, 동학의 주요 경전 『동경대전』과 『용담유사』에서 거론하였다. 먼저 『동경대전』에서 후천의 새로운 질서의 세상이 속히 도래하지 않음을 한탄하는 제자들에게 올바른 마음으로 수도하기를 당부한다. 구체적으로는 「탄도유심급(歎道儒心急)」에서, 불연과 기연을 함께 닦는 수행 방법을 밝히고 도를 성취할 것을 당부한다. 동학의 사유에는 경험 현상으로 도저히 설명할 수 없는 불연과, 경험 현상으로 원인을 밝힐 수 있는 기연이 함께 존재한다고 설파한 것이다. 여기서 우리는 공과 사를 함께 매개하는 공공의 문제를 살펴볼 수 있다. 불연기연은 공공의식의 모태이다.

산하의 큰 운수가 모두 이 도로 돌아오리니, 그 근원이 아주 깊고 그 이치는 아주 멀다. 나의 심주가 굳건해야 곧 도의 맛을 알 것이요, 한결같은 마음을 지니면 만사가 뜻대로 되리라. 흐린 기운을 쓸어버리고 맑은 기운을 어린아기 기르듯 하라. 그러면 은은한 총명이 자연히 비범하게 나타나리라. 앞날에 있을 모든 일의 두서는 한 이치로 같이 돌아가리라. 다른 사람의 사소한 허물을 내 마음에 논하지 말고 나의 작은 지혜를 남에게 베풀라.[1]

수운은 이처럼 우리가 안다고 생각하는 '기연' 속에서 살고 있는 것 같지만, 궁극적으로는 알 수 없는 '불연' 속에서 살고 있다는 것을 강조한다. 이 기연과 불연은 인식의 차이일 뿐이며, 존재의 차원에서는 멀지않아 상통한다. 여기서 불연을 기연으로 바라보는 인식의 전환이 인간 본성을 회복하는 새 길이다. 나를 낮추면 세상이 나를 높여 주고, 나를 높이면 세상이 나를 낮추게 된다. 불연의 정상에서 깨닫지만 기연의 정상이 낮아지면 내 이웃과 눈높이가 같아지게 된다.

마음은 본시 형태가 없어 만물에 응하여도 자취가 없다. 마음을 닦으면 덕을 알게 되며, 오직 덕을 밝히는 것을 도라 한다. 덕에 있고 사람에 있지 아니하고, 꾸미는 데 있는 것이 아니고 믿는 데 있으며, 먼 데에 있지 아니하고 가까운 데 있으며, 구하는 데 있지 아니하고 성실히 행하는 데 있으니 '그렇지 않은 듯하되 그러하고' (不然其然), '먼 듯하되 멀지 아니하다.' (似遠而非遠)[2]

인간이 한울님으로부터 품부(稟賦) 받은 불연의 본성을 인간의 본성에 내재하는 한울님으로 깨닫는 계기로 전환하여, 유한의 존재인 '내'가 무한의 존재인 '한울님'과 상통함을 천명(闡明)하였으니, 이것이 바로 불연기연이며, 그로부터 사람은 누구나 한울님을 모셨다는 시천주(侍天主) 사상이 나타나게 된다. 참으로 오묘한 이치가 아닐 수 없다. 시천주 사상으로 후천을 새로이 개벽하여 새로운 질서의 삶을 공공 차원으로 열어 가자는 것이 동학의 다시 개벽의 세계관이다.

다시 개벽으로 새로운 세상을 이룩하자는 가르침은 이전에는 없었던 새로운 것이다. 여기에 종교적 의미를 부여하여 천도교는 광제창생(廣濟蒼生)하며 나아가 동귀일체(同歸一體)를 이루어 지상천국을 건설하자는 목적을 표방하고 있다. 수운은 한울님이라는 신(神)은 초월적인 별개의 공간이나 천상의 세계처럼 멀리에 있는 것이 아니라, 바로 가까이, 기연으로서 내 몸에 모셔져 있는 존재라고 강조하였다. 『용담유사』에서는 한울님은 이 우주에 편재하며, 동시에 사람들 개개의 내면에 주체적으로 모셔져 있다는 의미에서 이렇게 밝힌다.

해음 없는 이것들아 날로 믿고 그러하냐? 나는 도시 믿지 말고 한울님을 믿었어라. 네 몸에 모셨으니 사근취원(捨近取遠)하단 말가.[3]

당시의 백성들은 굶주리고 병들고 학대받는 고통으로부터 벗어나기를 갈구하였다. 한 문명사회가 다른 문명사회로 교체되려면 수백 년이 걸린다. 산을 넘으면 산이요, 물을 건너면 다시 물이다. 산 넘고 물 건너기를 반복하여야 비로소 넓은 광야를 만날 수 있다. 다시 개벽의 새 운수가 닥친 이 세상에는 희망이 있다. 수운은 다시 개벽 세상에 대한 희망을 '시천주의 인간으로 거듭나서, 안으로의 신령(神靈)을 공공영성으로 회통하고, 밖으로의 기화(氣化)를 공공감성으로 함께 나누며, 세상 사람이 각자의 이성으로 깨달아 옮기지 않는 것'으로 설명하였다.[4] 이를 수운으로부터 도를 이어 받은 해월 최시형은 그의 『법설』(法說)에서 다음과 같이 부연하여 풀이한다.

> 안에 신령이 있다는 것은 낙지(落地) 초의 어린아이의 마음을 말하는 것이
> 요, 밖으로 기화가 있다는 것은 포태될 때에 이치와 기운이 바탕에 응(應)하
> 여 체(體)를 이루는 것을 말한다. [5]

이처럼 해월은 단순히 모신다는 의미에서, 안으로는 처음 태어난 아기의 마음과 같은 가장 순수한 마음, 한울님으로부터 품부 받은 그대로의 마음을 회복하는 이른바 영성회복(靈性回復)이라는 불연의 길을 제시하고, 밖으로는 한울님의 무형의 생명이 부모의 육체라는 질적 바탕을 받아 이치·기운에 의하여 유형의 생명체로 바뀌는 순간을 포착하여 기연으로 설명한다. 이로써 알 수 있는 것에만 구애된 세상에서 알 수 없는 본원적인 혼원기운을 다시 회복하는 새 길, 새 밝힘을 제시함을 알 수 있다.

그런데 오랜 수련으로 포태될 때의 바른 기운을 회복하면, 알 수 없는 그 길은 참으로 알기 쉬운 기연으로 전환된다. 따라서 한울님 마음을 회복하는 일을 조급하게 생각하지 말고 조금도 변하지 않는 한결같은 마음으로 실천하는 윤리적 실천이 종교적 교지로 제시된다. 지극히 종교적인 그 길이 윤리적인 길과 상통한다. 따라서 유한의 인간 생명이 무한의 우주 생명과 공공작용을 영성 체험으로 체득한다. 해월은 『해월신사법설』「대인접물(待人接物)」에서 인즉천(人卽天)으로 이를 표현하였다. 이러한 관점에서 동학의 공공세계는 풍류도의 신명세계와 상관 연동을 이룬다.

더욱이 수운에 와서 신명세계는 천주 신앙과 지기(至氣) 수행으로 발전한다. 풍류도의 신명은 북방 유목문화와 남방 농경문화를 혼합하는 과정에서 심미적 풍류라는 성격으로 나타났다. 고운은 고대 신화와 제천 의례와 화랑 조직을 통해 영성을 통찰하고 해석하여 난랑의 비문에 이렇게 적었다.

우리나라에는 깊고 오묘한 도가 있다. 이를 풍류라 한다. 이 교를 설치한 근원은 선사에 상세히 실려 있거니와 실로 이는 삼교를 포함한 것이요, 모든 민중·생령과 접해서는 이를 교화하였다.[6]

진흥왕이 예로부터 있었던 영성 수련의 방편을 풍월도(風月道)라고 말한 것에 대하여, 화랑제도를 통해 승화된 형태로 나타난 영성수련의 방편을 최치원은 풍류도(風流道)라고 하였다. 게다가 최치원은 풍류도가 이 삼교를 종합해서 이루어졌다고도, 풍류도가 이 삼교를 종합했다고도 하지 않고, 풍류도 가운데 유교·불교·도교가 모두 포함되어 있다고 말했다. 이는 각각의 종교가 단위별 독자 기능을 온전히 수행하면서 전체적으로 풍류도의 기능을 드러내기 때문에 포함(包含)으로 설명된다.

이처럼 풍류도는 삼교를 종합하는 신비한 '그 무엇'을 가지고 있다.[7] 당나라에서 유·불·선 삼교를 공부하고, 신라에 돌아온 고운 최치원이 겨레얼에 접하여 보니 놀랍게도 거기에는 삼교의 진리가 들어 있음을 발견한 것이다. 민족적 긍지와 자부심을 갖게 된 그는 동방의 군자국 신라를 찬양하였다. 18세기의 승려 연담유일(蓮潭有一)은 고운의 사산비명(四山碑銘) 서문에서 이렇게 말했다.

옛적에 세 성인(공자, 노자, 석가)이 주나라 시대에 같이 계셨는데, 비록 가르침은 각각 다르나 대도(大道)에 돌아가는 것은 한가지였다. 그런데 삼교의 후학들은 제각기 익힌 것만을 좋게 여기고, 서로 다툼이 그치지 않았다. 내가 늘 지붕을 쳐다보면 탄식하지 않음이 없었는데, 고운 선생이 지은 글을 읽고서는 머리를 조아리고 소리 높여 말하기를 '하늘이 우리 선생을 내시어 삼교를 관통하게 하셨으니, 위대하여 더할 것이 없도다. … 아마도 선생께서는 삼교의 목탁이시리라.' 고 하였다.[8]

풍류도를 지녔던 그는 풍류도의 눈으로 볼 때 삼교는 다 같이 하나의 대도로 돌아가는 것이며, 사람을 사람 되게 하는 '큰 얼'이라고 생각한 것이다. '큰 얼'은 현대사회에도 계승된다. 현대사회는 '포스트 모더니즘'으로 특징된다. 18세기 계몽주의의 영향을 받은 이성 중심 사고방식의 모더니즘은 풍요로움을 가져다주어 사람들은 더 이상 생계 문제에만 집착하거나 그 해결에만 만족하지 않고 그 이상의 것을 기대하게 되었다. 그러나 현대 문명은 자연을 착취하여 생태계의 위기를 초래하였고 인류의 생존 자체를 위협하게 되었다.

이러한 상황에 직면하여 서구 중심의 정복 지향적 자연관에 대하여 자연친화적인 대안 문명과 사상을 찾게 되었다. 그 대안으로 류승국은 풍류도를 오늘에 되살릴 필요성을 역설하고, 더불어 고신도(古神道)를 표방하였다. 고신도로서의 풍류도에 대한 이해 방식은 동학 이전의 구동학(舊東學)의 존재 가능성을 인정하는 사유라고 할 수 있다.

이는 불교의 연기(緣起), 도교의 무위자연(無爲自然), 유교의 순천절물(順天節物)과 상관 연동되는 문제로서 이 문제를 풀기 위해서는 새로운 동방학의 수립이 요청된다.[9] 민족 전래의 풍류사상은 생명사상의 모태로서 작용한다. 풍류는 일반적으로 선현들의 멋스러운 정취, 유풍을 뜻하나 신라 최치원(崔致遠:857~?)이 '현묘한 도(玄妙之道)'라 하여 유불도(儒佛道) 삼교사상을 포함한 우리 본래의 것으로 해석하였는데, 이는 한국의 고유 사상을 의미한다.

프랑스의 석학 장 보드리야르(Jean Baudrillard)는 탈현대사회에서는 생산성·효율성·가능성보다는 교환(交換)·기호(記號)·상징성(象徵性) 등이 삶의 본질을 규정한다고 보았다. 그는 『기호의 정치 경제학』에서 마르크스의 물신주의에 대한 비판을 기호의 영역에까지 확대 적용하였다. 오늘의 소비 자본주의 사회에서는 생산물을 소비하는 것이 아니라 기호를 소비한다고 깨달은 것이다.

그는 교환가치로는 설명될 수 없는 새로운 형식의 상징적 교환을 제시한다. 상징적 교환의 관점에서 수운은 고운과 상통한다. 상징적 교환은 천년을 구름처럼 이어준다. 만사(萬事)를 포함하지만 자기 것이라고 여기면서 소유하지 않기에 고운의 사상은 수운의 사상과 공공으로 이어지고 매개되면서 가교(架橋)로서 상징적 교환을 하게 된다.

상징적 교환은 순수한 희생 내지 낭비의 원리이다. 즉 등가교환이나 이윤에 대한 기대 없이 임의적이고 자발적으로 소비하는 것이다. 상징적 교환은 "메시지의 단일 목소리를 뚫고, 의미의 양가성(兩價性)을 회복하는 것이다."[10] 수운의 동학은 서학에 대립하는 배타적 개념이면서 동시에 고운의 동인(東人)의식을 표상한다. 고운의 동인의식은 중국에 대립되는 개념이면서 생명의 동토로서 보금자리라는 새벽의 여명을 표상한다. 고운이 동인의식을 가진 것은 인간 본성의 측면에서 상통하여 시간을 뛰어 넘어 우주의 본원과 연동되기 때문이다. 따라서 수운의 동인의식에서 고운의 풍류도가 연동되어 본원적으로 양가성(兩價性)을 갖추게 되었다.

2. 풍류도의 특성

우리의 겨레얼은 시대에 따라 서로 다른 종교를 포함하면서 그 양상을 달리한다. 고대에는 무교가, 중세에는 불교가, 근세에는 유교가, 현대에는 서구문명을 동반한 기독교가 각각 겨레얼 형성의 주역을 담당하였다. 그러나 거기에는 일관된 우리 겨레얼의 특성, 즉 풍류도의 특성이 내포되어 있다.[11] 풍류도의 절제된 아름다움은 사람을 사람답게 한다. 불필요한 것을 다 덜어내고 최소한 꼭 있어야 할 것만으로 이루어진, 본질적이며 단순·간소한 삶은 아름답다.

첫째, 풍류도는 포용적인 '한'의 성격으로 드러나는데, 이것은 한얼·하느님과 상통하면서 유유자적할 수 있는 여유를 드러낸다. 화엄사상이 한국 불교사상의 대통을 이루어 왔고, 성리학에서 '한'의 맥락을 살리는 한국 유교 사상을 이끌어 온 사실들이 그것을 말해 준다.

둘째, 풍류도는 인간화를 추구하는 '삶'의 성격으로 드러난다. 삶이란 '사람'의 준말이다. 예로부터 우리나라가 군자의 나라로 칭송받아 온 것은 풍류도를 삶의 방편으로 추구해 왔기 때문이다. 우리 삶의 근저에는 풍류도의 생명력이 있다. 고난 속에 있으면서도 풍류도를 통해 고난을 매개로 자기초월·자기승화의 길을 모색해 왔다.

셋째, 풍류도는 예술적인 '멋'의 성격으로 드러난다. 겨레얼의 참된 긍지의 요체는 정치경제에 있는 것이 아니라 생동감의 조화로운 표현을 주요 특징으로 하는 예술문화에 있다. 고대의 불교 미술, 중세의 한글과 도자기, 그리고 현대의 음악과 미술 등이 단적으로 이것을 말해 준다.

풍류도는 삼태극적 조화의 구조를 가지고 있다. 그리고 그 자체가 하나의 창조적 에너지의 상징이다. 이것이 창조적 활동을 하는 것은 그중 한 요소가 강화됨으로써 균형을 잃을 때이다. 삼태극적 풍류도에 '한'이 다시 더해지면 종교문화를 낳고, '삶'이 더해지면 생활문화를 낳고, '멋'이 더해지면 예술문화를 낳는다. 현묘지도로써의 풍류도는 화쟁(和諍)의 성격을 지닌 예술문화 방면에서 보다 큰 창조성을 발휘하였다.[12]

아쉽게도 풍류도는 삼국통일 이후 정치적·문화적 이유로 통일 이전의 폭넓었던 기반이 약해진다.[13] 삼국통일 과정의 특징은 신라가 당의 영향력을 통해 당나라 선호 경향을 띤 무리와 민족적 입장을 주장하는 무리로 양분된 데 있다. 전자가 득세하면서 민족정기를 강조하던 풍류도의 기반이 약해지게 되었다.

또한 삼국통일 전후로 문화적으로 불교와 유교의 양대 사상이 우리나라 사상의 주류를 이루게 되었는데 특히 문화의 속성상 유교가 통치기반으로 자리 잡았다. 반면에 한국 문화 본연의 꿈은 예술적 풍류 문화를 실현하는 것이다. 이것을 뒷받침해 주는 것이 한국의 민족종교라고 할 수 있다. 현실적 영향력으로 보아 한국의 기독교 또한 하느님에 대한 새로운 의미소 발견을 통하여 멋진 풍류 문화 형성에 공헌해야 할 사명이 있다.

종교는 일반적으로 초월·신성·신비 같은 비현실적인 용어들로 설명되지만 사실 종교는 지금 여기 이 땅 위를 넘어선 어떤 하늘 위의 현실은 아니다. 아무리 종교가 자신을 초월적인 현상이라고 주장한다고 하더라도 그 주장마저도 지금 여기 우리의 일상 안에서 이루어지는 인간의 문화 현상의 일부이다. 종교는 사회에 있는 다양한 문화 현상 중 하나이다. 종교 문화는 사회 안에서 구체적인 역할을 수행한다.[14] 참된 가르침 또는 이념적 지표를 제시하여 사회 전체의 바람직한 조화를 유도하는 사회 통합 기능, 사회가 규범적 판단의 준거를 상실하고 표류하는 경우 해당 사회의 소생을 위한 사회 변혁[15] 기능, 사회를 구축하고 있는 여러 영역 주체들을 매개하는 기능을 수행한다. 특히 종교의 매개 기능은 관계의 구조 속에서 개개 주체들에 의하여 승인되는 범주안에서 이루어진다.

오늘날 세계적으로 종교 간 갈등은 심각하다. 때로 이 첨예하고 미묘한 갈등의 구조를 정치적 권력을 가진 사람들이 이용하기도 한다. 반대로 사회가 직면한 무규범적인 현실에 대한 종교의 무력증도 누구나 실감하고 있다. 이러한 상황에서 우리에게 필요한 것이 종교 문화의 매개 기능이다. 민족 고유의 문화와 다른 종교 문화를 어떻게 수용하는 것이 바람직한가하는 물음에 풍류도가 대답이 될 수 있다. 민족 고유의 사상과 외래 사상의 만남이 대화로써 이루어지고 소통되어야 순기능적 문화로 자리매김이 가능한 것이다. 무엇보다도 만남의 장이 필요하다는 뜻이다. 이런 면에서 풍류도에서 오늘날 다원 종교 문화 시대의 올바른 자세를 배울 수 있다.

3. 풍류도의 소통

기철학자, 혜강 최한기(1803-1877)는 소통과 몸, 선험과 경험, 인식과 실현의 구조에 대해 심오한 통찰을 던져 준다. 그의 철학 사상은 추측과 변통으로 집약할 수 있다. 특히 혜강 최한기에 있어 세계는 운화(運化)하는 기의 흐름이며, 그 안에 하늘과 사람과 이 땅의 모든 것들이 함께 조화를 이룬다. 성리의 이치를 강조하던 시대 상황을 감안할 때, 혜강의 운화(運化) 사상은 새로운 삶의 이정표가 되었다.

> 활동운화의 기는 천지 사이에 가득 차서 천지의 정액과 인물의 호흡이 되는 것이니, 조화가 이로 말미암아 생기고 신령이 이로 인해서 생기는 것이다. 온 세상의 신령스런 것들이 모두 이 활동운화의 기를 얻어서 활동운화의 형체를 이룬 것이니, 비록 이 기(氣)와 서로 떨어지려 한들 어찌 그렇게 될 수 있겠는가?[16]

하늘과 사람의 동질성을 표현하는 개념은 운화(運化)와 기(氣)이다.[17] 하늘과 다른 사람만이 지니는 주관적 특징은 추측(推測)이라는 개념이다. 사람의 주관적 추측이 사회의 객관적 합의를 거치며 '객관성 및 보편성'으로 향해 가는 과정[18]은 변통(變通)이라는 개념이다. 혜강 사유의 독특한 용어인 추측은 사람만이 가진 특징인 인식 능력과 사유 과정을 가리킨다.

우리 몸의 감각기관은 인간의 존재 경험이 시작되는 출발점이다.[19] 사람의 추측은 먼저 내 몸이 보고 듣고 맛보고 느끼는 감각기관들에서부터 시작된다. 그는 "사람에게 있는 '여러 감각기관'[諸竅諸觸]에 말미암지 않고 능히 인정과 물리를 통달할 수 없으며, 감각기관에 말미암지 않고 능히 인정과 물리를 모으고 흩어 신기에 물들일 수도 없고, 또 그 감각기관에 말미암지 않고 능히 사람이나 물건과 접하여 보답하고 취할 수 없다."[20]고 말한다. 혜강은 인간 경험의 다양성을 몸소 체험하는 우리 몸을 떠나서 이루어지는 성리학의 궁리(窮理)는 공허한 관념론의 허상이라고 비판하는 것이다.

다시 말해 혜강이 주장하는 것은 선험적 관념과 순수심의 지향으로 환원된 격물에서가 아니라, 몸의 감각기관과 유형의 사물이 접하는 직접 경험의 사태 그 자체에서 의지적인 인간 행위의 추측의 단서와 공부의 방향이 명확해질 수 있다는 점이다. 추측은 내 몸의 신체적 동기와 사물과의 경험적 동기의 다양한 연관 속에서 운화의 본성을 결합시킨다. 몸의 신기(神氣)와 사물의 물리(物理)가 결합되면서 운화의 본성을 드러낸다. 추측의 인식은 필연적으로 증험이라는 행위를 통해 사람들과의 만남에 노출되면서 사회 차원의 문제로 나아간다. 추측과 운화는 사회의 소통 차원에서 그 의미를 드러낼 수 있다.

> 결국 통하지 못한 사람은 다만 자기 몸이 있는 것만을 알거나, 아니면 자기 몸이 있는 것조차 알지 못하는 사람이다.[21]

주관적 추측과 객관적인 변통이 본질적으로 내 몸을 매개로 삼아 밀접하게 세계와 상관 연동된다는 것은, 그 양자가 상호 독립된 실체로서 관계하는 이원적 구조로 분리될 수 없음을 말한다. 이는 나 한 사람의 인식은 다른 사람들과의 관계 속에서 실현됨을 의미하는 것이기도 하다. 나의 추측은 사람들 사이에서 맥락과 조리를 찾는 변통을 통하여 하늘의 객관적인 운화를 지향하는 의지를 드러낸다.

혜강은 "몸은 홀로 나 한 사람의 몸만이 아니라 억조(億兆)의 몸이 있고, 마음은 홀로 나 한 사람의 마음만이 아니라 억조의 마음이 있기에, 억조의 마음을 통합해서 중정을 뽑아내어 마음의 법을 삼고, 억조의 몸을 통합해서 인도(人道)를 집대성하여 수신을 해야 하는 것"[22]이라고 하였다.

변통에서 추측은 활동적이다. 변통 없이는 인간의 추측 구조가 제대로 밝혀질 수 없고, 추측 없이는 변통이 의미 원천을 드러낼 수 없다. 추측은 변통의 구조에서만 완전한 체험을 기술할 수 있는 것이다. 몸의 감각을 떠나서 이루어진 추측은 관념의 벽을 넘지 못하는 것처럼, 변통의 소통 구조 속에 들어서지 못한 추측은 추상에 갇히고 만다.

혜강이 변통이라는 맥락 속에 개인적 추측을 접속시키는 이유는 몸의 주관성을 사람들의 보편성 속에 이입시켜 소통시킴으로써 최대한의 객관성을 확보하려는 시도이다. "남이 통하는 것을 내가 통하지 못하면, 나의 신기에 편벽되고 막힌 것이 있는 것을 증험할 수 있으니, 통하느냐 통하지 못하느냐 하는 것은 제 마음대로 단정하거나 만족할 수 있는 것이 아니다."[23]라는 것이다. 혜강이 말하는 변통은 삶의 복잡한 이치를, 그것이 형성되고 소통되는 삶의 문맥 안에서 객관적으로 받아들이려는 시도이다.

> 오직 보고 듣고 열력하여 익힌 것과 얻은 것은 모든 사람이 다 다르므로 남이 통한 것을 혹 나는 능히 통하지 못한 것도 있고 내가 통한 것을 남이 혹 능히 통하지 못한 것도 있다. 이런 까닭에 마땅히 남이 통한 것을 거둬 모아서 나의 통하지 못한 것을 통하고, 내가 통한 것을 널리 알려서 남이 통하지 못하는 것을 통하게 하려는 것이다.[24]

변통은 사람 사이의 적합한 바를 만들어 가는 과정이다. 그것은 무엇이든 있어야 할 곳에 있게 하고, 해야 할 바를 하게 하는 합당성을 찾아가는 요동이다. 변통의 도(道)는 천지의 신기보다 사람 사이의 일에 두루 미치는 것에 달려 있다.

변통에 능한 사람은 실천지(實踐知, phronesis)를 잘 구현하는 사람처럼, "자기 자신에게 유익하고 좋은 것에 관해서 잘 살필 수 있는 사람이며, 또 전체적으로 좋은 생활에 유익한 것이 무엇인가에 관해 훌륭하게 살피고 생각할 수 있는 사람"[25]이다. 그는 개인의 이상과 사회적 소통을 염두에 두면서, 서로의 쓰임 속에 구체적이고 실존적인 자유를 드러낸다. 자기의 한계를 넘어 실천을 통하여 변통의 세계로 이어주는 것이다.

> 사람 사람이 모두 서로 쓰이게 된 뒤에야 인도(人道)가 밝아지는 것이다. 아버지는 아들이 섬길 수 있는 길을 이루어 주고, 아들은 아버지의 가르침이 행해질 수 있도록 행동하고, 임금은 신하가 충성할 수 있도록 정치를 베풀고, 신하는 임금이 의로울 수 있도록 도모함을 꾀하고, 남편은 아내가 순종할 수 있도록 행동하고, 아내는 남편이 온화하도록 행동하고, 어른은 아이가 공손할 수 있도록 행동하고, 벗은 서로 믿을 수 있도록 행동하되, 내가 먼저 다른 사람이 믿도록 행동하면 다른 사람이 이에 나를 믿게 되는 것이다.[26]

추측이 개입하여 드러나는 변통은 사고하는 자아의 주관성의 영역과 분리할 수 없는 상호관계에 있다. 변통은 필연적으로 주체성의 영역에 속한다. 주체성은 사람들과의 소통과정에서 자각되는 것이기에, 나와 다른 사람의 몸이 함께 시시로 변화하는 상황에 따라 적절히 이루어내는 변통의 구조 속에서 만남은 소통을, 앎은 진정한 실현을 이룰 수 있으며, 이것이 바로 하늘의 운화(運化)를 성취하는 것이다.

2002년 제7회 부산국제영화제에서 상영된, 알렉산드르-로고슈킨(Alexander

Rogozhkin) 감독의 러시아 영화 〈뻐꾸기(The Cuckoo)〉는 사람과 사람의 소통에 관한 이야기이다. 제 2차 세계대전 당시, 핀란드 저격수 빌리와 소련군 장교 이반은 각각 도주와 탈주를 감행하면서 사미족 여인 애니와 만나게 된다. 서로 다른 출신 배경과 언어를 가진 세 사람의 동거는 의미전달이 되지 않는 각자의 말을 끊임없이 토해내면서 시작된다. 전쟁터에서 적이었던 두 남자 중 특히 이반은 처음부터 계속 평화주의자인 빌리를 의심하다가 결국 그의 가슴에 총을 들이댄다. 그러나 이반은 자신의 죽음이 임박해서야 비로소 빌리의 뜻을 헤아리고, 그의 회복을 몸과 마음으로 기원한다.

이 영화에서 참으로 솔직하고 따뜻한 자궁을 지닌 여인 애니는 자연과 신비의 염원을 온몸에 담아 빌리의 생명을 끝까지 붙잡으며 결국 저승의 문턱에까지 간 빌리를 그녀에게 되돌아오게 만든다. 서로 다른 언어로 각자 서로 다른 이야기를 주고받던 세 사람은, 함께 나누는 눈빛과 함께 부대끼던 몸, 함께 나누던 변통의 움직임 속에서 결국 서로를 이해하고 신비한 소통을 이루어 낸다. 변통의 통로였던 애니에게서 빌리와 이반이 선물로 주고 간 쌍둥이 아들 딸이라는 새 생명이 탄생한다.

이 영화가 우리에게 일깨워 주는 것은 이런 것이다. 사람 사이의 정확하고 직접적이며 효과적인 소통은 나의 몸과 너의 몸의 만남을 통해 이루어지는 몸짓과 응시, 미소와 열정 등이다. 사람의 얼굴을 직접 보면서, 각자의 살과 뼈로 만나면서 부대끼는 틈바구니에서 애정과 갈등이 교차한다. 이 과정에서 다양한 삶의 역사들이 직조되면서 이루어 내는 소통, 그런 소통의 끝에 생성되는 미소·눈짓·손짓·음성들이 함축하는 복잡한 의미의 중층들은 인간 커뮤니케이션의 본질이며 가장 근원적인 소통 방법이라고 할 것이다.

말로 전달되는 단어는 단어 그 자체를 넘어 광대한 양의 정보를 전달한다.

말로는 정열, 비꼼, 분노, 미심쩍음, 아첨, 피로, 이 모든 것을 하나의 단어로 정확히 전달할 수 있다. 바로 이러한 특질 때문에 말은 풍부한 미디어인 것이다.[27]

사람과 사람이 직접 몸으로 만나 나누는 이야기와 눈빛, 그리고 그곳으로 오가는 잔잔한 마음, 그것들이야말로 사람의 본질을 되찾는 길이다. 우리에겐 여전히 '만남, 사귐, 긴장, 참을성, 성숙, 그리고 상상력과 감동이라는 사람의 무늬가 지니는 태도와 가치'[28]가 남아 있다. 그것이야말로 생명을 잉태하는 신비한 힘이다. 현대의 정보화는 전자 테크놀로지가 인간의 간격에 개입하는 소통의 경쟁 방식이다. 디지털 신호가 회로를 장악하는 소통의 관계에서 무엇이 선택되고 무엇이 배제되는가를 반성해 보아야 할 시점에 이르렀다. 테크놀로지의 발달이 공공감성의 상통에 장애를 가져오기도 한다는 것이다.

대지 위에서 몸으로 만나는 것은 오래된 인간들의 소통 방식이다. 지금 살아남아 있는 '가장 오래된 방식'들은 역설적으로 가장 새로운 방식들이다. 시대의 방식으로 새로울 수 있기에 그것들은 오래 살아남을 수 있었다. 그렇다면 지금 이 고전적 소통 방식은 이 포스트모던 시대에 어떤 방식으로 변신해 있는가. 숨결이 교감되는 근거리에서 타자를, 타자의 몸을 만나고 그 타자의 눈빛이 주는 긴장을 버티어 내며, 대화하고 사귀고, 의식의 깊은 바닥들에서부터 둘 사이에 놓인 간격을 뛰어넘는 소통의 만남들을, 이 디지털 정보화 시대에 우리는 여전히 감당할 수 있는가? 디지털 시대의 소통은 간격을 재생산하고 간격은 마침내 존재들마저 전자 신호로 연산시키면서 우리의 생활 세계가 온통 테크놀로지가 장악하는 회로로 전락하는 비극을 끊임없이 환기시킨다. 소통의 주도권을 전자 기술이 장악하는 한, 이것은 피할 수 없는 운명이다.

우리는 새로운 대안을 찾아야 한다. 소통의 주도권을 야스퍼스가 한계상황 안의 실존이라고 불렀던 인간이 쥐는 것이 대안이다. 아파하고 피곤해하고 시간 속에서 속절없이 늙어 가는 몸의 인간이 상호간에 놓인 간격을, 가장 오래된 덕분에 가장 새로운 소통의 방식으로 건너뛰어야 한다. 그러기 위해서 우리에게 필요한 것은 기술이 아니라 윤리이며, 지식이 아니라 세계관의 변혁이다.

우리는 이를 위해 '기의 존재론'과 '통의 인식론'을 공공으로 상통시켜야 한다. 이러한 필요성에 직면할 때, 풍류 신명은 존재와 인식을 새롭게 화해시킨다. 이러한 관점에서 동학의 신(信)이 새롭게 다가온다. 참된 길이 무엇인가를 따져보는 노력[再思心定] 자체가 신(信)이라는 것이다. 동학의 만사지(萬事知)의 앎은 수기지(受其知)의 앎이다. 이는 곧 바른 길을 마음속에 받아들여 한결같이 하라는 경(敬)이다. 끝으로 성(誠)은 사람의 말을 이루는 것이다. 바른 말이라고 믿어지면 한결같은 경이 있어야 하고 바로 실천하는 성(誠)이 수반되어야 한다. 이것이 바로 동학의 수행의 요체이다. 이는 애니미즘(animism)의 무속(巫俗)과 마나이즘(manaism)의 선도(仙道)를 인간의 내면 심리와 연동시키면서 풍류화랑의 정신으로 자리 잡게 한 것을 연상시킨다.

4. 풍류화랑의 정신

동학 수행의 요체는 풍류화랑의 정신을 계승하고 있다. 과거 우리나라는 애국·애족하는 씩씩하고 늠름한 젊은이들의 표상으로 화랑을 말하곤 했다. 화랑도(花郎徒)는 신라 시대를 대표하는 청소년 단체이다. 우리는 여기서 화랑도(花郎徒)보다는 화랑도(花郎道)에 초점을 맞추어 살펴본다. 앞의 경우는 무리를 의미하는 것이고, 뒤의 경우는 사상 또는 정신을 일컫는 말이기에 이는 곧 겨레얼의 개념에 상응한다.[29] 풍류도의 방편을 통한 공공의식의 함양이 화랑도의 과제였다.

풍류화랑은 집단 자체에 중점을 두기보다는 그들이 지녔던 기본 정신 및 이념·사상이 중요하다. 먼저 화랑도의 의미를 찾아본 뒤, 이를 바탕으로 오늘날 청소년의 도덕교육에 적용할 수 있는 구체적인 방안도 모색해 보고자 한다.

삼국 정립(鼎立) 당시 화랑도는 호국사상을 바탕으로 고구려와 백제를 물리치고 삼국통일의 주도적 역할을 하였음은 널리 알려진 사실이다. 여기서 잠깐 화랑도 집단의 기원을 살펴보면 다음과 같다.

신라에는 초기부터 국가적 차원의 제사를 주관하던 여사제인 원화(源花)가 있었는데 불미스런 사건으로 폐지되고, 대신 미모의 남성을 택하여 화랑이라 불렀다. 여러 청소년들을 낭도로 삼아 이 화랑을 따르게 한 데서 화랑도가 비롯되었다.[30] 말하자면 화랑도의 기원은 오래 전부터 전해오던 신라의 고유한 청소년 집단의 제의적·군사적·교육적 집단이었다.

신라는 영토를 확장하면서 끊임없는 전쟁으로 인해 많은 인재가 필요하였다. 사회 중심인물과 유사시에 필요한 인물 측면을 모두 가진 그런 인재를 필요로 하였던 것이다. 이러한 인재를 발견하고 양성하기 위해서 진흥왕 37년(576년)에 이르러 현실적인 체제에 맞도록 전래의 집단을 개선한 것이 바로 화랑도이다. 당시 고구려의 전투능력을 참고하였다.

화랑도 교육은 신라를 다스리는 데 필요한 지도적 인물로 현명한 재상과 충신, 고구려·백제와의 군사적 경쟁에서 승리하는 데 필요한 훌륭한 장군과 용맹스러운 병사를 배출하는 데 그 목적을 두고 있다. 그리하여 화랑도들은 평화 시에는 사회의 지도적 중심 인물이 되는 데 필요한 소양을 훈련·학습하였고, 전쟁이 발발하면 특별 전사단으로 활동하였다. 화랑도를 교육할 때 그 사상적 배경이 된 것이 풍류·신명이다.

풍류·신명의 사상적 본질을 가장 잘 담고 있는 것이 원광법사의 세속오계(世俗五戒)와 김응렴의 삼미사상(三美思想)이다. 최치원의 「난랑비서」에 따르면, 신라에는 예부터 내려오는 풍류라고 부르는 현묘한 도가 있는데 그 내용은 유·불·도 삼교를 모두 포함하고 있다고 하였다.

풍류라는 가르침은 홍익인간의 정신을 이어받아 세분화되지 않은 채로 전래되어 오다가, 나중에 들어온 유교·불교·도교의 분화된 덕목을 모두 포함했다고 할 수 있다. 세속오계는 세속을 살아가는 사람으로서 지켜야 할 계율을 구체적인 덕목으로 원광법사가 정리한 가르침이다. 이 세속오계는 당시 신라 사회가 필요로 하는 현실적인 도덕률이었다. 국가생활, 가정생활, 사회생활에서 필요한 타당한 규범들을 덕목으로 정리한 것이다.

삼미덕 사상은 세속오계와 더불어 화랑도의 신조로서 일종의 사회윤리이며, 신라 사회의 질서를 유지하는 근간이 되었던 도덕이다. 여기서 '삼미'란 겸손·검소·관용으로서 화랑국선 김응렴이 전국을 시찰한 후 자기가 보고 들은 신라 사회의 미덕을 헌안왕에게 보고한 것이다. '윗사람으로서 겸손해서 남의 아래에 앉을 것, 부유한 사람으로서 검박할 것, 권세가 사람으로서 위세를 부리지 않을 것'이 그 내용이다. 이 아름다운 행동들은 사회적 지위나 재산보다는 인간 존엄과 평등을 중요시하고, 젊은이들로 하여금 바르고 보람 있는 인간 생활의 길을 밝혀 주는 귀중한 교훈으로서 화랑들에게 건전한 도덕교육을 시키는 지표가 되었다.[31]

이러한 사상을 토대로 도의교육, 정서교육, 실천으로서의 국토순례 교육을 했음이 『삼국사기』에 전해져 내려오고 있다.

도의교육은 중국으로부터 전래한 유교 경전을 중심으로 지적 도야와 더불어 이루어졌을 것이다. 화랑도들은 『시경』, 『서경』, 『예기』, 『춘추』 등을 읽은 것으로 전해진다. 당시 화랑도들이 새로운 지적 교양을 갖추기 위하여 읽었던 것으로 추측된다. 화랑도들은 유교 경전을 통해 유교의 덕목을 익히고 심화시켜 나갔다.

그다음으로 화랑도들이 행하였던 정서교육은 시가와 음악을 통하여 주로 이루어졌다. 고대사회에서부터 가락·가무는 주술적·제의적 기능을 토대로 신들을 즐겁게 함으로써 부족 집단의 안전과 풍요를 기원하는 중요한 의례였다. 이러한 가무는 사회적 기능을 할 뿐만 아니라, 오락적 기능을 통하여 감성을 순화시키기도 하며, 남녀 간 구애의 수단이 되기도 하였다.

또 화랑도들은 명산대천을 찾아 국토를 순례하면서 심신을 연마하였는데 여기에 반드시 가락이 뒤따랐다. 화랑들이 즐겨 부르던 가락 가운데는 향가(鄕歌)를 대표적인 것으로 들 수 있다. 향가는 일반적으로 주술 노래 또는 제의가로서 활용되었으며 화랑도의 종교적인 감성교육의 중요한 부분이었다.

뿐만 아니라 화랑도들은 심신의 단련을 통한 무예의 연마와 명산대천을 찾아다니는 국토순례라는 실천적인 교육을 하였다.[32] 신라의 화랑들은 명산대천을 순례하는 가운데, 전술적인 중요 위치와 지형을 직접 익혀 전시에 대비한 것으로 전해지고 있다. 즉, 전쟁 시에는 평상시의 국토순례를 통해 파악한 지형적 특수성을 고려한 전략 전술을 구사하여 적을 물리쳤다.

이처럼 화랑도의 교육 방법의 특징은 집단적 생활 속에서 이성적 도의의 연마를 꾀하고, 이를 실생활 속에서 직접 실천하는 방법이라는 점이다. 화랑도들은 춤과 노래를 통하여 국가의 번성과 풍요를 기원하는 제의 행사를 개최함과 동시에 외적의 침입에 대응할 수 있도록 평상시에 무예를 연마하는, 생활을 통한 교육을 행하였음을 알 수 있다. 화랑도들은 도의를 중히 여겨 지행합일의 수범(垂範) 행동을 통해 지도력을 발휘하였다. 뿐만 아니라 도의교육, 정서교육, 국토순례 교육을 통해 전인교육을 시행하였는데, 이는 공공교육에 시사하는 바가 크다.

동학의 경전 『동경대전』 「수덕문(修德文)」에서는 '만물을 낳고(元) 키우고

(亨) 이루고(利) 거두는(貞) 것은 천도의 변함없음이고, 오직 한결같이 중용을 잡는 것은 사람이 살펴야 할 도리이다.'라고 했다.[33] 흔히 후천의 천도는 선천의 천도와 상관 연동되지 않은 것이라고 생각하기 쉽다. 그러나 동학의 수덕은 선천의 화랑의 신명과 연동하여 이해할 때, 그 의미가 더욱 분명해지며 이로써 선후천은 이어지게 된다.

그런데 한국의 풍류·신명은 선도(仙道) 계통의 내단(內丹)의 특징을 지니고 있다. 이러한 내단의 특징은 곰이 마늘과 쑥으로 100일을 견디어 마침내 인간이 되었다는 단군신화에 잘 나타나 있다.

이제 우리는 통섭의 관점에서 동학을 다시 바라보게 된다. 다시 개벽의 동학은 화랑·신명의 심신 단련의 맥을 이어주고 있으며, 이는 외래 사상이 유입되기 이전의 한국의 선도의 맥과 상통한다. 그리고 그 원류는 단군사상의 원화위인(願化爲人)이다. 곰이 사람이 되고 싶어 한다는 발상은 동물의 차원에서 인간됨의 차원을 구현하여 참사람이 되려는 선천 소원을 상징한다. 동학은 이러한 참인간 구현의 꿈을 후천에 다시 살리는 관점에서 다시 개벽을 천명하였다고 말할 수 있다.

5. 풍류화랑의 교육

풍류화랑이 공공적인 성격을 띠고 있음을 잘 보여주는 것이 풍류도이다. 이러한 통합적 성격은 최치원의 난랑비 서문(鸞郎碑序文)에 잘 나타나 있다. 최치원은 "우리나라에 현묘(玄妙)한 도(道)가 있으니 이를 풍류(風流)라 하며 삼교(三敎)의 내용을 포함하면서 중생을 교화하여 공자의 충효정신과 노자의 꾸밈과 조작이 없는 무위의 가르침과 어떠한 악한 일도 하지 않고 착한 일만을 봉행하는 석가의 가르침을 그대로 드러내고 있다."고 평가한다.[34]

난랑비서문에 잘 나타나 있듯이, 화랑도의 기본 정신인 풍류도는 기본적으로 유(儒)·불(佛)·도(道)의 통합을 지향한다. 그 내용에서 알 수 있듯이, 유·불·도에서 추구하는 모든 내용을 섭렵하고, 종국에는 행동으로 실천할 것을 권면한다는 점에서 통합교육의 성격을 보여준다.

풍류도 정신을 구현하는 교육 방법에서도 지식을 추구하는 지식교육, 음악·향가 등을 통한 정서교육, 심신 단련과 체험 수련 등을 중시하는 실천교육의 성격을 가졌다는 점에서 화랑도의 풍류 정신은 지·정·의를 통합한 공공교육이라고 할 수 있다. 이러한 화랑도의 풍류(風流)가 가진 공공적인 성격은 우리 고유의 전통이며 겨레얼의 통합 성격을 보여준다고 할 것이다.

오늘날에도 도덕과 교육과정에서 중요시되는 것은 인격교육(character education)이다. 도덕성은 어느 한 측면을 통해서 완성되는 것이 아니라, 인간의 인지적·정의적·행동적 영역 전반에 걸친 공공교육을 통해서 함양될 수 있다는 것이 인격교육론의 주요 골자이다. 최근 이러한 흐름에 맞춰 도덕과 교육과정에서도 리코나(T. Lickona)의 통합적인 인격교육론이 학문적인 근거로 자리매김했고, 이러한 공공교육이 도덕교육의 인지적·정의적·행동적 영역 전반에 필요하다.

지식과 정서 그리고 실천과 체험이 결합된 통합교육의 현장, 인격의 인지적·정의적·행동적 세 요소가 어우러지는 교육을 위의 화랑도에서 찾을 수 있다. 풍류도(風流道), 세속오계(世俗五戒), 삼미덕(三美德)을 통해 화랑도의 정신이 지닌 상징성을 분석하여 오늘날의 교육 현장에 적용한다면 추상적이고 이론적으로 나아가고 있는 이 시대의 도덕교육에 새로운 활기를 넣을 수 있을 것이다.

이러한 화랑도 풍류 정신의 통합적인 성격은 충·효·우·용(忠孝友勇)의 대자정신(對自精神)과 생·겸·관·검(生謙寬儉)의 대타정신(對他精神)으로 다시 정리할 수 있다.

이러한 정신은 동학의 『동경대전』의 「도덕가(道德歌)」에 나타난 수행 자세와 상통한다. 「도덕가」의 후반부가 악인지설(惡人之說)과 악인음해(惡人陰害)에 귀 기울이지 말고 바르게 수도하라고 당부하는 것이라면, 전반부는 당시의 사회상이 잘못된 신 관념에 매몰되고 각자위심으로 점철된 타락 사회라고 교훈하는 내용이다. 여기서 우리는 동학의 「도덕가」의 뿌리가 선천의 화랑 교육과 맥락으로 상관 연동되어 있음을 알 수 있다.

1) 충·효·우·용(忠孝友勇)의 정신

'충'이라는 관념은 국가라는 개념이 등장한 이후에 강조된 덕목이라 할수 있다. '충'은 국가를 위해 충성하고 헌신한다는 의미로, 국민에 대한 국가의 지배를 정당화하는 덕목으로 지금껏 교육되어 왔다. 화랑도에 강조된 '충'도 이와 유사한 의미로, 임금을 '충'으로 섬긴다는 뜻을 담고 있다. 이러한 '충'의 덕목은 '세계화'라는 시대적 흐름에 놓여 있는 오늘날의 교육현장에서도 또 다른 의미를 가질 수 있다. 우리는 세계화의 진행에 따라 국민국가의 경계가 물러지고 허물어져 국가 자체가 사라질 것이라는 비관적 전망과, 이러한 세계화 속에서도 우리 것을 사랑하고 지킨다면 특수성과 정체성을 찾을 수 있을 것이라는 낙관적 전망을 동시에 할 수 있다.

세계화의 방향이 전자이든 후자이든 미래를 이끌어 나갈 학생들에게 '민족의식'을 심어주는 것은 필수적인 일이다. 전자의 경우라면 해체되는 사회 속에서 자신의 정체성을 잃지 않기 위해서이고, 후자의 경우라면 민족의식을 고취하여 미래지향적으로 나아가는 민족이 되기 위해서이다.

화랑도에서 추구했던 '충'은 임금에 대한 맹목적인 충성이나 맹종이 아닌, 국가에 대한 애착과 사랑, 자긍심 향상의 근거였다고 할 수 있다. 따라서 가치관이 형성되는 중·고등학생에게 '충' 교육은 바람직한 국가관의 형성이라는 측면에서 필요한 것이다.

'효'는 한국 전통사상의 핵심 가치라고 할 수 있는 화랑도의 주요 정신이다. '효'를 교육하고 실천하게 하는 것은 아무리 강조해도 부족하다고 할 만큼 우리 민족은 '효'에 대해 남다른 정서를 지니고 있다. 이러한 흐름은 신라 시대의 화랑들에게도 적용되어 화랑도는 '효'를 교육의 지표 가운데 하나로 삼았다. 화랑의 '효'의 정신은 오늘날 붕괴되고 있는 가족관계를 새롭게 재생시켜 주는 생명나무의 역할을 할 수 있다고 생각된다.

교육 현장에서는 지나치게 형식화되어 가고 있는 '효' 교육을 바로잡고 그것의 중요성을 아는 데에서 그치는 것이 아니라 실천으로 나아갈 수 있도록 '효' 교육을 실시해야 한다. 실제적 장면과 상황을 통해서 학생들이 이러한 '효' 정신을 체득하고 직접 실행할 수 있게 해야 한다. '효'의 확대라는 측면에서 적극적인 교육이 필요하다. 사회의 변화에 따라 부모 혹은 조부모와 함께 사는 학생들이 줄어들면서 '효'에 대한 무감각이 확산되고 있는 현실을 감안할 때, 가족이라는 테두리를 벗어나 이웃, 모든 어른들을 향한 '효' 교육으로 나아가야 한다.

풍류화랑의 정신 가운데 실제 화랑도 간의 관계에서 드러나는 정신은 우정이다. 화랑들은 서로 간에 믿음을 굳건히 지켰으며, 죽는 날까지 서로를 보살피는 형제애(兄弟愛)를 가지고 있었다. 의리로써 서로를 대했으며 서로가 서로를 위해 목숨까지 나눌 줄 알았다. 이러한 풍류화랑의 정신은 파편화된 친구 관계를 유지하는 오늘날의 교육 현장에 많은 시사점을 제시해 준다. 이러한 선천의 풍류 신명은 후천개벽에서 살려내야 할 과제이다.

본래 우정은 두 개의 영혼이 서로 상대의 내면에 완전히 용해되어, 그들을 결합시키는 매듭이 없어져 알아볼 수 없게 될 정도에 이르는 것을 말한다. 누가 내게 왜 그를 사랑하는지 물어본다면 나는 대답할 수 없다. 다만 "그가 그였고, 내가 나였기 때문이다."라고 밖에 대답할 수 없다. 친한 친구와는 너무나 친하지만 별로 마음에 들지 않는 친구와는 1년이 다 되도록 말하지 않는 아이들, 친한 친구에게조차 속마음을 열지 않고 자신의 이익을 먼저 계산하는 요즘 학생들에게 화랑도가 서로에게 보여준 우정은 중요한 교훈을 준다.

이를 새롭게 정리하여 '신뢰가 충만한 생명공동체 만들기'를 제안해 볼 수 있다. 여기서는 지도자의 역할이 매우 중요한데, 지도자는 서로서로를 행복하게 하면서 더불어 행복한 생명공동체를 만드는 리더십을 발휘해야 한다. 구성원의 상호 관계 헤아리기, 다양한 행사를 통한 행복감의 고양 등은 물론이고 구성원 상호간의 호혜적 프로그램을 통하여 함께할 수 있는 체험 위주의 실천을 배가시켜 서로를 알아가고 행복하게 만들 줄 알아야 한다. 이러한 다양한 기회를 통해서 학급은 서로 믿고 관심을 가지며 배려하는 생명공동체로 자리 잡을 수 있을 것이다.

임전무퇴(臨戰無退)는 화랑도가 지켰던 세속오계(世俗五戒) 중 하나의 덕목으로, 용기라는 기본정신을 바탕으로 한다. 이는 '싸움에 임해서는 물러섬이 없다.'는 뜻으로 화랑의 용맹한 기운을 잘 나타내고 있다고 할 것이다. 이러한 용기의 정신을 오늘의 교육 현장에 '자신감'이라는 의미로 적용해 볼 수 있다. 자신감은 어떤 일을 해 나갈 때에 필요한 것으로, 잘 할 수 있다는 자신에 대한 존중감이다. 자신감에 충만할 때 사람들은 주어진 일을 자신의 능력 이상으로 처리하고, 어려운 일에 직면했을 때도 창의적으로 해결해 낼 수 있다는 점에서, 자신감은 개인에게 반드시 필요한 덕목이다.

사심이 없는 청정한 삶은 옳은 소리를 당당히 하며, 세상에 두려울 것이 없다. 고운의 생명의 보금자리를 고양시키는 동인에 대한 자각의식이 수운의 동학의 의식에 반영되어 있다. 우리는 과거의 역사를 송두리째 부정하는 폐단을 바로잡고 생명공동체를 과거의 선현들이 일구어 온 것처럼 다시 자각하고 살려 오늘날의 실정에 맞는 생명공동체로 거듭나게 해야 할 것이다.

다시 개벽의 위대함이 도덕에 대한 노래로서 울려 퍼지는 것이다.

구성원들에게 이러한 자신감을 키워 주기 위해서 지도자는 자신의 삶의 현장에서 긍정적인 피드백과 칭찬을 적극적으로 활용해야 한다. 자아 존중 감은 자기 스스로 높일 수도 있지만, 대부분 타인의 긍정적인 인정을 통해서 향상될 수 있다. 또한 가상의 구체적인 상황(simulation)에 구성원을 투입하여 그러한 상황 속에서 자신감 있게 문제를 해결할 수 있도록 장려하는 것도 자신감을 높이는 지혜로운 방편이 될 것이다.

2) 생·겸·관·검(生謙寬儉)의 정신

살생유택(殺生有擇)은 화랑도의 생명 존중 정신을 잘 나타내주는 덕목이다. '어떠한 순간에도 생명을 함부로 죽이지 않는다.'는 화랑도의 생명 존중 정신은 생명의 존엄성과 가치가 급격하게 훼손되고 있는 현대사회에서의 생명 존중 교육의 기본 정신으로서 의의를 갖는다. 이를 위해 학교 현장에서는 지식 위주의 수업보다는 자연과 함께하는 실질적인 생명 존중 교육을 실행해야 한다.

이러한 생명 존중 교육에서 핵심은 자연을 실제로 느끼고 체험하는 것이다. 화랑들이 명산대천(名山大川)을 두루 다니며 자연을 느끼고 체험하며 생명 존중의 정신을 체득했듯이, 생명의 가치가 더욱 외면되는 현대사회에서의 생명 존중 교육은 느끼고 체험하는 방향으로 나아가야 한다.

이를 통해 학생들은 나 이외의 새로운 존재를 깨닫고, 그러한 존재자들에 대한 관심을 강화할 수 있다. 고요한 가운데 자연의 소리를 들으며 명상을 하게 한다거나, 자연과의 대화과정과 그 결과를 글로 쓰게 하는 것 등은 학생들에게 자연의 존재를 의미 있게 환기시켜 줄 수 있는 좋은 방법이다. 더불어 과학기술의 발전으로 인해 야기되는 새로운 생명 윤리 문제에 대한 적극적인 교육을 통해 새 시대의 생명 존중의 도덕률을 정립해야 할 것이다.

화랑도의 정신, 삼미덕(三美德) 가운데 겸손은 '남은 존중하고 자기를 내세우지 않는다.'는 뜻을 가지고 있다. 이러한 덕목은 자신을 드러내고 남을 누르려고 하는 이기적인 현대사회에서 교육적인 의의를 갖는다. 사람의 관심을 끄는 인간적인 느낌은 어디서 생겨나는 것인가? 그 원천은 아마도 '솔직함'일 것이다. 솔직함은 자신감에서 비롯된다. 또 솔직함은 겸손함에서 나온다. 자신감이 없는 사람일수록 자꾸 자신을 감추려 하고, 겸손하지 않은 사람일수록 자꾸 자신을 드러내고자 애쓴다.

화랑도의 당당함은 솔직함으로, 솔직함은 겸손으로 드러난다. 이기기에 급급한 줄 세우기 식의 평가 체계, 남에게 인정받기 위해 애쓰고 다른 사람이 잘되는 것을 마음 깊이 함께 기뻐해 주지 못하는 현대의 학생들에게 겸손은 필수적으로 갖춰야 할 덕목이다. 이를 위해서는 자신의 마음을 잘 다스릴 줄 아는 마음교육이 무엇보다 필요하다.

학생들이 자신의 마음을 잘 다스리고 나에게서 한 발짝 물러나 생각할 수 있다면 자신을 좀 더 객관적으로 평가할 수 있고, 타인에게 좀 더 관대할 수 있기 때문이다. 내가 드러내려는 마음을 비워야만 타인을 인정하고 세워줄 수 있는 겸손의 덕을 발휘할 수 있다. 겸손의 가치는 공감의 덕성을 함양한다. 이는 타인의 고통에 눈물을 흘리고, 같이 분노하는 것이 아니라 상대의 감정을 자신이 이해하는 미덕이다.

예컨대, '타인의 신발과 바꿔 신어보기'를 통해 나보다는 타인의 입장에서 바라보고 생각할 수 있게 될 것이다.[35] 여기서 자신감을 향상시키기 위해서 교사가 학생에게 했던 긍정적 피드백과 칭찬을, 이제는 학생이 다른 학생들에게 해 주도록 적용할 수 있다. 타인을 칭찬하고 인정하는 행위를 통해 자신만의 세계에서 벗어나 겸손해질 수 있기 때문이다. 삶의 장에서, 수업의 현장에서 칭찬을 생활화하고 서로 인정하는 풍토를 조성함으로써 남을 존중하는 겸손의 정신을 실현할 수 있다.

화랑이 추구했던 또 하나의 삼미덕(三美德) 정신은 관용이다. 관용은 다른 말로는 견디는 것이다. 즉 우리에게 지워진 부담을 견디는 것이다. 또한 견디는 것은 내가 동의하지 않는 생각을 용인하는 것이다. 내가 동의하지 않는 상대방의 생각이나 의견을 바꾸려 들 수도 있지만 그대로 용인하는 것을 말한다. 또 관용은 높은 위치에 있으면서도 다른 사람들에게 위세를 부리지 않는 자세로, 자신의 처지와 관계없이 타인을 배려하고 수용하는 것과 관련된다. 화랑들은 이러한 자세를 통해 화랑으로서의 품위를 유지했다.

관용의 정신을 기르기 위해서는 나를 둘러싼 사람들과 환경이 우리를 향해 표현하는 요청과 요구를 들을 수 있도록 하는 교육이 필요하다. 나와 다른 의견도 겸허하게 받아들일 수 있고, 누군가가 나에게 잘못했을 때에도 평정을 잃지 않고 용서할 수 있는 깊은 마음의 자세를 키워 줄 수 있는 교육이 필요한 것이다. 이를 위해서는 직·간접적 대화를 통해 대화의 중요성을 각인시켜야 한다.

또한, 민주적인 의사 결정 과정을 체험하게 함으로써 나 이외에 인간관계 속에서의 관용의 정신을 키워줄 수 있다. 화랑들은 부유하더라도 검소하고 소박하게 사는 정신을 추구했다. 화랑 가운데는 많은 부를 축적한 화랑들도 적지 않았지만, 대부분의 화랑들은 검박한 생활을 하며 자신의 부를 과시하거나 외적인 것을 치장하려 하지 않았다. 그들의 이러한 태도에는 삼미덕(三美德)의 검소 정신이 자리하고 있었다.

오늘날 얼마나 많은 자원이 과잉 소비되고 있는가? 얼마나 많은 사람들이 외적인 것에 치중하여 사람들을 평가하고 과소비 대열에 가담하고 있는가? 이러한 현상들은 비단 성인들에게만 해당되는 문제는 아니다. 화랑의 검소한 정신을 학생들에게 심어주어야 한다. 우리가 살고 있는 자본주의 사회에서 가장 중요한 작동기제가 자본이라는 관점에서 볼 때, 돈을 바라보는 올바른 시각에 대한 교육이 요청된다. 또한 상품이 너무나 풍부해서 자원의 부족함이나 소중함을 모르고 살아가는 학생들에게 화랑이 지녔던 절약과 검소의 미덕을 키워줄 수 있도록 경제 윤리 교육과 소비 윤리 교육이 행해져야 할 것이다.

6. 풍류화랑의 표상

풍류화랑의 성격을 신화와 고대의 제천의례, 화랑의 교육과정, 해당 분야와 대조하여 살펴보면 이와 같이 집약할 수 있다.[36]

신화	제천의례	화랑 교과	분야
천신강림(天神降臨)	제천신(祭天神)	유오산수(遊娛山水)	종교(宗敎)
신인합일(神人合一)	가무강신(歌舞降神)	상열이가락(相悅以歌樂)	예술(藝術)
시조건국(始祖建國)	부강해방(富康解放)	상마이도의(相磨以道義)	인생(人生)

화랑도의 얼굴은 화랑도 삶의 상징이다. 화랑의 얼굴은 언제나 그들이 누구이며, 삶이 그들에게 무엇을 해 주었는가를 드러낸다. 화랑들은 고유의 전통사상에 유불선이 결합된 특유의 덕목을 가르침의 골간으로 삼아 몸과 마음을 연마했다. 그리고 줄곧 이곳저곳 명산대천을 찾아 돌아다니면서 심신을 단련하고 단체 정신을 키워 나갔던 것이다.

또 화랑 집단은 산천에서 노래와 춤을 즐겼다.[37] 김부식의 『삼국사기』를 보면 우리는 화랑의 무리들이 세 가지 일에 전념하였음을 알 수 있다. "외양이 아름다운 남자를 뽑아 곱게 단장하여 이름을 화랑이라 하여 받들게 하니 무리가 구름같이 모여들어 서로 도의를 닦거나, 혹은 서로 가악(歌樂)으로 즐거워하거나, 혹은 산과 큰 내(川)에 노닐면서 멀리 이르지 아니한 곳이 없었다. 이로 인하여 그 사람됨을 알아서 그중의 착한 자를 가리어 정부에 추천하게 되었다."[38] 는 것이 그것이다.

여기서 특히 주목할 부분은 서로 도의로써 연마하고, 서로 가악으로써 즐거워하며, 산수에 노닐며 멀리 이르지 않은 곳이 없었다는 대목이다. 이는 곧 풍류도의 생활 모습이며 동시에 교육 내용인 이 세 가지 수련 방법은 각기 분리되는 것이 아니라 서로 상보적인 관계였다.[39] 화랑도 교육은 인생과 예술과 자연이 혼연일체가 된 가운데서 풍류도를 터득하게 했다. 그들의 수련 과정이 이른바 전인적 인간을 지향하고 있음을 알 수 있다. 고운의 동인의식에 전인적 생명, 평화, 창조가 공공으로 깃들어 있다.

먼저 서로 도의로써 연마함은 풍류도의 윤리를 중시하는 태도이다.[40] 그것은 인간의 품성의 함양 위에 모든 것이 이루어진다는 가치에 대한 각성을 의미한다. 함께 수련을 하는 풍류의 무리들은 수련 과정에서 각기의 품성을 저울질하고, 그 사람됨을 눈여겨본다. 그래서 그중 착한 자를 가려 국가에 추천하고, 만인의 지도자가 되도록 하였다. 풍류의 윤리 규범이란 인간에 대한 기본적인 신뢰, 불의 척결에 대한 믿음, 집단의식을 통한 응집력 같은 것이다.

또한 서로 가락으로써 즐거워함이란 음악을 닦으며 정서를 함양하는 것이다. 그를 통한 예술적 흥취를 느끼며 살았음을 보여주는 것이다. 실제로 화랑도는 인격 도야를 위해 음악과 유희 등의 교육법을 즐겼다. 그리고 산수에 노닐며 멀리 이르지 않은 곳이 없음은 산수에 노니는 가운데 신체적인 건강 증진에도 게을리 하지 않았음을 말하며, 맹자가 말한 대장부로서의 호연지기(浩然之氣)를 기르고자 한 것이다.

화랑도가 이처럼 자유롭게 도의를 닦고, 음악으로 즐거워하며, 또한 산수에 노닐면서 호연지기를 기를 수 있었던 것은 진흥왕이 나라를 흥하게 하려면 반드시 풍류도를 먼저 일으켜야 된다고 판단하고 국가적 차원에서 제도적 뒷받침하였기 때문이다.

화랑도의 구성에서 또 하나 주목할 점은 공공의 관점이다. 화랑도는 진골 출신의 화랑과 평민까지 포함된 낭도 무리로 이루어졌다. 귀족인 화랑이 평민 출신의 낭도를 면회 가는 죽지랑 설화에서 알 수 있듯이, 귀족과 평민의 융화를 통해 계급 간의 대립을 완화시키는 역할을 했음도 알 수 있다. 화랑 출신의 현명한 재상과 충신들이 중앙의 정계에 진출하여 우수한 장수가 되거나 용감한 사병들이 되기도 하였다.

이러한 사회적 분위기 속에서 풍류도는 당시의 여건상 유교와 불교보다도 더욱 사회적 공인도가 높았다는 것을 짐작할 수 있다.[41] 풍류도가 사회 속에서 쉽게 녹아들 수 있었던 것은 당시 사람들에게 유교, 불교, 도교보다는 우리의 것이 더 친숙했고 외래 종교들을 그대로 보급하기보다는 우리 것으로 수용하며 용해하였기 때문이라고 할 수 있다. 이와 같이 우리 것으로 수용했다는 것은 분별하기보다는 융합, 조화하여 하나로 돌아가기를 열망하는 우리의 전통이 반영되었다는 것을 의미한다.

우리나라의 고유한 영성으로서의 풍류도는 심미적인 의미와 함께 종교적인 의미를 내포한다.[42] 여기서 공공적인 의미는 몇 가지로 정리할 수 있다. 첫째, 풍류도는 화랑이 터득해야 할 영성으로 나타났다. 화랑이란 아름답게 단장한 미모의 청년이며, 낭도 수백 명을 거느린 모성적인 포용성을 가진 존재이다.

둘째, 풍류도의 기원은 고대 제천의례에서 나타난 하늘 신앙에 있다. 종교적 '한'과 예술적 '멋'과 인간적 '삶'이 하나의 조화를 이룬 것이며 이것은 삼태극의 원으로써 상징된다. 우주를 향해 열린 구조라 하겠다.

셋째, 풍류도는 토착 종교인 무교로부터 노래와 춤을 통한 제사 곧 가무강신의 전통을 이어 받아 상징하는 '멋' 또는 예술성의 기초가 되고 있다.

넷째, 풍류도의 덕목에는 유교의 충효와 불교의 선행 그리고 도교의 무위자연 등이 포함되어 있다. 특히 신선도를 중시한다.

다섯째, 풍류도의 상징은 노래와 춤을 뜻하는 피리이다. '피리를 불면 적병이 물러가고, 병이 나으며, 가뭄에는 비가 오고, 비올 때면 개며, 바람은 가라앉고, 물결도 평정하여졌다.'는 만파식적의 이야기가 있다. 피리는 가무와 가락을 상징하며 풍류도의 본질을 상징한다.

풍류를 글자 그대로 해석하면, 바람의 흐름이라고 할 수 있다. 바람이 부는 이유는 고기압에서 저기압으로 흐르는 자연 현상 때문이다. 이는 말 그대로 자연(自然: 스스로 그러함)인 것이다. 즉, 풍류도는 자연의 흐름이며 본성이라고 할 수 있다. 풍류도에는 삼교의 핵심이 내재되어 있다. 도교의 본질은 '사심 없이 자연의 법도에 순응하는 것(無爲自然)'이며, 유교의 본질은 '자기를 극복하고 예로 돌아가는 것(克己復禮)'이고, 불교의 본질은 '한마음의 근원으로 돌아가는 것(歸一心之源)'이다.[43]

풍류도는 공공윤리의 지침으로서 자연의 덕성에 따라 이기심을 버리고 삶을 살아갈 것을 강조하고 있다. 제천의례에서의 가무나 화랑 수련에서의 가락은 하늘의 본성과 인간이 소통하는 것이다. 그것은 겨레가 하늘 또는 자연과 하나가 되는 것이다. 이러한 체험을 통해 인간됨의 양식을 체득하는 것이다. 풍류도를 몸에 지닌 사람은 사심 없이 일을 처리하고 집안에 들어와서는 부모에게 효도하고, 나가서는 나라에 충성하며, 모든 악한 일을 버리고 선을 행할 수 있는 교육 가치를 실천하게 된다. 무엇보다도 풍류도에는 유·불·도의 조화 정신이 내재되어 있는데 이를 온전히 되살린다면 오늘날의 심각한 종교적 갈등을 극복하고 종교 사이의 참다운 대화를 가능하게 할 것이다. 선교와 포교는 이후의 문제이다.

우리는 풍류도를 통해 생태계 위기 극복과 사회 갈등 해소 및 남북 통합의 시발점을 마련할 수 있을 것이다. 따라서 우리는 민족의 얼의 원류에 대한 충분한 이해와 자긍심을 가지고 여타의 외래 사상 및 문물을 적극적으로 수용할 수 있는 준비를 해야 한다.

이처럼 풍류도는 한국인으로서의 인간다운 삶을 가능하게 하는 거레얼의 형성 과정을 보여주고 있다. 이러한 과정에서 최치원의 「난랑비서」는 한국사상의 자기정체성을 말해주는 자료이며, 한국 선맥의 사상적 특징과 논리 구조를 선명하고 간결하게 보여주는 소중한 유산이다. 여기서의 '난랑'이 어떤 개인을 지칭하는가 아닌가 하는 논란이 있지만, '난랑'은 특정 인물이 아닌 화랑도와 신선도를 동시에 표현하는 보통명사라고 본다.

「난랑비서」에 의하면, 유·불·도가 들어오기 이전에 우리 고유의 현묘한 도가 있었다. 만약 풍류도를 샤머니즘이라고 한다면, 이 샤머니즘은 원시시대의 산물이다. 풍류도에는 샤머니즘에 없는 요소들이 포함된다. 풍류도에는 원시시대보다 오히려 차축시대의 요소들이 많이 발견된다.[44]

풍류도는 선층(仙層)에 귀속한다. 풍류도는 삼교를 종합한 그 이상을 가지고 있었으니 이를 품격이라고 할 만하다. 이에 비하면 삼교는 대격이다. 최치원은 당나라에 가서 삼교의 진리를 배운 몸이었으나, 이에 만족하지 못하고 신라에 되돌아와서 풍류도의 품격에 대한 탐구의 끈을 놓치지 아니하였다. 그의 「난랑비서」가 비록 짧기는 하지만 역사적 의미는 자못 크다고 할 것이다. 유·불·선 삼교를 그 안에 포함하고 있을 만큼 큰 생각이 바로 풍류도이며, 현묘지도(玄妙之道)이기 때문이다.

풍류도는 화랑도와 같은 현상으로 나타났는데, 화랑도의 세속오계는 유교와 불교의 도덕률을 종합한 현묘지도의 극치를 보여준다. 화랑도는 외래성과 고유성을 조화시킨 절묘한 것이었다. 화랑이라는 이름으로 모여 들어 서로 도의를 닦고, 가락으로 즐거워하고, 산과 큰 내(川)에 노닐면서 더불어 행복한 이치를 추구하였다. 화랑의 품격은 인재 등용의 요건으로 작용하였다.[45]

여기서 풍류화랑은 종교가 추구하는 이상경에 대한 표현이면서 동시에 자연과 인생과 예술의 일체삼매경에 대한 심미적 표현이다. 많은 사람들이 화랑도를 신라 시대에 국가를 위해 헌신한 무사집단 정도로 여기고 있는 것이 사실이다. 그들의 마음에는 원광의 세속오계(世俗五戒)가 있었다. 신라 시대의 화랑도가 그들의 삶의 지침으로 삼고, 교육의 주요 방향으로 삼았던 풍류도(風流道), 세속오계, 삼미덕(三美德)의 공공행복의 정신은 오늘을 살아가는 우리에게도 감동을 주며 새로운 메시지로 다가온다.

공공 행복을 추구하는 덕성 교육이 이 시대에도 필요하다면, 전통적인 화랑도가 전하는 의의는 매우 크다고 할 것이다. 도덕을 지식으로 전할 수밖에 없고, 정의적 영역을 가르친다 해도 그 평가가 너무나 어려운 교육 현장에서 가슴과 행동을 살아 있게 해 줄 수 있는 화랑도의 정신을 교육적으로 활용한다면 인격적으로 성숙한 공공교육을 기대할 수 있다.

근대에는 동학의 주문에서 풍류도 정신의 계승을 발견하게 된다. 동학 주문 21자 중 시천주 조화정[46]의 주문은 신인합일을 기초로 삼은 풍류도 멋의 전개로서 신인합일의 정신이 깃들어 있다. 천주를 받들어 모시는 개벽 시대에는 풍류의 멋을 귀하게 여기게 된다. 배타적인 선교 행태와 근본적으로 차이가 난다. 시천주의 포용정신은 유·불·선 삼교뿐만 아니라 기독교까지 수렴하는 특징을 보여준다.

동학은 성의정심(誠意正心)의 유교 정신뿐만 아니라 서양의 천주 개념도 「포덕문」에서 천주조화지적(天主造化之迹)으로 수용하고 있다.[47] 다만 서학을 신봉하는 자들이 조상 제사를 하지 않음을 염려하며, 부모 혼령혼백은 없다고 하면서 유독 자기 혼령은 홀로 하늘나라에 간다고 하는 모순을 드러내는 것을 개탄한다.[48] 아울러 접화군생(接化群生)의 풍류도가 동학에서는 광제창생의 구세의 틀로 제시되어 있다.[49]

이런 면에서 세 가지 사상을 민족 고유의 정신으로 아우르고자 했던 풍류도와 그것의 계승으로서의 동학에서 다원문화 시대의 바람직한 실천자세를 배울 수 있다. 풍류도는 종교로서 비현실적인 구원을 강조한 것이 아니라, 윤리적 지침으로서 자연의 덕성에 따라 이기심을 버리고 삶을 살아갈 것을 오히려 강조하였다.

우리 전통 제천의례에서 볼 수 있는 가무나 화랑 수련에서의 가락은 한울님의 본성과 인간이 소통하는 것이다. 이를 통하여 하늘 또는 자연과 상통하는 것이다. 풍류도를 통해 사심 없이 일을 처리하고 부모에게 효도하고 나가서는 나라에 충성하며 모든 악한 일을 버리고 선을 행할 수 있다.

『천도교창건사』에는 상징적 교환의 의미를 상기하게 하는 수운의 말씀이 소개되어 있다. 다시 말하면, 고운의 생각과 상통한 가운데 수운은 전통적인 종교와의 차별을 수심정기(守心正氣)로 집약하여 표현한다. 수운은 수심정기의 마음으로 선천시대의 경천신앙을 다시 회복하고, 통치의 성학(聖學)으로서의 주자학의 권위를 해체시켜, 풍류화랑의 신명을 새롭게 계승한 민학(民學)의 새 길을 복원하게 되었다.[50] 새 길은 보국안민으로 자주·복지 사회, 인의예지 실천으로 군자 사회, 시천주로 차별 없는 평등 사회를 구현하는 길이다.

> 내 도는 원래 유(儒)도 아니며 불(佛)도 아니며 선(仙)도 아니니라. 그러나 오도(吾道)는 유·불·선(儒·佛·仙) 합일(合一)이니라. 천도(天道)는 유불선은 아니로되 유불선은 천도의 한 부분이니라. 유의 윤리(倫理)와 불의 각성(覺性)과 선의 양기(養氣)는 사람성의 자연(自然)한 품부(稟賦)이며…[51]
> 인의예지(仁義禮智)는 선성지소교(先聖之所教)요 수심정기(守心正氣)는 유아지갱정(唯我之更正)이니….[52]

수운은 유불(儒佛)을 전면적으로 부정하지는 않았다. 그는 당시의 형편은 매우 어지러운 세상이라고 관찰하고, 백성과 나라의 운명에 대하여 걱정하고 있었다. 「포덕문」에서는 이러한 수운의 탄식을 엿볼 수 있다.

> 이런 까닭에 우리나라에 나쁜 병이 가득해 백성들이 사시사철 단 하루도
> 편안할 날이 없으니 이런 현상 역시 다치고 해를 입을 운수다. 서양 각 나
> 라는 싸우면 이기고 치면 빼앗아 성공하지 않은 일이 하나도 없으니 천하
> 가 다 멸망해 버리면 역시 입술이 없어져 이가 시리게 되는 한탄이 없지 않
> 게 되리니 잘못되어 가는 나라를 바로잡고 도탄에서 헤매는 백성들을 편
> 안하게 만들 계책이 장차 어디에서 나올 수 있을 것인가?[53]

풍류도에는 유·불·선의 조화 정신이 내재되어 있다. 이것을 오늘에 되
살린다면 오늘날의 공공적 갈등을 극복하는 결정적인 계기가 될 것이다. 풍
류도는 한국인으로서의 인간다운 삶을 이루게 하는 민족의 얼이라고 말할
수 있다. 따라서 풍류도의 규범은 일종의 원을 이루어 과거의 동인의식을
동학으로 이어주고 매개하는 가운데 끊임없이 상징적 교환을 이루게 되는
것이다.

동학의
천도와
겨레얼 살리기
운동

겨레얼이란 '배달민족이 천지인의 만물, 만사를 횡단매개하면서 생명을 하늘에서
받아 내려와서 다시 하늘로 되돌리는 정신'으로 배달민족의 생성과정을 함축한다.
얼은 '어울림, 어우름'으로 '더불어 살아감'과 상관되며, 얼은 동시에 '알(씨알)'이
나 그 파생어, '아우름, 앎'과 연관된다.

1. 동학과 선도의 양기(養氣)

우리를 둘러싼 세상이 바쁘게 돌아갈 때, 우리는 한 번씩 멈추고 스스로를 돌아보게 된다. 과연 내가 바쁜가, 아니면 세상이 바쁜가? 그런데 세상이 바쁜 것으로 느끼지만, 실상은 세상이 아니라 내 마음의 렌즈가 그렇게 만드는 것이다. 세상을 바라보는 내 마음의 눈이 어떤 상태에 있느냐에 따라서 그 마음 그대로 세상이 비친다. 세상을 탓하기 전에 내 마음의 렌즈를 아름답게 닦아야 한다는 의미이다.

동학은 수심정기(守心正氣)의 렌즈를 통해 세상을 아름답게 보라고 권유한다. 그러면 겨레가 지켜온 숨결을 오늘에 살릴 수 있다. 겨레와 함께 하는 마음의 길은 하늘을 항상 마음에 품는 하늘의 길, 천도(天道)이다. 동학은 이리하여 전통의 가치인 천명(天命)을 따르지 않고, 근대조선 후기의 혁명을 꿈꾸게 된다.

이는 천명의 불복을 통한 혁명의 각도(覺道)이다. 서양 세력과 같이 도래한 서학의 천주(天主)에 대해 하늘의 내재와 상통을 새롭게 깨우치는 한울님[1] 모시고 섬기고 가꾸는 새 길이다. 세상의 모든 잎사귀들이 하나하나마다 한울타리의 고운님이다. 그 잎사귀를 향해 하늘은 이렇게 속삭인다. '무럭무럭 자라렴. 내가 보호해 줄게!' 라고 말이라도 하듯이.

항상 어깨 위에 있는 하늘, 가슴에 다가오는 하늘을 향해 나를 돌봐주어 고맙다고, 나를 살펴주어 감사하다고 배려해주고 살피게 되는 새 길이다.

하늘의 길로서 우리에게 열린 동학의 새 사상은 풍류 신명을 계승한 한국고유의 사상이자 유·불·선 삼교 합일에 수심정기를 표방하는 무극대도(無極大道)의 사상이다. 이는 전제군주 시대의 계급 질서를 근본적으로 타파하여 새로운 사유를 원했던 시대적 열망에서 조선(朝鮮)의 민학(民學), 동방의 천도(天道)로 등장하였다. 천도(天道)는 선도(仙道)를 포용한다.

선도와 동학에서의 하늘에 대해 살펴볼 때, 동학과 선도의 사유 방식이 지닌 유사성에 착안하게 된다. 동학이 유·불·선 중에 어느 것에 가까우냐를 판단한다거나 선도의 사유 방식이 동학에 직접적으로 영향을 끼쳤다고 보기는 어렵다. 먼저 살펴볼 것이 한국 선도 사상 형성에 미친 노장의 사유 방식인데, 노장의 사유 방식은 역설의 논리라고 알려져 있다. 일반적으로 좁은 의미에서 논리는 옳고 그름을 판별하는 방법이라고 여겨진다. 그런데 노장사상에서는 오히려 개념의 한계를 언급하면서 참과 거짓 혹은 옳고 그름 등의 대립을 가르는 기준을 확정할 수 없다는 입장이다.

특히 노자의 사상은 사태의 배후에 있는 대립 이면을 끊임없이 상기시킴으로써 온전한 사태를 균형 잡힌 시선으로 보게 하여 진실에 접근하려는 사유 구조를 보여준다. 나아가 단순히 현상적인 변화상을 서술하는 것에서 그치는 것이 아니라, 천지 만물의 존재와 운동 근거까지의 사유를 전개시킴으로써 '도(道)'라는 개념을 제시하여 존재론적 사유로 전환하였다.

노자의 신선사상이 동학에서는 지상신선(地上神仙)으로 다가온다. '동학에 입도하면 그날부터 군자 되어 무위이화(無爲而化)될 것이니 지상신선(地上神仙) 네 아니냐?' 한다.[2]

이처럼 동학이 지향하는 세계는 극락이나 천당과 같은 내세가 아니라, 현세에 실현되는 동귀일체의 공동체이다. 지상에서 더불어 행복한 동귀일체의 존재론을 의미한다.

반면에 장자는 노자의 사상을 이어받으면서도 궁극도 자체의 구조나 원리를 강조하기보다는 무위자연의 도에 대한 인식으로 사람들이 자의식에서 벗어나 자유롭고 자연스럽게 살아갈 수 있는 방법을 제시하였다. 노자의 경우 도를 현상계의 대립을 떠나 있는 것으로 보아 만물의 근거로서의 성격을 부각시켰다면, 장자는 이러한 도에 대한 관념을 개별자의 측면에서 내재화함으로써 천차만별의 개별자 전체에 대한 존재론적 긍정을 가능하게 하였다.

장자는 '연·불연(然·不然)'의 논리를 받아들여 일상적으로 '그럼직하게 받아들여지는 것(然)'과 '그렇지 않은 것(不然)' 사이의 상호 소통 가능성을 언급하고, 도의 관점에서 모든 사물의 다양성은 '자연은 자연대로', 그 차이는 '불연(不然)은 불연대로' 대비 관계를 동시에 긍정함으로써 어느 한쪽을 배제하는 일 없이 온전히 긍정하는 진인(眞人: 참사람)을 추구하는 방법을 제시한 바 있다.

보이는 대로 상식적으로 판단하여 그렇다고 여기는 많은 일들(其然)은 근원으로 소급해 가면 결국 불연의 사태와 마주치게 된다. 이를테면 사람의 생명은 부모에게서 나에게로, 나에게서 나의 자손에게로 계속 이어져 나간다. 그런데 생명의 근원을 거꾸로 무한히 소급해 올라가면 이것 혹은 저것이라고 분간할 수 없어 불연의 사태에 부딪힌다. 불연은 인식론적으로 확정하기 어려운 것(難必) 혹은 알 수 없는 것(不可知)이다. 반대로 기연은 감관과 인식능력을 동원하여 단정할 수 있는 사태를 의미한다.

그런데 기연으로 여겨지는 사태는 사실 근원을 거슬러 올라가거나 드러난 사태의 배후를 생각하게 되면 온통 불연·기연이고 마침내 불연이 되어 버린다. 그렇게 불연에 부딪혔을 때 만물의 근원인 조물주에게로 마음을 점차 옮겨 가게 되면 불연처럼 보이던 것들이 회통되어 알려진다. 따라서 불연의 논리는 다양한 차원의 논의를 함축하고 있다.

동학의 불연기연의 논리는 도가에 비해 보다 간결하게 전개된다. 불연기연의 논리는 사람이 사람다우며 세상을 지향한다. 기연을 돌이켜 불연이 되어 버리는 것이 아니라, 불연이 다시 기연 속에서 실현되는 것이다. 조물자, 한울님에 마음을 붙였을 때 일상적인 사태 및 구체적인 개별자로서의 인간이 무의미해지는 것이 아니라 인간의 내면에서 한울님을 발견하고 보존하고 길러 나가는 수련을 통해 불연을 실현한다.

시간적으로 소급해 올라가 다다른 불연의 사태는 만물의 근원으로서의 불연으로, 이를 존재론적 불연이라고 불러 볼 수 있겠다. 이에 대해 정면의 사태에 대한 부정, 반대로서의 불연은 일종의 인식론적인 불연이다. 납득할 수 있는 정면의 사태만을 고집하는 사람의 습성은 가치론적인 불연을 야기할 수 있다. 이는 동학의 사유 방식으로서의 불연기연(不然其然)이 세계를 이해하는 다양한 차원에 적용될 수 있음을 보여준다.

동학의 불연기연은 '한'의 사유와 닮아 있다. 수운은『노자』·『장자』를 수용하되 '한'의 관점에서 살펴보면서, 하늘 인식에서 도가사상을 수용한다. 수운은 '무지한 세상사람, 아는 바 천지라도 경외지심이 없었으니 아는 것이 무엇이며'라고 했다.[3] 하늘을 경외하는 마음이 없으면 아는 것이 없는 것과 다름없다. 불연기연은 사상적으로 가장 원숙하고 심오하였던 만년의 저작으로, 천도의 인식론적 근거를 통찰하고 개진한다.

2. 동학과 불교의 각성(覺性)

조선 사회는 억불숭유 정책에 의해 불교는 유학자들의 비판 대상이었다. 불교는 충과 효의 인간 도리를 다하지 못하고 출가를 하기 때문에, 또 면벽과 좌선을 일삼는 허무와 적멸의 도라고 생각하여 유학자들은 불교를 배척한 것이다. 이에 불교는 그러한 성향에 치우친 예는 있어도 본래의 가르침은 결코 '적멸의 도'가 아님을 항변해 왔다. 또한 조선 사회에서 민중 반란에 승려가 함께 하였음을 근거로, 수운은 성리학을 대체할 이념으로서 동학의 이념에 삼교를 포함시켰고, 특히 성리학에 억압을 받던 불교의 자리이타의 공공성을 새 밝힘의 이념으로 포용하면서 동학에 수용하였다고 말할 수 있다.

동학이 불교와 상통함은 모든 만물이 한울님을 모시고 있고, 생명이 있어 평등하며, 전체와 개체가 둘이 아닌 한울타리요, 한울타리인 세계가 끊임없이 생성하고 개벽한다는 무궁한 이치에서 나온 말이다. 동학은 이를 불교의 마음의 이치로 설명하고, 불교처럼 비어 있는 성품과 상통하는 무극의 존재론적 사유를 제시하기에 탈주체의 포스트 유를 내포한다.

동학이 불교적 사유를 보인다는 것은 구체적으로 세 가지 관점에서 주장할 수 있다. 첫째, 한울님을 인간과 상통시키면서 만물에 한울님의 성품을 부여하여 개체와 전체를 상통시킨다는 점이다. 인간이 한울님이라는 것은 인간 개체가 곧 전체와 상통한다는 의미이다. 이는 불교 화엄사상에서 '일즉다 다즉일(一卽多 多卽一)'의 회통처럼, 생명 평등, 다양성 존중, 계급타파의 혁신의 도덕적 상상력을 가능케 한다. 한울님은 자체가 우주의 큰 생명으로 모든 생명의 조화에서 개체 생명과 주고받으며 이루어간다.

둘째, 유무회통(有無會通)으로써 모든 존재가 '있음과 없음', '생겨남과 사라짐'의 공존 속에서 상호관계의 존재임을 말하기에 모두가 한울님의 마음을 받들어 한울의 동귀일체로 돌아가는 공동체 의식을 지향한다. 동학은 붓다의 평등사상처럼 호민(豪民), 서민(庶民)와 서류(庶流) 등의 소외계층과 귀족(貴族)과 같은 낡은 신분규범을 타파하였다. 셋째, 동학에서 말하는 허령창창(虛靈蒼蒼), 공적활발(空寂活潑), 불연기연(不然其然)의 유무회통 사상은 어떠한 현상과 사물도 고정된 것으로 보거나 집착하지 않고 끊임없이 변화·생성하는 무궁의 세계관을 지니게 하여 인간으로 하여금 도덕적 상상력의 세계를 만들고자 하는 과정에 주목하게 한다. 불연기연은 모순된 것처럼 보이는 언어를 통해서 각자위심의 이기적인 마음에서 벗어나 '내 마음이 곧 한울님 마음임(吾心卽汝心)'을 자각하게 하는 동학의 핵심 논리이다. 역설은 모순을 인정하고 모순을 넘어선 존재론적인 인식의 논리이다. 불연기연은 인식론 측면뿐만 아니라 존재론 측면에서도 공공세계를 상상하게 한다.

동학의 인내천 사상의 전조(前兆)를 전통사상 속에서 살펴보면, 보우(1515~1565)가 말했던 인즉천(人則天)을 빼놓을 수가 없다. 조선 시대의 불교사상 자체가 유교와 무관할 수 없는 현실이었고, 중국이나 조선 모두 유교가 통치 이념으로 채택된 상황과 위기 속에서 불교는 성리학을 인용하여 불교가 그것과 다르지 않음을 강조하거나 삼교 합일 사상을 내놓았다. 중국의 경우 당대의 고승 종밀(宗密, 780-840)이 그 대표적인 경우이고, 조선에서는 함허 득통기화(涵虛 得通己和, 1376-1433)나 허응 보우(虛應 普雨, 1509-1565) 등이 대표적이다. 허응 보우는 조선 중기에 억불 정책이 지속되던 유가 정치에서 일시나마 불교를 부흥시킨 인물로서, 인즉천과 삼교일치 사상을 표방하였다.

그는 도교와 불교가 한갓 허무만 일삼아서 도리의 작용이 본체의 작용임을 알지 못하였음을 비판하고, 반대로 유교가 인의(仁義)·충서(忠恕)만을 높이 숭상하여 형식화한 나머지 집착되어 그것이 진공(眞空)·적멸(寂滅)의 작용임을 알지 못하였다고 주장했다. 본체는 비어서 스스로 신령하고 작용은 현현하면서도 자취가 없고, 음양과 사시에 행하면서 잠시도 쉬지 않는다는 것은 수운의 '심본허 응물무적(心本虛 應物無迹)' 하는 한울님과 상통한다. 또 보우는 "음양 사시가 곧 법성으로 부처의 몸이요, 모두가 구국의 진리"라고 하여, 유가 용어를 통해 불교 세계관을 표현한다. 이는 또 수운이 음양이 귀신이요[4] 귀신이 상제(한울님)[5]라고 한 맥락을 이해할 수 있는 단서다.

불교에서 삼교합일의 회통 사유가 나올 수 있었던 것은 일즉다(一卽多)의 화엄사유에서 비롯된다. 본체와 현상이 상즉(相卽)할 수 있기에 유가에서 말하는 사시와 음양도 한울님(上帝)이자 부처의 몸이라고 할 수 있다. 여기서 바로 인즉천의 개념이 형성될 수 있는 것이며, 동학에서는 인내천, 사사천, 물물천(人乃天, 事事天, 物物天)의 시천주(侍天主)가 될 수 있었다. 유불상통(儒佛相通)이다. 보우가 말한 인즉천(人卽天)은 곧 심즉천(心卽天)으로, 불교의 일심과 유교의 천이 결합되어 새로운 세계관을 제시한다.

그러므로 일심은 태극이요 음양은 귀신이며 귀신은 곧 한울님으로, 일심과 한울님은 다르지 않게 된다. 보우는 이러한 입장에서 그의 일정론(一正論)[6]의 논리를 통하여 인즉천(人卽天)으로 구체화시켜 나갔다. 이는 분명 유가의 사유를 불교 안에서 회통시킨 사유이다. 유가의 본체인 천리와 불가의 본체인 마음이 회통하는 것이다. 인간 마음이 불성이라는 불교의 입장은, 유가적 사유를 수용하여 인간 마음은 곧 한울이요 한울이 곧 인간이며 인간의 마음과 기운은 한울의 마음과 기운이 된다고 동학적 사유 방식으로도 말할 수 있다. 이처럼 각성에 대한 동학적 사유는 불교의 깨달음과 맞닿아 있다.

3. 동학과 유교의 윤리(倫理)

유교의 핵심적 사회 기능과 효용성은 '인륜을 밝히고(明人倫)' '교화를 행하는 것(行敎化)'에서 찾을 수 있다. 또한 동학은 유교의 도덕 중시 사유를 계승한 것을 삼교 절충을 통한 동학 창도에 있어서 유교로부터 취한 장점의 실질적인 내용으로 간주하고 있기에, 유학에 비해 상당히 포용적이다. 수운에 따르면, 유교는 성인이 자연에 대한 관찰을 통해 현상계 일체 변화의 원인과 존재의 근원을 하늘에서 찾음으로써 천명(天命)에 대한 공경과 천리에 대한 순응을 제시했고, 배움을 통해 천도를 밝게 깨닫고 하늘의 덕을 닦는 것을 도덕적 인격에 이르는 방법으로 제시한다.

모든 존재의 근원이자 변화의 궁극원인을 천도(天道)에서 찾고, 그것이 내 안의 하늘의 덕을 밖으로 드러냄으로써 인격의 완성을 궁극목표로 지향한다. 선천규범을 따르는 것이 군자이며, 그것을 배워 닦으면 도덕(道德)이 되고, 이웃과의 아름다운 관계를 이루면 윤리(倫理)가 된다.

유교의 본질에 대한 수운의 이해는 동학이 유교의 사유 방식과 상통함을 말해 준다. 수운은 유교에 대해 정확한 이해와 긍정적인 태도를 지녔을 뿐만 아니라, 자신의 동학을 그것과 연동하여 파악함으로써 경천(敬天)에서는 유교의 계승을 자임(自任)한다. 유교는 통치권을 하늘로부터 받는 것으로 보는 왕권천수설(王權天授說)이며, 사단(四端=仁義禮智)에 능한 이성적 군자가 통치층이 되고, 칠정(七情=感情=喜怒哀懼愛惡慾)에 흐르는 민(民)은 피치자가 된다. 인성론에서의 대인과 소인의 신분 차등은 유교의 수기치인(修己治人)이 상하주종(上下主從)의 지배 구조를 낳았다.

동학은 선진유교보다 주자학의 영향을 많이 받는다. 주자학에서는 현상적 존재인 사람을 포함한 만물은 '리(理)'와 기의 결합으로 이루어진다. 즉 만물이 지닌 원리인 본성(性)과 기질인 육체(形)는 각각 리·기와 연관된다. 이러한 세계의 보편적인 원인이자 법칙으로 리·기를 품부 받아 생겨난 모든 사물에 빠짐없이 내재되어 각 사물의 본성을 이루고 있다.[7]

유교의 전통적인 천인합일의 천인관계를 성리학에서는 이기를 근본 범주로 하는 존재론으로 조명한다. 주자학에서는 동일한 리(理)를 공유하고 있다는 점에서 하늘과 사람은 동질적이나, 그것은 어디까지나 원리적인 동질성일 뿐 현실적으로는 하늘과 사람은 차이가 있다고 본다. 군왕도 잘못된 정치를 펴면 천견(天譴)을 받는다.[8]

사람은 하늘과 달리 기를 품부 받아 구성된 기질(氣質, 肉體)을 지니고 있는 존재이며, 바로 그 기질(氣質之性)이 본성(本然之性)으로 내재된 리의 온전한 실현을 제약하거나 방해한다고 보기 때문이다. 주자학은 이기를 하늘과 사람의 본질적인 동질성의 근거로 제시하는 동시에, 기에 의해 현실적으로 하늘과 사람이 지니게 되는 간극, 즉 현실적 떠남을 이야기한다.

여기서 떠난다는 것은 포기하는 것이 아니다. 계속 움직이는 것이다. 인생의 여정에서 멈추는 것이 아니라 더 나은 방향으로 한 걸음을 내딛는 전환이다. 기질의 변화에 의하여 습관을 버리고 떠난다. 꿈을 실현할 수 있는 쪽으로 '기'의 움직임에 따라 방향의 전환을 모색한다. 동학은 유교 사유의 근간이 되는 천인합일의 사유를 지니고 있다. 그것이 바로 '일기'(一氣)를 매개로 한 하늘과 사람의 일체성인데, 이는 시천주(侍天主) 사상으로 구체화된다.

시천주 사상은 사람은 신, 즉 하늘(한울님, 상제)을 안에 모시고 있는 존재라는 점에서 하늘과 하나임을 천명한다. 비록 수운은 하늘(天)이 무엇인지를 명시적으로 제시하지는 않지만, 그의 언급을 통해서 유추해 본다면, 그가 제시하고자 했던 하늘은 바로 지기(至氣)의 기화(氣化) 자체를 가리키는 것이다. 기화 과정에 있는 기가 지닌 일정한 법칙성을 가리켜 천도라고 하고, 그것이 음양 교체로 변화무쌍함을 일러 귀신이라 하고, 기화를 통해 만물을 화생하는 자연스러운 작용(無爲而化)을 가리켜 조화라고 부른다. 해월은 "귀신은 그 기가 형체를 알기 어렵고 움직임을 헤아리기 어려운 것을 말한 것이고, 기운은 그 기가 강건하고 쉼 없이 작용하는 것을 말한 것이며, 조화는 현묘하여 억지로 함이 없음을 말한 것이므로 그 근본을 궁구하면 일기(一氣)일 뿐이다."[9]라고 집약한다.

기화로서의 하늘과 기화의 결과인 사람을 비롯한 현상적 존재들은 '일기(一氣)'를 매개로 일체적 관계에 있다. 즉 현상적 존재들은 기가 응취하여 형체를 이룬 것이고, 하늘은 기화의 과정에 있는 혼원한 기로서 형체를 볼 수 없다는 점에서 다를 뿐 본질적으로 동일하다. 동학의 이러한 사유는 유교의 전통적 천인합일 사상의 동학적 표현이라고 할 수 있다. 시천주의 천인합일 사유에서는 일기(一氣)의 내재성에 근거해 사람과 하늘의 일체성을 강조하는 동시에, 일기인 하늘이 내 밖에도 여전히 기화로 작용하면서 개체와 상접함을 말한다.

'천상에 상제님이 옥경대에 계신다고 보는 듯이 말을 하니 음양이치 고사하고 허무지설 아니런가?' [10]

수운이 말한 신령과 기화는 바로 하늘의 내재성과 외재성을 동시에 제시하는 개념으로, 동학의 인간에 대한 사유는 유교의 천인합일 사상과 연관되어 있다. 동학은 유교 규범의 '위계 서열의 가치 지향'에서 탈피하여 인간중심의 윤리 규범을 제시하면서, 서열이나 차별에 앞서 보편성과 개방성을 강조하는 변화를 보여준다. 이것은 유교 자체의 해체가 아니라 유교와 동학이 만남으로서 규범적 유연성을 풍부하게 보존함이다. 이를 통하여 겨레의 유구한 정신문화로 계승된 경천애인사상과 평화애호사상을 겨레얼로 되살릴 수 있다. 민족의 정신문화 창달에 이바지하도록, 동학은 인간의 창의성과 협력이 요구되는 시대변화에 이정표가 된다.

다시 말하면, 동학의 가르침은 새로운 행위 준칙으로 자리 잡을 수 있음을 의미한다. 수운은 더욱이 서학의 '사후 개인 영혼의 구원'에 대해 '빨리 죽어 천당을 가겠다는 유원속사(唯願速死)'의 미신을 이렇게 비판하고 있다.

유원속사(唯願速死) 무삼일고 부모 없는 혼령혼백(魂靈魂魄) 저는 어찌 유독 있어 상천(上天)하고 무엇하고 어리석은 소리 말았어라. [11]

포용과 조화를 특징으로 하는 우리 민족의 사유방식으로, 선도에서 동학의 하늘을 수용하고, 불교에서 동학의 대지(大地)를 받아들이고, 유교에서 동학의 인간을 형성함으로 어떤 것이 다른 하나를 정복하는 것이 아니라 모두가 서로 이해하고 도우며 공존하는 화해의 길을 제시한다. 이에 따라 겨레얼에는 상부상조가 주요한 덕목으로 자리 잡았다. 이러한 사실을 통해서 우리는 겨레얼이 비록 동학의 중요한 덕목이 되면서 세계 맥락 중심의 보편 윤리로 전개될 수 있는 가능성을 열어주었다고 말할 수 있다.

동학은 '서학의 대항문화'라는 선입견적인 인식을 벗어 던지고 그 실상을 보면 동학의 외래문화에 대한 태도는 배타보다는 포용적 수용의 성격이 강하다고 말할 수 있다. 동학에 흐르는 정신은 초월이라기보다 포월(包越:포함하여 벗어남)이다. 해탈(解脫)이라기보다 구속의 정황으로부터의 벗어남, 탈(脫)이다. 구세사상으로 세상을 구원하려고 하지는 않는다. 반면에 세상에 있으면서 거룩한 포월의 길을 통해 세상을 벗어나 자유롭게 살 수 있는 길을 제시한다.

4. 동학과 도학의 기상(氣像)

동학의 배경에는 도학사상이 깔려 있으며 동학의 도학적 기상은 삼태극 사상의 영향을 받는다. 동학의 후천개벽은 삼태극의 풍류도[12]를 계승하여 유불선의 이상적 인격상을 제시한다. 동학은 사인여천(事人如天) 개념에서 '사람을 하늘처럼 섬기라고' 했듯이, 시천주(侍天主)를 통해서는 '사람은 누구나 한울님을 모시고 있는 존재임'을 강조한다. 결국 사람을 섬기는 도리로써 사람 사이를 이어주고 매개하고 살린다.

동학은 선비·보살·신선을 총체적으로 추구하는 점에서 삼교회통의 의미를 보여준다. 수운은 유불선의 핵심 내용을 동학사상에서 수용하면서 한 걸음 더욱 나아가서 사회개혁으로 승화시키고 있다. 결국 동학은 유·불·

선의 합일이다. 유교의 윤리와 불교의 깨달음, 선도의 양기(養氣)는 천도의 부분집합으로 동학은 태극의 근원을 지향하고 있다.

삼교합일은 천도의 부분으로 태극의 길로 나아가고 그 위에 인내천 사상을 보여준다.[13] 수운은 음·양의 합일, 부정·긍정의 합일, 상생·상극의 합일, 불연·기연의 합일, 낡은 것·새 것의 합일을 모색하면서 삼교회통의 진리를 지향한다. '함이 없으면서도 하지 않은 것이 없는 것(無爲而無不爲)'을 살려 간다. 삼교합일은 삼교가 삼도로 전화되는 과정에서부터 접화군생(接化群生)과 연결된다. 접화군생은 고운의 난랑비서에 풍류도를 주체로 하여 유·불·도 삼교가 각기 부분집합이 된다는 의미이다. 근본바탕은 풍류신명이지만, 인간의 길, 대지의 길, 하늘의 길이 함께 이어져 있다.

접화군생(接化群生)으로 삼교를 융화하여 그 뿌리가 근본적으로 같음을 천명하는 대목이 등장하고 있다. 그러므로 동학사상은 유교의 천명(天命)과 도교의 무위(無爲), 그리고 불교의 회통(會通)을 아우르는 조화로운 상태에서 새로운 창조적 발상으로 이행하려는 특징이 있음을 발견하게 된다. 해월은 공동체성을 회복할 때 인간은 '타인과 내가 하나요(人吾同胞)' '자연과 내가 하나라는(物吾同胞)' 사실을 깨닫는다고 「삼경」에서 밝혔다. 여기에서 동양의 천인합일(天人合一)적 전통의 계승을 볼 수 있다. 동양사상에서 인간은 소우주로 이해되었다.

그러므로 공자는 '칠십에 이르러 내 마음과 하늘의 이치와 아무런 차이점이 없었다.'고 말하고, 노자는 아예 '나'라는 존재가 사라져 일체 사유와 행위가 무위자연(無爲自然)에 불과함을 말하였다. 이러한 전통은 동학에서도 이어져 이상적 인간은 언제나 우주와 호흡하고, 민과 함께 하고, 작위가 아닌 천리 혹은 천명에 따른 무위이화(無爲而化)의 길을 걷는다. 근대적 서구사회가 이상적 인간으로 제시하는 합리적 개체에 비한다면 동학이 제시하는 이상적 인간은 언제나 공공성을 담지한 존재라 하겠다. 우주적 공공성과 함께 숨을 쉬는 존재가 인간이라는 것이다.

손병희는 1905년 동학에서 천도교로 바꾸고 교단 제도를 개혁하며 교세를 확장한다. 그의 가르침에 의하면, 한울이 스스로를 표현한 것이 만물인데, 그 안에 사람도 있으므로 신의 본성과 만물의 본성, 사람의 본성은 결국 일치한다.[14] 인내천 사상은 한울님을 스스로 발견하고 깨침으로서 자기 자신이 한울님으로 화현할 수 있음을 보여준다. 동학이 제시하는 이상적 인격은 우주적 기운에 관통한 존재를 뜻하면서 천리 혹은 본성으로 표현되는 우주적 중심에 이른 존재라 할 수 있다.

수운은 그 자리를 신령(神靈)이라 불렀고 불가에서는 불생불멸(不生不滅), 불구부정(不垢不淨), 부증불감(不增不減), 적연부동(寂然不動)의 자리로 일컬어진다. 송명(松明)과 조선의 성리학자들이 초월적 영역으로 강조하였던 성리(性理)의 자리라 할 수 있다. 동학은 성리학자와 달리 그러한 성리의 자리가 기(氣)의 세계와 불가분리의 불이(不二)적 관계라고 보았다. 모종삼(牟宗三)은 동학을 '존재와 활동의 일원성'의 철학이라고 하였다.[15] 궁극적 존재는 자신을 영원한 창조성 자체로 끝없이 드러내는 활동성이라는 뜻이다. 동학에서 이상적 인격체라 할 수 있는 '천주를 모신 사람(侍天主)', '천주를 키우는 사람(養天主)', 육신을 본성으로 바꾼(以身換性) 사람'은, 육신은 보통 사람과 같지만 마음 상태는 천지인(天地人)을 관통하는 영성에 이른 인격체이다.

공자의 인(仁)·종심(從心), 노자의 무위자연(無爲自然), 불가의 공(空)·무(無)·반야(般若) 등은 모두 이러한 마음의 경지와 상통한다. 이러한 인격체가 정치권력을 행사하는 것이 동양의 이상정치의 모습이라고 할 수 있다. 권력은 개인들의 집합의지에 의하여 통제되는 것이 아니라 우주적 공공성을 체득한 이상적 정치적 인격체들에 의하여 통제되어야 한다는 것이 동학의 이상이다. 여기에 동학의 민주정신이 있다.

유가에는 민본정치의 관념이 있었지만 민주정치는 동학에 이르러 사상적으로나 운동적으로 나타나기 시작했다. 삼교합일을 조화로 삼아 도학사상을 원천으로 하는 동학은 혁명적 성격을 지니는 가운데 보국안민(輔國安民), 광제창생(廣濟蒼生), 제폭구민(除暴求民)의 민족사상을 정립하였다. 사회의 부패가 극도로 문란하여 삼정(田政, 軍政, 還政)의 폐단이 극한에 이르자, 동학의 세력은 왕도정치의 부패를 척결하고자 노력하였다. 따라서 민족의 역사에서 최초 민중항쟁을 일으켰다. 수운은 1860년, 4월 5일을 기하여 무극대도를 증득하여 동학을 창도하였다.

그 이후 대원군의 섭정정치, 1882년 한·미 수호조약과 한·청 수호조약, 1882년의 임오군란, 1884년의 갑신정변 등의 병란이 전국을 휩쓸며 나라가 위기에 처하게 되자 혁명의 의지를 길러온 동학도들이 불길처럼 일어섰다.[16] 동학혁명은 보국안민, 포덕천하, 광제창생 3대 이상을 실현하기 위해서 민족주의에 근거하여 '기포(起包)' 함으로써 세계주의와 회통할 수 있었다. 서세동점에 즈음하여 충렬 정신은 결국 민족주의의 의지에 근거하여 민족주의 운동으로 발전되고 마침내 동학혁명의 불길을 지피는 계기로 작용하였다.

동학혁명의 주체인 민중은 주권재민의 민족자주 독립국가 건설의 대의를 드러내기에 신(新)민족주의라고 명명할 수 있다. 동학혁명 사상에서 표방하는 신민족주의는 구 민족주의와 차이가 있다. 즉 구 민족주의는 국수적·침략적·폐쇄적 이념에 근거한다면, 신민족주의는 세계평화를 위하여 민족을 종적으로 발전시키려는 이념으로 자리 잡는다. 신민족주의 이념에 의한 자주는 고립과 사대주의를 배제하면서도 상부상조의 자연의 원리에 순응하고, 자립과 독립을 쟁취하되 다른 민족과 더불어 평화공존과 협동 체제를 구축해 나가려는 방향이다.

동학사상은 1905년, 12월 1일, 손병희 명의의 천도교로 명칭을 바꾸기 전까지는 한국 민족주의와 자주 정신의 보루로서 민중의 호응이 컸다. 동학사상과 천도교는 한 뿌리에서 나온 연동사상이지만, 동학사상은 혁명에 의한 사회 개혁이라는 민중의 희망을 인도하는 측면이 강하다. 반면에 천도교는 혁명사상이 종교 교의(Dogma)로 바뀌면서 개혁의지가 퇴색했다.

다시 말해 천도교시기에 이르러 종교 교리의 폐쇄성에 갇히어 도덕적 상상력을 능동적으로 발휘하는 광제창생의 소임을 다하기가 쉽지는 않았을 것이다. 동학혁명사상은 단순히 관념적 사상이나 이념으로 그치지 않고, 현실 참여를 위하여 청우당의 정당으로 나타났다. 청우당과 동학과 천도교의 관계에 대해 이돈화는 「당지」에서 설명하고 있다.[17] 교와 당은 일체양면인 동시에 일체라고 하면서 교가 광원이라면 당은 광선에 해당한다. 천도교의 무극원리는 무소부재, 무사불명이기 때문에 정교는 분리될 수 없다는 입장이다.

이돈화의 해석은 수운의 원융의 실체와 무소불통의 진리의 대도원칙을 수용한 것이다. 천도는 본체와 용체로 구성되어 있으며, 본체는 안으로 발하여 '영묘한 무궁한 교'로 나타나고, 용체는 밖으로 나타나서 '수신제가 치국평천하'를 이루게 된다. 천도는 영육일치(靈肉一致), 성신쌍수(性身雙修), 교정합치(敎政合致)가 이룩될 때, 보국·안민·복지가 가능해진다.

청우당의 강령에서 제1강령은 사인여천을 들고 있는데, 이러한 정신에 입각해서 민주주의가 실현될 수 있다. 민주주의는 인간의 존엄성 위에 확립되어야 하므로, 이를 정당 정책에 반영해야 한다. 종교가 믿음을 고취할 뿐만 아니라 보국안민을 함께 걱정할 때, 종교 본연의 역할을 완수한다. 청우당의 강령에 종교적인 사인여천 정신이 뒷받침하고 있기에 도덕 정당 정치를 지향했다. 정당이 통치 기술로 민중을 이끌어가는 낮은 수준이 아니라 도덕적 평화주의를 통해 민주주의를 실현한다. 동학은 근대사상의 기본개념인 개인의 각성으로 기본권인 인권(human right)에서 출발하여 결국 민권이념(civil right)을 낳았다. 이른바 민학(民學)의 태동이다.

수운은 동학사상의 2대 목표를 세웠다. 이는 보국안민을 위한 개벽사상을 통하여 정치 혁명을 이루는 것과 포덕천하를 위한 교화사상으로 궁극적인 영성 혁명을 이루는 것을 포괄한다.[18] 이러한 정교일치가 이루어져 도덕정치를 행하면, 민족주의에 의한 보국이 이루어지고, 민주주의에 의한 안민이 실현되어 결국 복지국가를 건설하게 된다는 이념이 청우당의 정강정책에 일관되게 반영되어 실천으로 이어졌다. 수운은 '무극대도'가 실현된 이상향을 유토피아 원형의 회복으로 그리고 있다.

'상원갑(上元甲) 호시절에 만고 없는 무극대도 이 세상에 날 것이니 너는 또한 연천(年淺)해서 억조창생 많은 백성 태평곡 격양가를 불구(不久)에 볼 것이니….'[19]

5. 수심정기(守心正氣)와 겨레얼 살리기

동학은 인내천의 종지와 사인여천의 윤리로 인간의 존엄성과 평화와 민주주의 이념을 극명하게 실천적으로 드러낸다. 수운의 인간 중심 사상은 천인합일, 신인합일의 도학사상에 근원을 둔다. 동학의 인간주의는 모든 사람이 계급, 계층에 구분없이 각자의 마음속에 신을 내면화하고 있다는 것으로 모든 사람의 존엄성을 신격화한 것이다. 모든 사람이 부처가 될 수 있는 가능성을 가지고 있듯이, 모든 사람이 양반, 서민, 빈부, 귀천 등의 차별 없이 고귀한 군자가 될 수 있다는 인간평등의 민주사상을 강조하고 있다.

수운은 『용담유사』에서 이르기를 '우리나라에 두 가지 폐풍이 있는데 첫째는 적서의 구별이요, 다음은 반상의 구별이라. 적서의 구별은 집안을 망치는 근본이요, 반상의 구별은 나라를 망치는 근본이니 이를 지체 없이 고쳐야 할 고질이라.'고 하면서 몸소 실천하였다. 수운은 자신의 가내에 두 노비가 있었는데 한 분은 수양딸로 삼았고, 한 분은 며느리로 삼았음은 잘 알려진 일화로 기록되고 있다.[20] 한울님을 모시는 당체로서 여성이 땅에 떨어진 노비의 신분으로 전락함에 노하지 않을 수 없고 미래에 여성해방운동으로 자기의 원래모습을 회복할 날이 올 것을 예견한 것이다. 이처럼 수운은 자신부터 인위적인 귀천의 차별을 개혁하고 봉건적 세습의 신분과 차별의 철폐를 내세웠다. 오늘날 인간 평등, 남녀 평등, 계급 타파와 같은 근대 시민사상의 근간의 토대를 제공한 것이다. 수운의 평등사상은 서구와 같은 신에 종속된 평등이 아니라 인간을 신의 차원으로 높이는 신인일체의 인본주의 사상에 입각하여 사람은 누구나 신과 함께 사는 본질적 자유 평등을 구현하고자 하였다.

수운의 인본주의 사상은 다시 생명존중 사상으로 승화된다. 생명은 우주요, 우주는 삼라만상의 생명의 질서로서 자기 안에 살아 있음을 인정하고, 서로 존경하며 심지어 인간을 에워싸고 있는 동식물, 흙, 나무, 물과 같은 무기물 속에도 생명이 살아 있음을 깨닫게 하였다. 수운은 인간을 존경함에 있어서 그 인간이 믿고 아끼는 물건까지도 존경할 수 있을 때 비로소 도덕의식에 이른다고 하였다. 이러한 경물사상은 오늘날 생명과 자연을 무차별 파괴하는 현실에서 볼 때 환경을 보존하고 생태계의 균형을 회복하는 중요한 생명 존중 사상의 근간을 이룬다. 동학사상에서 인본주의는 곧 생명 사상이다.

생명은 우주이므로 우주 안에 모든 유기물, 무기물까지도 존중되어야 하는 평등의 생명운동 실천의 이념이다. 우리는 이러한 사상적 틀을 『용담유사』에서 확인할 수 있다.[21] 수운의 사상이 의암에 와서 인문개벽으로 강조되었지만, 정신사적 맥락과 연계되는지를 세 가지 관점에서 살펴볼 필요가 있을 것이다. 첫째, 후천개벽 사상과 '깨끗한 정치', 둘째, 보국안민 사상과

'튼튼한 경제', 셋째, 동귀일체 사상과 '건강한 사회'이다.

1)후천개벽으로 사람 살림

후천개벽 사상은 당시의 암울했던 선천 카오스(Chaos) 시대를 종식하고, 인간이 우주 속에서 이성 주인의 자리로 회복하는 후천 코스모스(Cosmos) 시대의 도래를 예측했다. 그 개벽은 인문개벽을 뜻한다. 이는 인간 중심의 문화개벽으로 인류 역사 문화 전반의 일대 변혁과 새로운 시대의 창조적 변화를 의미한다. 마치 오늘의 민주정치·시장경제·복지행정의 구현을 위하여 정책의 최우선 과제로 내세우는 것이 '깨끗한 정치'를 구현하는 것으로 간주하고 이를 위해서 만연된 사회 병리 현상을 '한국병'으로 진단한 후 이에 대해서 당장 과감하게 처방책을 내리고 있는 것이 개혁의 핵심적인 전략이라는 것과 같은 맥락이다.

깨끗한 정치를 이루기 위해서 후천개벽에 버금가는 개혁 정치가 지속적으로 이루어져야 한다. 개혁은 누가 얼마나 살아남기 위해 적응하느냐가 중요한데 그 적응은 자기 개혁인 동시에 의식의 변화와 성장을 포함하는 자기의 근본적 변화이다.[22]

정치 기능을 강화하고, 미디어라는 수단을 효과적으로 활용하면서 파벌을 타파해 나가야 한다. 이처럼 끊임없는 자기 개혁의 목적과 방향은 인간화, 민주화, 공동체화로 설명할 수 있다. 동학사상이 내세운 개벽 정치도 결국 부패한 것을 막고 새롭게, 복잡한 것을 간단명료하게 함으로써, 고질적인 부패를 쇄신하려 함이며 한울, 땅, 물질에 대한 개벽은 공기로써 하고, 인간에 관한 개벽은 정신, 즉 의식으로 하여야 하므로 인간의 정신과 하늘의 공기는 동귀일체와 분리해서 볼 것이 아니라 하나로 볼 때 개벽의 새아침은 열린다고 했다.[23]

이것이 인간 중심의 문화개벽 사상의 요체라고 하였다.[24] 현재의 공동체 의식이라는 개념도 민족 구성원 간의 형제애를 복원하는 것도 중요하지만 한 차원을 뛰어 넘어서 인간과 자연까지도 서로 상생할 수 있을 때 노자의 무위 이치의 의미가 오늘에 재생한 것이라고 본다. 서슬이 높은 권력의 간섭과 압제가 없는 그야말로 민중이 자율적으로 선택할 수 있는 민주시민사회를 염원하였다고 말할 수 있다.

2) 보국안민으로 나라 살림

보국안민 사상은 국태민안(國泰民安)의 기치를 내세워 '나랏일을 돕고 백성을 편안하게 하는 사상'으로, 민족의 선구적 자각이었다. 당백전 폐지, 원납전 징수 폐지, 경복궁 중건 금지, 문세(門稅) 폐지 등을 통해 납세로써 보국안민해야 하는 도리를 낳았다. 수운은 서양 사람이 천주의 뜻이라고 하면서 서세동점의 야심을 품고 침략해 오는 것을 개탄하고 경계하였다. 청나라 영향하의 당시 상황에서 사대주의를 배격하는 민족주의를 주창했으니, 동학의 보국안민은 근대 민족주의 운동의 발아라고 할 수 있다. 보국안민이 나랏일을 돕고 백성을 편안하게 하는 것이라고 한다면, 제폭구민은 탐관오리의 포악함을 제거하고 백성을 구하는 것이다. 동학의 실천적 흐름에서는 보국안민과 제폭구민을 실천에 옮기기 위하여 세 가지 방책을 제시하였다.

첫째, 평등주의의 경제이념이다. 여기서 말하는 평등주의란, 동귀일체로 해석된다. 모든 백성으로 하여금 신분 차별을 철폐할 뿐만 아니라 경제적으로 실질 혜택이 골고루 돌아가 양극화 현상이 해소되는 복지 평등주의를 구현하는 이념이다.

둘째, 나라를 튼튼하게 하기 위해서 민족의 혼(spirit)을 시급히 복원해야 한다. 동귀일체의 사상에서 수운이 파악한 민족의 혼을 바라보면, 홍익인간

사상과 상통한다. 민족이 자주 독립하려면 민족문화의 독자성이 확립되지 않으면 안 된다고 보고 이를 위해서 동학혁명 당시 동학군은 폐정개혁 12개조[25]를 제시하여 반봉건적 국가 개혁의 방안을 제안하였다.

셋째, 광제창생(廣濟創生) 사상이다. 광제창생은 개인의 치부와 공동체의 파괴를 일삼는 양반 계층의 횡포를 극복하여 생존권을 지향한다. 『용담유사』에서 사람은 누구나 천부적으로 주어진 직업에 따라 생존권을 보장 받아야 된다.[26]고 했다.

안으로는 전정(田政)·군정(軍政)·환곡(還穀)의 삼정 문란으로 민생은 도탄에서 허덕이게 되고 밖으로는 서양 세력의 동점으로 민족적 국가적 위기의식이 팽배해지는 상황에서 대안을 제시하는 광제창생 사상을 낳았다. 위정척사의 맥락과 상응하는 측면이 있다.

보국안민은 튼튼한 경제를 일으켜 안보를 군건히 확립하고 국민을 안심시켜 생업을 보람 있게 영위할 수 있는 방법을 제시하는 것이다. 수운의 보국안민 사상은 오늘의 돈과 권력 위주의 부패 사회를 땀과 능력 중심의 정의사회로 바꾸려는 정책 의지와 상응한다. 겨레얼을 되살리려면, 일제 잔재를 청산하는 작업, 모든 사람을 끌어안고 국민화합을 이루는 작업, 참여 속의 개혁을 실천하는 작업, 공동선을 도출하는 고통 분담의 작업은 수운의 광제창생 의지와 일맥상통한다.

또한 수운의 보국안민 사상을 보다 효과적으로 달성하기 위해서 자립경제 토대를 마련해야 한다. 자립경제는 누적된 악습, 악심, 악행이라는 세 가지 악의 고리를 끊으려는 국민의식의 일대 전환이 전제된다. 제도개선, 악법 철폐, 공직자 재산 공개, 실명제 실시, 구악 추궁, 나태 추방을 지속하여 자립경제는 물론 선진조국 건설 목표를 달성하여 모든 국민이 평안하게 살도록 해야 한다. 이를 위하여 최소한 공정한 배분이 이루어져야 하며, 배분 기준은 보민(輔民)이어야 한다. 각자가 행복한 길이 먼저이지만, 이것으로 부족하다. 서로가 행복한 길로 나아가야 한다. 이 길이 열리면 이제는 더불어 행복한 길을 모색해야 한다. 공공행복의 길이다.

3) 동귀일체에 의한 공공살림

동학의 동귀일체 사상은 저마다 다른 마음, 자기 이익만을 생각하는 마음을 이겨 내고 한울님의 참뜻으로 돌아가 한 몸같이 됨을 일컫는다. 『용담유사』처럼, 서양세력의 동점(東漸)에 깊은 우려를 나타내고 이에 맞서기 위한 정신자세를 다룬다. 『용담유사』처럼 정신적 일체감을 위하여, 일반 민중과 부녀자가 이해하기 쉽도록 한글 가사체(歌辭體)를 빌려 사상을 펼쳤는데, 형식이나 문체는 비록 고전 가사와 같지만 개화기의 문제를 처음으로 다루었다는 점에서 개화기 가사의 효시로 주목을 받기도 한다.

동귀일체는 인간의 정신적 결합을 뜻하며, 저마다 다른 마음을 이겨 내고 한울님의 참뜻으로 돌아가 한 몸 같이 되는 일이다. 천인합일, 영육일치, 성신쌍수(性身雙修), 언행일치, 표리일체 등을 의미한다. 특히 동학의 동귀일체 사상은 이러한 양자를 상극관계가 아니라 상생관계로 파악했다. 고차원적인 평화사상이요, 협동 이념이다. 그것은 자유와 평등을 동시에 포용하려는 민주사회 이념이다. 경제적으로는 빈부, 정신과 물질, 인간적으로는 정신과 육체, 선과 악, 이 모든 것을 '한(一, 中, 多, 大, 略)'으로 용해하려는 맥락이다.[27]

동귀일체는 사람과 한울님이 하나임을 깨닫고 참된 하나의 진리로 돌아와 모든 사람이 하나로 귀일한다는 종교적 의미와, 나와 너·나와 겨레·나와 인류가 하나가 되어야 한다는 인간주의의 의미, 그리고 인간과 자연·동물이 하나가 되어야 한다는 생명주의관 등을 총체적으로 함의한다. 동귀일체는 자아와 공동체가 상호관련성을 공동운명체로 인식함이다. 공동의 운명에 대한 자각은 상생의 길을 모색한다.

따라서 한 집단을 조직하는 구성원들이 공동체 의식을 가지고 있을 때, 그 집단에는 상부상조, 협동단결의 미덕이 생기고 나아가 집단의 발전도 자연히 따라온다. 동귀일체는 국가와 민족을 존속하게 하는 원동력이다. 개인들이 모인 집단을 최소 구성단위로 하여 조직된 국가는, 국민을 그 구성원으로 하여 조직된 공동체이다. 국가가 존속하기 위해서는 국민 개개인이 국가공동체에 대한 의식이 굳건히 다져져야 된다.

민주개혁 정치에서 계층, 지역, 산업의 균형을 회복하는 것이 중요하며, 개혁에 반대하는 사람까지도 함께 더불어 끌어안고 가기 위하여 인내를 가지고 개혁할 뿐 '혁명'을 거부한다. 혁명은 방해하는 사람을 거부하지만, 개혁은 오히려 어려움을 감수하더라도 더불어 함께하는 공공의 정신으로 고통을 분담하려고 노력한다.

이는 동귀일체의 개념에 부합되는 방향이며 겨레얼이 지향하는 방향이다. 한민족의 주체성은 구성원 모두가 참여할 때 달성되는 총화성이 강조된다. 한민족의 역량을 결집시키기 위해서는 분단의 상황에서도 다종교 사회에서 인내천 정신으로 대화하는 담론의 환경이 이루어져야 한다.

4) 겨레얼의 실천적 살림

서로 대화하는 정신은 서로를 치유하는 힘으로 발전한다. 결사체가 아니라 공동체 차원에서 더불어 함께하는 행복, 장래세대에도 이어지는 행복을 가능하게 하기에 겨레얼의 면면한 전통을 이어갈 수 있는 생명력을 갖추게 된다. 따라서 공공의 삶에서 그 주체는 외세가 될 수 없으며, 민족이 주체가 되어 해결 방안을 모색해야 올바른 궤도에 진입할 수 있다.

특히 오늘날의 사회문제를 평화적이며 합리적으로 해결하기 위해서는,

과거를 성찰하고 선조들이 흘린 피와 땀, 자기 혁명의 정신이 헛되지 않도록 겨레얼을 해석하고 그 속에 담긴 뜻을 실천맥락(實踐脈絡)으로 살려나갈 필요가 있다. 겨레얼은 겨레 문화로 가꾸어야 한다. 이는 우리 문화에 대한 자긍심을 갖는다거나 이해도를 높인다는 차원을 넘어서서 우리 문화를 몸소 체험하고 생활함을 의미한다. 우리의 말과 글을 위시하여 우리의 문화유산을 알뜰하게 보살피는 한편 우리 겨레 문화를 창조적으로 발현하는 혼명(魂明) 자세를 몸소 가져야 한다. 문화재를 보호하고 겨레 문화를 아끼고 사랑하는 마음에서 출발하여 마침내는 우리 자신을 존중하는 마음이 세계 인류와 화합하는 마음과 상통하는 방향으로 발전할 수 있다.

우리 문화를 보존하고자 하는 의식은 겨레얼의 공동 근거로서 가치 지향의 방향을 정하고, 계도와 교육 활동에 자발적으로 동참함을 의미한다. 아울러 겨레얼 계도에 대한 문화 정책의 활성화가 절실하게 요청된다. 겨레얼의 조화 정신은 생명 존중 정신으로, 생명 존중 정신은 의례 문화, 생활 문화, 예술 문화, 놀이 문화에 대한 깊은 이해와 평가, 그리고 분석검토 과정을 통하여 세계의 문화유산으로 거듭 날 수 있다. 겨레의 주체성을 자각할 때, 겨레얼의 문화 발전을 향한 상생이 가능해진다.

상생의 길은 화해 기운을 감돌게 하고, 겨레의 주체성과 자율성을 망각하면 타성과 절충의 기운이 감돌아 정신 문란과 퇴락의 길을 걷게 된다. 겨레얼의 존경과 숭상은 우리 겨레의 미래의 융숭한 문화 발전으로 이어진다. 이처럼 겨레얼의 주체성을 핵으로 삼아 다양성의 조화적 통일을 겨레 문화의 특성으로 볼 때, 이제는 세계 문화와 어울리고 교섭하는 가운데 겨레얼의 접화군생, 현묘이치, 원융회통을 고양시켜 나가야 한다.

사람이 곧 하늘인 세계를 겨냥하여 화이부동(和而不同)의 정신사의 맥을 이어가야 한다. 지나간 세파를 넘어 '우리 겨레'라는 자각은 동학을 통해 보다 확실하게 계승되고 면면히 이어져서 겨레얼 살리기의 민족 기상으로 새로운 미래를 앞당겨 준다. 우리가 보여주는 문화 예술을 자랑스럽게 여기며, 다른 나라가 우리 문화를 부러워하고 추종하게 되었다. 즉 일본 베끼기로 '문화 속국'에 지나지 않던 우리나라가 이제는 아시아, 중동, 유럽 등의 여러 나라들을 '한류의 수용국'으로 만드는 등, 문화 발신의 신명나라로 도약한 셈이다.

한류의 포문을 연 대표주자는 드라마였다. 드라마를 필두로 대중음악, 영화 등에서 비롯된 한류 열풍은 아시아인들을 비롯해 중동 나아가 유럽, 미국인의 마음을 사로잡았고, 한국이라는 나라 전반에 대한 관심으로 확장시키는 결과를 가져왔다. 이제 한류에서 새로운 미래가 펼쳐지면 신한류의 기상과 연동될 것이다. 비록 대중문화가 주류를 이루지만 한류는 전 세계 70개국에 퍼져 있다. 탄탄한 한류의 고속도로가 계속 뚫려 가는 셈이다.

이제 이 고속도로를 타고 신한류의 콘텐츠를 다양하게 펼쳐나가야 한다. 한국 문화의 콘텐츠는 동학에 토대를 둘 때, 새로운 문화 밝힘의 길이 될 것이다. 드라마, 영화, 대중가요까지 포괄할 수 있는 신한류는 우리 겨레가 새 시대에 맞는 포월의 삶으로서 디지털 한류가 될 것이다. 이는 대한민국의 국가브랜드에 지대한 영향을 미친다.

신한류는 서구 중심의 가치관과 문화 위주의 획일적인 세계화, 소위 '글로벌 스탠더드'에 대응하는, 아시아인들이 아시아의 문화 정체성을 인식하고, 아시아 각국 간의 문화적 유대감과 동질성을 강화하여 궁극적으로 아시아 문화공동체 형성을 향하여 나가는 것이다.

5) 수심정기로 세대 살림

수심정기(守心正氣)는 수운이 정한 새로운 것임을 「수덕문」에서 천명하고 있다.[28] 수심정기는 시천주 주문으로 공과 사를 이어주고 매개하여, 마음과 몸이 비로소 본래의 마음을 지키고 주어진 기운을 바르게 한다. 이는 곧 천인 상통하는 동학의 수행 요체이기도 하다. 주문을 통하여 '한울님을 모시고, 조화를 바르게 지켜내어, 이를 영원토록 잊지 않으면 모든 일을 알 수 있게 된다.' 라는 공공성이다. 마음(한울님)에 일상의 일동일정(一動一靜)을 고하는 심고(心告)를 통하여 매사를 정성스럽게 살아간다. 따라서 수심정기는 공공의 수행으로 확장될 때, 겨레얼의 숨결이 되어 우리의 삶을 새롭게 할 수 있다. 겨레얼은 겨레의 정신, 영성을 뜻한다.[29]

'겨레' 를 다시 의미론적으로 살피게 되면, 그것은 '가르다' 라는 말 바탕에 근거하며, '한' 우주의 '몸' 에서 갈라져 나간 '가지' 와 일맥상통하다. 겨레는 같은 혈통을 이어받고, 공통된 말을 사용하면서 공공의 역사와 문화를 통해 그 운명을 함께 한다. 이것을 바탕으로 '우리' 라는 공동체 의식이 형성되어 있는 집단이며 이러한 우리 민족을 일컬어 '한겨레' 라고 한다. 여기서 '한겨레' 는 배달민족을 뜻한다. '배달' 은 '밝은 땅'[30]이며, 배달민족은 밝은 땅에 살고 있는 한민족으로 '멋스러운' 심성의 특성을 시어로 담아낸다. '얼' 은 정신을 뜻하는데, 이성·감성·영성을 '한' 으로 회통시킨다. 혼백을 성립시키는 기반이 되어 겨레얼을 면면히 이어주는 가운데 배달민족의 정신적 생명력이 된다. 겨레얼은 한민족 사회를 지탱해 주는 원동력이며, 한민족 발전의 초석이 된다. 한글의 '얼' 을 구성하는 음소는 'ㅇ' 과 'ㅓ' 와 'ㄹ' 로서 형상·뜻을 함께 담고 있으며, 'ㅇ' 은 생명근원이며, 'ㅓ' 는 '아래아(·)' 와 'ㅣ' 를 합친 글자로서 음소의 사이를 이어주고 매개하는 역할을 한다. 그리고 'ㅣ' 는 사람으로 '생명 받아 내려옴' 을 뜻하고, 'ㄹ'[31] 은 생성 변화 과정을 의미한다.[32]

겨레얼이란 '배달민족이 천지인의 만물, 만사를 횡단매개하면서 생명을 하늘에서 받아 내려와서 다시 하늘로 되돌리는 정신' 으로 배달민족의 생성 과정을 함축한다. 얼은 '어울림, 어우름' 으로 '더불어 살아감' 과 상관되며,

얼은 동시에 '알(씨알)'이나 그 파생어, '아우름, 앎'과 연관된다.[33]

또는 얼은 '씨앗(種)' 즉 삶=생명의 근원이며 천지 만물이나 사람들이 지닌 생성 변화의 가능성, 잠재력의 시어로서 상징한다. 그리고 '아우름'은 조화와 통일, '아름'은 아름다움, '앎'은 깨달음으로 '얼 나간 것을 도로 찾음'이다. 이처럼 '겨레얼'의 개념은 배달민족의 생성 과정에 해당하는 천지인 삼원사상과 그 원리를 담고 있다.

얼이란 글자만의 특징이 아니다. 한글의 모음과 자음이 모두 천지인 삼원사상과 그 원리·정신을 함축한다. 여기서 모음 '아래아'는 하늘, 'ㅡ'는 땅, 'ㅣ'는 사람을 표상한다. 한글창제 원리에 비추어 보면, '천지인'의 다양한 조합을 통해 만들어진 것이 자음으로 각각은 그 형상과 뜻을 지닌다. 그리고 모음과 자음으로 구성된 한글은 음양오행의 생성변화 사유를 담고 있으며, 그 원리·정신은 조화정신과 회통정신을 지향한다.[34] 이는 풍류도의 근거이며, 조화정신은 화해와 공존의 '화이부동(和而不同)'을 뜻하며, 회통정신은 원융무애(圓融無碍)로서 '한' 생명이 '뭇' 생명과, '뭇' 생명이 '한' 생명으로 횡단·매개함을 의미한다.

겨레얼은 또한 음양의 상반적 요소를 제3의 태극으로 횡단·매개하는 삼태극 사유를 근간으로 삼는다. 이러한 삼원 사유의 '삼'은 숫자 개념이 아니며 '사이'를 상징하는 시어가 담겨 있으며 횡단매개 작용을 통하여 공존함을 표상한다. 이는 곧 '일원–보편성'(uni-versality)과 '다원–특수성'(multi-versality)을 융합하여 보편과 특수 '사이'를 '연결하여 음양 갈등을 화해로 살려냄'을 뜻하는 '횡단 매개성'(trans-versality)을 지향하는 특징으로 집약된다. 이러한 특징은 겨레얼의 요소인 '한 멋진 삶'의 풍류도로 나타나서 동학의 수심정기로 열매를 맺어 장래 세대를 살리는 겨레얼의 세대 살림을 공공으로 가능하게 한다.

동학의
공공작용과
무극대도의
연동

동학의 무극대도에 힘입어 두두물물(頭頭物物)이 '궁궁'으로 '생명의 참 빛'과 상응하는 개벽의 영부(靈符)가 이 땅에 자리 잡았다. 수운이 창도한 동학의 무극대도는 이전의 유불선과 풍류신명을 공공으로 이어주고 살리는 매개 작용을 가능하게 하면서 "한울님의 마음과 내 마음"이 공공으로 매개하는, 궁궁영부(弓弓靈符)로 말미암아 궁극인격, 천주(天主)와 개체인격, 수운이 상통되어 무궁무진의 후천개벽 세계를 펼칠 수 있게 되었다고 말할 수 있다.

1. 서사적 맥락과 상관적 연동

누구를 미워하면, 우리의 무의식은 그 사람을 닮아간다. 그러니 그를 내 마음의 방에 장기 투숙시켜서는 안된다. 싫어하는 사람을 가슴에 담아두고 다닐 만큼 가치가 있다고 할 수는 없다. 대신에 사랑하는 사람을 마음에 담거나, 그도 아니면 비워야 한다. 싫어하는 사람을 담아 두면 연동으로 마음의 병을 얻게 된다.

우리는 시간을 통해 진화하며, 자아는 시간 속에서 체험 과정의 연속체로 작동한다. 도덕적 주체성을 이해하려면 시간적 특성을 인식해야 한다. 인간은 상상적으로 종합하며, 종합적 경험을 통해서 생겨난 일들을 이해하고 생존하면서, 매순간 경험을 조직화하거나 재조직한다. 시간을 삶의 구조로 끌어들이는 과정에서 상상적 활동의 형식을 요구한다.

우리는 역사적으로 '서사'(narrative)라는 형식을 통하여 도덕적 자아와 행위의 시간적 차원을 파악할 수 있다. 이야기로 구성된 서사를 통하여 리쾨르(P. Ricoeur)는 포괄적 담론 방식을 제공한다.[1] 서사 조건을 포함하여 행위와 자아의 상관 연동을 파악하는 것은 도덕성에 관한 적절한 이론을 숙고해 보는 데 장점을 드러낸다.

서사들과 상상적 구조의 역할을 공공 차원으로 이해할 때, 도덕 이론의 핵심 과제가 어떻게 삶을 서사적으로 구성하는가를 파악할 수 있다. 동학의 무극대도의 상관 연동에 대해서 서사적 맥락에서 살펴볼 필요가 있다.

1) 자기이해와 행위의 연동 관계의 서사적 맥락

인간은 상상은 물론 도덕적 행위와 실천을 할 때 이야기하는 방식을 채택한다. 인간은 본질적이지는 않지만 역사를 통해 진리를 동경하는 서사를 듣고자 한다. 그러나 인간에게 주어지는 핵심적 물음은 창의성에 관한 문제가 아니다. 즉 나는 "나는 어떤 이야기의 부분을 이루고 있는가?"라는 선행적 물음에 답할 수 있을 때, "나는 무엇을 하려고 하는가?"라는 물음에 대답할 수 있게 된다. 우리는 몇몇 부여된 특성들과 우리에게 부과된 역할들을 공공으로 아우르는 가운데 인간의 역사에 참여한다. 타인이 어떻게 반응하며, 그들에 대한 우리의 반응이 어떻게 해석될 것인지 이해하기 위해서 우리는 그것들이 무엇인지를 탐구한다.

역사적으로 매킨타이어(A. McIntyre)는 도덕적 주체를 발현된 체험 서사의 등장 인물을 공동저자로 간주한다. 도덕적 행위는 사회적으로 구성된 서사적 복합체의 맥락 안에서 도덕적 정체성과 의미를 갖는다. 매킨타이어는 논제의 정당성을 자아와 행위의 서사적 특징과 상관 연동하여 검토할 필요가 있다고 말한다. 이처럼 그의 견해는 경험 구조로서 서사형식을 중점적 위상으로 부각시켜야 한다는 주장이다. 서사들이 행위적 의미에서 도덕적 중요성을 평가하는 요소로서 결정적 역할을 할 것이라고 기대하게 된다.[2]

2) 서사적 자기이해를 파악하기 위한 서사 형식

"열여섯 살 무렵이었다. 마을의 커피숍에 앉아 있었는데 친구를 만나게 되었다. 친구는 이렇게 말했다. "택시가 기다리고 있어. 서둘러서 20분 안에 5만원을 벌 수 있어." 되돌아보면 나는 내가 왜 서둘러 커피숍을 나와 택시를 타고 그런 일을 하게 되었는지 모르겠다.

그것은 상처가 아니었다. 왜냐하면 결국 나는 창녀가 되는 훈련을 받았으니까. 나는 여자로서 내 주변 사회로부터 그것을 배웠다. 우리는 남자를 속이고, 유혹하고, 붙잡으며, 또 그 대가로 성적 호의를 제공하는 법을 배웠다. 우리가 항상 듣는 말들, "싸구려가 되지 말아야지!" "최선의 조건을 기다려라." "첫 데이트에서 작별 키스를 하는 것은 적절하니?" 등이 그런 것이다. 그것은 첫 데이트에서는 부적절하지만 그가 저녁을 사 주는 두 번째 데이트에서는 괜찮다는 뜻이다. 세 번째 데이트에서 그가 향수를 사 준다면 허리 위를 만지게 하는 것은 괜찮다. 그리고 이야기는 그렇게 계속된다. 그것은 시장 거래다. 나는 아주 어릴 때 어렴풋이 그것을 깨달을 수 있었다. 그래서 내 친구가 커피숍으로 들어와 "서둘러!"라고 말할 때 그것은 중대한 결단의 순간도 아니었다. 나는 25분 후에 되돌아 왔으며, 아무 죄책감도 느끼지 않았다."[3]

실존적으로 의미 있는 합리적 담론은 자신의 삶에 대해 서사적 해명이 가능하다. 여기서 여성은 자신이 누구인지, 왜 지금 현재 같은 상황에 처하게 되었는지를 타인에게 설명하고, 그렇게 함으로써 자신을 이해시킨다.

가장 중요한 것은 그녀가 자신이 속한 문화의 가치와 실천의 관점에서 자신을 도덕적으로 정당화하고 있다는 점이다. 그녀는 자신의 사회적·문화적 환경 안에서 도덕적으로 수용 가능한 서사적 설명을 구성하려고 한다. 이처럼 창녀 이야기는 도덕적 이해의 상상적인 특성을 제공해 준다.

도덕 원리들이 존재하지 않는다는 것이 아니라, 그것들이 제공하는 것으로서의 의미·상관성·지침 등이 궁극적이며, 항상 직접적인 것은 아니지만 그것들이 발생하고 또 그것들이 적용되는 서사적 환경에 의존하고 있음에 유의하게 된다. 이처럼 서사 맥락 안에서 그 창녀가 무엇을 했는지, 그녀가 누구인지, 왜 그녀는 그처럼 행위를 했는지, 우리가 그녀의 품성과 행동을 어떻게 평가할 것인지를 이해할 수가 있다.

도덕적 객관주의는 자아가 시간적으로나 형이상학적으로 그 행위에 앞서 존재하며 또 정체성을 갖는 것으로 간주한다. 도덕적 객관주의는 자아가 수행하는 우연적 행위나 처한 역사적 상황과 상관없이 자아가 본질 구조를 유지하는 것으로 간주한다. 반면에 도덕적 비객관주의 견해 또는 체험주의 견해는 인격체를 과정적 자아로 간주한다. 인격체는 결코 단순히 몸으로 이루어진 원천적인 물리적 유기체가 아니며, 또 몸으로부터 완전히 독립적이지만 몸 안에 갇힌, 형이상학적으로 구분되는 영적 실체도 아니다. 오히려 우리는 물리적·대인관계적·문화적 환경과 상호작용하는, 복합적이며 자기 변형적인 생물학적 유기체이다. 비록 대부분의 상호작용이 자기의식 층위 아래에서 발생하지만, 그것들은 동시에 물리적이고 사회적이며 문화적 세계와 연동되어 있다. 우리는 퇴적된 문화적 실천, 제도, 의미에 의해 구성되는 존재로서 세계를 살아가지만, 또한 이 선재하며 전승되는 의미와 행위의 구조들의 층위들을 점진적으로 변형시키고, 구성하는 존재이다.

　1950년대 부산 지방의 흑인 남성은 힘·제도·통제 불가능한 한국전쟁의 상황에 의해 구성되며, 동시에 제한적으로 자유로운 행위를 통해 자신의 정체성을 구성한다. 체험주의 견해는 자아와 그 행위가 하나의 기본적인 체험적 과정으로 짜여 있다고 보기 때문에, 상관적 연동을 중시하게 된다.

　따라서 자아의 정체성을 체험적 과정, 즉 물리적·대인관계적·문화적 상호작용의 과정의 창발 구조로 간주한다. 자아는 단순히 어떤 대상이나 실체가 아니라 발전의 연쇄, 관련된 경험을 특징짓고 통합성을 부여하는 상호작용 과정의 동일성이다. 서사 맥락에서 도덕적 인격과 그의 행위를 완전히 이해할 수 있다. 자아와 그 행위의 통합성은 서사적 통일성이다.

　서사적 통일성으로서 나타난 동학 무극대도의 수련은 무극대도의 신념 체계에 의해 자기와 타자가 더불어 심신을 연단한다는 의미에서 '공공수련'이라고 할 수 있다. 이러한 공공수련은 자타의 이성, 자타의 감성, 자타의 영성 차원을 통해서 자타가 더불어 수련하는 특징을 보여준다. 동학에서의 인간은 '나'(私)라는 의식에서 출발하여 시천주의식을 매개로 타자와 더불어 공공수련을 연마하기에 서사적 관점에서 담론으로 풀어낼 수가 있다.

서사적 맥락과 연동 관계에서 우리는 동학 무극대도(無極大道)의 연원을 고찰할 필요가 있다. 이는 우주 본체인 무극의 영적 능력을 우주 현상의 시초에 해당하는 태극과의 관계에서 설명하는 것에 대한 연원이다. 태극과 무극 사이를 이어주는 궁궁(弓弓)에 대한 염원은 최제우의 영성 체험(1860)에 근거하여 무극대도로 나타났다. 그 이후 무극대도의 도통은 최시형(崔時亨, 1827-1898)에 전수되어 동학의 삼경(三敬) 사상으로 이어졌다. 최제우 이후, 2대 교주 최시형을 거쳐 3대 교주 손병희에 이르기까지, 무극대도는 도통전수(道通傳授)의 방법으로 계승되었다.[4]

무극대도의 특징은 무극과 태극 사이를 상통시키고, 풍류신명과 유불선을 회통시키면서 천지부모로서의 하늘에 대하여 시천주 마음을 유지하고 영부주문(靈符呪文)으로 수심정기(守心正氣)함으로써 후천개벽(後天開闢)의 궁궁세계 지향한다. 궁궁세계는 인간 내면의 개벽과 사회개벽을 공공으로 요청한다. 내외 상통의 혁명(革命)의식은 폭력을 통한 사회 모순을 제거한다.

여기서 지속적이며 유연한 수운의 궁궁세계[5]를 살리고 생명의 본래 면목을 회복하는 것이 후천개벽의 실천 과정으로 중시되고 있다. 동학 무극대도는 한겨레의 무궁무진한 궁궁세계를[6] 오늘에 살리고 새롭게 열기 위한 진면목을 보여준다. 무극과 태극 사이를 이어주고 살리는 홍익정신으로 겨레의 숨결이 궁궁세계를 만들어 가는 노력으로 본다면, 공공작용은 동학운동과 상관 연동되어 드러난다.

우리는 동학 무극대도에서 겨레얼의 궁궁세계를 발견할 수 있다. 동학 무극대도에 나타난 궁궁을 이 땅에 구현하기 위한 횡단매개 방안이 수련을 통한 공공세계이다. 수운이 하늘의 소리를 듣고 깨달은 궁궁의 진실은 무극이며, 그 형상은 곧 마음 '심(心)' 자의 형상을 닮아 있다. 횡단매개를 통해 시천주(侍天主)에 나타난 궁궁, 삼경(三敬)에 나타난 궁궁, 이신환성(以身換性)에 나타난 궁궁은 공사공매(公私共媒) 차원으로 전수되어 동학이 추구하는 세계를 수련공동체로 가꾸었다.

무극의 대도는 시대를 초월하여 오로지 수련을 통하여 마음자리에서 구할 수 있다. 공공수련에서 터득하는 것은 천지의 신령함이며 우주에 가득 차 있는 마음자리이다. 동학 무극대도는 무극과 태극 사이를 이어주고 살리는 공공수련의 맥락에서 포덕천하(布德天下) · 광제창생(廣濟蒼生) · 보국안민(輔國安民)의 공공원력(公共願力)을 세워서 이 땅에 무궁무진한 궁궁세계를 구현하려고 한다.

따라서 이러한 역사적 전거를 중심으로, 우리는 동학 무극대도의 궁궁을 이루기 위한 공공작용의 상관적 연동관계를 파악한다. 무엇보다도 서사적인 맥락을 살려 가고자 한다. 서사의 질서는 동학의 무극대도 안에서 수립된다. 먼저 동학 무극대도와 풍류도와 유불선의 상관적 연동을 살펴본다. 경험은 일관되게 종합적이며, 서사는 종합적 이해의 포괄적인 형식이다.

2. 동학 무극대도와 풍류도와 유불선

1) 풍류도와 상관적 공공작용

풍류도는 고운(孤雲) 선생의 「난랑비서(鸞郎碑序)」에 나타난다.[7] 한국에는 고신도(古神道)가 존재하고 있었음을 확인하게 된다. 고운의 풍류도는 외래적인 도가사상이나 중국 도교사상에 머무르는 것이 아니었다. '나라에 원래 있는 도'로서의 풍류도를 고운이 언급함으로써 자생적 한국선도(韓國仙

道)의 모습을 드러냈다. 고운은 그 특성을 삼교융화(三教圓融)나 '실내포함삼교(實乃包含三教)'라고 말함으로써, 고유한 모습에 삼교를 내포한 것으로 이해하였음을 알 수 있다.

이러한 맥락에서 공공작용의 오묘함을 현묘(玄妙)로서 드러내면서, 풍류도는 '삼교를 포함하는 토대'가 된다. 풍류도는 '지극한 도(至道)'이며, '오묘한 도(妙道)'가 되어 한국적 멋의 고유한 궁궁세계를 대변하였다. 안호상은 풍류도의 이두식 발음에 유의하여, (풍류도는) '풍월도(風月道)'라고 말하면서, '풍(風)'은 '바람 풍 자'요, '월(月)'은 '달 월 자'라고 하였다. 또 바람을 배람이라고 표기하여, 풍월도는 '배달길'이 된다고 하였다.[8]

풍류도(風流道)의 '류(流)'는 흐를 '류'인 동시에 달아날 '류'이다. 이를 통해 추론하면, 풍류도는 '배달길'로서 한민족의 무궁무진한 공공작용을 일컫는다. 풍류교(風流教)는 '배달교'란 말과 연동되어, 고대로부터 지켜 내려온, 한민족의 '배달의 종교'·'배달의 사상'이 되었다. 여기서 우리의 민족종교는 배달 종교임이 드러나고, 이 배달의 종교는 동학 발생 이전의 고대로부터 계승되었다고 할 것이다.

풍류도는 한민족의 원형적 도가사상이다. 한국 고대의 신화적 사유에 감추어져 있는 정신 내용이 '풍류도'로 구체화되었다고 말할 수 있다. 화랑정신의 정수가 『삼국사기』에 나타난 것처럼, 고래부터의 민족공동체 의식에 뿌리를 두고 있는 정신적 흐름을 '화랑도(花郎道)'라고 말하지 않고 '풍류도(風流道)' 또는 '배달교'라고 지칭한다.

삼교융화의 공공작용을 견지함으로써 '한'사상을 창출하는 주체적 노력을 지속했다. 이 과정에서 국선(國仙)사상의 맥을 지속해 왔다고 할 것이다. 풍류도의 기본정신에 대해서, 유병덕(柳炳德)은 풍류도에는 한국인의 혼이 담겨 있음을 말한다.[9] 이처럼 풍류도는 고대로부터 한민족의 기층에 깔려 있는 공과 사를 함께 이어주고 매개하는 공공작용을 일컫는다.

풍류도는 아무리 강한 세력이나 사상이 들어와서 우리를 지배하려고 하더라도, '강약이부동'(强弱而不同: 두 편의 힘이나 역량이 강하고 약한 정도가 같지 아니함)의 공공작용을 일으키는 한국적 생명력에 해당한다. 이러한 한국인의 정신은 접화군생(接化群生)으로 나타난다. 풍류도의 연원은 국조단군의 홍익·이화라는 생명살림과 연관된다. 풍류도는 '한'의 묘합(妙合)으로 그려내는 추상성을 지니고 있기 때문에, 최 고운은 '국유현묘지도'(國有玄妙之道)라고 표현하였다.

이처럼 한민족에게는 고유한 전통으로 공공작용을 일으키는 종교 윤리가 있었다. 그리고 이는 한국의 '선(仙)사상'과 맥락 화용하기에, 김형효는 신바람의 의미를 중시하면서 풍류도를 샤머니즘과 직결된다고 분석하였다.[10] 아울러 김낙필도 한국고대의 신교(神敎)와 신선(神仙) 사유는 상통하는 공통분모가 있는 것이라고도 분석하였다.[11]

풍류도는 한국전통의 무(巫)와 신교(神敎)와 상관적 공공작용을 나타낸다. 최고운은 한국의 고대 종교 사상이 외래 유입의 삼교 사상과 달리, '한'의 고유사상 또는 전통사상으로 한민족의 시원(始原)과 더불어 존재했던 것임을 강조하였다. 풍류도는 삼교를 함유(含有)하면서 '한'으로 상관적 공공작용을 이루어 생명을 크게 이어주고 살리는 홍익 생명이라고 파악했다.

'한'을 매개로 삼아 한민족의 자연과 교감, 홍익인간(弘益人間)의 활동과 하늘 숭배로 나타나는 공공작용은 광명이세(光明理世)로 집약된다. 이러한 풍류도에 대해 이을호(李乙浩: 1910~1998)는 풍류도의 현묘를 '한' 사상에 있어서의 묘합(妙合)과 일맥상통한 것으로 분석하였다. 그에 따르면, 풍류도는 '한' 사상의 진수로서의 의미를 갖는다.[12]

풍류도는 한국 사상의 자생성과 문화적 독자성의 연구에 있어 사실상의 논리적이고 이론적인 근거이다. 이는 '동인의식(東人意識)'에 의한 민족적 자긍심을 나타내는 생태적 기호이다. 동학(東學)이라는 표현도 이러한 풍류도와 상관적 연동관계를 나타내고 있다. 또한 원융무애(圓融無涯)로서 '개성 있는 전체·참여하는 개체'의 상관 연동의 공공작용이다. 따라서 한국 정신의 포용성은 '풍류'와 상관적 연동관계로 이해할 수 있다.

『최문창후전집(崔文昌侯全集)』사적편(事蹟篇)「단전요의(壇典要義)」에 실린 묘향산(妙香山) 석벽 전각(篆刻)의 『천부경(天符經)』도 동인의식과 연동되어 있다. 고대의 선(仙)은 산악 숭배, 신선사상, 수련전통을 두루 내포한다. 한국 고대의 선(仙)은 지배계층에게는 재초과의(齋醮科儀)와 수련도교로 이어졌지만 기층 창생에게는 독자적 영역을 형성하지 못하고 불교와 민중 신앙에 흡수되었다.[13]

기층 창생에 내재하던 저항적 에너지의 선도적 열망이 승화된 것이 바로 동인의식에 토대를 둔 동학이다. 신종교로서 동학은 고대 한국의 선풍(仙風)을 계승하여 유불선과 상관적 공공작용을 일으켜, 인간 평등사상, 후천개벽이라는 새 세상에 대한 희망의 메시지를 나타냈다.

신라인들은 풍류도에 따르는 집사자(執事者)이자 풍류도(風流徒)의 지주로 당대 최고 샤먼인 융천사(融天師), 월명사(月明師) 등을 청했다. 그들은 의식을 집행하면서 당시의 위기를 수습하였다. 재앙을 맞았을 때 '지금 여기에서' 샤먼의 중개로 재앙을 몰아내고 복을 부르는 '제재초복'(除災招福)의 공공작용을 일으켰다. 풍류도는 풍류를 통해 신명에 이르려는 한국인의 열망과 미적 지향의 관념 복합체다.

신라인은 아름다운 자연에 신의 정령이 깃들어 있다고 생각하여, 산천제(山川祭)를 지내면서 자연과 하나가 되어 놀이를 하면서 집단 모두가 신명의 상태에 이르는 것을 풍류라고 불렀다. 신라 시대는 팔관회, 연등회, 한가위 축제를 열어 왕과 온 나라의 백성이 함께 제사를 지내고 술을 먹고 노래하고 춤추면서 하나로 어우러져 신명의 경지에 이르렀다. 한국인은 서로 어우러져 우주와 내가 상통하고 나와 타인의 경계가 무너지면서 최고로 기분이 좋은 흥(興)과 열락(悅樂)의 순간을 가장 인간적이고 미적으로도 아름다운 경지라고 여겼다.

이러한 과정에서 신이 내려와 그 신이 드러난다는 뜻에서 '신명, 혹은 신이 난다'라고 표현하였다. 이것은 예술에도 반영되어, 한국 춤, 향가, 속요, 시조, 탈춤은 모두 정(情)과 한(恨)을 포함한 신명의 흥(興)을 아우르고 있다. 풍류도는 신명과 흥(興)에 이르는 풍류(風流)를 추구하면서 '지금 여기에서' 재앙을 없애거나 복을 불러와 삶의 평안과 행복을 이루게 하는 상관적 공공작용을 이룬다. 셋을 하나로 회통시키는 풍류도의 '삼원일여'(三元一如) 사상은 하늘과 땅, 신과 인간, 이상과 현실을 하나로 아우르며 화해와 조화를 지향하는 동학의 상관적 공공작용의 모태가 되었다.

수운이 말한 '동학'은 '동방지학(東方之學)'의 준말로, 인류 보편적 가치의 근원이 되는 천도(天道)를 궁구한다. 이러한 궁구를 통해 몸이든 마음이든 비워지면 시원해지고 편안해진다. 번뇌를 안에 오랫동안 간직하고 있으면 병이 난다. 뭐든 비워야 좋은 것은 무극대도와 상관 연동하여 공공작용을 일으키기 때문이다. 몸이든 마음이든 독소 같은 응어리가 생기면 풀어야 한다. 기도로, 참회로, 바라보는 명상으로 풀어 가야 한다. 한울님 마음과 상통하는 '오심즉여심'(吾心卽汝心)[14]의 영부, '영의 부합'을 깨닫는다.

2) 유불선과 상관적 공공작용

수운은 어린 시절 부친, 최옥과 스승, 최림을 통해 유교와 친숙하였다. 그는 16세까지 영남의 선비이자 산림학자인 부친 근암 최옥과 스승 최림에게서 수학하였다.[15] 수운은 유학적 소양에 근거한 합리성과 산림학자로부터 전수받은 사회적 병폐를 혁신하려는 영부의식이 자리 잡았다.

최옥의 「한민전사의(限民田私議)」, 「허개가사의(許改嫁私議)」은 당시 사회적인 병폐를 치유하는 사상으로 나중에 폐정개혁안에 반영되었다. 수운의 유학사상은 직관적 성경(誠敬)과 신독(愼獨)을 수행(修行)의 기본으로 삼되, 격물치지(格物致知)의 궁리는 소홀하게 다루었다. 수운은 한울님의 섭리를 믿고, '성경신(誠敬信)'으로 기화지신(氣化之神)에 이르렀다.

이러한 과정에서 시천주(侍天主)로 마음의 근간을 세우고 도성입덕(道成立德)을 목표로 삼았다 그럼으로 그의 저술에는 초월자에 의한 구원사상은 없으며 철저히 유가의 현세 사상에 뿌리를 두었다.[16] 그러나 수운은 아버지의 상을 당하고 나서 주유천하하는 시기에 더 이상 유교 전통을 고수하는 것을 단념하였다. 1860년 4월 5일 득도 후 그간의 구도 과정을 회상한 『용담유사』에서 다음과 같이 유교를 평가한다.

유도 불도 누천년에 운이 역시 다했던가.[17]

아서라 이 세상은 요순지치라도 부족시요 공맹지덕이라도 부족언이라.[18]

수운은 부친 사후 몰락하는 유교 전통에 머물기를 거부하고, 위기의 시대를 헤쳐 나갈 새로운 사상의 모색과 확립의 길로 들어선다. 수운은 32세 때인 1855년 3월에 생애 일대 전환을 맞이한다. 그의 생애에서 처음으로 독특한 체험을 하는 것이다. 비몽사몽간에 금강산 유점사에서 왔다는 한 승려로부터 한 권의 책, 을묘천서(乙卯天書)를 전해 받는다.

그의 최초의 신비체험은 금강산 유점사 승려와의 문답으로 이루어진다. 이처럼 최초의 신비체험은 불교 배경에서 이루어졌다. 을묘천서의 주요 내용은 '기도하라'는 것이고, 이에 따라 양산 통도사 내원암에 들어가 49일 기도를 행한다. 수운과 불교의 관계는 1860년 4월 5일 득도 이후 약 1년 동안 수심정기(修心正氣)를 목표로 정진한 것과 연관된다.

그 이후 「용담가(龍潭歌)」를 비롯한 「처사가(處士歌)」,[19] 「교훈가(教訓歌)」, 「안심가(安心歌)」, 「주문(呪文)」 등을 짓고 난 다음, 1861년 6월부터 본격적인 포교 활동을 행한다. 그는 포교 활동을 시작한 지 5개월밖에 되지 않은 11월에 아무 연고도 없는 전라도 땅으로 정처 없이 길을 떠나 남원 교룡산성에 있는 은적암(隱寂庵)을 찾아간다. 이곳에서 그는 「논학문」을 위시한 주요 저술 활동을 한다.

「논학문」에서 동학이라는 용어가 처음 나오는 만큼, 이 시기의 동학과 불교의 교섭 관계는 수운의 영성 세계와 불교 세계의 상관적 공공작용을 나타낸 계기라고 할 것이다. 수운의 동학사상 형성에는 도교와 상관적 공공작용이 중시된다.[20] 1860년 4월 5일 수운 생애에 있어서 결정적인 종교체험이 도교적인 분위기에서 이루어진다. 도의 기운으로 마음을 열고 숱한 경계를 지워 버렸다. 「포덕문」에 나타난 영성 체험은 다음과 같이 나타나 있다.

뜻밖에 4월에 마음이 섬뜩해지고 몸이 떨려서 무슨 병인지 증세를 알 수도 없고 말로 표현하기도 어려울 즈음에 문득 어떤 신선의 말씀이 귀에 들려와 놀라 일어나 물었다.[21]
말하기를 '나에게 신령스런 부적이 있으니 그 이름은 선약이요 그 모양은 태극(太極)이며, 또 다른 모양은 태극이다. 나의 이 신령스런 부적을 받아 사람들을 질병에서 구하고, 나의 주문(呪文)을 받아서 사람들에게 상제의 위하도록 가르치면 너 역시 길이 오래 살고 세상에 덕을 펴게 되리라.[22]

위의 내용은 최제우가 1860년 4월 5일에 초월적 존재인 '한울님'으로부터 가르침을 받은 내용이다. 여기서 초월적 존재인 '한울님'은 상제(上帝)라고도 표현된다. 수운이 한울님으로부터 받은 계시를 '신선의 말씀(仙語)'이라고 표현하고 있는 것에도 도교의 신선사상이 반영되어 있다. 이어서 한울님은 수운에게 영부(靈符)와 주문(呪文)을 주어 오래 살게 하고 포덕천하(布德天下)를 지시하고 있다. 다시 말하면 궁궁을을(弓弓乙乙) 새 세상을 열기 위한 방편을 제시하고 있는 것이다.

수운의 영성 체험 과정에서 나타나는 신령스런 부적의 기능은 전적으로 도교와 상관적 연동관계에 있다. 또한 『동경대전』이나 『용담유사』 여러 곳에 수운의 동학사상의 핵심을 이루는 용어들이 도교와 공공작용을 이루는 용어들로 표현되어 있다.

수운이 득도 이후 처음으로 지은 「용담가」에 나타나는 사상은 "인걸(人傑)은 지령(地靈)"이라는 민간신앙적인 풍수사상과 상관 연동되어 있다. 시골 면장이라도 논두렁 기운을 받아야 한다는 말이다. 인걸은 땅의 신명으로 움직인다. 몸은 바로 지기를 주는 땅과 둘이 아니기에 '신토불이'(身土不二)이다. 백전불패의 힘을 가진 자보다 우위에 있다.

> 국호는 조선이요 읍호는 경주로다 성호는 월성이요 수명은 문수로다.…
> 수세도 좋거니와 산기도 좋을씨고 … 어화세상 사람들아 고도강산 구경하
> 소 인걸은 지령이라 명현달사 아니랄까 하물며 구미산은 동도지 주산일세
> 곤륜산 일지맥은 중화로 버려 있고 아동방 구미산은 소중화(小中華) 생겼
> 구나.[23]

아울러 구미산의 정기를 받아서 위국충신이 태어난 자기의 가문을 자랑하고 있다. 또 득도를 풍수사상과 상관 연동시킨다.

> 구미산수 좋은 풍경 물형으로 생겼다가 이내 운수 맞혔도다.[24]

이처럼 도교와의 상관 연동의 맥락이 곳곳에서 나타난다. 이상에서 동학

의 창도에는 유교·불교·도교 및 풍류도와 상관적 공공작용을 일으킨 것을 살펴보았다. 수운의 증언으로 동학사상이 유·불·선 합일이라는 것이 입증되었지만, 실제로는 후대의 기록을 통해서도 검증이 이루어지고 있다. 동학이 여타의 사상을 수용했지만 단연 한울님과 나의 마음이 상통한다는 사상이 핵심을 이루면서 사상사적으로나 종교사적으로 독특한 위치를 갖게 됐다. 동학의 사상에는 유·불·선이 동학과 상관적 연동관계를 이루고 있다.

반면에 당시의 서학으로서 천주교와 동학은 근본적으로 차이가 난다. 동학은 시천주와 인내천이 공공으로 함께 작용하는 신념체계이기 때문이다. 그리고 동학의 사상적 핵심이라 말할 수 있는 시천주(侍天主)의 교리도 서학 또는 유·불·선과 연동되기보다 풍류도와 상관관계에서 신명세계를 이해할 수 있다.[25]

내 안에 한울님 마음을 회복하므로 생명의 무궁무진을 깨닫고, 이로 인하여 도덕적으로 타락한 사람들이 마음속에서 도덕을 회복한다. 또한 도덕적 타락으로 인하여 병이 든 사회, 즉 사회적 질병을 고치고 다시 건강한 사회로 만들 수 있기에 이 세상의 '선약'이 된다. 이와 같은 면에서 본다면, 동학의 시천주는 현대 사회 속에서 요구되는 새 밝힘의 길이며, 동시에 인도가 천도와 함께 공공으로 지향할 인류의 보편가치이다.

3. 동학 무극대도와 진단의 무극도

1) 무극도와 상관적 연동

중국의 진단이 지은 것으로 알려진 무극도(無極圖)는 동한시대의 하상공(河上公: 2세기 후반의 東漢末)까지 소급된다. 이러한 논의는 황종염(黃宗炎: 1616-

1686)의 『태극도변(太極圖辨)』에서 상관 연동되어 언급하고 있다. 그는 『우환학역(憂患學易)』을 통해 주돈이(周敦頤)의 태극도(太極圖)가 도가(道家)의 무극도(無極圖)로부터 나온 것이라고 주장함으로써 송나라 역학(易學)의 근저를 뒤흔들어 놓았다. 여기서는 '무극'의 그림이 화산의 석벽에 새겨진 연유를 밝히고 있다.

고찰하여 보건대, 하상공의 그림은 '무극도(無極圖)'라고 이름 지었는데, 위백양이 그것을 얻어 '참동계(參同契)'를 지었고, 종리권(鍾離權)은 그것을 얻어 여동빈(呂洞賓)에게 전수하였다. 여동빈은 뒤에 진단과 함께 화산에 은거하였는데 진단에게 이를 전수하였다. 그리고 진단은 이것을 화산의 석벽에다 새기었다. 진단은 또한 마의를 입은 도사에게서 '신선도'를 얻었는데, 이 두 개의 그림을 모두 종방(種放)에게 전수하였고, 종방은 목수와 승려 수애에게 전수하였다. 목수는 '선천도(先天圖)'를 이정지(李挺之)에게 전수하였고, 이정지는 이것을 소천수에게 전수하였고, 소천수는 그의 아들 소요부에게 전수하였다. 목수는 '무극도(無極圖)'를 주돈이에게 전수하였고 주돈이는 또 선천지의 계송을 수애(壽涯)에게서 얻었다.[26]

황종염(黃宗炎)은 "무극도(無極圖)는 도교에서 내단 수련의 비결을 나타낸다."[27]고 주장하였다. 그 내용을 보면, 태극도와 뚜렷하게 대비되는 것을 발견할 수 있다. 태극도가 위에서부터 아래로 발전 과정을 표시한 것이라면, 무극도는 하단에서부터 상단으로 올라갈수록 연단의 고급 수준임을 표현하고 있다.[28] 진단이 나타내려는 것은 차례 차례의 주천공법(周天功法)이라고 할 수 있다. 연정화기(練精化氣)는 소주천(小周天)이며, 연기화신(煉氣化神)은 대주천(大周天)이다.[29] 진단이 주장하는 내단 수련의 순서는 가장 아래층의 원, 명심태무(冥心太無)에서 시작하여 고요함에 머무르다 움직임이 생겨 비결을 얻은 후에는 몸을 단련한다.

중국의 현대철학자, 링 매크로(孔令宏)는 "진단이 전개한 내단공법은 선성 후명(先性後命)이라 할 수 있으며, 후세의 장백단(張伯端: 984-1082)이 주장하는 선명후성(先命後性)과 대립되는 관점"이라고 말한다.[30] 진단의 무극도에는 내단수련의 해석과 연동되어 있다. 그는 무극을 우주만물의 최초 근원으로 여겼다. 그의 '무'는 당연히 무극(無極)이다. 태극을 양의가 나오기 전의 상태라고 하면서 양의가 나타난 후에는 음양이 동정하며 교합하는데, 음양은 각자 생(生)과 성(成)을 갖는다. 음양이 서로 교합하면 화(和)가 있고, 이때 오행이 출현하는 것으로 보았다. 현빈(玄牝)은 『도덕경(道德經)』 6장에 나오는 것으로 하상공(河上公)은 주석에서 불사의 도가 현빈에 있으니 "현(玄)은 하늘이요 사람에게서는 코가 되고, 빈(牝)은 땅이며 사람에게서는 입이 된다."[31] 고 하였다.

하늘의 오기(五氣)를 코로 들여 마음에 갈무리하니 오기가 청미(淸微)하면 정신이 총명하고 음성 및 오성의 귀(鬼)는 혼(魂)이라고 한다. 혼은 수컷(雄)이라 코로 출입하며 하늘과 통하니 코가 현(玄)이 된다. 도의 큰 모습으로 부처의 법신에 해당한다.

반면에 땅의 음식 오미(五味: 달고, 쓰고, 짜고, 맵고, 신 맛)는 입으로 들어와 몸에 갈무리되니 오미는 탁욕의 형해 골육 혈맥 육정 등이 되니 그 귀(鬼)를 백(魄)이라고 한다.[32] "백(魄)은 암컷이라 입으로 출입하여 땅과 통하므로 입은 백(魄)이 되는 것"이라고 하였다.[33] 하상공의 현빈 주석으로 동한(東漢)시대 무렵에 벌써 몸을 통한 내단 수련의 초기 형태가 싹트고 있었다. 당 이전까지는 내단수련에 비해 외단술(外丹術)에 의존하는 경향이 많았다.

내단수련은 몸을 통해서 하는 수련이기에 많은 부분에서 의학 이론과 상통한다. 따라서 내단 수련을 설명하는 과정에서 『황제내경(黃帝內經)』의 의학 이론이 상당 부분 활용되었다. 중국 신화 황제와 명의, 기백(岐伯)과의 의

술에 관한 토론을 기록한 것이라 하지만 황제의 이름에 가탁(假託)하여 저작한 것 같다. 내단학 수련에서는 인체의 3단전을 중요시 한다. 『선경(仙經)』에 의하면 뇌(腦)는 수해(髓海)로서 상단전(上丹田)이 되며, 심(心)은 강궁(絳宮)으로서 중단전(中丹田)이 되고, 제하(臍下, 배꼽아래) 세 치의 부위를 하단전(下丹田)이라고 한다.

하단전에서는 연정(煉精)을, 중단전에서는 연기(煉氣), 상단전에서는 연신(煉神)을 단련한다. 연신환허(煉神還虛)의 단계는 '9년 관(關)'이라고 하는데, 먼저 3년은 상단전인 니환궁(泥丸宮)에서 영아(嬰兒)에게 젖을 먹이듯 아직 어린 양신(陽神)을 기르고, 나머지 6년은 대우주와 합일하는 환허합도(還虛合道)를 공부하게 된다.

무극도(無極圖)는 하변에서부터 위로 올라가는 순서를 취한다. 전체적으로 현상계의 물질세계에서 정신계의 비물질계, 무극으로의 복귀를 의미한다. 진단이 주장하는 내단 수련의 순서는 가장 아래층의 현빈에서 비결을 얻은 후 몸을 단련하는 단계를 거친다. 이 단계는 축기(縮氣)·화합(和合)·채약(採藥)·탈태(脫胎: 煉神還虛와 復歸無極)를 합치면 모두 다섯 단계를 이룬다. 이는 태극도(太極圖)의 "무극·태극·음양·오행·만물"의 운행과 근본적으로 다르다. 진단의 내단공법(內丹功法)은 선성후명법(先性後命法)법이다. 오수양(伍守陽:1565-1644)은 『선불합종』(仙佛合宗)에서 이렇게 말한다.

연신(煉神)은 신(神)으로 주재함이 없이 응결(凝結)되는 것을 말한다. 중(中)을 지켜 유포(乳哺)할 때로부터 항상 고요히 관조하는 신(神)이 있었지만 환허(還虛) 이후로는 신은 '무극(無極)'으로 돌아가 허공을 본체로써 증험한다. 이렇게 되면 비록 억겁의 세월이 지나더라도 그 항상성을 완전하게 하니 어찌 구년면벽에 그치겠는가? 구년이라고 말한 것은 처음 신선(神仙)을 증험하게 하는 데에 지나지 아니하며, 환허(還虛)야말로 천선(天仙)을 증험하

는 첫 번째 주요 일임을 알아야 한다.[34]

이 단계는 도교 내단 수련의 최고경지인 무극(無極)으로 다시 돌아감이다. 이처럼 무극도는 내단 수련의 경지를 단계별로 표시한다. 송 대에 이르러 내단학(內丹學)이 정립되면서 통설적으로 성명쌍수(性命雙修論)가 일반화되었다. 이는 진단(陳搏)의 성공수련(性功修煉)을 먼저한 후 명공수련(命功修煉)을 하는 선성후명(先性後命)의 단계와 연동된다고 할 것이다.

2) 태극도와 상관적 연동

북송의 여러 학자 중 주돈이(周敦頤, 濂溪, 1017-1073)의 사상은 도가철학적인 영향을 가장 많이 받은 것으로 알려져 있다. 도가철학은 원하든 원하지 않든 인간의 존재는 서로서로 연결되어 있다고 한다. 그래서 나 혼자만 따로 행복해지는 것은 생각할 수 없다. 그의 사상이 잘 드러나 있는 『태극도설(太極圖說)』을 살펴본다. 태극도(太極圖)를 살펴보면 크게 다섯 층으로 구성되어 있다.

무극이면서 태극이다. 태극은 운동하여 양(陽)을 낳고, 그 움직임이 극에 달하면 고요에 이르고 고요함으로써 음(陰)을 낳는다. 고요함이 극에 달하면 다시 움직인다. 한 번 움직이고 한 번 고요한 것이 서로 근원이 되어서 음(陰)으로 나뉘고 양(陽)으로 나뉘어 양의가 된다. 양이 변하고 음이 합해서 오행을 낳는다. 이 다섯 기운이 순리대로 펼쳐지면서 사계절이 운행된다. 오행은 하나의 음양이고, 음양은 하나의 태극이며, 태극은 본래 무극이다. 오행은 생길 때 각기 하나의 성(性)을 갖는다. 무극의 참됨과 음양오행의 정수가 오묘하게 합하여 응축되면, 건도는 남성이 되고 곤도는 여성이 되어, 이 두 기운이 서로 감응하여 만물을 변화 생성시킨다.

이렇게 만물은 낳고 낳아 변화가 무궁하다. 오직 사람은 그 가운데 빼어난 부분을 얻어 가장 영명한데, 육체가 생기면 정신이 지각작용을 하며, 오성이 감응하여 동요할 때 선악으로 나뉘고 만사가 산출된다. 성인은 이때 중정인의(中正仁義)의 법도를 정하여 고요를 근본으로 삼아 인극(人極)을 수립한다. 성인은 덕이 천지에 필적하고, 영명함은 일월에 필적하며, 질서정연함은 사계절에 필적하며, 길흉 판단은 귀신에 필적하다. 군자는 인극을 닦기 때문에 길하고, 소인(小人)은 거스르기 때문에 흉하다.

따라서 '천도(天道)로 음양을 수렴하고, 지도(地道)로 강유를 수렴하고, 인도(人道)로 인의를 수립했다.'고 한다. 또 '시원을 궁구하여 종말을 돌이켜보기 때문에, 생사이치를 알게 된다.'고 했은즉, 위대하다. 역이여! 여기에 지극한 이치가 있구나.[35]

첫째 층은 무극이다. 둘째 층은 태극을 중심으로 좌우에 음양이 대립하고 있는데, 좌측은 양을 우측은 음을 상징한다. 셋째 층은 가운데 토를 중심으로 좌변에 양의 성질인 화와 목, 그리고 우변에는 음의 성질인 수와 금이 배치되어 있다. 아래의 별도의 작은 원은 오행의 묘합(妙合)을 뜻한다. 넷째 층에 있는 원은 하늘과 땅의 두 힘을 남과 여로서 상징적으로 표현한다. 음양의 묘합을 표상하고 있다고 할 것이다. 다섯째 층은 태극 및 음양오행 에너지를 통해 만물이 화생한다. 이를 전체적으로 정리하면, 다섯 단계다. "무극·태극·음양·오행·만물"의 도식이다. 이는 우주의 생성 관점이다. 주돈이는 『태극도설』에서 무극과 태극이라는 형이상학 및 우주론적인 사상을 상정하고 사람의 최고 경계인 성인(聖人)의 반열에 오를 수 있는 계기인 인극(人極)의 단계를 '중정인의'(中正仁義)로 규정하고 고요한 주정(主靜)을 핵심적 수련요소로 삼았다.

『태극도설』에서 수양 원칙으로 삼은 주정설(主靜說)은 도가적 전통에서 강조한 수행법으로서 그 연원은 노자의 『도덕경』으로 소급된다. 노자는 고요함을 지키는 것(수정: 守靜)을 각 개인의 수양 원칙으로 삼았을 뿐만 아니라 치국의 근본 원칙으로 주장하였다[36]

그러나 주돈이의 수련 경향은 도교의 내단수련과 같이 체계적인 단계는 설정하지 않고 유교 최고의 경지인 성인(聖人)이 될 수 있는 길을 군자와 소인이라는 이분법적 요소로 대별하여 추구한다. 주돈이의 또 다른 저서인 『통서(通書)』에서는 고요함(靜)을 통하여 성인이 되는 수양 방법을 말한다. 성인에 이르는 수련의 비결은 '사사로운 욕심'이 없는 '고요하고 텅 빈 마음'에 두고 있음을 확인할 수 있다.

평유란(馮友蘭, 1895-1990)은 『통서』의 "적연부동은 성(誠)이고 감이수통(感而遂通)은 신(神)이다."라고 한 내용에 주목하고 이를 "적연부동은 고요한 텅 빈 마음(靜虛)이고 감이수통은 행동이 곧바름(動直)"으로 해석한다. 또한 주돈이는 도교 내단 수련에서 중시하는 의념(意念)과도 상통하는 생각(思)에 대해서도 논하고 있다. 「홍범(洪範)」에서 "생각은 예지를 말하고 예지는 성인을 만든다."[37]는 내용과 상통한다.

생각이 없는 것이 근본이고 생각하여 통하는 것이 작용임을 강조한다. 기미(幾微)가 저쪽에서 동할 때 성(誠)이 이쪽에서 동하며 생각하지 않아도 무불통(無不通)하면 성인(聖人)이다. 생각하지 않으면 미묘(微妙)에 통할 수 없고 예지가 없으면 무불통할 수가 없다. 무불통은 미묘함과 통하는데서 생기고, 미묘함에 통하는 것은 생각에서 생긴다.[38] "그기에 생각은 성인이 되는 공부의 근본이며 길흉의 기미(幾微)이다."[39] 이처럼 '생각이 없는 것'이 성인이 되는 근본이지만 여기에 도달하기 위해서는 미묘함에 관통해야 한다. 즉 무불통(無不通)의 전 단계로서의 생각의 중요성을 강조한다.

도교 내단의 유위(有爲)의 수련에서는 의념이 중요하게 취급된다. 반면에 무위(無爲)의 고급 수련에서는 무념무상, 적연부동의 텅 빈 마음이 요구된다. 주자(朱子)는 '무극'과 '태극'으로 '본체'의 양면으로 분별한다. 무극은 초월의미이고 태극은 창조의미이다. 이와 같다면 '무극이면서 태극이다'라는 말은 사실 초월과 창조를 아울러 거론한 것이다.

이곳에서 '오행', '음양', '태극', '무극'은 뚜렷하게 나누어진다. 따라서 태극이 무극에 근본을 두고 있다고 말할 수 있다. 이처럼 선후가 나누어진다면 『태극도설』의 첫 구절에 있는 '이(而)'자는 평행관계를 나타내는 접속사가 아니라 반대로 '움직여서 양을 낳는다.'고 새길 수 있다. 도교 내단 사상의 입장에서 볼 때, '무극'은 '무'로서 우주 생성의 제일 서열이며, '무극'이 변화하여 '태극'이 된다. 따라서 태극은 이미 '무'가 아니라 '유'이다. 무극은 형체도 없고 형상도 없는 실재이며 태극은 가장 큰 통일체이다.

먼저 무극이 난 후에 태극이 있게 된다. 문제는 무극과 태극 사이를 어떻게 매개할 것인가 하는 점이다. 동학 무극대도는 무엇보다도 이 사이를 강조하는 수운의 영성 체험에 뿌리를 둔다. 수운은 수심정기를 통해 "한울님의 마음과 내 마음(吾心則汝心)"의 상통을 부각시킨다.

한울님의 마음을 저버리고 각기 자기 마음대로 결단하는 각자위심(各自爲心)의 상태를 벗어났음을 의미한다. 이것은 성리학이나 도교 등에서 볼 수 없는 새로운 사상임에 분명하다. 따라서 동학의 무극대도는 고유성이 있기에 이것의 공공작용을 고찰해 본다.

4. 동학 무극대도의 공공작용

수운은 주역의 역유태극(易有太極)이라는 태극의 해석에 만족하지 못하고, 영부(靈符)를 태극 또는 궁궁(弓弓)이라고 표현하였다. 태극으로 영부를 온전히 설명할 수 있다면 궁궁을 도입할 필요가 없을 것이다. 궁궁은 태극에서 찾을 수 없는 특별한 뜻이 함축되어 있다. 궁궁은 궁궁을을(弓弓乙乙)에서 나온 말로, 약칭하여 궁궁 또는 궁을이라고 한다.[40] 그러므로 텅 빈 채로 이미 충만한 궁을 자리를 밝히는 것이 마음공부이다. 수운은 자신의 무극대도에 대한 강한 자부심을 나타냈다. 계해년(1863) 12월 8일, "선생님을 서학(西學)으로 지목하여 체포하려 한다 하니 속히 피하십시오."라고 제자들이 권하자 수운은 이렇게 말하였다.

> "무극대도가 나로부터 나왔으니 나 스스로 당할지언정 어찌 가히 한 몸의 안위만을 위해 피하여 여러 제군들에게 화를 미치게 하리오."라고 했다.[41] 수운은 무극대도는 진리의 근본이 되는 궁극적인 무극(無極)을 얻은 것으로 표현한다.[42]

무극(無極)에서 백 천의 만물이 공공작용을 일으키려고 음양이 상균(相均)된다. 여기서 수운은 음양에 이어 기중(其中)의 매개(媒介)를 강조하였다. 수운은 음양에 이은 기중이라는 횡단매개 개념을 사용하였다. 이는 제3의 태극으로, 한울님과 인간이 상통하는 자리이다. 수운은 사이를 이어주는 중매를 강조하면서 상통하는 의미로 '궁궁(弓弓)'이라는 말을 사용하였다.

수운교(水雲敎)와 천도교의 '영부도'(靈符圖)에 따르면, 좌우가 나누어져 있고 횡단매개의 연결고리에 중(中)이 있어 삼원(三元)이 된다. 따라서 공공작용을 일으키는 영부(靈符)는 천주(天主)의 존재 양식이며, 응양중(陰陽中)은 만물의 공공작용 형상이고, 일생삼법(一生三法)의 공공작용의 생성이다. 『동경대전』에서 무극(無極)이 나오며, 『용담유사』에서 태극(太極)은 없지만, 무극대도(無極大道)는 여러 번 나타난다.

> ① 무릇 天地 無窮한 數와 道의 無極한 理致가 모두 이 글에 실려 있으나….[43]

② 無極의 大道를 닦아서 天主의 德을 펴려는 마음….[44]

③ 無極大道 닦아 내니 五萬年之 運數로다.[45]

④ 어화 世上 사람들아 無極之運 닥친 줄을 네가 어찌 알까 보냐?[46]

⑤ 萬古없는 無極大道 이 世上에 創建하니….[47]

⑥ 萬古없는 無極大道 如夢如覺 받아내어….[48]

당시 조선의 성리학에서 무극은 태극보다 주목받지 못하였다. 무극은 태극과 동일체이며, 태극의 본원을 수식하는 말이다. 무극을 제대로 말할 수 없는 사회가 조선 사회였다.[49] 그런데 수운은 무극의 대도, 무극의 이치, 무극의 운수를 살려냈다. 무극의 운이 막혔다가 자신에 이르러 무극의 운이 돌아왔다는 주장을 폈다. 과거 조선 500년 동안 무극의 운이 막혔으나, 이제 5만년 동안 새로운 무극의 운이 밀어닥쳤다는 뜻이다.

수운은 『동경대전』에서 영부(靈符)로서 태극을, 『용담유사』에서 대도로서 무극을 말함으로써 상관 연동된 조화를 중시했다.[50] 수운은 무극대도가 일으키는 공공작용으로서 이재궁궁(利在弓弓)이 실현된다고 한다. 이재궁궁의 공공작용의 근원은 무극이다. 궁궁은 일생삼법(一生三法)의 삼태극(三太極)이고, 태극은 일생이법(一生二法)의 양태극(兩太極)이다.

동학의 무극은 태극(太極)의 근원이며, 태극은 공공작용의 연원이다. 동학의 무극은 주렴계의 '무극이 바로 태극(無極而太極)'이라는 관점에서 새로운 '음양중(陰陽中)'의 삼태극(三太極)을 제시하고, 태극과 삼태극(三太極)은 공공대대(公共待對) 극으로 묘합을 이룬다. 동학의 영부는 음양의 대대를 이루는 태극의 이(二)와 음양중(陰陽中)의 통일을 이루는 '궁궁'의 삼(三)의 묘합을 말한다. 이(二)와 삼(三)은 묘합(妙合)에서 무궁한 조화(造化)를 일으킨다.

이(二)와 삼(三) 사이의 불연기연(不然其然)의 묘합이 영부라 한다면, 묘리는 무극이 된다. 역학의 원리로 보면, 태극을 역전(易傳)의 "일양일음지위도(一

陰一陽之謂道)"라고 한다면, '궁궁'은 『역전(易傳)』의 "음양불측지위신(陰陽不測 之謂神)"로 이해할 수 있다.[51] 이에 따라 최영진은 일음일양과 음양불측(陰陽 不測)에 대해 "앞의 것이 음양 질서의 지배를 받는 것이라고 한다면, 뒤의 것 은 예측 불능의 영역"이라고 했다.[52]

음양대대(陰陽待對)로 인식할 수 있는 질서가 태극이라면, 음양대대로 인식 할 수 없는 미지의 세계가 '궁궁'이다. 무극대도의 '궁궁'은 예측이 어려운 묘합의 세계로서, 유불선과 신명의 대도, 무극과 태극의 횡단매개, 궁극적 인격의 표상, 그리고 무궁무진한 조화세계를 나타낸다. 마음공부는 일반 공 부와 정반대이다. 일반 공부는 모르는 것을 배워서 지식으로 채워 간다. 반 대로 마음공부는 생각을 쉬고 또 쉬면서 텅 빈 궁궁을 밝히는 것이다. 만족 할 줄 알면 일이 끝나고도 마음에 아무런 찌꺼기가 남지 않는다.

1) 유불선과 신명의 공공작용

수운의 제자 해월은 "나의 도는 유불선과 유사하지만, 유불선은 아니며 만고에 없는 무극대도"[53]라고 했다. 천지, 음양, 일월, 유불선과 신명을 무 극대도는 공공작용으로 함유하기에, 동학은 무극대도에 해당한다.[54]

2) 무극과 태극의 공공작용

수운은 태극과 무극을 구별한다. 무극을 태극보다 우선적인 것으로 본 다. 수운은 영부를 태극 또는 궁궁의 형상이라 말한다. 영부를 받는 사람마 다 영부의 근원을 찾아가도록 유도한다. 수운은 잊힌 무극을 영부의 태극 (太極) 또는 '궁궁'으로 찾아 그 사이의 공공작용을 강조한다. 무극(無極)이 궁궁과 태극과 공공작용을 일으켜 본향으로 회귀한다. 무극이 공공작용을 일으키면, 궁궁과 무극이 작용하여 무극과 태극 사이를 '궁궁'으로 횡단매개하게 된다.

3) 궁극적 인격과 개체적 인격의 공공작용

"무극의 대도를 닦아서 천주의 덕을 펴려는 마음을 애석히 여긴다."[55]는 말에서, 무극은 천주의 비인격의 당체이지만 개체적 인격의 수운과 만나 공공작용을 일으켜 영부를 건네주었다. 동학에서는 궁극적 인격이 개체적 인격과 만나면 공공작용을 일으켜 통일 인격으로서 인격적 대화가 일어난다. "한울님의 마음과 내 마음(吾心卽汝心)"의 공공작용이 동학의 '무극대도'이다.

4) 무궁무진한 조화의 공공작용

태극과 궁궁의 공공작용으로 우주 천지는 무궁무진한 조화세계를 이룬다. 수운은 "무궁한 조화는 무위이화야(無爲而化也)이고 주문의 조화는 음양회합 충화지기(沖和之氣)이며, 대조화(大調和)로써 영생불멸(永生不滅)"을 이룬다.[56]

수운이 주문에서 말하는 조화정(造化定)은 '음양이치'가 정해지는 공공작용이다. 「도덕가」에서 말한 것처럼, "천지 역시 귀신이요 귀신 역시 음양"의 공공작용이다. 천지, 귀신, 음양의 공공작용이 무위이화(無爲而化)이다. 억지로 꾸밈이 없어야 민심이 따르고 천심이 따르게 된다. 동학농민혁명에서도 북접 교단은 무위이화를 내세워 전봉준을 중심으로 한 남접의 주된 활약을 경계하며 종교적 입장을 견지하게 된다. 수운의 동귀일체 새 시대는 무위이화의 조화를 중시하게 된다.

'지기금지'(至氣今至)라는 말에서 나타나듯이, 수운은 기일원론(氣一元論) 사상에 근거한다. 우주 만물은 모두 지극한 지기(至氣)로 이루어져 있으며, 자신의 정성으로 그 지극한 기(氣)를 몸과 마음에 모실 수 있으니, 이 바로 시천주(侍天主) 사상이다. 곧 기일원론(氣一元論)의 관점에 따라 하늘과 사람이 상통한다는 것이다. 이처럼 수운의 '천인상통'(天人相通)은 인간을 중심으로 한다는 점에서 신본주의와 구별된다. 그의 사상에서 천주(天主)는 따로 존재하는 것이 아니라 인간 안에 있다. 천주를 마음속에 모시고 있는 인간은 신분이나 빈부(貧富), 적서(嫡庶), 남녀(男女) 등의 구분에 관계없이 평등하다. 시천주(侍天主)로 마음의 기를 바르게 하는 수심정기(守心正氣)의 서사이다.

5. 서사적 통일성과 무극대도의 연동

무극대도의 서사적 일관성과 통일성은 도덕세계와 연동된다. 그 안에서 품성이나 사고, 행위는 도덕적 의미를 얻게 된다. 서사(敍事)를 도덕적 추론에서 독특하고 불가결한 것으로 만들어 주는 연유가 있다. 그것이 인간 삶의 다음과 같은 다섯 가지 결정적 차원의 충만한 의미를 포착하게 한다.

① 우리는 기본적으로 과정적 존재이며 종합하는 존재이다. 몸들은 동시에 물리적·사회적·도덕적·정치적으로 짜인 세계에 우리의 자리를 마련한다. ② 우리는 일련의 역할과 스크립트·프레임·모형·은유, 다시 말하면 우리가 세계를 살아가고 이해하고 그것에 관해 추론하는 방식을 제공하는 전통과 문화에 조건화되어 살아간다. ③ 도덕적 판단은 이 생물학적-문화적 배경 안에서 생겨나며, 또 이 상상적 도구들을 사용한다. ④ 가장 포괄적인 종합 과정으로서 서사는 우리의 장기적 정체성을 조직화하거나 도덕

적 선택을 하면서 우리의 각본을 시험하는 데에 중요한 역할을 한다. ⑤ 무극의 궁궁은 무위의 이치를 통해 음양의 공공작용을 일으킨다.

　인간 삶의 기본 측면을 융합하는 인지적이며 동시에 체험적인 구조는 존재하지 않는다. 우리는 개념이나 모형, 명제, 은유, 패러다임 등을 통해 경험의 특정 측면을 파악한다. 서사는 일반적 수준의 통합성을 추구하며 포괄하게 하기에, 삶을 정돈하는 수단이라고 할 것이다.

　그것은 종종 개인적이거나 공동체적 활동을 통해 다양한 변형들 또는 정돈의 과정을 거친다. 이러한 맥락에서 리쾨르(Paul Ricoeur, 1913-2005, 프랑스 철학자)는 단순한 물리적 사건과 인간 행위를 구별해 주는 것이 무엇인지를 묻는다. 행위로 간주하는 것은 다음의 특성들로 구성된 개념적 네트워크를 개입시킨다는 점에서 단순사건들과 구분된다는 것이다.

〈행위의 상관 연동을 형성하는 구조〉

1) 목표 : 행위는 일상적으로 우리가 실현하려고 하는 사건이나 상태들로 구성되는 목표를 지향한다. 목표들은 우리에게 가치이다.

2) 동기 : 행위에는 동기가 있다. 그것은 우리가 왜 그 행위를 했는지 이유를 제시함으로써 부분적으로 그것을 설명할 수 있다는 것을 의미한다.

3) 주체 : 어떤 행위에서 드러나는 동기와 목표는 모두 그 행위 주체의 것이다. 행위는 그 행위자의 것이며, 따라서 그 주체는 그 행위, 그리고 다른 행위자들에게 미치는 영향에 대한 책임이 있다.

4) 맥락 : 행위는 그 특성을 결정해 주는 도덕적으로 의미 있는 맥락 안에 담겨 있다. 신체적 운동을 그 자체로 행위라고 보기는 힘들다. 그것은 전형적으로 구체적인 특성을 부여하는 어떤 맥락 안에서 행위로 구분된다.[57] 그러므로 맥락이 없는 신체적 운동을 그 자체로 행위라

고 보기는 어렵다. 우리가 전등 스위치를 켜는 행위에 관해서는 이야기할 수 있다 하더라도 스위치를 켜는 행위는 오직 적절한 인간적 기술을 제공해 주는 더 큰 프레임 안에서만 가능하다. '스케이트보드를 수리하기 위해 작업대에 더 밝은 빛을 비추는 것' '간통하는 배우자를 놀라게 하려고 전등을 켜는 것' 또는 '심심해서 스위치를 켜며, 그것은 무엇인가를 하는 것' 등의 프레임이다.

5) 타인과의 상호작용 : 행위에는 흔히 타인이 개입되어 있으며, 우리는 그들과 협력하거나 투쟁한다. 타인은 행위 과정에서 동맹자가 되거나 적대자가 되며, 그것은 중요한 도덕적 귀결을 불러온다.

6) 유의미한 실존 : 한 행위가 아무리 기계적이고 사소한 것처럼 보일지라도 그것은 항상 더 큰 기획, 즉 의미 있고 성취적 삶을 살아가려는 행위자의 노력의 과정에 해당한다.

7) 책임소재 : 행위는 행위자의 것이기 때문에 행위자는 행위의 다양한 결과들에 대해 책임을 갖는다. 따라서 행위자는 자신의 행위에 대해 책임을 질 수 있다고 가정된다.[58]

위의 일곱 가지 구조적 특성은 그 자체가 본래적으로 서사적인 것은 아니나, 서사적 구조의 원천이 되는 경험의 종합적 근거를 형성한다. 리쾨르는 이것을 인간 행위의 '선서사적(pre-narrative)' 특성이라고 부른다. 그것은 경험의 원형 서사적 차원이라고 부를 수 있다. 리쾨르(P.Ricoeur)는 "시간은 서사적 양식을 통해 정교화하는 정도만큼 인간적인 것이 되며, 서사는 시간적 실존의 조건이 될 때 충만한 의미를 얻는다."고 말한다.[59]

서사의 역할은 단절된 단순한 사건들의 연쇄로 남을 수도 있었던 것들로부터 통합된 전체를 구성하는 일이다. 이 전체는 우리의 시간적 실존의 구조들로서 시간 속에서 생겨난다. 그러한 통합이 가능한 이유는 우리 경험이 서사가 가장 포괄적인 종합의 형식이라는 사실과 함께 바로 그 구조에 있어서 이미 종합적이기 때문이다.

삶의 이야기는 우리가 삶을 구성하면서 수행하는 과제들이며, 또 그것들은 이런 종류의 긴박한 실천적·도덕적 고려들에 의해 동기가 주어지는데, 그것들에 대한 부분적 해결이 현재의 정체성을 형성한다. 결과적으로 서사적 추구와 함께 살아가는 것은 우리가 삶을 이해하려고 하는 한 단순히 선택적인 것이 아니다. 우리 삶을 최소한이라도 이해하는 것은 우리가 다양한 정도로, 또 다양한 성패와 함께 우리가 행하려고 하는 어떤 것이다.

우리가 자기 이해에 관해 언어화하든 그렇지 않든 우리는 미미하더라도 여전히 우리 삶을 서사적으로 구성하려고 한다. 삶의 이야기를 하면서 합리적 설명의 의미를 배운다. 대부분 이것은 하나의 게임으로 나타나거나, 추상적인 합리적·논리적 연습으로 행해지기도 한다. 이러한 경우에서도 우리는 누구인지를 알고, 어떻게 행동할 것인지를 결정하게 된다. 스스로 도덕적 갈등상황을 해결하면서, 타인에게 우리 자신을 설명해야 하는 긴박한 필요성에 대처하게 된다. 이것이 가장 기본적 의미에서 도덕적 숙고이며, 도덕적 평가이며, 또 도덕적 탐색이다.

도덕적 추론은 우리의 서사적 이해 안에 조건화되어 있다. 도덕성은 우리가 얼마나 성공적으로 또는 얼마나 빈곤하게 서사를 펼쳐 가는지의 문제다. 확장의 탐색적인 도덕적 숙고가 무엇을 포함할 수 있는지에 관한 구체적인 사례를 고찰해 보자.

가령 열다섯 살 된 소녀가 임신했다는 것을 스스로 알아차릴 때, 그녀는 어떻게 할 것인가? 그녀는 지금 도덕적 문제에 직면하고 있으며, 파괴적으로 그녀를 압박하는 당면한 문제 상황을 해결해야만 한다. 그녀에게 필요한 것은 현재 상황에서 그녀에게 열려 있는 몇몇 가능성을 상상해 보는 일이다. 즉 상상 안에서 서사적 확장을 실행해 봄으로써 어떤 행위를 택하는지에 따라 이야기가 어떻게 확장될 수 있는지를 살펴보아야 한다.

이 소녀에게 가능한 한 가지 서사적 확장은 낙태와 관련되어 있다. 그 선택이 어떻게 그녀의 전반적인 삶의 이야기와 짜일 수 있는지는 무수히 많은 고려들에 달려 있을 것이다. 혹은 아마도 그녀는 아이를 낳게 될지도 모른다. 그러나 그 경우 그녀는 적어도 다음과 같은 네 가지 가능한 서사를 탐색해야 한다. 생부와 결혼하거나, 혼자서 아이를 기르거나, 가족들에게 책임을 지우거나, 입양을 선택하는 것이 그것이다.

서사적 탐색이라는 고민스러운 과정에서 그녀가 정말로 필요로 하는 것은 성숙한 도덕적 상상력이다. 현재의 어려움을 더 폭넓은 시각에서 검토하고, 다양한 행위들이 어떻게 자신과 타인의 삶에 영향을 미칠 수 있는지를 탐색하고, 자신의 가치와 태도를 비판하고, 의미 있는 행위의 가능성을 일별할 수 있게 해 주는 고양된 '도덕적 상상력'이 필요하다는 말이다.

그녀의 삶의 서사를 건설적이고 삶을 고양시키는 방식으로 지속시킬 수 있는 이 능력은 성숙하고, 체험적인 토대를 갖는 도덕적 상상력에 근거하고 있음에 틀림없다. 인간 행위를 시간에서 벗어나 항구적인 것으로 여기는 관점을 제시하려는 어떤 도덕성 이론도 인간적 도덕성에 관한 적절한 이론이 될 수 없다. 인간은 시간적 존재이며, 또 궁극적으로 서사적 존재다. 도덕 이론이 흡수해야 하는 것은 바로 이 차원이다. 인간 경험의 구조에서 서사의 핵심 역할을 해명해야 한다.

이러한 의미에 무극은 시간성과 상관 연동되어 있다. 원래 무극은 노자의 '복귀어무극'(復歸於無極)에서 유래하며, 시간적으로 어둠의 근원을 상징한다. 주역에서의 무극의 존재 가능성을 역무사야(易無思也)로서 나타낸다.[60] 적연부동(寂然不動)과 감이수통(感而遂通) 사이의 경계를 가볍게 간과할 수 없듯이, 무극과 태극 사이를 매개할 필요가 있다.

진단의 무극도와 주렴계의 태극도를 이어주고 고취하는 문제는 동아시아 역학에 중대한 문제였다. 수운은 이 문제를 "한울님의 마음과 내 마음(吾心則汝心)의 묘합에 해당하는 궁궁에 대한 참구를 통해 사이를 이어주는 중매율(中媒律)로 깨닫고, 무궁무진의 공공작용이 가능함을 확신함으로써 마침내 동학의 무극대도를 탄생시켰다. 수운은 이러한 탄생을 다음과 같이 말하였다.

> 나에게 영부가 있으니 그 이름은 선약(仙藥)이요, 그 형상은 태극(其形太極)이요, 또 그 형상은 궁궁(弓弓)이니 나의 이 영부(靈符)를 받아 사람을 질병에서 건지라.[61]

> 궁을(弓乙)의 모양은 곧 마음 심(心)이니라.[62]

여기서 '나'는 태극 이전의 무극과 태극을 이어주고 살리는 공공작용의 요체이다. 따라서 '천지는 무궁수이며 도는 무극의 이치'이다.[63] 동학의 궁궁은 천지음양의 사이를 이어주는 중매율이며, 궁극적 인격체, 천주에 근원한 무극이다. 유불선에서도 존재론적 무극을 말하고 현상론의 태극을 말하지만, 무극과 태극 사이의 현묘한 이치를 밝히지 못했다.

수운이 태극과 무극 사이에 '궁궁'을 일으키는 이치를 깨달아 그 이치를 드러냄으로써, 무극대도는 오만년 새 역사를 여는 개벽의 화두가 되었다. 동학은 무극과 태극 사이에 공공작용이 일어남을 발견하고 '궁궁영부'(弓弓靈符)를 매개로 삼아 태극과 무극을 '한'으로 회통시켰다.

무극대도는 '무극이 바로 태극'이라는 역학적 해석에서 벗어나서, '무극과 태극 사이의 궁궁'이라는 패러다임을 탄생시켰다. '무극 – 태극 – 만물'이라는 직선(直線) 사유에서 벗어나서, '무극·궁궁·태극', '태극·궁궁·무극'의 쌍방향의 공공작용으로 회통을 이루어 운수대통이 된다. 이로써 쌍

차쌍조(雙遮雙照:한울님과 인간의 쌍방향 회통)의 중도실상(中道實相)이 가능해졌다.

동학의 무극대도에 힘입어 두두물물(頭頭物物)이 '궁궁'으로 '생명의 참빛'과 상응하는 개벽의 영부(靈符)가 이 땅에 자리 잡았다. 수운이 창도한 동학의 무극대도는 이전의 유불선과 풍류신명을 공공으로 이어주고 살리는 매개 작용을 가능하게 하면서 "한울님의 마음과 내 마음"이 공공으로 매개하는, 궁궁영부(弓弓靈符)로 말미암아 궁극인격, 천주(天主)와 개체인격, 수운이 상통되어 무궁무진의 후천개벽 세계를 펼칠 수 있게 되었다고 말할 수 있다.

조선의 국호처럼 새로운 태양이 떠오르기를 기다리는, 밝은 태양이 떠오르기 바로 그 직전의 고요가 감도는 나라에서 약동을 그렸다. 우리는 아침의 고요에서 약동의 세계를 펼치게 된다. 고요와 약동을 내면에서 찾아 새롭게 하면서 이웃과 더불어 행복한 나라를 후세에 물려주고자 했다. 천성산 성황당 아래에 사는 사람들은 지금도 경주의 수운이 적멸굴에 와서 도를 닦다가 도통하여 한 마리 독수리가 되어 동쪽으로 날아갔다는 서사를 전하고 있다. 이러한 서사의 내용과 형식은 자연동굴, 적멸굴에서 수운이 49일간 기도했음을 서사를 통해 입증해 주는 이야기 방식으로 풀이할 수 있다. 다만 기도 방식과 영성 체험의 내용의 서사는 구체적으로 전해지지 아니하기에 추정할 뿐이다.

동학의
공공철학과
인성교육의
활용

천지인삼재의 상통을 통한 인성교육이 바르게 정착되려면 교사들은 교사들 간에
긴밀한 협력 체제를 구축하여 학생 지도에 있어서 일관성과 공정성을 제고해야 할
것이다. 또한 학교에서는 삼경사상에 대한 가정 및 지역 사회와의 연계 지도 방안
을 모색해야 한다. 우리 사회에 교육의 새로운 패러다임으로 제시되고 있는 창의·
인성 교육은 21세기 글로벌 인재를 "직업적 전문성을 갖추어 유능하고 창의적이면
서도 동시에 더불어 살 줄 아는 사람" 이라고 규정한다.

1. 동학과 도덕적 상상력

동학은 도덕적 상상력을 통해 매일 부딪히는 도덕적 문제들을 구조적으로 재구성하는 힘을 보여준다. 그것들은 모두 도덕적 전통의 동일한 기본 가정들에서 경험되고 이해된다. 그 가정들은 도덕 문제들을 이해하는 방식을 정의하면서 '도덕성에 관한 통속이론의 모형'을 형성한다. 도덕적 상상력은 윤리적 지성과 만나 더불어 행복한 공동체의 비전을 실현해 나간다. 동학의 영부가 지닌 형태인 태극과 궁궁은 고요와 약동으로 조화와 균형을 드러내는 우주모습에 대한 도덕적 상상력의 소산이다.

「도덕성에 관한 통속이론」[1]에 따르면 인간은 정신적 차원과 신체적 차원으로 구분되는 이중적 본성으로 구성된다. 열정과 욕망은 합리적이지 않으며, 신체와 합리성은 긴장관계에 있다. 그래서 도덕성은 이성의 힘과 열정의 힘 사이에서 발생하는 대규모적이고 지속적인 권력 투쟁과 유사하다. 인간만이 자유의지를 갖기에 도덕적일 수 있다.

그리고 도덕법칙에 관하여 어떤 행위를 해야 하는가를 규정하거나, 하지 않아야 될 것을 금지하거나, 아니면 선택할 경우 어떤 행위를 할 수 있는지 허용되는 행위에 관해 보편적으로 인간 이성이 제시하는 일반적 법칙에 따른다고 본다. 그러므로 도덕적 동기화는 의지가 이성을 따르는데 기인한다. 「도덕성에 관한 통속이론」의 근거를 추론하게 되면, 신념체계를 발견하게 된다. 모든 도덕적 제약은 이성의 힘에서 비롯되고, 인간은 동물적 존재

<표 1> 「도덕성에 관한 통속이론」

정신적 영역 존재			
구성	지각	열정	의지	이성
역할	감각적 인상·이성이나 열정에 전달	신체경험을 통한 직접적인 활성화, 또는 이전 지각을 근거로 간접적인 추론	자유롭게 행위를 결정함, 은유적 인격으로 이해함	감각자료의 분석·정보를 의지에 전달함
힘의 행사	전달력	의지에 힘을 행사, 예측 불가능, 통제 불가능	몸에 힘을 행사·행위 유발	이론적이며 실천적인 원리 구성, 의지에 힘을 행사하여 행위를 지도함
기타	의지는 이성의 힘을 거부할 수 있으며, 선택 가능한 의지는 열정적인 힘을 거부함, 열정과 이성은 의지에 대립적인 힘을 행사하여 의지적 통제를 위한 투쟁 상태에 이르게 됨			

이지만 합리적 존재로 이성을 행사한다. 신성을 따라 만들어진 합리적 본성 덕분에 인간은 동물적이면서도 물리적인 것을 넘어선다.

이처럼 합리적 동물이지만 인간은 신성에 복종할 의무를 갖는다. 비합리적 자연으로서 동물, 환경 등에 대해서 인간은 도덕적으로 중립적이다. 합리적 자연으로서 인간에 대해서는 적절한 존중과 인격체로서 대우할 것을 법칙으로 명시한다. 도덕성은 어떤 행위가 옳은 것인지를 결정하고, 그러한 행위를 세계 안에서 실현하는 인간 이성의 사용을 포함하는 정도에서 '합리적'이라고 할 수 있다. 이는 이성의 발현과 같다. 그런데 도덕법칙을 전적으로 신성한 명령 자체와 동일시한다면, 도덕성에서 인간의 이성 역할은 최소화될 수밖에 없다. 「도덕성에 관한 일반적인 통속이론」은 도덕성을 이성의 문제라고 가정한다.

그래서 이성이 주어진다면 적절한 도덕법칙을 식별할 수 있다고 보는 종교학과 윤리학의 경계를 횡단으로 매개한다. 이를 '합리주의 윤리학'이라고 말할 수 있는데, 대표적인 이론은 칸트에서 찾아볼 수 있다. 칸트는 도덕적 신의 존재를 부정하지 않았지만, 도덕성이 신성에 근거하지 않더라도 기본적으로 옳은 것이라고 가정하였다. 그는 『윤리형이상학의 정초』라는 저서에서 도덕성의 최상 원리의 탐색과 확립을 목표로 삼았다. 여기서 신념체계에서 나타난 것처럼 두 가지 기본 가정에 의존하여 추론을 전개하게 되었다.

첫째, 일상적 도덕성은 본질적으로 옳은 것이다. 둘째, 일상적 도덕성이 전제하는 도덕적 행위, 의무, 의지, 이성, 자유라는 개념은 실제로 인간에게 적용된다. 이는 조건적·가언적 구조를 갖는 비형식적이며 분석적인 논증에 속한다. 칸트는 신성의 이성을 보편적 이성으로 대체했지만, 이성의 절대적이고 초월적인 성격을 보존하고 유지시키려고 노력하였다. 그리고 절대타자로서의 신명의 의지에 근거하지 않는 도덕적 절대와 궁극적 토대를 유지하려고 노력하였다. 그래서 신성한 도덕법칙은 마침내 실천 이성에 근거한 보편적 도덕법칙으로 전환될 수 있었다. 또 서양의 신념체계의 토대를 이루는 '신의 형상으로 창조되었음'을 '보편적 이성과 인간의 자유 의지'로 바꾸었다. 그러므로 타인을 '신의 형상으로 창조된' 특이한 존재로 대하는 것은 '합리적 본성을 존중함'이다.

반면에 신성 법칙에 복종할 것인지를 선택하는 자유, 다시 말하면 자율성은 합리적으로 자신에게 부여하는 자유의 실현이다. 또한 영혼의 순수성과 내면성에 의한 종교 윤리의 강조는 열정과 같은 외부의 영향을 극복하고 우리의 통제를 벗어나 우연적 귀결에 근거하지 않고 의지적 욕망을 강조하게 된다.

그렇지만 칸트는 이성을 힘으로, 도덕성을 법칙으로 해석하면서, 인간 본성을 합리적 본성과 신체적 본성으로 구분하여 이원적으로 다루었다. 도덕적으로 행위를 하는 것은 곧 신체적 본성을 순수 실천이성의 명령에 따르도록 억제하고, 전환하고, 강제하는 것이 된다. 그리하여 유대 기독교의 종교 윤리 전통에 따라 인간의 본성, 그리고 이성과 의지 개념에 관해 인간의 신체와 상관이 없는 이분법적 견해를 유지하게 되었다.

　전통적 유대–기독교의 종교윤리의 가치들에 대한 합리적인 토대를 구축한 칸트적 합리주의 윤리학은 헤어(R. M. Hare), 기워스(A. Gewirth), 롤스(J. Rawls), 노직(R. Nozick), 도너건(A. Donagan) 등의 철학자들의 저술에서 제시되는 다양한 형태로 이어졌다. 비록 차이는 있겠지만, 도덕성 이론은 지침을 제공하는 것이기에 도덕법칙을 명시하고, 이성은 힘이며 도덕성은 제약들의 체계라는 발상을 공유하게 되었다.

〈표 2〉 서양의 전통적 도덕성 관점의 변화과정

철학자	도덕성 관점
헤어	모든 도덕 규칙들의 형식을 제약하는 궁극적 원리 제시 가능
기워스, 롤스, 노직	원리들의 종류에 대한 보편적 제약 옹호, 도덕 규칙 유형 제시 가능
도너건	칸트처럼 전형적 유형의 사례 적용 가능한 도덕 규칙의 포괄적 체계 도출 가능

　20세기 들어 현대 철학의 경향에 발맞추어 도덕성 관점은 도덕성과 언어 사용 사이의 유비로 나타났다. 「문법으로서의 도덕성(Morality As Grammar)」과 같이, 은유에 대한 상세한 서술은 도너건의 저서에 등장한다.[2] 그는 도덕적 실천 영역으로의 사상의 지도(地圖)에 따라 몇 가지 유형이 이루어지기 때문에 도덕성을 일종의 문법에 비유할 수 있다고 보았다.

　이는 도덕성이 도덕적 삶의 완전한 충만함을 포괄하기에 지나치게 추상적이며 공동체의 윤리적 삶으로부터 멀어져 갔다는 헤겔적 비판에 대한 대응이라고 할 수 있다. 그래서 도너건은 도덕성을 합리적으로 도출된 규제 또는 제약 원리들의 집합으로 해석한다. 바꾸어 말하면, 보편적 제약들에 맞게 행위를 제약하거나 제한하는 이성의 힘이 도덕성이다. 서구 도덕적 전통은 도덕법칙의 마련이다. 법칙은 이성의 힘을 통해 권유하거나 억제하는 형식이다. 의지력을 보편법칙의 제약으로 끌어올 수 있는 정도만큼 도덕적

<表3> 문법으로서의 도덕성[3]

언어 영역	도덕 영역
자연언어의 사용 →	도덕 공동체에서의 행위
언어적 전통 →	도덕적 전통
문법 원리 →	도덕 원리
언어형태에 대한 제약 →	행위를 지배하는 원리들의 형태와 본성에 대한 제약
정확히 말함 →	도덕적으로 옳은 방식으로 행동함
훌륭하게 말함 →	훌륭하게 행동함

이며, 그렇게 함으로써 신체행위에 통제를 가할 수 있다.

이성이 도덕적 반성과 성찰의 중심이 되는 자율적, 자기 지배적이면 종교윤리의 근거는 불필요해지고, 「도덕성에 관한 일반적인 통속이론」에 근거하여 '합리주의 윤리학'에 이르게 된다. 그리고 「도덕성에 관한 일반적인 통속이론」은 도덕 질서와 통제에 대한 인간의 욕구와 맞닿아 있다.

그 욕구는 인간 실존의 우연성에 직면할 때 자연스럽게 생겨난다. 도덕성은 단순히 규칙을 준수하는 문제가 아니다. 따라서 도덕적 숙고에서 중요한 역할을 하는 것은 상상적인 활동이다. 상상적 내면화를 통해 실천 지혜를 추구한다. 도덕적 상상력은 인지를 확장시켜 편견에서 벗어나도록 도덕성을 이해하게 한다. 또한 원형을 유비적으로 상상하면서 상관 연동의 관계성을 추구하게 한다.

도덕적 상상력을 통해 도덕의 절대법칙을 넘어 심사숙고하면서 지혜의 방편으로 작용하는 도덕성을 현실적으로 실천에 옮겨 덕성을 내면화시킬 수 있다. 이 과정에서 공공세계가 형성된다. 해월이 추구한 세계는 그의 스승, 수운의 시천주 신앙을 보다 세속화시킨 삼경의 공공세계이다. 삼경의 공공세계는 만물이 성스러운 하늘을 내재하고 만물이 성스러운 세계, '성현'(聖顯: hierophany)의 세계와 상통함이다.

이는 자타가 더불어 행복한 생명의 공공성 추구의 공공철학 정신을 함유하고 있다. 공공세계는 타자와 더불어 깨달음에 이르는 공공영성, 타자와 더불어 상통하는 공공감성, 타자와 더불어 의사소통하는 공공이성을 구축하면서 더불어 행복한 공공행복에 초점을 두고 있다. 해월은 우주를 천지부모의 한 기운 덩어리로 파악하면서 공공행복을 추구하였다.

천지, 음양, 일월, 온갖 만물의 화생한 이치가 한 이치, 기운의 조화 아님이 없는 것이니라. 나누어 말하면 기란 것은 천지 귀신 조화 현묘를 총칭한 이름이니 도시 한 기운이니라.[4]

해월은 '기(氣)'를 영성 실재로 인식하기에 지기(至氣)라는 표현보다 일기(一氣)라는 표현을 많이 사용함으로써 영성 실재의 성현(聖顯) 양태에 관심을 드러냈다. 그는 '시천주(侍天主)'에 나타난 '정성'의 공공세계를 '삼경(三敬)'에 나타난 '공경'의 공공세계로 이어주고 살렸다.[5]

한울님을 공경하고 효성하오면 한울님이 좋아하시고 복을 주시나니, 부디 한울님을 공경하옵소서[6]

해월은 심령이 일신의 주재일 뿐 아니라 그것이 본래의 나의 마음, 한울이라고 하였다. 이러한 한울을 양성하는 데 한국 전통 삼재의 공공세계가 새롭게 나타나 있다. 국가 중심, 체제 중심, 관료 중심의 철학은 '공(公)' 철학이다. 거기에 비해서 개인의 내면세계와 도덕성을 강조하는 개인 철학은 '사(私)' 철학이다. 관료 중심의 철학과 개인 철학을 공공의 방식으로 이어주고 매개할 때, 공공철학이 탄생된다.

'공' 철학과 '사' 철학 사이에서 양편을 함께, 이어주고 살리는 철학을 공공철학이라고 말한다. 서로 다른 전문영역들 사이에서 매개하고 대화를 나누고 공동(共動)으로 개신(開新)의 새 지평을 열어가는 철학이 공공철학이다.[7] 생명의 무궁을 실천에 옮기고자 했던 해월은 온화한 성품과 인간과 자연에 대한 공경으로 사람들과 대화하고 함께하고 개신하여, 당시 고통 받는 민중들의 삶 속에 동학이 뿌리내리도록 하였다. 먼저 공적으로 한울님을 깨달아 이웃의 얼굴을 사적으로 섬기는 공공을 주문하였다.

기존의 해월 연구는 생태문제와 연결시키거나[8] 여성주의와 연결시킨 논문이 주목을 받았다.[9] 삶에 대한 진지한 '공경'의 문제는 영성주의 또는 배려 윤리와 상통한다. 그 밖에도 범천론적 세계관으로 분석하거나[10] 근대적 인간관 확립에서 분석한 논문들이 해월의 삼경사상을 연결시키는 관점들로 나타났다.[11] 그런데 공공철학의 관점에서 조명한 논문은 제대로 보이지 아니한다. 해월의 법설이 천도교경전 내에 편입된 것은 1961년판의 『천도교경전』에서 이다. 이 글에서는 관몰문서(官沒文書) 중의 「내수도문」이 오늘에 전해지는 해월의 완벽한 법설이라고 보아 이를 중심으로 삼경사상의 공공성(公共性)을 논구하고자 한다. 일반적으로 공공(公共)을 영어나 프랑스어나 독일어로 충분히 설명하기가 쉽지 않다.

영어의 퍼블릭(public)이나 프랑스어의 퓨블릭(publique)이나 독일어의 에펜트리히(öffentlich)는 그리스와 로마의 전통 속에서 발생·발전·변천되어 온 개념으로, 이데아와 그림자가 철저하게 분리되는 이원적이며 대립적 사고의 양식이다. 동학처럼 서로를 이어주고 살리는 제3의 사고 지평을 열기가 어려웠다. 이는 단순한 수평적 평등차원을 넘어서서, 신과 자연과 사람이 서로 공공성을 지니고 네트워크를 이루기에 '한울님 모심'은 생명 네트워크라는 보다 포괄적 개념으로 확장된다.

역사적으로 동아시아에는 공(公)과 공공(公共)을 서로 다른 말로 표현하는 전통이 있었다. 가장 먼저 나온 것은 기원전 80년경에 쓰인 사마천(司馬遷)의 『사기(史記)』 속에 장석지(張釋之)라는 사람을 다룬 열전에서다. 그 가운데 한

무제와 장석지 사이의 대화가 있고, 거기에 "법다운 법이라는 것은 천자(天子)라고 하더라도 천하 만민과 더불어 공공(公共)하는 가운데서 비로소 이루어진다."고 한다. 공공(公共)이 명사로 사용되지 않고 동사로 사용되었다. 이러한 맥락은 공공작용을 나타내는 것으로 대화하고 공동하고 개신하는 활동 요소가 포함돼 있고, 그렇게 읽어야 의미가 제대로 드러난다.[12]

해월은 당시의 많은 사람들이 그릇된 믿음과 그릇된 정성을 드리는 것을 개탄해하면서, 참된 정성과 공경의 믿음으로 거듭날 것을 촉구하게 된다. 바른 신앙을 확립하여 종교 사이의 편견을 없애고 참된 신앙과 수련을 통하여 인간 영성회복의 공공세계를 열었다고 생각된다. 그러나 이러한 공공세계는 그리스어의 코이노니아(koinonia)나 라틴어의 레스 푸브리카(res publica), 거기서 나온 퍼블릭이나 퓨블릭, 그리고 그것과 약간 다른 어원을 가진 독일어의 에펜트리히 등 그 어느 서양 언어에도 그런 의미가 명확하게 포함되어 드러나지 아니한다.

서양의 것은 "국가에 관계되고", "모든 사람에게 공통되고", "모든 사람에게 알려진" 것이라는 의미이다. 즉 '국가 관련성'과 '공통성'과 '공개성'이라는 복합개념으로 국가차원, 공통관심, 공개사항을 염두에 둔 개념이다. 상생의 삼차원 상관사고를 염두에 두고 있지는 않다고 할 것이다.[13]

그런데 해월의 삼경사상은 동학의 신앙대상인 한울님을 봉양하는 양천주를 통해서 삼재 사이를 이어주고 살리는 상생의 삼차원을 중시하면서 서민의 애환과 민생에 각별한 관심을 보여준다. 동학의 공공은 천하 창생과 더불어·마주보고 대화하며·공동하고·개신하는 가운데서 더불어 행복한 길을 모색한다. 삼경으로 "공공(公共)한다"는 언어적 표현이 갖는 창생을 위한 실천적·상관적 의의를 생각할 필요가 있다. 우리의 얼과 삶과 멋을 상관 연동시켜 양천주 사상으로 발전시켜 만물을 공경하는 새로운 상호연동의 축을 모색한 것이다.

2. '양천주'에 나타난 삼재의 공공철학

우주와 인간 세계의 기본적인 구성요소이면서 그 변화의 동인(動因)으로 작용하는 천지인(天地人)을 삼재(三才)라 한다. 삼재는 천, 지, 인이 서로 어우러지며 우주를 형성하여 인간사를 만들고 결국 하나로 돌아간다는 것을 설명한 사상이다. 우리 민족은 전통적으로 조상에게 세 번 잔을 올리고 절도세 번 한다. 씨름과 같은 내기도 꼭 세 판을 한다. 한국인은 모든 것을 셋으로 나누어 사고하고 행하며 셋은 나쁜 것을 좋은 것으로 변화시키는 계기의 수이자 양자를 종합한 완성의 수다.

세계는 하나이지만, 그러면 인간이 이를 이해하고 이용하고 소통할 수 없으니, 또 인간의 두뇌 자체가 구조적이어서, 하늘과 땅, 신과 인간, 무(無)와 유(有), 이(理)와 사(事), 본질과 현상, 주(主)와 객(客) 등 둘로 나누어 바라본다. 이처럼 하나를 둘로 나누는 것은 실제 그런 것이 아니라 구조적으로 인지하거나 인간이 이해하고 소통하기 위한 것이다. 삼재사상에서 인간의 의미는 삼위일체의 의미와 만나고 상통하는 데 있다.[14]

방편으로 둘로 나눈 것인데, 이를 실제로 착각하면 여러 문제가 발생한다. 세계는 원래 하나로서 실체인데 둘의 망령에 사로잡혀 벗어나지 못하고 실체로 돌아가지 못한다. 그러니 둘의 사유는 참 인식이 아니라 참되지 않은 인식이다. 둘의 사유에서 또 다른 문제는 양 극단에 서는 것이다. 둘 자체가 하나에서 비롯된 것인데, 한쪽을 취하여 그것만을 극단화하고 나머지 한쪽을 허위로 간주하거나 배제하는 것이다. 이 경우 둘은 서로 갈등하고 대립하게 하며, 허상이면서 실상을 가장한다. 방편의 양극성이다.

이에 따라 셋을 두면, 셋을 매개로 둘의 망령에서 벗어나 하나로 돌아가게 된다. 둘 사이에 셋을 설정하면, 어느 한쪽을 극단화하는 것을 피하여 서로를 포용하게 된다. 셋으로 인하여 양 대립이 무너지고 이를 통하여 양 대립이 서로 서로를 포용하게 되며, 더 나아가 삼자를 어떻게 설정하느냐에 따라 의미는 무궁무진하게 전개된다. 그리하여 셋으로 나누는 것은 돌고 돌아 끝이 없는 것이다. 이처럼 인식론의 차원에서 보면, 삼재는 하나, 둘, 셋으로 세계를 파악하고 궁극적 진리인 하나로 돌아가는 것을 세계의 실체, 혹은 깨달음에 이르는 것으로 본다. 하나는 체(體)요, 셋을 부려 하나로 돌아가니 셋은 용(用)이다.

한울님은 텅 비어서 모두를 감싸 안고 어디에나 존재하는 영성이다. 이것이 둘로 나뉘어 땅이 된다. 이렇게 하여 선과 악, 길흉화복과 주객이 존재하게 되며 하늘과 땅, 사람으로 천지, 선악, 길흉화복을 조화시키려 한다. 사람이 본심을 회복하면 하늘과 땅과 사람이 상통한다. 여기서 인간이 하늘과 땅, 그리고 인간 사이를 매개하는 역할이 중시된다.

하나로부터 셋이 되는 것은 참과 참되지 않음이 나뉘는 것이고, 셋이 모여 '한'의 깨달음으로 돌아간다. 사람은 망령됨에서 벗어나 참으로 바뀌어 하늘과 땅의 조화를 추구하여야 한다. 안개가 하늘을 가리듯 본래 청정한 사람을 망령됨이 미혹되게 한다. 안개가 사라지면 푸른 하늘이 드러나듯, 망령됨을 걷어내면 그가 곧 깨달은 사람, '밝은이'(哲人)이다.

사람은 삼진(三眞), 곧 진성(眞性)·진명(眞命)·진정(眞精)을 받아 이것으로 망령됨을 사라지게 할 수 있다. 선과 악, 맑고 흐림, 후하고 박함이 대립하지만, 밝은이들은 마음의 평정을 이루고(心平), 숨 쉼을 고르게 하여 기운이 화평하며(氣和), 부딪침을 금하여 몸이 편안하여(身康), 결국 망령됨을 없애고 참으로 복귀한다.

그리하여 참된 본성을 되찾고 하늘과 땅과 조화를 이루게 한다. 뭇사람도 깨달으면 밝은이요, 밝은이가 돌아가면 한울님이다. 사람이 만물 중에서 영특하고 가장 빼어나서 위로는 한울님에 합하고 아래로는 땅의 이치에 부합하므로 하늘의 도와 같다. 삼재에서 하늘은 하나이며 도(道)이다. 하늘은 허울도 바탕도 없고 처음도 끝도 없으며 위아래 사방도 없고 겉도 속도 다 비어서 어디나 있지 않은 데가 없으며 무엇이나 담지 않는 것이 없다. 한울님의 도는 인간의 의식과 말과 행위를 초월한 곳에 있다.

한울님의 도는 모습과 말과 행위를 떠난 것이면서 모든 형상을 나타내고 어떤 진리든 드러내며 어떤 것이든 행한다. 한울님의 도는 말이나 형상, 행위를 넘어선 것이면서 동시에 모든 것을 드러낸다는 것이다. 하늘은 오직 하나이며 텅 비어 있어 사이도 없고 모든 것을 아우른다. 하나인 실체는 변함이 없지만 용(用)인 셋은 무시무종(無始無終)의 변화를 만든다. 하늘의 도는 하나로부터 셋으로 나아가고, 땅의 도는 하나를 이어받아 셋에 이르며, 사람의 도는 셋을 모아 하나에 도달한다.

수운은 한울님과 만나 서로 대화하는 인격적인 신을 흔히 상제 또는 한울님으로 표현한다.[15] 인간이 아버지의 정기를 받고 어머니의 피를 받아 세상에 태어나는 것은 천리의 작용이고, 가면 오고 오면 가게 되는 것은 천운의 효용이며, 나고 자라고 늙고 죽는 것은 천도(天道)를 따르는 것이다. 하나인 천리(天理)가 형체를 타고 나타나면 천기(天氣)가 된다.

천지자연은 천리와 천기의 화용이다. 기의 흐름에 따라 바람이 불듯, 세상에서는 천리를 어기고 대립하지만, 인간이 이를 이어주고 아우르기에 천리와 천기는 서로 상통한다. 경천하는 것은 인오동포(人吾同胞)·물오동포(物吾同胞)의 원리를 깨달아 경천·경인·경물로 이어지게 된다. 즉 '천지를 부모와 같이 공경하고 땅 아끼기를 어머님 살같이 하게 되며 사람이 바로 한울이니 사람 섬기기를 한울같이 하라.'라고 주문한다.[16]

동학의 공공세계는 '무로부터의 창조'가 아니라, 영성을 통한 생명살림으로 '뜻을 좇으면서 생명을 살리는 가운데 저절로 되어 감'이다. 공공세계는 한울님의 큰 덕과 상통하면서, 한울님의 뜻에 부합하고 실천으로 옮기게 된다. 동학의 공공세계에서 인간은 한울님과 함께 일을 도모한다. 한울님의 기쁨, 보람, 행복은 억조창생의 만물과 함께 한다. 따라서 "내 마음이 곧 네 마음이다(吾心卽汝心)"라고 한 말씀에서 공공성을 통해 온누리를 새롭게 열게 된다.

공공철학의 정신은 경천·경인·경물 사이를 이어주고 살리기에 기존의 보편성과 차이가 난다. 여태까지 보편성 또는 보편타당성을 "universality", 특수성을 "particularity"라고 했지만, "universality"의 어원을 따지면 강제성이 내포되어 있다.

실제적으로 "uni"는 "하나"이고, vers-는 "향하다"이고, "-ality"는 추상명사를 만드는 접미사이다. 그것은 모든 것을 하나로 묶는다는 뜻이다. 그런데 하나로 묶는 주체는 역사적으로 서양의 몫이 되었다. 더 나아가서 서양적인 것은 보편적이고 동양적인 것은 특수적인 것이라는 비하가 나타났다. 동양의 학문이 서양의 학문만큼 가치가 없다는 생각에 익숙해져 있다. 그러나 해월의 상황 인식은 보편성과 특수성 또는 '다양성'(multi-versality)의 대립과 그것을 넘어서는 또 하나의 차원을 설정하고 있음에 주목하게 된다.

여기서 중시되는 것은 '매개성'(trans-versality)의 개념이다. 그것은 문화와 문화, 종교와 종교, 국가와 국가, 생활 세계와 생활 세계 사이에 다리를 놓고 그것을 통해서 서로 엮을 수 있는 가능성으로 한울님의 영기(靈氣)를 상정하고 있다.

> 우리 사람이 태어난 것은 한울님의 영기(靈氣)를 모시고 태어난 것이요. 우리 사람이 사는 것도 한울님의 영기를 모시고 사는 것이니, 어찌 반드시 사람만이 한울님을 모셨다 이르리오. 천지만물이 다 한울님을 모시지 않는 것이 없느니라. 저 새소리도 또한 시천주(侍天主)의 소리니라.[17]

해월의 삼경사상에 나타난 매개원리는 생명체에 국한되지 않고 흙과 물등 무생물에게도 미치고 있다. 천지인 삼재의 삼경사상은 오늘날의 뇌신경학과 정보통신학과 생태학의 사이를 이어줄 수 있다. 소크라테스·플라톤·아리스토텔레스의 시대부터 내려온 서양사상과, 유교·불교·도교 등이 빚어낸 동양윤리 사상을 아우르는 횡단매개성을 생각해 볼 수 있다.

삼경사상의 정신은 공적 차원과 사적 차원을 함께 이어주고 살리는, 공사공매(公私共媒)의 공공철학의 정신이다. 공사(公私)의 문제는 상호 관계의 문제가 요체가 된다. 살리고 이어주는 중매의 '매개율'을 작동시키면 사적 행복과 공적 행복이 함께하는 공공행복을 가능하게 한다.

3. '삼경'에 나타난 공공철학의 공사공매

해월 최시형은 공공세계의 목표를 유지하면서 동학이 박해받던 어려운 시기에 포교하였고, 포접제를 두어 교단을 조직하고 관리하였다. 아울러 공공 인격 함양을 위하여 교도들을 훈련하는 일련의 체계를 갖추었고, 1880년에서 1881년 사이를 기점으로 『동경대전』과 『용담유사』 등 동학의 기본 문서를 잇따라 간행함으로써 삼경사상을 통해 공공철학 정신을 구족(具足)하였다.

그는 동학의 공공세계에 관심을 두면서도, 전봉준이 농민혁명을 거사한 초기에는 무력봉기에 대한 거부감을 보이며 반대하였다. 1894년 봉기이후에는 동학혁명에 참여하고 독려하였다. 동학을 조직적 단체로서 정비하는 가운데 공공세계에 매진하였다. 아울러 그는 동학사상을 한민족의 농경문화 정신토양 속에 깊이 토착화(土着化)시켰다.

해월의 삼경사상(三敬思想)에는 공공세계를 지향하는 세 요소가 발견된다. 여기서 '삼경'은 '하늘공경'(敬天), '사람공경'(敬人), 그리고 '물건공경'(敬

物)을 말한다. 그 중요성은 유기적 관계성이다. '하늘공경'은 그 진정성이 '사람공경'으로 나타나며, 경천·경인의 진정성은 경물(敬物)에 있기에 공공 인격 함양의 진위성과 성숙도를 판명하는 기준이 된다.[18]

한울님 모심과 공경의 태도가 공공세계의 출발점이 된다. 동학의 공경 대상으로서 한울님은 타계에 존재하는 초월적 존재가 아니라 만물을 통하여 무위이화하는 창조적 내재신이다. 해월은 '경(敬)은 경인(敬人)의 행위에 의지하여 사실로 그 효과가 드러난다. '경천만 있고 경인이 없다면, 이는 농사의 이치는 알지만 실지로 종자를 땅에 뿌리지 않는 행위와 같다.'고 비유하였다. 공공세계의 차원에서 '시천주'의 근본종지(根本宗旨)는 '사인여천(事人如天)'이다.

삼경사상은 공공인격 함양의 차원에서 경물(敬物)에 꼭지점이 있다. '경물'에서 '물(物)'은 생명을 살리는 일체의 물적 존재(物的 存在)이다. 흙, 물, 공기, 식물, 동물, 물질재화 등 일체를 포함한다. 동학의 경물(敬物)은 물건을 아껴서 사용한다거나 재활용하는 등의 물질효용 극대화운동과 차원이 다르다.

만일 한울 전체로 본다면 한울이 한울 전체를 키우기 위하여 동질(同質)이 된 자는 서로 도움으로써 서로 기화(氣化)를 이루게 하고, 이질(異質)이 된 자는 한울로써 한울을 먹는 것으로써 서로 기화(氣化)를 통하게 하는 것이니, 그러므로 한울은 한쪽 편에서 동질적 기화로 종속을 기르게 하고, 다른 한쪽 편에서 이질적 기화로써 종족과 종족의 서로 연결된 성장발전을 도모하는 것이다. 집약하여, '한울로써 한울을 먹는다는 것(以天食天)'은 곧 한울의 기화작용으로 볼 수가 있는 것이다.[19]

물 자체가 지닌 경제 가치를 넘어서서, 한울님 기운의 활동이자 그 결실로서 물(物)을 공경하여야 '천지기화의 덕성'에 상통한다. 영국의 문화인류학자 E.B.타일러는 그의 저서, 『원시문화(Primitive Culture)』(1871)에서 '정령신앙(animism)'을 처음 사용하였다.

그는 인간의 영혼이 외계의 사물에 적용된 것이 정령(anima)이라고 보았다. 이처럼 계몽주의 의식에서 서구인들의 시각에서, 동학의 삼경사상이 원시종교의 '정령신앙(animism)'과 동일시 될 수 있다. 해월의 삼경사상은 '한울로써 한울을 먹는다.'라는 '이천식천(以天食天)' 사상에 이르러서는 공사공매(公私共媒)의 성격을 드러낸다. 공공인격 함양 차원에서 해월은 이렇게 말한다.

> 내 항상 말할 때에 물물천(物物天)이요 사사천(事事天)이라 하였나니, 만약 이 이치를 시인한다면 물물(物物)이 모두 이천식천(以天食天) 아님이 없을지니, 이천식천은 어찌 생각하면 이치에 상합치 않음과 같으나, 그러나 이것은 인심의 편견으로 보는 말이요, 만일 한울 전체로 본다면 한울이 한울 전체를 키우기 위하여 동질이 되자는 상호부조로써 서로 기화를 이루게 하고, 이질(異質)이 된 자는 이천식천(以天食天)으로써 서로 기화를 통하게 하는 것이니 … '외유기화(外有氣化)'라 함은 '이천식천'을 말한 것이니 지묘한 천지의 묘법이 도무지 기화에 있느니라.[20]

해월의 '이천식천'은 공적 차원을 사적 차원으로 이어주고 매개함으로써 더불어 행복한 공공행복의 토대를 이룬다. 인간 중심이거나 신 중심의 위계적 사고에서 벗어나서 유기체적 '한생명'을 부각시킨다. 천지인삼재가 어울리고 상통하는 관계에서 조화를 이루게 함으로써 생명공동체를 공공으로 건설하고자 하였다. 삼경사상은 천지인삼재에 대한 '섬김'으로 관통한다.

> 내가 곧 한울이요, 한울이 곧 나니 나와 한울은 도시 하나니라.[21]

삼경사상은 '인격 차원의 존중과 배려'가 깃들어 있다. 그러나 해월은 존중과 배려에서 그치지 않고, 한 걸음 더 나아가 존중과 배려를 통한 '균형과 조화'를 역설한다. 이것이 '이천식천(以天食天)'이다. 즉 지금까지 인류를 지배한, 먹히고 먹는 약육강식(弱肉彊食), 적자생존(適者生存)의 법칙을 넘어서서, '이천식천(以天食天)'의 상생(相生)의 정신을 설파한 것이다. 따라서 공공세계를 위한 '생명공동체'의 인격은 하늘과 땅과 사람, 자연과 역사와 신성, 노동과 삶과 놀이문화, 개인과 공동체와 뭇 생명의 상생에서 드러난다.

집단 영성의 '삼경사상', '이천식천'은 공공세계를 이루어 생명공동체를 형성하는 계기가 되었다. 동학운동은 생명의 횃불을 밝혔지만, 중앙정부의 수구세력과 동아시아의 패권을 노리던 청국 및 일본의 무력 개입으로 결국 좌절되었다. 그러나 동학운동은 이에 좌절하지 않고 생명공동체의 공공 건설 대한 비전으로 희망을 나타냈다.

희망을 횡단으로 매개하는 철학이라는 새 관점은 전통적으로 한중의 '통(通)'— 의사소통·감성상통·영성회통— 의 문제의식과 연관된다. '사이'라는 관점에서 한중일의 관점을 비교해 보면 일본의 경우에는 사무라이의 정신이 팽배하여 '통'이 충분히 형성되지 않았으며 사무라이의 권위가 상통을 방해하였다고 말할 수 있다. 그것은 아마도 위정자의 입장에서 위로부터의 시선으로 세상을 봄으로써 상하관계가 주축이 되어 모든 것이 합일되는 질서를 궁극과제로 삼았기 때문일 것이다. 우주를 인심(人心)에 치우쳐서 바라볼 것이 아니라, 전일적(全一的) 생명체로 볼 것이다.

해월의 삼경사상은 실심실학의 최한기 사상이나 중국의 담사동 사상에서 나타나듯이, 창생의 입장에서는 아래로부터 세상을 다시 바라보게 된다. 이에 따라 수평관계가 축이 되어 모든 것에서 자존과 자립과 평등을 확보하려는 문제의식이 발생하여 서로의 '사이'를 어떻게 최적화하느냐가 긴요하고 절박한 문제로 부상한다고 생각된다.

반면에 일본에서 '사이'의 문제를 의식하여 철학의 중심과제로 부각시킨 경우는 20세기에 이르러 '와츠지 테츠로'(和辻哲郎; 1889-1960)에 의해서라고 말할 수 있다. 그는 사람과 사람 '사이'에 관한 학문으로서의 윤리학을 정립하였다. 그런데 그것도 기존의 고정화된 '사이'이며, 새로 열어가는 역동적인 '사이'가 된다고 할 수 없다. 해월의 삼경사상에서 중시하는 천지인 삼재와 그 '사이'에 대한 문제의식은 거기서부터 무한히 열리고 키워지고 가꾸는 신명과 통하기 때문이다. 사람과 사람 사이에 한울이 있다는 인식은 섬김을 매개한다.

'사이'라는 공간은 우리의 편협함을 성찰하게 한다. 이것이라고 하면 저것이 있고, 저것이라고 하면 이것이 있다. 한울이라고 하면 사람이 있고, 사람이라고 하면 한울이 있다. 이 사이에서 섬김을 만난다. 섬김은 차이라는 간격을 극복하고 이들 사이를 이어주고 살리게 한다. '조화와 균형'은 공공작용으로 생명의 본질이며, 상생은 생명의 본질을 회복하는 동학의 공공철학 정신이다. 이를 통해 '어우러짐과 더불어 사는 삶'이 도덕적으로 상상되고 윤리적 지성으로 실천에 옮기게 된다.

> 사람이 한울이니 사람 섬기기를 한울같이 하라.[22]

4. 천지부모 믿음에 대한 공공철학

천지인삼재 사이가 이어지면 천지는 곧 부모요 부모는 곧 천지이며, 천지부모는 사이를 매개로 일체가 된다. 이에 따라 해월은 '부모의 포태가 곧 천지의 포태이니, 지금 사람들은 다만 부모 포태의 이치만 알고 천지 포태의 이치와 기운을 알지 못하느니라.'고 강조하였다.

해월은 지금 사람들은 부모 포태의 이치만 알고 천지 포태의 이치를 알지 못하여 천지에 효도하고 봉양하는 마음을 갖지 못하였다고 비판한다. 또한 '곡식은 천지의 젖'이라고 하여, 아이가 어머니의 젖으로 자라듯이 천지의 젖인 곡식에 의해 우리가 양육되고 있음을 밝히고 있다. 해월이 생태계를 어머니로 생각한 것은 『주역』에서 말하는 '건칭부곤칭모'(乾稱父坤稱母)의 차원과 구별된다.

이는 곧 해월에게서는 사이를 이어주는 마음이 영성 체험과 상통하기 때문이다. 생태계를 한울님을 모시고 있는 거룩한 생명의 드러남으로 보는 것이다. 해월의 삶이 철저히 실천적으로 바뀐 것은 바로 이런 영성 차원의 심정이 생활 속에서 사이를 이어주는 실천적 성현(聖顯) 활동이 이루어졌기 때문이다.

이런 모습은 해월이 "땅을 소중히 여기기를 어머님의 살같이 하라."고 한 데서도 확인된다. 이는 영성 활동에서 우러난 깨달음이며 신비체험이다. 이때의 인간의 삶은 단순히 환경을 보호하고 사랑하는 것이 아닌, '땅을 어머니와 똑같이 생각하고 효도하고 봉양하는' 것임을 일러준 말씀에서, 우리는 이 시대의 새로운 생태차원의 '공경'의 철학을 알 수 있다. 또 여기서 해월이 여성의 영성을 긍정하면서, 여성의 지위를 한울님까지 높인 것은 여성주의 관점에서 보더라도 손색이 없다. 이와 관련한 일화가 있다.

하루는 해월이 청주를 지나다가 제자 서택순의 집에 들렀다. 서택순의 집에서 그 며느리의 베 짜는 소리를 듣고 묻기를 "누가 베를 짜는 소리인가" 하니 서군(택순)이 대답하기를 "제 며느리가 베를 짭니다." 하는지라. 내가 또 묻기를 "그대의 며느리가 베 짜는 것이 참으로 그대의 며느리가 베짜는 것인가?" 하니, 서군이 나의 말을 분간하지 못하더라.[23]

이러한 대화에서 보듯이, 전통 사회에서 시댁에 완전히 종속되어 모진 시집살이 속에서 종처럼 부림을 당하여 자손의 대를 잇기 위한 씨받이로만 여겨졌던 며느리 존재가 사실은 '한울님의 나타남' 이라는 혁명적 선언에서 사이를 이어주는 공공철학의 정신을 확인할 수 있다. 사회가 부조화와 불균형의 삶을 살고 있는 것은 우주생명을 저해하는 모습이다. 해월은 부인의 중요성을 언급하면서 다음과 같이 말한다.

> 음식을 만들고 의복을 짓고 아이를 기르고 손님을 대접하고 제사를 받드는 일을 부인이 감당하니, 주부가 만일 정성 없이 음식을 갖추면 한울이 반드시 감응치 아니하는 것이요 정성 없이 아이를 기르면 아이가 반드시 충실치 못하나니, 부인 수도는 우리 도의 근본이니라. 이제부터 부인 도통이 많이 나리라. 이것은 일남구녀를 비한 운이니, 지난 때에는 부인을 압박하였으나 지금 이 운을 당하여서는 부인 도통으로 사람 살리는 이가 많으리니, 이것은 사람이 다 어머니의 포태 속에서 자라는 것과 같으니라.[24]

여성은 생명 본성과 사회 모성을 발휘하여 생명의 '모심' 과 '살림' 의 능력을 나타낸다. 거룩함을 생활에 잇고, 이 행위로 사회적 공능을 이룩한다. 여성은 새 문명의 주역이지만, 진정한 주역이 되기 위해서는 여성들이 가지고 있는 여성성, 생명의 창조성, 그리고 고뇌의 감수성을 내 안의 '신령스러움' 을 통해 지속적으로 가꾸고 계발해야 한다. 대립적 관계에서의 투쟁이 아닌 영성혁명을 통해서, 생명영성을 자각하고 천지모성을 되찾아야 한다.

이러한 측면은 남성에 대한 여성의 해방을 중점적으로 부르짖는 여성주의 선언과도 확연히 구별된다. 해월의 여성관은 단순한 해방이 아니라 여성에 대한 재발견이며, 새로운 문명적 성격으로서의 여성의 영성을 부각한 것이다. 해월의 여성관은 「내칙」과 「내수도문」에서 절정을 이룬다. 이 두 글은 해월이 직접 찬제했다. 「내칙」은 주로 태교에 관한 것인데 태모의 섭생과 마음가짐을 중심으로 이야기한다. 어떻게 보면 기존의 동양적 태교 이론과 별반 다를 게 없어 보이지만, 결정적인 차이를 들 수 있다. 내칙의 금과옥조가 성인을 낳기 위한 태교의 요령에 그치는 것이 아니라, 양천주의 실천덕목이라는 점에서 한울님 체현의 신비의 길이다.

'내 안에 한울님을 모시고 있다.'는 수운의 시천주는 한울님을 제대로 인간 마음 사이사이에 자리 잡도록 하려는 해월의 양천주의 개념으로 보다 실천적 과정 논리로 전환되었다. 내 아이를 포태한 순간부터 시천주를 확실히 느끼고, 내 안의 생명을 어떻게 키워 갈 것인가를 헤아려 보면, 그것이 바로 한울님이 나를 통해 성장하는 방법과 상통함이다. 따라서 포태 시에만 지킬 것이 아니라 평소의 수도 과정에서도 이 내칙을 생활화한다면 참으로 한울님을 잘 보양하게 되며, 그렇게 된다면 도통은 시간문제이다. 그래서 해월은 「내칙」의 말미에서 다음과 같이 간곡하게 당부한다.

이대로만 시행하시면 문왕 같은 성인과 공자 같은 성인을 낳을 것이니, 그리 알고 수도를 지성으로 하옵소서! 이 내칙과 내수도 하는 법문을 첨상가에 던져두지 말고, 조용하고 한가한 때를 타서 수도하시는 부인에게 외워드려, 뼈에 새기고 마음에 지니게 하옵소서. 천지조화가 다 이 내칙과 내수도 두 편에 들었으니 부디 범연히 보지 말고 이대로만 밟아 봉행하옵소서.

「내수도문」에서는 매매사사를 한울님께 심고하고 행할 것을 강조하고 있다. 해월의 심고는 단순한 기원이 아니라 내 안에 있는 한울님이 그 일에 감응하여 함께할 것을 바라는 것이며, 자기 생각으로 어떤 일을 하는 것이 아니라 모든 일을 한울님의 마음이 되어 행하고 한울님의 기운에 의해 함께하는 것이 된다. 그러므로 「내칙」과 「내수도문」은 동학의 수도(修道)의 요체가 들어 있다고 할 수 있다.

기존의 수도가 부모처자를 버리고 산에 올라가 몇십 년 면벽수도하고 고행하는 것을 깨달음의 과정으로 생각하였다면, 동학의 수도는 생활 속에서의 섭생·심고와 마음공부를 통해서 한울님을 지극히 봉양하고, 내면에서 한울님의 감응을 느끼며 강화의 가르침을 받는 공부이다. 이런 해월의 가르침은 여성 핍박의 멍에를 벗기고 여성에게 한울님처럼 대접받을 수 있는 공공의 새 길을 제시할 뿐만 아니라, 여성도 생활 속에서 한울님을 공경하고 봉양하는 길을 통해서 진리를 깨닫게 된다고 하였으니 여성의 주체의식을 함양하는 길을 제시한 것이기도 하다.

> 부인이 가정의 주인이니라.[25]

여기서 차가운 기계 같은 문명의 덫에 방치된 존재가 아니라, 따뜻하고 부드럽고 정감어린 문명을 해월의 삼경사상을 통해 건설해 나갈 수 있는 길을 새로 발견하게 된다. 성리학이 지배하던 조선 왕조의 굴종된 여성의 신분을 이제 해방시켜 21세기를 일구어 가는 새로운 모태로 자리 잡게 하는 것이 이 시대의 과제이다. 그러나 이런 감수성을 가진 마음을 만들기 위해서는, 사이사이를 이어주는 신령스러움과 만나는 영성의 계발이 무엇보다 요청되는 필수조건이 될 것이다.

현대문명의 피폐는 근원적으로 영성의 결핍에서 비롯된 것이라고 할 수 있다. 여성·남성, 자연·인간의 대립적 구도에서 아직도 상대적 약자인 여성과 자연의 해방을 꿈꾸는 것이 현대의 생태여성주의 운동이라면, 동학은 우리의 인식을 총체적으로 전화시켜 모든 만물이 신령하고 존귀한 생명, 한울님이라는 관점에서 서로서로를 화해시키고 새로운 조화의 길을 공공철학의 정신으로 일구어 가는 데 대안을 제시할 수 있다.

만물에서 한울님의 얼굴을 느끼고 내 안에 있는 신령스러움을 회복한다면, 진정으로 우리 자신을 공경할 수 있다. 우리 자신을 진정으로 공경할 수 있을 때 비로소 자발적인 주체성이 가능해지며 도덕적 행위 주체로서 자유의 실천이 보장된다.

그런 다음에 생태계 문제든 윤리실천의 문제든, 갖가지 현대사회의 문제들을 진지하게 고민하고 공공으로 해결할 수 있다. 공공철학은 '공공하는' 철학이다. '공공한다'는 것은 "대화하고 공동하며 개신하는" 작용에 의한 조화와 균형의 살림이다. 자기와 타자가 함께(共) 서로(互) 마주보며 진실의 상화(相和)와 화해와 공복(共福)을 실현하기 위한 공동과 개신의 길이다.

공공은 '서로 얘기함'은 언어 매개의 행동·활동·운동을 말한다. 자기와 타자 사이에서 함께 서로, 관계를 맺거나 삼가거나 그만두는 것이다. 자기와 타자가 함께 각각의 의지에 따라 무시하고 반발하고 거부하는 때도 있고, 공감(共感)하고 공명(共鳴)하고 공진(共振)하는 때도 있다.

사고나 상상이나 의식을 자기 '내면'의 현상으로 이해하면, 자기와 타자 '사이(間)'의 상호인식과 이해와 공관(共觀)이 불가능해진다. 왜냐하면 자기인식은 물론이고 타자인식이나 자타 '사이'의 상관(相關) 인식을 향한 통로가 봉쇄되어 버리기 때문이다. 즉 상호소통이 성립하기 어려워지는 것이다. 이러한 문제를 염두에 두고, 언어뿐만 아니라 사고나 관념, 의식, 심지어는 무의식까지도 자기 '안'의 현상으로서가 아니라 자타의 '사이' 즉 자기와 타자의 '사이'에 벌어지는 일로 파악하고자 한다. 자기가 마주보고 함께 얘기하는 타자는 자기 밖에 별도로 그리고 독자적으로 실재하는 인간이자 자연이다. 자기 맘대로 자기와 일체화할 수 없는 것이 타자의 타자성이다. '공공철학을 한다.'는 것은 타자와 함께 최고의 진실이나 최상의 깨달음이나 절대불변의 진리를 탐구하는 것과는 다르다.

공공철학은 성현과 위인의 우위와 권위를 정당화하는 통치철학이 아니다. 경제적 불평등을 경쟁 원리의 자연적이고 필연적인 귀결로 시인하면서 자본주의의 폭주를 선동하는 경제철학도 아니다. 공공철학이란 한 사람 한 사람의 생명·생존·생업의 기반 확보를 통해서 일상생활에서의 안심·안전·안락을 실감할 수 있는 선량(善良)한 사회를 공동 구축하기 위한 상생(相生)철학이다. 자기가 생각하고 믿고 있는 것이 얼마나 올바르고 좋고 귀한가를 입증하는 것이 아니다. 공공철학의 정신이 해월의 삼경사상에서 나타나듯이, 자기와 타자가 각자 생각하고 사고하고 믿고 있는 것을 함께 서로 진지하게 얘기함으로 서로 생각이 통하고 공명하게 된다.

생각이 서로 통하여, 서로의 사고와 판단과 행동과 책임에 반영되어야 새로운 전개로 이어지고, 자기와 타자 '사이'에 공동의 상호·상관·상보 활동을 확충시키게 된다. 이러한 과정을 통하여 공동의 효능이 실감나는 명분을 발견하고 공공성을 신장시킬 수 있다. 나아가서 대화와 공동(共動)의 지속적인 축적으로 생성되는 역동에 의해서 동아시아의 미래 창조에 바탕이 되는 새로운 공공성의 지평을 열게 된다. 우리는 이것을 개신(開新)이라고 부른다. 천지부모 사이사이를 이어주고 살리는 해월의 삼경사상에서 이러한 공공성의 개신 정신을 발견할 수 있다.

5. 동학의 공공철학을 인성교육에 활용하기

해월의 삼경사상은 전통적 삼재사상에 뿌리를 둔 것으로 하늘·땅·인간의 세 실재를 공공회통(公共會通)하도록 하여 상생의 생명살림을 가능하게 한다. 천지만물이 한울님의 영성을 가지고 있다고 생각하여, 물물천 사사천(物物天 事事天)이 되어, 한울 영성이 깃든 '물'을 함부로 대하거나 훼손하지 않는다.

한 생물도 무고히 해치지 말라. 이는 천주를 상하는 것이다.[26]

따라서 해월의 삼경사상은 생명 연계의 동귀일체(同歸一體) 사상으로, 특히 공공철학 정신이 강조되고 있다. 개인과 전체의 관계는 세포와 몸의 관계처럼 유기체를 이룬다. 천지는 부모이고, 천지부모는 일체이다.

여기서 하늘은 보이지 아니하는 정신적 하늘을 의미하고, 땅은 현상적 하늘로서 우주만물이다. 천지는 '한' 하늘이요, 한울님의 정신과 육체의 관계라고 할 수 있다.

> 제비의 알을 깨치지 아니한 뒤에라야 봉황이 와서 거동을 하고, 초목의 싹을 꺾지 아니한 뒤에라야 산림이 무성하리라.[27]

해월은 이어서 날짐승과 길벌레도 목숨이 있으니 물건을 공경하면 덕이 만방에 미친다고 한다. 해월이 1883년 3월 3일 각 접에 최초로 보낸 「통유문」에도 "사람을 대하고 물을 접할 때는 오로지 공경으로 한다.(待人接物唯敬)"고 하여 삼경사상의 실천을 강조한 것은 승평성화(昇平聖化)의 공공철학 정신을 추구한 것이라고 볼 것이다.[28] 공공성의 개신으로서의 공공철학 정신은 철학을 앎의 문제(認識論)나 행위의 문제(道德論)를 넘어 삶의 문제(生活哲學)로 전진하려는 것이기에 더욱더 고난과 정의의 문제를 피할 수가 없다.

고난과 정의(正義) 문제를 공공으로 생각하려 할 때, 이는 고전적인 아리스토텔레스의 등차 배분 정의나 근대 자본주의 시장 논리인 노동과 임금 관계의 교환 정의 또는 유토피아적 사회주의 사상가들의 균일 평등의 열쇠로 풀 수 있는 문제가 아니다. 인간이 현실 사회에서 날마다 부딪히는 고난과 부정의 문제는 자연 재난으로부터가 아니라, 비본래적 인간성의 독소와 정의롭지 못한 삶의 구조에서 나온다.

고난과 정의는 자기초월을 지향한 이성적 비판의 능력을 지닌 인간이 자유의 남용과 오용 그리고 자기초월 능력에 대한 오만·태만·기만의 삼중주에서 야기된다. 상생공복의 생명공동체 실현을 추구하는 오늘의 지식인들은 정직하게 다음의 문제를 함께 되물을 필요가 있다. 지행합일(知行合一)처럼 사람이 알면 참으로 변하는가? 아니면 각행일치(覺行一致)를 통해 깨달으면 참으로 변하는가? 또는 신행일치(信行一致)를 통해 믿으면 근본적으로 변하는가?

이에 대한 일관된 대답은 참으로 알고, 깨닫고, 믿으면 사람은 본래적 인간으로 변화되며 공공행복과 진선미를 위하여 기쁘게 헌신하고 살아간다고 주장한다. 그러나 현실의 인간과 세상은 천편일률의 응답과 반드시 일치하지는 않는다. 그래서 공자는 충서(忠恕)를 강조했고 붓다는 대비(大悲)를 말했고 예수는 긍휼(矜恤)과 회개(悔改)를, 해월은 '인오동포 물오동포'(人吾同胞 物吾同胞)를 말하지 않았던가?[29] 불행을 최소화하고 행복을 최대화하는 것은 현실정치의 정책 목표일 것이다. 그러나 근본적 삶의 철학 관점에서 보면 고난을 없애는 것이 가능하다거나 고난을 없애는 것만큼 정비례하여 사람이 행복해질 것이라는 주장은 착각이다. 마하트마 간디와 한국 그리스도 사상가 함석헌(1901-1989)은 "생명은 '하나'라는 사실과 고난이 '생명의 원리'라는 진실을 받아드리라."[30]고 가르친다.

그래서 도덕이 모든 사물의 근본이요, 진리가 모든 도덕의 알짬이라는 확신이다. 진리만이 인간의 목적이다. 진리 추구 과정의 고난과 희생은 생명을 정화하고 승화시킨다. 중생도 보살도 질병을 앓는다.

그 차이는 어디에 있는가? "중생의 병은 무명(無病)에서 오지만, 보살의 병은 대비(compassion)에서 나온다."[31]는 보살의 공공정신을 기억할 필요가 있다. 해월의 삼경사상에서 경천(敬天)은 수운의 신관을 바탕으로 한 것으로, 초월과 내재의 상통에서 사이의 성격이 강조되었다고 할 것이다. 이는 인간

사이를 이어주고 화해시키려는 보살의 모습이며, 생명 사이를 이어주고 살리려는 고난 감수의 길임을 보여준다.

함께 살기 위한 공공성이 부각됨으로써, 해월의 삼경사상은 종교적 신비성이 감소되고 비인격화됨으로써 범재신론의 성격으로 치환되었다.[32] 아울러 해월의 삼경사상에서 경인(敬人)은 인간의 평등과 존엄을 일깨운 사상으로 기존의 제례법까지 향아설위(向我設位)법으로 전환시켰다. 이로써 유교적 향사법과 구별하면서, 한울님을 모신 사람으로서 사회적 공공성에 대한 책임감까지 일러주고 있다.[33]

특히 신분 차별 철폐와 부녀자, 어린이의 인권까지 존중하는 태도, 어린이의 나막신 소리에 땅이 아파하는 통증에서 땅을 어머님의 살같이 느끼는 해월의 삼경사상을 확인할 수 있다.[34] 해월의 경물(敬天)사상은 물물천(物物天)과 사사천(事事天)의 논리로 이어지고 매개하여 자연물까지 인간의 동포의식으로 확대하거나 존중함으로써 오늘의 생태영성주의 운동과도 생명살림의 궤(도)를 같이 하고 있다.

해월이 몸소 실천하는 자세에서 드러나듯이, 공공성(公共性)의 확보에 의한 책임의식, 공매성(共媒性)에 의한 천지인삼재의 연결, 공복성(共福性)에 근거한다. 이는 서로 행복한 상태에서 더불어 행복한 사회건설로 이행함이다. 이러한 공공행복을 오늘에 되살려 생명 상생 운동을 지속적으로 추구하는 그 길에 공공철학 정신이 함께 한다.

우리는 삼경사상의 정신을 인성교육에 적용할 수 있다. 인성교육 목적으로서의 인간상을 고려한다면, 인성교육을 받은 사람의 각자의 행복에 관심을 두어야 한다. 각 개인들의 행복과 배려에 대한 열정적인 관심을 유지하면서도, 개인 상호 간의 정의를 실현시켜 줄 수 있는 추론과 도덕적 판단을 통해서도 도덕적 선택을 할 수 있는 사람을 형성하는 것이다.

이처럼 각자 행복을 느끼기 시작하면서, 서로 서로의 행복으로 나아가고,

마침내 더불어 함께하는 행복을 느끼는 인성을 기르게 해야 한다. 더불어 행복을 느끼는 인성은 인지·정의·행동의 요소를 총체적으로 포함하기 때문에 인성교육 또한 인지적 접근, 정의적 접근, 행동적 접근을 통합적으로 고려하여야 한다. 이러한 통합적 관점을 견지하는 인성교육을 삼경사상에서 체계적으로 활용할 수 있다.

뇌생리학의 관점에서 보면, 논리적이고 이성적인 기능을 수행하는 좌뇌와 직관적이고 감성적인 차원에서 기능하는 우뇌를 통합하는 방식으로써의 교과지도, 즉 좌뇌와 우뇌를 서로 연결하는 뇌량 역할을 하는 교과지도에 통합관점을 견지하는 윤리교육이 삼경사상으로 접맥 될 수 있다.

'모든 사람(Every body)은 어느 누구도 아닌 것(Nobody)'과 마찬가지로 모든 교과를 통한 인성교육 접근 방식이 갖는 문제점은 윤리교육에서 천착하려는 고유한 교과영역과 성취해야 할 교육 목적을 다른 교과목 교육에서 일탈시킬 수 있다. 인성교육이 경시되거나 왜곡될 수 있다.

인성교육 교육 담당자들은 인성교육의 내용 영역과 교수 방법 영역에서 전문가가 되어야 하고 발달의 도덕적 차원과 학교교육의 도덕적 차원에 대한 충분한 지식을 갖추어야 한다. 아울러 인간 발달의 다양한 측면에 통합적으로 접근할 수 있는 능력을 지녀야 하는데, 이러한 영역에 대한 전문성은 대체로 도덕·윤리교과 교사들이 갖추고 있다고 볼 수 있다.

현대사회의 도덕·윤리적인 문제들에 대한 방향은 전인적 인간교육이다. 이제는 다른 교과에 비해서 인성지도의 내용을 훨씬 많이 담고 있는 도덕·윤리 교육과정 체계에 삼경사상을 유의미하게 반영시킬 필요가 있다. 생명윤리와 환경윤리, 인권교육과 평화교육, 사이버 윤리 및 예절교육, 민족정체성 교육과 통일교육 등을 도덕교육을 통해 체계적으로 강조한다면, 삼경사상은 자율적 문제해결 능력의 신장, 건전한 민주시민의 육성, 전인적인 인간 발달을 돕기 위한 훌륭한 방편이 될 수 있을 것이다.

도덕적 지식은 고전을 읽거나 훌륭한 정신적 선각자의 말씀을 들어야 한다. 위대한 서적에는 훌륭한 도덕성들의 본보기가 풍부하게 담겨 있다. 도덕적 판단력은 도덕과 수업시간을 통해 가치와 행동에 대해 스스로 생각할 수 있는 기회를 가짐으로써 도덕적 판단력을 길러낼 수 있다.

도덕적 자기반성은 자신의 도덕적 입장을 점검할 수 있는 기회를 제공하고, 도덕적 성장 및 행동적 변화를 동기화할 가능성을 부여하며, 자신의 일상적인 삶을 보다 도덕적인 관점에서 바라보고, 자신의 도덕적 이상 혹은 목표와 부합되는 삶을 추구하도록 돕는다. 이와 같이 도덕과 수업은 학생들로 하여금 자기반성을 통해 도덕성을 고양시킬 수 있는 기회를 제공함으로써 전인적 인성 형성에 영향을 미친다.

우리는 해월의 인격을 명상함으로써 천지인삼재로 돌아가고, 그것의 근원의 놓여 있는 깊은 의미를 발견할 수 있다. 도덕과 수업 시간을 통해 명상을 수행하는 데는 내면의 관조, 심상화, 정관법, 만트라 사용법 등의 여러 가지 방법들을 활용할 수 있다. 또한 인간의 고유한 활동인 대화를 통해서 우리는 타자와 인격적 교류를 하게 되고, 이를 통해서 보다 근원적이며 내면적으로 인성을 고양시킬 수 있다. 도덕과 수업시간을 통한 대화 방식의 도덕교육은 학습자에게 자신이 처한 현실과 경험, 자신의 이해와 편견, 소명감, 희망과 절망, 꿈 등에 대해서 말할 수 있는 기회를 준다.

이를 바탕으로 교육자는 일련의 대안적인 관점을 가지고 학습 내용에 비판적으로 개입해 들어갈 수 있다. 또한 대화는 학습자 개인의 자각과 결심수준을 높일 뿐만 아니라, 학습자 공동체의 대화를 가능하게 한다. 도덕과 교육에서 도덕적 민감성 중심형 교수·학습 활동들은 다른 사람, 특히 피해자의 입장에서 문제 상황을 바라보고, 옳지 못한 행동이 타인에게 미칠 영향에 대해 상상할 수 있는 계기를 마련하는 데 그 특징이 있다.

도덕과 수업을 통해 도덕적 삶을 산 인물의 감동적 예화가 담긴 녹음 테

이프나, 영화·문학 작품 등에 등장하는 실존 또는 가상의 인물들의 바람직한 도덕적 삶의 모습을 제시함으로써 감동·감화를 도모하고, 실천 의지의 증대와 실천 다짐을 꾀하는 기회를 제공할 수 있다.

또 구체적인 행동 및 연습의 기회, 행동 수칙을 세워서 직접 실천해 볼 기회, 실천 후 자기성찰의 기회 등을 다양하게 제공할 필요가 있다. 교실의 울타리를 벗어나 공동체 참여의 형태로 확대될 수도 있다. 나아가 학생들로 하여금 친사회적 혹은 도덕적 활동에 직접 참여하게 할 수 있다.

지식과 도덕이 분리되어 있는 교육상황에서 도덕과 교육은 그것 자체가 인성교육을 위한 것이기에 내면의 경험과 통찰, 정의적 차원의 학습을 가능하게 한다. 이러한 상황에서 일반교과들은 도덕에 대해 가르칠 여지가 별로 없으며, 일반교과들이 인성교육을 중심에 둔다는 것은 그 교과 자체의 성격에 충실하지 않은 것이다. 인성교육을 강화하기 위한 중요한 방법은 도덕과 교육의 비중을 늘리는 것이다. 인성교육의 핵심적인 담당자, 도덕교육에 종사하는 사람들과 도덕 교사들은 도덕교과 교육이 진정 인간다운 품성을 함양하거나 고양시키는 인성교육의 본질에 기여해야 한다.

인성교육을 실현하는 데 장애물이 몇 가지 있다. 학부모들은 자녀의 성적, 그중에서도 주지 교과 위주의 성적에 관심을 가질 뿐 도덕성 함양에는 관심이 많지 않다. 학교 인성교육 프로그램은 형식에 그치는 경우가 많다. 여기에서 가정과 연계한 실천 위주, 체험 위주의 인성교육의 필요성이 제기된다.

천지인삼재의 상통을 통한 인성교육이 바르게 정착되려면 교사들은 교사들 간에 긴밀한 협력 체제를 구축하여 학생 지도에 있어서 일관성과 공정성을 제고해야 할 것이다. 또한 학교에서는 삼경사상에 대한 가정 및 지역사회와의 연계 지도 방안을 모색해야 한다. 우리 사회에 교육의 새로운 패러다임으로 제시되고 있는 창의·인성 교육은 21세기 글로벌 인재를 "직업적 전문성을 갖추어 유능하고 창의적이면서도 동시에 더불어 살 줄 아는 사람"이라고 규정한다.

그렇다면 교육은 더 이상 주입식 교육이 아니라, 학생들의 잠재력과 바람직한 가치관을 찾고 키워주는 교육이 되어야 하고, 그 핵심이 바로 '창의'와 '인성'이다. 학교폭력이 혼재하는 이 시점에서 우리는 삼경사상의 가치를 다시 한 번 재고할 때가 되었다고 할 것이다.

성공적인 창의·인성 교육이 되려면 삼경사상의 이해와 실천에서 나타나듯이, 창의적 체험 활동 프로그램의 개발 및 보급 체제 구축, 창의·인성 교육을 담당할 인력 확보, 창의성과 인성을 중시하는 학교 풍토 조성 등의 문제들이 해결해야 할 과제로 다가오고 있다.

학교폭력이 심각한 만큼 학교폭력을 예방하기 위해서 노력을 기울이는 일도 점점 다변화하고 있다. 그 가운데 학교폭력 예방 방법과 관련한 신고 제도와 처벌제도에는 문제가 있다. 만약 교내에서 폭력을 당한 학생이 학교 측에 신고를 했다고 상상해 보자. 그 학생에게 폭력을 행사한 학생은 그에 마땅한 처벌을 받게 되어 있지만 여기에서 문제가 생기게 된다. 가해자는 피해자 학생에게 더 심한 보복폭력을 가할 수 있다는 것이다.

비록 신고자가 피해자 학생이 아니더라도 가해자는 신고한 학생을 피해자로 오인하여 피해자 학생에게 폭력을 가하게 되어 어처구니없는 상황이 만들어진다. 처벌은 대부분 학교봉사나 처벌기간을 짧게 하는 것과 같이 약하게 지정되어 있다. 물론 전학조치도 있지만 피해자 학생이 심하게 폭력을 받지 않은 이상 그런 조치를 취하지 않는다.

설령 그러한 조치가 진행되더라도 이미 피해자 학생이 받은 신체적·정신적 피해는 보상받을 수 없을 뿐만 아니라 시간이 지나서 피해를 당한 학생이 우울증이나 정서적 피해를 받을 수도 있다는 문제점을 드러낸다. 학교폭력 예방 방법은 좀 더 효과적이며 실효적인 차원으로 바뀌어야 한다.

우선 학교폭력에 관한 처벌들이 강화되고 피해자 학생에게 어떤 식으로 든 치료를 해 주는 등 보상이 강화되어야 한다. 아울러 학교폭력 예방 교육 을 제대로 실시하는 것이다. 단순히 학교폭력 가해자가 처벌되는 것과 학교 폭력 피해자가 겪는 고통을 보여주는 교육은 지속적인 효과를 나타내지 못 하고 있다. 따라서 학교 당국은 학교폭력의 근본 원인을 찾아내고 그 근본 원인을 역으로 이용한 원리로 교육이 이루어져야 한다.

학교폭력 예방의 근본은 삼경 자세와 역지사지 그리고 지속적 관심이다. 삼경 자세는 동학의 해월사상에 나타난 그대로이다. 이를 인성교육 차원에 서 다듬고 정리하면 보다 효율적인 학교폭력 예방 효과를 기대할 수 있다. 문제는 인성교육 프로그램으로 삼경사상을 삶의 삼경 자세로 어떻게 다듬 고 동화와 같은 감성적 수단을 통해 알려주는가에 달려 있다. 관용을 실천 하는 관점에서 역지사지(易地思之)는 남의 입장에 대해서 다시 한번 우리 자 신을 되돌아보고 성찰해보자는 것이다. 상대방의 허물을 용서하게 되는 것 은 스스로도 완벽하지 못한 허물이 있기 때문에 자신의 관점에서 상대방의 허물을 수용할 수 있음을 성찰하게 된다.

이는 '여우와 두루미'라는 이솝우화에서 잘 나타나 있다. 어느 날 여우는 두루미를 자신의 집에 초대하여 접시에 담긴 고깃국을 내놓는다. 당연히 여 우는 접시바닥까지 핥아 먹었고 두루미는 부리가 길어 먹지를 못하고 부리 끝만 적시고 말았다. 그 다음날 쫄쫄 굶은 두루미가 여우를 초대하여 음식 을 대접하였다. 두루미는 목이 긴 호리병 안에 고기를 넣어 내왔다. 당연히 두루미는 긴 주둥이로 맛있는 고기를 빼먹었고 여우는 병 입만 핥고 말았 다. 이 이솝우화가 강조했던 '역지사지'(易地思之)가 학교폭력 예방 교육에 꼭 필요하다. 좀 더 구체적으로 말해서 역지사지에 대한 동화나 캠페인, 선 생님과의 대화 등 많은 교육을 실행하여야 한다.

학교폭력 예방 교육은 어릴 때부터, 유치원에서 초등학교까지가 교육하는데 있어서 아주 이상적인 시기이다. 무엇보다도 폭력 가해자에 대한 인성교육이 요청된다. 가해자를 전학시켜도 가해자가 달라지지 않는다면 전학의 의미가 퇴색되고 결국 퇴학까지 이르게 된다. 가해자의 폭력을 막을 방법 또한 없어지는 중차대한 상황을 초래할 수도 있다.

결국 학교폭력 예방은 폭력 피해자를 보호하는 것에만 있는 것이 아니라 가해자 학생에 알맞은 처벌 방법과 책임을 일깨워 주고 그것을 몸소 느끼게 해야 한다. 결국 근본적 문제 해결을 위한 인성교육이 요청된다.

폭력 예방 교육은 상대를 공경하는 삼경사상을 통해 스스로 깨닫도록 하는 인성교육을 통해 이루어져야 한다. 만약 폭력 가해자 학생이 죄책감으로 피해자 학생 못지않은 정신적 고통을 느끼게 된다면 피해자와의 대화로 문제를 풀 수 있다. 이처럼 삼경 자세와 역지사지 방법, 그리고 지속적인 관심이 요청된다. 사람에 대한 관심은 공경을 불러일으키고 그 공경에서 사람의 고통을 치유하고 보호해 주는 치유력이 나타난다.

지금 이 순간에도 학교폭력은 어느 곳에선가 일어나고 있을 것이다. 그렇게 시급한 문제인 만큼 하루 빨리 학교폭력을 줄이고 해결하도록 인성교육을 제대로 시행해야 한다. 현대적 삼경이라고 할 수 있는 이러한 새 길이 우리에게 다음 세대를 염려하고 희망적인 미래를 펼쳐주는 청사진이 되지 않을까 생각해 본다.

나의 삶의 가치는 내가 가지고 있는 돈이나 학력이 아니라, 내가 인생을 살아가면서 얼마나 사람들에게 베풀며 살았는가에 달려 있다. 이러한 인성 가치를 기준으로 삼아 다양한 가치를 창의적으로 만들어 갈 필요가 있다. 그러므로 세상에서 가장 애매하고 어리석은 대답은 '아무거나'이다. '아무거나'에는 삼경의 가치가 스며들 틈새가 없다.

동학의
공공윤리와
인격 함양의
가치

동학사상에서 신 – 인간 – 자연을 아우르는 역동성은 단군신화의 홍익인간의 이념
과 연관된다. 동학사상에는 개인의 사적 가치를 공동선의 공적 가치와 이어주고
매개하여 생명을 살리려는 공공윤리의 가치를 중시한다. 이러한 공공윤리의 가치
의식은 현대사회의 윤리 회복에도 그 실마리를 제공한다. 1860년, 수운(水雲)의 동
학 득도에서 비롯한 동학운동은 한국의 근대사상사에서 획기적으로 민권(民權)과
민중 가치를 각성시켜 주는 청신호가 되었다.

1. 동학의 윤리와 인격 함양

이 글에서는 동학에 나타난 조선 근대의 사회윤리를 '공공윤리'의 관점에서 고찰하고자 한다. 통치 중심의 유교, 즉 성리학의 조선사회를 '공(公)' 중심의 사회라고 한다면, 영성 계발에 근거한 민중의 자발적 참여에 근거하여 이룩하고자 한 동학의 다시 개벽 사회는 '공공(公共)윤리'를 지향한 사회로서 특징을 드러낸다. 따라서 이들은 서로 대비되고 있다. 비록 동학에 민속·종교적 요소가 나타나지만, '민(民)'을 고려한 '공공(公共)' 가치를 사회적으로 추구하였기에 영성 공동체의 싹이 나타난 것이다. 다시 말해 동학의 포(包)와 접(接), 민회(民會)를 통해 서로를 이어주고 살리는 공공윤리 준거를 볼 수 있다.

오늘날 공사(公私)의 이해 방식은 서로 무시하기 어려운 두 가지 도덕 직관 사이의 갈등과 연관된다. 그중 하나의 도덕 직관은 근대 체험을 통해 자유주의 체제에서 발견된 것이다. 자유주의 세계에서는 그 보전책으로 끊임없이 '사적 권리'(individual rights)를 추구하는 가치를 지향한다. 또 다른 하나의 도덕 직관은 공동체의 삶에서 인간 존재의 의미를 추구하는 가운데 '공동선(public good)'의 가치를 지향한다. 만약 이렇게 추구한 공동선이 와해된다면, 사적 존재로서의 구성원은 소외감과 일탈감을 경험한다. 공공윤리는 이 두 가지 도덕 직관 사이의 갈등을 정합적으로 조정하여 상호 주관성의 공공권(公共圈)을 마련함으로써 공사문제(公私問題) 해법을 모색하는 윤리이다.[1]

전통사회의 극단적 연고주의의 폐해로부터 벗어나려던 초기의 자유주의는 그 추상성으로 말미암아 많은 반동적 반응을 야기함으로써 공공의식에 장애를 초래하였다. 이와 같이 자유주의가 이룩한 사적 권리는 친밀권(親密圈)에 갇혀 시민적 공공성으로 나아가지 못하는 폐단을 낳게 되었다. 이와 마찬가지로 공동체나 공동선의 경우에는 '공(公)'을 명분으로 삼아 개인을 쉽게 도구화하는 폐단을 드러냈다. 이 경우에는 '멸사봉공'(滅私奉公)의 기치 아래 매몰되기 쉬운 사적(私的) 존엄의 가치를 다시 살려 내어 상호 합의의 공공권(公共圈)을 제대로 확장시켜 나갈 필요에 직면하였다.

비록 어떤 형태의 공적 가치 또는 공동체주의를 수용한다고 할지라도, 존엄한 사적 가치는 결코 희생되거나 포기될 수 없는 고귀한 인격가치이다. 이러한 의미에서 사적 자유와 권리를 공동선과 연계하여 그것에 걸맞게 자리매김 하는 것은 매우 중요하다. 이렇게 상호주관성의 공공권(公共圈)을 인식하고 조정하는 해법의 마련은 21세기에 들어서서 공공윤리의 실천과제가 되고 있다.

윤리에 있어서 '공동체'라는 개념은 단순한 결사체보다는 훨씬 질적으로 친밀한 개인 사이의 관계 형태이다. 공동체 개념은 최소한 두 가지 요소를 함축한다. 첫째, 타자에게 드러나기 바라는 바대로 자신의 존재 양태를 선택하고 집중하게 된다.[2] 둘째, 개인들은 자아 정체성을 감지하는 주요 구성요소로서 집단을 파악하게 된다. 상호의무, 정서적 유대, 공동적 이해를 바탕으로 개인은 사회적으로 관계망을 형성하고, 개인의 안전과 자아 정체성을 위하여 친밀권(親密圈)을 옹호하면서, 지역성을 고려하더라도 공공의 신념체계에 근거한 시민적 공감대를 형성하게 된다.

이처럼 규모가 비록 작지만 친밀한 집단을 매개로 삼아 조금 더 큰 사회로 나아가는 가운데 개인적·경제적·정치적 질서가 자율적으로 형성될 수 있다. 그러므로 공동선의 공적 가치는 우리의 사적 이상을 자유롭게 실현할 수 있는 사회적 토대가 되므로 양자의 대립보다 상통이 중시된다. 만약 공적 공동선이 붕괴한다면 개인의 정체성 또한 심각하게 훼손을 입게 된다. 이러한 도덕적 공동화(空洞化)는 공적 체계로 사회질서를 보장한다는 명목으로 사적 역할과 권력을 박탈하는 빌미를 제공하기에, 다양한 윤리 문제를 양산한다. 만약 공동체가 자유롭지만 평등한 사적 개체의 연대성을 창출하지 못한다면, 결국 개인은 자유 실현의 가능성과 희망마저 상실하게 된다.

1980년대 이후 다양한 논점의 공적 가치에 근거한 공동체주의와 사적 권리에 비중을 둔 자유주의와의 논쟁 사이에는 몇 가지 공통점이 드러났다. 먼저 사적 자유의 성립을 부정하면서 공동선의 연관성에서 사적 권리를 파악하였다. 또한 사적 권리보다 공적 가치를 앞세우는 주장이 강조되어 나타났다. 아울러 추상적 의무 윤리 체계를 거부하고 사적 품성에 근거한 공적 목적윤리 체계를 강하게 부각시키게 되었다.

우리나라에서도 1980년대, 사회정의를 표방한 대한민국 제5공화국이 탄생도 이와 같이 나타났다. 광주의 민중항쟁 과정에서 다양한 형태의 사적 권리 침탈 현상이 나타났고, 그 이후 계속되어온 사회적 치유 요구는 사회적 이슈가 되었다. 여기서 우리는 사적 권리와 자유는 그 자체로 존중되어야 한다는 교훈을 얻게 된다. 우리나라뿐만 아니라 동아시아의 여러 나라에서도 세계시민으로서의 공공성을 시대적 과제로 인식하면서, 공사형평(公私衡平)을 통해 공공지평을 함께 열어 가면서 공공문제를 개신(開新)하려는 공동 작업들이 나타났다.

1990년 중반 이후부터 일본의 공공철학 교토포럼을 중심으로 멸사봉공의 극단을 피하고 공사(公私)를 함께 살리는 방안이 모색되었다. 이러한 관점은 공공(public-common)의 시각에 근거하여 세계 - 국가 - 지방을 상호 매개하여 활사개공, 공사공매, 행복공창(活私開公, 公私共媒, 幸福共創)의 기치 아래 글로내칼(glo-na-cal)의 삼차원적인 상관적 사고를 추구하면서 공공적 담론으

로 꾸준히 신장시켜 왔다.[3]

이러한 공사(公私)의 문제의식은 1860년대, 수운의 동학 득도와 상통하는 의식이다. 동학은 생명 존중 의식을 매개로 홍익인간의 이념을 추구하고, 천·지·인을 삼원사고로 상통시키는 가운데 경천의 자세로 한울님을 숭배하면서 신–인간–자연의 화합과 조화를 목표로 삼아 공공가치를 추구하였다. 동학의 주역들은 서세동점(西勢東漸)의 위기상황에서 사적으로 힘든 삶의 고뇌를 감내하면서도 끊임없이 영성적 통찰과 구원을 지향한 동학의 공공성을 나타냈다. 비록 동학은 19세기 근대에 발흥하였지만, 그 연원은 한국의 고유사상에서 소급된다. 해월은 자신의 천도가 한웅(桓雄)의 가르침에 근거함을 밝히고, 동학의 한울님이 단군신화의 광명 한울님, 즉 환인(桓因)과 상통함을 밝히면서 서학의 천주와 구별하려고 노력하였다.[4]

동학사상에서 신–인간–자연을 아우르는 역동성은 단군신화의 홍익인간의 이념과 연관된다. 동학사상에는 개인의 사적 가치를 공동선의 공적 가치와 이어주고 매개하여 생명을 살리려는 공공윤리의 가치를 중시한다. 이러한 공공윤리의 가치의식은 현대사회의 윤리 회복에도 그 실마리를 제공한다. 1860년, 수운(水雲)의 동학 득도에서 비롯한 동학운동은 한국의 근대사상사에서 획기적으로 민권(民權)과 민중 가치를 각성시켜 주는 청신호가 되었다.

조선왕조 500년의 정치 규범에서 수기치인(修己治人)의 덕은 공(公)을 표방하는 군왕, 사대부의 윤리였다. 성리학이 한동안 지배층의 덕성 윤리로 자리매김하였지만, 조선왕조 말기에 이르러서는 민중 수탈의 타락한 현상이 성리학적 윤리의식을 압도하게 되어 결국 사회적으로 윤리 부재, 윤리 퇴락을 면치 못하였다. 동학 이전의 성리학은 지배층을 위한 '공(公)'의 질서를 정당화하였다. 이후 점차 피치자의 권리와 존엄을 무시하고 외면하였기에, 조선 후기에 이르러서는 '민(民)'의 활사(活私, 나를 살림)를 유린하게 되었다.

이에 동학의 공공윤리 문제는 '공(公)'을 표방하되 '민(民)'을 살리면서 더불어 살아갈 수 있는 삶의 도리로서 '공공(公共)' 가치 창출에 관건이 있다고 해석할 수 있다. 이러한 관점에서 바라보면, 조선 후반기의 성리학은 공공의 가치를 창출하는 데 실패하였다고 진단할 수 있다.

이에 수운은 동학이라는 민학(民學)을 개척하여 공공가치를 제창하고 영성 차원과 상통하면서 민중의 자치공동체라는 새로운 영성공동체 구상을 전개하였던 것이다. 이 구상이 경우에 따라서 종교의 옷을 입고 나타나거나 토속적 자양분을 흡수하고 있더라도, 수운은 공치(公治)에서 탈피하여 공공치(公共治)로 나아가는 새 길을 모색하거나 열망하였다고 생각된다. 그 새 길에서 민중은 희망을 발견하였고 임금보다 수운을 추종하였다. 동아시아 전통적 맥락에서 보면, 왕권은 천명으로 군주에게 부여되고 절대왕권은 권위주의의 공치(公治)로 작용하게 된다.

따라서 백성에 대한 의식이 주요한 가치로 자리매김하지 못하였다. 그런데 동학에서는 백성이 원래 신앙하였던 경천신앙을 서서히 다시 회복하면서 임금을 초월하여 직접 천명을 받을 수 있는 가능성을 열게 되었다. 이는 어둠을 타파하여 새로운 길, '한울님 모심'으로 자존심을 되찾게 됨이다. '한울님 모심'을 횡단매개로 삼아 '민(民)'이 통치하고 다스리는 공공치(公共治)의 새 길을 마련하고 예비할 수 있게 된 것이다. 다시 말하면, 애휼위민(愛恤爲民)의 공공성이 나타나면서 국면 전환을 이루게 되었다는 것이다.

2. 공공적 인격교육론

조선 성리학의 후반기에 나타난 공(公)윤리 해체와 동학사상에 의한 공공윤리 대위(代位), 그 이후의 동학 공공윤리의 실천적 확장, 그리고 시민적 공공성의 발견과 실천, 동학 정신에 함유된 인격교육의 가치를 탐색할 필요가 있다. 이를 위해 서양의 공공적 인격교육론과 비교를 통해 살펴보고자 한다.[5]

서양학자, 리코나(T. Lickona)는 공공적 인격교육론을 제창하였다. 그는 인지적·감정적·행동적 차원에서 인격을 발달시키는 것을 목적으로 '인격 발달에 대한 포괄적인 접근'을 제시하였다. 여기서 말하는 인격은 선을 알고, 바라며, 행하는 주체를 말한다. 이에 따른 인격교육은 젊은 세대들에게 현장교육을 통하여 내부의 유혹과 압력에도 불구하고 무엇이 옳은 것인가를 판단하게 하고, 옳은 것을 선호하며, 옳은 것을 실천하도록 가르치는 것이다.

학교는 인격 발달을 위하여 학교생활의 모든 측면들을 활용하는 이른바 '인격교육에 대한 포괄적인 접근'을 시도해야 한다. '인격교육에 대한 포괄적 접근'이란 존중과 책임이라는 두 가지 핵심 가치를 학생들의 인격 속에서 살아 있는 가치가 되도록 하는 핵심전략을 포함한다.

반면에 루스낵(Rusnak, T)의 통합적 인격교육론의 관점에서는 교수와 학습의 세 가지 핵심적 특징으로 사고와 감정, 행동의 통합적 차원을 강조한다. 여기서 인격이란 옳고 그름을 분별할 수 있도록 돕는데 관심을 집중시키기 위한 아동을 말하며, 교육은 인격적으로 가르칠 수 있고, 가르쳐야 한다는 점을 부각시키는 의미로 사용되고 있다. 그는 사회적 기능을 촉진하기 위한 여섯 가지 원칙을 표방한다. 먼저 인격교육은 모든 교과의 일부분이다. 둘째, 통합적 인격교육은 행동교육이다. 셋째, 긍정적인 학교 환경이 인격 형성을 돕는다. 넷째, 인격 발달은 행정적 정책과 실행에 의해 뒷받침된다. 다섯째, 권한을 부여받은 교사가 인격 발달을 촉진한다. 여섯째, 학부모와 공동체는 학생들의 인격 발달을 위한 주요 협력자들이다.

이제 콜버그(L. Kohlberg)의 네기능 모형(four function model)에 근간을 두고

'네 구성 요소 모형'을 통하여 도덕적 지식에 의미를 부여한, 레스트(J. Rest)의 통합적 도덕교육 이론을 고찰하고자 한다.

도덕발달단계 → 의무판단 → 책임판단 → 행위

의무판단이란 무엇이 도덕적으로 이상적인 것이며 무엇을 해야 하는지에 대하여 판단하는 것으로 전형적으로 규칙이나 원리로부터 나오며, 일차적(first-order)인 것을 중시한다.

또한 개인의 도덕발달 단계는 의무판단을 위해 활용될 원리들을 결정하게 된다. 나아가 책임판단은 의무판단의 결과에 따라 행동할 책임의 수용 여부에 대해 지각하는 것이다. 여기서 의무판단과 책임판단은 상관적 연동 관계를 이룬다. 다시 말하면, 인습 이전 수준 및 인습 수준에서는 연동관계가 구분되지만, 인습 이후 수준에서는 의무판단과 책임판단이 하나로 수렴된다는 점이다.

개인의 도덕발달 단계에서 도덕성을 위한 동기화가 중요한데, 수용성, 자존감, 자아실현 등과 같은 일반적 동기화 요소와 관련되어 있지만, 근본적으로 이성 혹은 추론이 동기로 간주된다. 그리고 도덕적 사고의 새로운 가능성이 행동을 위한 새로운 가능성을 창조하게 된다는 점도 주목할 만한 내용이다.

레스트의 네 구성 요소 모형에서 도덕적 지식은 도덕적 행동을 위한 필요 조건이지만 충분조건은 아니다. 도덕적 행동을 산출하기 위해서는 필요한 네 가지 내적인 심리적 과정에 주목하게 되는데, 도덕적 행동은 모두 인지(認知)와 정의(情義)의 내적인 상호작용으로부터 나온다. 그리고 도덕성을 인지 측면에서만 보지 않고 정서와 행동의 측면까지 포함시켜 종합적으로 파악할 필요가 있음도 주목해야 할 점이다. 그의 관심의 초점은 도덕적 행동이지만 도덕적 행동에 이르게 되기 까지의 여러가지 심리적 과정들을 새롭게 밝힐 필요가 있다는 것이다. 따라서 레스트의 4구성 요소 모형은 도덕성의 인지·정서·행동적 측면을 종합하려는 이론적 틀이라고 말할 수 있다.

〈레스트의 구성 모형〉

정신적 영역 존재				
구성	도덕적 민감성	도덕적 판단	도덕적 동기화	도덕적 품성
정의	상황의 도덕적 이슈를 지각하고 상황을 해석하며, 자신의 동이 타인에게 어떤 영향을 미칠 수 있을지를 미리 헤아릴 수 있는 능력	문제 해결을 위한 행동의 경로들이 정당하고 정의로운지를 판단	도덕적 가치를 다른 가치, 예컨대 경제, 사회, 종교적 가치들보다 더 우위에 두려는 동기	실천의 장애 요인을 극복할 수 있는 인내심, 용기, 확신 등의 품성
관련 이론	공감(호프만), 입장존중(셀먼)	인지발달 이론 (피아제, 콜버그)	공동체주의 이론(에치오니), 사회 학습 이론(벤두라)	자아강도와 자기규제(미쉘), 인격 교육 이론(위인, 라이언, 리코나)
도덕 교육 방법	입장존중 방법	딜레마 토론 방법	봉사 활동 학습 방법	전통적인 인격 교육 접근 방법

한편 블라지(A. Blasi)의 이론에서는 도덕 판단과 도덕 행동 간에 '중간 범위의 관계'가 있음을 밝히고 있다. 도덕적 사고와 도덕적 행동의 연결을 적절하게 이해하기 위해서는 추론의 범위를 넘어서 동기화 요소를 고려해야 한다. 이에 레스트는 튜리엘의 영역접근과 스웨더의 문화심리적 접근의 통합을 이론으로 내세우고 있다.

먼저 튜리엘(E. Turiel)의 '영역 이론'(domain theory)에서는 도덕성 개념의 발달과 사회적 인습과 같은 사회적 지식 영역의 발달을 구분하고 있다. 여기서 말하는 도덕적 인지는 자신의 행동이 타인의 행복에 영향을 미친다는 고려에 기초하여 도덕성은 일반적으로 유해, 행동, 공정성의 개념으로 집약할 수 있다.

반면에 사회적 인습은 도덕적 영역 내에서의 행동보다 덜 심각한 영향을 초래하며 사회적으로 합의된 규칙의 일부로서 특정 사회적 집단의 원활한 유지를 위해서는 필요하나 심각한 문제 상황을 초래하지는 않는다고 간주한다. 인습적인 도덕성과 인습 이후 도덕성은 별개의 발달적 경로를 통해 이루어지는데, 콜버그의 도덕발달 계열성 관점에는 인습과 도덕성의 개념이 뒤섞여 있다고 지적한다.

따라서 인습은 사회적 상호작용을 통하여 도덕과 무관한 측면이 개인의 인지 구조에 개념화 되는 것이며, 정의(正義)개념의 발달과 구분된다고 할 것이다. 따라서 도덕과 인습의 구분은 타당하며, 사회적 인습은 대체 가능한 데 반해 도덕적 행동은 대체 가능하지 않다는 점에 주목할 필요가 있다. 또한 사회적 인습은 권위자, 관습, 집단의 동의에 의해 결정되지만, 도덕적 행동은 그렇지 않다는 것이다.

아울러 사회적 인습의 위반은 비교적 덜 심각한 결과를 초래하지만, 도덕적 영역의 위반은 심각하게 인식된다는 점도 유의할 필요가 있다. 결국 레스트는 튜리엘의 주장을 따른다. 다시 말하면, 인습 수준에서는 사회적 인습과 도덕성이 결합될 수밖에 없지만, 인습 이후 수준에서는 사회적 인습보다는 자연적인 의무인 도덕성이 강조되어야 한다는 입장을 제시하고 있다.

그리고 스웨더(R. A. Shweder)는 문화 심리학적 접근에 근거하여 특수한 문화적 전통들이 사고, 자아, 감정의 형성에 영향을 준다는 사실에 관심을 모으고 있다. 그의 주장은 인습과 도덕성의 영역 구분에 의문을 제기하면서, 수세기 동안 축적된 문화적 차이들이 결국 상이한 방식으로 도덕적 실재를 형성하게 된 것으로 해석한다. 도덕성에 대한 일률적이며 보편적인 발달의 관점은 다음의 몇 가지 측면에서 비판을 받게 된다.

첫째, 서구 문화 중심적이고, 문화적 차이를 반영하지 않으며, 인간의 의도와 행위의 근본적인 차이는 문화적 차이에 의해 설명될 수 있음을 간과하고 있다는 사실이다. 따라서 상이한 문화를 가진 사람들은 상이한 도덕적 실재와 세상에 대한 다른 개념을 형성한다는 것이다. 이에 대해 콜버그는 도덕성의 근본적인 차이는 문화의 차이에서 기인한 것이 아니라, 개인적 발달의 차이에서 발생한다고 비판하였다.

레스트는, 스웨더의 입장은 결국 도덕성이 사회적으로 구성되고 삶의 특정한 경험들과 밀착되어 있으며, 이데올로기가 미치는 일상적인 영향과 도덕적 사고에 대한 종교의 영향 등에 부분적으로 동의함으로써 콜버그의 입장을 확장시킨 것으로 정리된다. 따라서 레스트는 개인에 의한 도덕적 의미의 인지구성과 문화적 이데올로기에 의한 개인의 사회화가 모두 도덕적 사고의 형성에 영향을 미친다는 사실에 주목할 필요가 있다고 주장하고 있다.

아울러 데이먼(W. Damon)의 도덕발달 및 통합에 관한 이론도 주목하게 된다. 그는 도덕적 자아의 형성을 삼단계로 구분한다. 먼저 청소년 이전의 시기는 도덕성이 자아의 지배적인 특성이 될 수 없지만, 청소년기에 들어서면, 자아를 보다 도덕적인 측면에서 바라보게 되고, 도덕성과 자아의 체계는 점차로 통합된다. 따라서 청소년기가 자아와 도덕성의 통합을 위한 중요한 시기라고 말할 수 있다. 그리고 성인기에 들어서 비로소 자아와 도덕성의 통합이 기대되지만, 완전한 통합은 성인기에도 달성되기가 쉽지 않으며, 지속적인 도전의 과정을 거치게 된다. 도덕적 자아형성에 대하여, 도덕성과 자아가 평행선을 그릴 경우 사회적 병리가 발생할 수 있다. 반면에 도덕성과 자아가 부분적으로 통합될 경우, 사람들이 자신의 도덕적 신념에 따라서 행동하는 것으로 설명할 수 있다. 그들의 도덕적 신념은 자아와 통합되지 않았기에, 그러한 신념이 자신의 신념으로 자리매김하지 않음을 의미한다.

오늘날 인격교육에서 반드시 고려해야 할 사항은 먼저 습관과 반성의 통합이다. 첫째, 행동주의적 전통과 인지주의 전통의 통합을 의미한다는 점이다. 둘째, 도덕적 가르침의 목적을 습관과 반성, 덕과 이해, 자아 정체성·판단·정서·동기화·행동 체계를 갖춘 전인적 아동을 길러 내는데 인격교육의 초점이 맞춰져야 한다.

인격교육에서 고려해야 할 또 다른 사항은 개인과 공동체의 통합이다. 첫째, 사회에 따라 도덕적 정향성에서 개인과 공동체를 강조하는 정도는 다를 수 있지만, 아동들은 그들이 속한 사회적 조건 속에서 학습할 뿐만 아니라 각자 자신의 양심에 따르도록 교육받는 점에서 본다면, 도덕성은 개인과 공동체의 상호작용의 산물임에 주목해야 할 것이다.

데이먼이 밝힌 바와 같이, 개인화와 사회화는 인간의 삶에서 친밀하게 '한데 얽힌' 측면, 즉 두 측면은 근본적으로 상보적이지만 현대사회에서는 변증법적 상호작용이 요구된다는 점이다. 개인은 타인과의 맥락에서 자아를 구성할 수 있고, 동시에 그 개인은 이러한 관계의 한계를 넘어설 수 있어야 한다. 여기서 도덕성을 공동체적 가치를 가르치는 것일 뿐 아니라 어떤 상황에서도 지탱될 수 있는 아동 개인의 확고한 도덕적 정체성을 갖도록 돕는 것으로 인식할 필요가 있다.

마지막으로 인격교육에서 고려할 또 다른 사항은 도덕의 기준을 세속에 두는 세속주의와 종교의 통합이 요청된다는 점이다. 도덕교육은 도덕적이고, 정신적(spiritual)이며, 종교적인 관점을 포괄해야 한다. 학생들은 사회적인 도덕 문제나 혹은 개인적인 도덕 결정 문제에 직면했을 때, 그들의 지적이고 도덕적인 기준뿐만 아니라 그들의 신앙적 전통을 사용하도록 권장되어야 한다.

여기서 우리는 '도덕적 신념과 가치를 어떻게 가르칠까?' 하는 문제에 직면하게 된다. 이를 위해서 먼저 명확한 메시지를 통한 학습방법을 제시해야 한다. 도덕적 상대주의와 애매함은 아동들을 혼란에 빠뜨릴 수 있음에

주의해야 한다. 또한 모범적인 행동의 예를 들어 학습방법 제시해야 한다. 그리고 학습자의 흥미를 유발하고 스스로 할 수 있도록 도와주어야 한다. 또한 아동들은 새로운 지식을 추구하는 호기심이 풍부하고 능동적인 사고를 가지고 있음에 유의해야 할 것이다. 마지막으로 아동들의 사고는 지적인 융통성(flexibility)을 가지고 있음을 이해하고 학습방법을 제시해야 할 것이다. 따라서 인격교육 방법은 도덕교육의 방법론적 기초를 인격교육과 구성주의적 도덕교육의 통합적 차원에서 찾을 수 있다고 할 것이다.

따라서 블라지(A. Blasi)의 통합적 관점과 데이먼의 통합적 관점은 공통점이 발견된다. 먼저 도덕성과 자아의 통합을 강조함이며, 또한 도덕적 이해가 도덕적 동기화를 위한 힘을 제공하나 동기화는 도덕성의 측면에서 내재적이라는 점이다. 아울러 차이점도 나타난다. 먼저 블라지는 우선, 도덕성 내에서 추론의 중심적 역할을 고수한다는 점과 도덕적 추론, 도덕적 동기화, 그리고 도덕적 정체성간의 관계에 대한 이해를 향상시키는데 초점을 두고 있다고 할 것이다.

나아가 책임판단으로부터 실천적 행동으로의 이행은 자아형성에서 중심적인 경향성인 자기 일관성에 의해 역동적으로 지지된다. 따라서 도덕적 이해는 자아의 구조 속으로의 통합, 즉 도덕적 정체성을 통해 도덕적 동기화를 위한 힘을 제공하게 된다. 블라지의 도덕적 판단에서 시사점은 도덕적 정체성의 중요성을 부각시켰으나, 그렇다고 도덕적 판단의 역할을 희생한 것은 결코 아님을 확인할 수 있다.

근본적인 영향의 방향은 도덕적 이해로부터 도덕적 정체성으로 나아가는 것이며, 도덕적 정체성의 구성은 진정한 도덕적 이슈에 대한 반성으로부터 가능하다고 말할 수 있다. 공공윤리의 관점에서는 주관적 사적 의무와 객관적 공적 책임 사이의 상관적 연동이 요청된다고 할 것이다.

먼저 '객관적이고 도덕적으로 합리적인 선택은 주어지는 것이 아니라,

개인의 자유의지에 의해 주관적으로 선택되는 것'에서 사적 관점을 전제로 한다. 또한 자유 선택에 의해 개인은 단순히 내면화하는 것이 아니라, 객관적인 도덕적 실재의 측면에서 자신의 정체성을 공공으로 형성한다.

도덕적 이해는 자아의 구조 속으로 통합된다. 먼저 도덕적 정체성을 통해 도덕적 동기화를 위한 힘을 제공하게 된다. 또한 도덕적 이해는 도덕적 정체성의 형성을 돕고, 도덕적 정체성은 개인의 책임감을 향상시키며, 자신이 알고 있고 믿는 것을 행동으로 옮기도록 하는 도덕적 동기화를 촉진시킨다. 그리고 이러한 방식으로 공적 차원과 사적 차원, 객관과 주관, 보편과 개인, 이성과 정서적인 측면은 통합되고, 그러한 통합이 도덕적으로 성숙한 개인의 표상이 된다고 것이다. 따라서 동학의 공공윤리에서는 인격형성의 공공성을 모색하여야 할 것이다.

3. 공(公)윤리의 해체와 공공(公共)윤리의 대위

『동경대전』 「포덕문」에 따르면, 한울님은 수운을 통하여 자신만을 위하는 이기적 마음의 각자위심(各自爲心)을 일깨워 한울님을 위하는 '위천주심(爲天主心)'으로 바꿀 것을 요구하였다. '한울님을 위하는 마음(爲天主心)'과 '한울님을 모시는 마음(侍天主心)'에는 실제로 큰 차이는 없다. 한울님을 위하는 마음과 한울님을 모시는 마음을 어떻게 표현할까?

이를 구분해 본다면, 천제(天祭)의 제사(sacrificial rite)를 통해서는 한울님을 위함이 되고, 수심정기(守心正氣)라는 내면 수양을 통해서는 한울님을 내면에 모시면 '한울님 모심'이 된다. 수운은 1860년의 영성 체험 이전, 그리고 영성 체험 이후 한동안 입산제천(入山祭天)의 형식을 통해 천제를 거행하였던 것으로 알려져 있다. 또한 수운이 산간에서 천제를 거행하기 이전에도 왕조질서에 저항하는 몸짓으로 은밀하게 입산수행이 감행되었다.

1863년에 선전관 정운구(鄭雲龜)는 수운이 '매달 초하루와 보름에 돼지를 잡고 과일을 장만하여 깊은 산속에 들어가 제단을 차리고 하늘에 제사지냈으며, 주문을 외워 신령을 내리게 하였다.'고 보고하였다.[6] 1864년에는 경상감사 서헌순(徐憲淳)은 장계에서, 수운은 '돼지고기, 국수, 떡, 과일을 가지고 입산하여 하늘에 제사를 지내려 했다. 이는 병을 치유하기 위한 의도에서 비롯된 것이다.'라고 보고하였다.[7] 이처럼 수운은 한울님을 위하는 천제를 몸소 지냈다. 당시에 유교 의례의 기준에서 평가한다면, 한울님에 대한 수운의 제사 의례 행위는 조선왕조를 뒤흔들 만한 위험천만한 반역 행위에 해당하는 것으로 간주된다.

그러나 한울님을 이미 신비 체험으로 경험하였던 수운의 관점에서 바라보면, 천제는 한울님을 위하는 자연스러운 종교의례에 불과하다. 이와 함께 이루어진 수심정기(守心正氣)는 한울님을 모시는 실천 덕목으로 자리 잡는다. 한울님이 수운에게 위천주(爲天主)의 강령을 내렸다면, 수운은 제자 해월에게 위천주(爲天主)를 실천하는 윤리지침을 내렸다.

수운의 윤리지침은 시천주(侍天主)의 수심정기를 제시하였다고 말할 수 있다. 그 이후 수심정기는 마침내 시천주를 실천하는 주요한 실천 덕목이 되면서 타자를 공경하는 덕성으로 자리 잡게 된다. 수운은 『동경대전』「논학문」에서 한울님을 '모시는 것(侍)'에 대해 "안으로 신령이 있고 밖으로 기화가 있어 온 세상 사람들이 각각 알아서 바꿀 수 없는 것"이라고 풀이한다.[8] 이는 안으로 신령이 자리 잡고, 그것으로 인하여 밖으로 기화 작용이 표출되어 안팎이 상통함을 말한다.

생명의 현존재는 사적 차원으로 각각 인식되면서도 동시에, '바꿀 수 없는' 공(公)적 가치와 상통한다.[9] 여기에서 우리는 공사(公私)의 상통이 중요함을 발견하게 된다. 수심정기를 제대로 이해하려면 공사를 상통하는 '한'

의 영성작용을 이해해야 한다. 이처럼 수운에게 있어, 시천주의 기본 요건은 먼저 한울님의 강령을 받아들임이 전제되고 있다.

수운 스스로 한울님을 받아들이는 강렬한 영성 체험을 했듯이, 그 이후 수련하는 개인도 한울님 신령으로 공사공매(公私共妹)의 상통이 가능하다. 그런데 초월적 한울님의 신령을 내면으로 수용하는 것은, 제사를 통해 외부로 표출하는 천제와 그 성격이 사뭇 다르다. 이는 곧 내 몸 안으로 신령을 내면화하는 새 길과 상통한다. 이른바 '한'으로 내외가 상통하지만, 인간 내면에서 각자 몸으로 사적으로 신령을 표출하는 존재론적 응답이 준거 틀이 된다. 시천주는 영성 상통을 위해 사적으로 한울님을 모셔야 하는 윤리적 당위성을 함축한다.

태생적 모심이라기보다 공공으로 모셔야 하는 실천 덕목이 강조되는 것이다. 이는 곧 '각자위심(各自爲心)'의 이기심을 극복하는 영성적 해법으로 자리매김한다. 이처럼 시천주를 모시고 실천하는 개인적 윤리 자세에서 수운은 수심정기를 강조하면서, 공공윤리의 상통 방안을 마련하게 된다. 결과적으로 마음과 몸으로 공사공매((公私共妹)하여 '한'으로 상통함으로써 양자의 상변(相變)을 기대하게 된다.

한울님이 고정된 실체가 아니라 인간의 응답에 따라 한울님도 바뀌는 존재라고 할 것이다. 수운의 시천주가 존재론 차원에서 각자 마음과 몸의 상통을 강조하듯이, 수심정기의 윤리강령은 내유신령으로 마음을 지켜내고 외유기화로 몸을 바르게 하는 실천으로 한울님을 모시는 실천 강령이다. 그것을 일상에서 지속시키는 공공 실천에서 사적 마음의 각자위심은 상통하는 한울님의 영성작용으로 변화되고 공사의 영성은 응답으로 체험된다. 이 체험이 개인적 체험이면서 공공체험이 되어 사회구조의 변화를 초래하는 역동성을 발휘한다.

조선왕조의 양반 집권층의 통치 구조를 살펴보면, 권력이 일방적으로

'민(民)'을 지배하는 수직적 지배·복종의 구조로서 '공'의 가치가 통용될 뿐, 사대부 양반과 구별되어 타자로 배제된 '민'에 대한 배려가 부재하였다. 지배층과 더불어 살아가지만 '민'에 대한 배려의 개념이 없기에 동학 창도 이전의 사유는 '공(公)'의 윤리가 지배하였다고 할 것이다.

만일 왕권 지배에서 벗어난 독립적인 '민(民)'에 대한 자각이 있었거나 '공공(公共)' 가치를 추구하는 집단 활동이 이루어지면, 이들은 '사문난적(斯文亂賊)'의 반역자가 되어 처단되다시피 하였다. 성리학의 조선사회는 천명(天命)과 천리(天理)에서, 왕권천수(王權天授)에 근거하여 군왕과 양반이 통치하고 지배하는 논리가 강조되었기에 상호공경이 불가능했다.

그런데 당시 수운은 임금도 아니면서 천도(天道)의 득도를 주창하고 천제를 감당하였다. 실제적으로 혁명의 언설을 표방한 셈이 된다. 왕권이 지배하는 공적 사회는 피치자인 민(民)이 직접적으로 천도(天道)를 받을 수 없었다. 민(民)에게는 충효(忠孝)윤리를 중심으로 천명 대리자인 군왕에 절대 복종만이 요구되었다. 더불어 실천하는 '공공(公共)'의 실천에 있어서는 배제되다시피 하였다.

따라서 '천명(天命)은 왕통의 몫이며, 민(民)이 천명(天命)을 받거나 천도(天道)를 공공으로 실천하는 것은 존왕(尊王) 사회에서 철저하게 금기시 되었다. 비록 수운과 해월이 동학에서 이상향으로 '요순성세'라는 표현을 차용하기도 하였지만, 수운의 「도수사」에는 왕권을 벗어나 백성이 요순이 될 수 있는 새 길과 민(民)의 간·주체(사이를 매개하는 주체) 시대를 다음처럼 강력하게 전해주고 있다.

자고급금 촌탁하니 요순성세 그때라도 일천지하 많은 사람, 사람마다 요순일세.

동학에서는 동학도가 되면 요순 시대 성인들 같은 이들이 나타나고 공맹의 덕을 갖춘 이도 많이 난다고 말하면서 양반 지배층이 독점하다시피 했던 성덕(聖德)을 '민(民)'의 공공으로 바꾸어 버렸던 것이다.[10] 이런 맥락에서 살펴보면, 동학의 보국안민(補國安民)은 통치층의 공적 특권이 아니라 민의 몫이 되는 것이다. 민이 보국안민의 간·주체가 되어 이를 공공윤리의 실천 맥락으로 전환시켰다. 이러한 맥락에서 일방적 지배의 통치와 더불어 함께하는 경영은 차이가 난다.

당연히 이제 경국(經國)은 민(民)의 실천 과제가 되었으며 자율적 공공통치로 개신(開新)하는 새 길이 중요시되었다. 따라서 이러한 공(公)윤리 해체의 새 길에서 공공(公共)의 윤리규범의 대위가 자연스럽게 이루어졌다.

수운의 '다시 개벽'은 역성혁명과 그 차원이 다른 것으로 이른바 공공윤리 실천의 아나키즘 발상이라고 말할 수 있다.[11] 성리학의 이치는 통치자의 다스림의 원리요 사대부의 공적 명령은 '민(民)'을 배제시킨 독점규제 형태로 작용하면서, '민(民)'의 아픔과 절규는 쌓이고 맺히는 한(恨)이 되어 이를 풀어주는 영성작용의 '한'을 요청하기에 이르렀다. 이제는 공적 정부에 대항하여 '민'의 공공치(公共治)를 옹호하고 군왕과 사대부의 공적 만능에 대해 견제와 제약을 가할 수 있는 '민'의 자율이 요청되었다. 이는 작은 정치를 표방하는 노자의 무위정치와 상통한다.[12]

공적 통치는 강권 통치이며 공적 윤리는 통치 이데올로기이다. 여기서는 쌍방의 소통이 이루어지지 않는다. 작은 생선을 너무 많이 구우면 다 타 버리듯이 '민(民)'의 권리를 억압하고 압살하면서 허울 좋게 공적 가치를 표방하지만, 인위 조작과 가식이 난무하여 오히려 독재체제를 공고하게 만든다. '민'과 더불어 사는 공공세상이 되지 못하기에 민중의 한숨은 오히려 절규가 되고 탄식어린 시름이 된다. 이처럼 왕권통치에서 타자로 소외되던 '민'이 자율적 영성공동체를 이루어 억압받고 숨죽이던 조선사회를 '한'의 사회로 바꾸려고 하였으니 어찌 이를 '다시 개벽'이라고 표현하지 않으랴!

신라 고운의 풍류도를 계승한 수운에게 동학의 다시 개벽은 법고창신(法古創新)이며 그 연원을 환웅의 신시(神市)에서 찾게 된다. 이에 동학은 건국의 공공 이상향에 뿌리를 두고 있다고 말할 수 있다. 동학의 공공윤리는 선천의 홍익이념을 득도(得道)하여 성리학과 서학을 우리의 동학으로 대위하여 '한'의 가치를 부활시킨 것이라고 할 것이다.[13]

수운은 조선왕조가 붕괴하는 무규범 상태를 '군불군(君不君), 신불신(臣不臣), 부불부(父不父), 자부자(子不子)'로 진단하였다. 이러한 조선 사회의 아노미 상태를 치유하고자 공(公)의 윤리를 해체하고 공공윤리로 대위함으로써, 자율적 영성공동체에서 공사 상통의 '한'으로 동귀일체(同歸一體)하는 윤리를 내세웠다.

조선왕조에서는 통치 계층이 도덕 주체로 '수기치인'의 특권을 누렸지만, 동학에서는 '민(民)'이 간·주체로서 천명을 영성적 직접 체험으로 수용하여 만민평등의 문을 열게 되었다. 19세기 말의 조선왕조 쇠퇴기는『동경대전』에 드러나듯이, 통치 계층은 불고천명(不顧天命), 불고천리(不顧天理)에 빠져서 천명의 공공가치를 상실하고 하늘과 불통할 뿐만 아니라 하늘의 뜻을 거스르는 존재로 퇴락하였다. 조선 후기에 사대부와 양반계층은 통치자로서의 정통성을 이미 상실하였던 것이다.

동학에 입도하여 주문 지송(至誦)과 수심정기를 실천하면, 천명과 천리를 깨달아 경천의 경외심을 갖추고 새로운 군자인 '한울사람'으로 거듭나게 된다.[14] '무위이화(無爲而化)'의 길에서 상통하고 상변하여 인격의 자율성을 획득한다.

동학은 조선 사회에 공공윤리 단서를 제공하는 계기로 작용하였다.[15] 수운의 동학에서는 생명 모심에 따라 그 귀천은 다르게 나타나는 것이다. 이는 19세기 당시 지배층의 이데올로기로서의 유교의 신념체계와 확연히 구별된다.

> 군자의 덕은 기(氣)가 바르고 마음이 정(定)해 있는 고로 천지와 더불어 그
> 덕이 합해 있고, 소인의 덕은 기가 바르지 못하고 마음이 동요하여 천지나
> 그 명이 어긋나서 이것이 성쇠의 이치가 아닌가.[16]

이에 따라 수운에서는 군자와 소인의 구별이나 성쇠의 기준은 경천(敬天)하여 상통하는 그 마음이 된다. 비록 양반이라도 한울에 대한 상통이 이루어지지 못하면 군자가 아니다. 반면에 서민이라도 경천(敬天)의 경외심으로 상통하면 변하게 되고, 변하면 누구나 군자에 상달(上達)한다. 여기서 동학의 '한울'이나 '천주'는 서학의 천주와 다르다. 이는 오히려 우리 민족이 고래로 믿어 온 천과 상통한다. 마치 '사람이 죽을 때 한울님을 부르는 것이 민의 상정'이라 하듯이, 각자의 마음에는 공공과 상통하는 한 기운이 있다.

수운의 동학은 한울님을 위하는 경천(敬天)' 사상에 관건이 있다. 이는 동아시아 전통의 유토피아로서의 '요순성세'의 도덕 인격과 상통한다. 동학은 공공윤리를 실천하는 민의 영성 자각에 기초하여 서학의 유일 신앙과 다르게 '낳은 자연'으로서 소산자연도 신(神)의 기화(氣化)로 본다. 이에 초월적 영성주의보다 오히려 '영성적 휴머니즘'이 강조된다고 할 것이다.

수운의 동학적 이상향은 초월적 내세주의와 달리 광제창생 지상천국(廣濟蒼生 地上天國) 건설이다. 즉 '지상선경(地上神仙)'의 공공세계를 이룩함에 관건이 있다. 이는 공공윤리가 실천되는 사회이며, 자발성을 존중하는 민권의 새 세상이다. 동학에서는 배타성을 극복하면서 누구나 영성 체험의 몰아(沒我)를 경험하고 자각함으로 언제나 한울님과 상통할 수 있다고 말한다.

이는 자기 비움에 근거하여 체험하는 서학의 케노시스(kenosis)와 연관된다. '인간의 몸으로 그리스도가 낮아짐'으로 말미암아 인간과 상통하게 되

었지만 그 결과는 예수의 비하이고 십자가에 못 박힘이다. 그 역설의 대척 지점에 부활과 승천이 자리잡고 있다. 이제 '역의 합일'의 관점에서 영성 휴머니즘에 근거한 공공윤리의 심화와 확대 과정을 살펴본다.

4. 공공윤리의 심화와 확대

퇴계는 상소문, 「무진육조소(戊辰六條疏)」에서 천애(天愛)는 군왕이 천명을 받아 통치자가 되지만 군주가 부덕하여 통치를 잘못하면 자연재앙을 내려서 한울이 임금에게 경고하고 책망하니, 이를 천견(天譴), 즉 한울책망이라고 하였다.[17] 성학(聖學)은 통치자를 위한 규범으로서 통치자의 공적 윤리이면, 동학은 천명(天命)과 천도(天道)에 대한 공공범례다. 동학에서는 '민(民)'이 자기 안에 '한울님을 모시는' 신앙으로 자율 통치의 인격자로 부상한다. 보국안민으로 '민(民)'을 구하기에 메시아도 될 수 있고, '공공동량'(公共棟樑: 공공살림을 떠맡고 있는 인재)에게 열려 있다.

동학의 공공윤리는 초월 천명을 인격 내면의 간·주체화 문제로 전환시킴으로써 결국 천명의 세속화를 부단히 감행하게 되었다. 동학에는 성학에서의 대인과 소인의 신분 차등이 부정되고 상하귀천의 차별을 일소하여 누구나 경천하는 마음으로 상통하면 군자가 될 수 있기에 인간 평등의 새 길이 나타났다.

사대부의 통치 계층이 되려면 선비로서의 교양을 위한 '10년 이상의 공부' 과정이 소요된다. 사서삼경(四書三經)의 경전 학습을 통한 출사는 양반층 자제에게만 열려 있는 벼슬길이다. 이 길을 동학에서는 모든 민(民)에게 개방하였는데 동학을 올바로 믿으면 3년 이내의 속성 상달이 가능하다. 따라서 동학은 관학이 아니라 공공을 표방하는 '민학(民學)'에 해당한다고 할 것이며 해월의 민학에 이르러서는 스승 수운의 시천주 신앙은 세속화되었다. 다시말해 한울님이 내재적으로 일상의 근로 생업과 상공업 활동 속에서 '대인접물(待人接物)'의 모심으로 확장되었다는 것이다.

해월은 수운의 동학을 일반 서민들의 일상에서 경천이 실현되는 양천주(養天主) 사상으로 발전시키는 과정에서 한울님을 더욱 크게 키워 갈 수 있게 된다. 결국 그의 공공윤리는 서민 속에서 양천주를 실천하는 활동으로 전개되었다. 수운의 민속 신앙적 강령 체험 대상인 기화지신(氣化之神)은 해월의 동학에서는 양천주 실천으로, 나아가 주술 차원에서도 벗어나 마침내 시민의 공공운동으로 더욱 뚜렷이 드러난다.

해월은 수심정기의 의미를 '천지의 끊겨진 기를 다시 잇는 것'으로 해석한다. 이 수심정기를 통해 '천지조화의 본원적 실체에 접근'할 수 있다고 보았다. 이제 수심정기는 인간의 본성을 회복하고 이를 지켜내는 도덕 실천에 머무르지 않는다. 오히려 우주의 생성 질서를 갱신하고 우주창생적인 본체에 다다르는 우주론의 주제로 인식의 전환이 되었다.

수운이 해월에게 건네주며 몸의 질병을 치유할 때 행하라고 당부하였던 수심정기가 어느덧 천지조화의 복원과 치유를 위한 공공실천으로 확장되었다. 수심정기는 존재의 치유를 넘어선 우주의 치유를 향한 실천 방법으로 제시된 것이다.

해월은 수심정기를 양천주(養天主)로 발전시켜, 끊임없이 인간의 생태 마음을 지켜내는 도덕적 성찰로서 원대한 우주질서의 회복을 추구했다. 따라서 해월은 인간의 심신을 우주로 전환시켜 공공작용을 심화·발전시켰다. 이처럼 수운의 수심정기를 계승한 해월은 신비적 강령체험보다 일상의 도덕 실천을 중시했다. 해월은 동식물을 포함한 우주의 자연만물이 태생적으로 한울님을 모시고 있는 존재임을 부각시킨다.

수운이 각자위심을 교정하기 위하여 '한울님 모심'의 실천을 주문했다고 한다면, 해월은 스승이 부정한 각자위심의 사적 차원에도 상통에 따른 '한울님이 존재'를 알려주려고 했다. 따라서 해월은 공공윤리 실천을 각자위심에까지 확장시켜 한울님과 상통하는 자리매김을 새롭게 주문함으로써 인간은 물론 만물까지 섬기는 당위성을 이끌어냈다.

이러한 문제를 공사(公私)의 관점에서 보면, 해월은 공사공매(公私共妹)의 상통을 강조하였다고 할 것이다. 즉 사(私)는 공(公)이 되고, 공(公)은 사(私)가 될 수 있기에 공공가치를 부각시켰다. 결국 해월은 공사 상통을 주창함으로 공공윤리 실천의 범주를 일체 만물까지 확장하여 적용한 것이라고 말할 수 있다.

이는 해월의 동학운동에 그대로 나타난다. 대인관계에서의 너와 나, 나아가 타인은 모두 시천주의 실천주체로 서로가 상대방을 '한울님 모심'의 간·주체로 보아 상호 존중이 가능하다. 해월의 사인여천(事人如天)은 사람을 모시되 한울님 섬김을 매개로 상호 존중하는 공공윤리의 덕목이 된다. 이렇게 경천하는 인격공동체에서 정치는 서민을 한울로 섬기는 '사천주(事天主)'의 새로운 정치가 되지 않을 수 없다. 해월은 자신의 스승 수운의 시천주 신앙을 따르되 장소, 시간에 따라 새롭게 해석하고 실천 지평을 확대함으로써 동학이념의 공공적 응용 윤리를 새삼 강조한 것이다.

"대저 도는 용시용활(用時用活)하는 데 있나니 때와 짝하여 나가지 못하면 이는 사물(死物)과 다름이 없으리라. 하물며 우리 도는 오만년의 미래를 표준함에 있어 앞서 때를 짓고 때를 쓰지 아니하면 안 될 것은 선사(先師)의 가르친 바라. 그러므로 내 이 뜻을 후세만대에 보이기 위하여 특별히 내 이름을 고쳐 맹세코저 하노라." 하시고 본명 경상(慶翔)을 시형(時亨)이라 고치시니, 시형(時亨)은 때를 따라 순응한다는 뜻이요···.[18]

이처럼 동학의 가르침을 교조 수운의 가르침으로 고정시키지 않기 위해서는 해석 담론의 방법을 '때에 맞춘 적용'으로 되살리는 것이다. 이는 곧 해월, 즉 시형(時亨)의 창조적 해석학을 새롭게 가꾸는 것이다. 이로써 수운의 시천주의 경천(敬天)에서 나타나던 내면 신앙을 이제는 사회운동으로 전환함으로써 마침내 내외상통을 꾀할 수 있게 되었다.

다시 말하면, 해월에 와서는 그 믿음이 일상으로 융평(融平)하여 농·공·상의 세간 근로와 직업에서 생명 섬김을 실천하기에 이르렀다. 구체적으로 해월이 청주의 제자 서택순의 집을 방문을 하였을 때, 베를 짜는 며느리를 일컬어 '한울님이 베를 짠다.'는 가르침을 편다.[19]

해월은 공공윤리의 실천 방도를 양생(養生)으로 경천·경인·경물의 삼경(三敬)에 이르기까지 확장시켰다. 수운이 공공윤리의 단서를 제공하였다면, 해월은 이를 일상의 해석 담론으로 양생시켜 생명 섬김의 실천으로 확장하고 마침내 생태공경의 실심(實心)으로 발전시켰다. 한울과 인간 사이에서 모심에서 섬김으로 사이사이를 새롭게 살림이다.

해월의 동학은 집단시위의 신원운동을 거쳐 근대적 동학농민혁명, 민족주의 운동으로 양생하게 되며 이에 따라 동학의 공공윤리는 공공의 정치사상으로 발전하게 된다. 이러한 변화는 역사적으로 동학의 정치운동을 주도한 '동학당'(東學黨)의 출현에서 볼 수 있다.[20] 이는 집단적 결사로 근대사회 시민단체 조직의 서막이 된다.

해월 최시형의 동학은 교문 조직에서 접(接)과 포(包)가 이룩되고 동학의 도를 가르치고 배우는 사제지간의 사도, 연줄로서의 '연원(淵源)'이 동학의 핵을 이룬다. 이를 토대로 삼아 동학은 민중을 정치문제에 참여시킴으로써 공공의 간·주체가 되도록 영성공동체를 확장시켰다. 결국 공동체 성격의 '접'과 공공참여 통로로서의 '포'의 조직화를 통하여 시민사회로 파급될 수 있었다.

마침내 동학의 농민혁명기에 이르러서는 접포가 집강소로 바뀌면서 지방의 공공성을 진작하는 행정조직으로 발전하게 되었고, 자치(自治)와 공치(公治)를 아우르는 공공치(公共治)의 성격을 나타내기에 이르렀다. 동학의 교문조직은 그 이전에 볼 수 없었던 새 인간관계를 형성하면서 민중의 집단 결집, '민회(民會)'처럼 근대 시민사회 단체의 맹아를 싹트게 하였다. 동학 출현 이전의 조선사회의 주된 인간관계는 군왕에 대한 신하의 충성을 기초로 삼는 주종의 봉건관계였다. 그 밖의 결집은 '종법주의'(宗法主義) 가계를 들 수 있으나 이는 가문 결집으로 종친회 항렬의 수직 질서를 근간으로 하는 가문의 연줄 조직에 불과했다. 중화, 조정, 임금에 대한 충성은 있었지만 공공적 애국심은 없었다.

해월의 동학 운동기에 와서 조선왕조와 독립된 민(民)의 결집체로서 새로운 결사가 탄생하였다. 보은집회와 광화문 복합상소(光化門 伏閣上疏)에 이르러 비로소 개인 본위의 신원(伸寃) 집단신원 운동으로 발전하면서 마침내 근대 민중의 집단 시위운동의 새싹이 움트게 된다.

이미 해월의 동학교문에 이르러서는 공동체(community)라기보다 종친회 성격에 근접하는 결사체(association)가 이루어졌다. 조선왕조 군신관계와 구별되는 잡다한 성의 모임으로 사회결집의 성격을 지닌 결사체로서 근대적 민족의식의 기반으로 자리를 잡아갔다. 동학의 신분 평등의 이상은 성리학의 신분 차별을 철폐하고, 귀천 차별도 사라진 공공세계이다.

> 사람은 한울이라 평등이오. 차별이 없나니 사람이 인위로서 귀천을 분별함은 곧 하늘의 뜻을 어기는 것이니 여러분은 일체의 귀천 차별을 철폐하여 선사의 뜻을 잇기를 맹서하라.[21]

이처럼 상하귀천의 차별이 없는 근대적 시민사회의 맹아로서의 신국(新

國)이 싹트게 된다. 왕조시대에는 없던 단체결합(團體結合)의 신국(新國)은 1907년, 신민회(新民會)의 이념으로 신민(新民)이 주체가 되어 새 나라를 이루겠다는 염원을 반영하게 된다.

이 신민은 왕조의 백성과는 구별되는 개신(開新)의 성격을 갖는다. 이른바 '백성을 새롭게 하는 데 뜻을 같이 한 사람들의 모임'에 해당한다. 이는 계약론 공공관념에 기초한 영성단체로서 근대국가의 단위체로 작용하였다. 해월의 교조신원운동은 종교적 '신원', 동학공인(東學公認) 운동이었다. 보은 집회와 광화문 복합상소는 집단적 상소 형식이 되어 결국 조선에서 근대 시민사회를 형성하는 집단 시위의 선구가 되었다.

조선 말기 철종(哲宗) 때를 전후하여 빈발하던 농민 소요, 농민 반란에 동학의 공공윤리를 실천하기 위한 비폭력적 저항의 시위 방식이 도입됨으로써 왕조권력에 대항하는 민(民)의 권리가 싹튼다.

동학의 교문조직인 접이나 대접(大接), 포(包)는 동학농민혁명의 기포(起包)에 이르기까지 왕조 말기의 새로운 민간 조직으로 성장하였다.[22] 어윤중(魚允仲)이 동학의 집단시위를 바라보면서 민회(民會)의 성격으로 조정에 보고[23]한 점에서도 조선 후반기에는 새로운 공공의 민족·사회적 결집이 생겨났다고 말할 수 있다.

크나큰 한 생명체, 우주는 햇살을 보내고 비를 내리게 하여 만유를 자라나게 하며 살아가게 하는 동질기화(同質氣化)로 조직을 기른다. 또 다른 한편으로는 먹이를 위하여 먹고 먹히는 이질기화(異質氣化)로 서로 연결된 성장 발전을 꾀한다.

동식물이 먹이를 위해 다른 동식물을 먹는, 즉 한울이 한울을 먹기에 일어나는 이질작용(異質作用)과 비를 내리고 햇살을 보내어 만유를 도와주는 동질작용(同質作用)이 공공으로 작용하여 조화를 이룬다. 이를 해월은 '한울로써 한울을 먹는다(以天食天).'라고 했는데, 이러한 동질기화와 이질기화를

통해 생명의 공생(共生)과 순환(循環)이 이루어져 공공작용이 심화된다.[24]

5. 시민적 공공성과 세계평화의 구현

수운의 시천주 사상은 해월에 이르러 사인여천(事人如天) 사상으로 발전하였고, 의암의 시기에는 인내천 사상으로 진전되었는데 이는 심성(心性) 위주의 성리학적 입장이 강화된 것이었다. 시공 제약의 인간이 '한울'과 일치할 수는 없다고 하더라도, 인간성으로 보면 '한울'과 상통한다. 이를 계승하여 의암은 스스로 움직이는 '한울'의 최초의 발기를 '나(自我, 私)'로 정의하였다.

그러므로 우주는 '나'로부터 시작되고 '나'로 끝난다.[25] '나'는 본체의 성심과 상통하는 공공작용의 '나(私)'이다. 의암은 인간의 성품이 영원불멸하고 공공적적하기에 마음이라는 기운에 얽매이지 않는다고 보았다. 마음의 본체로 보면, 천만 년 전 사람이나 현재 사람이나 천만 년 후의 사람이 모두 같다고 한다.[26] 여기서 성품은 마음기운이 드러나지 않는 고요이다.

수운의 다시 개벽에서 바라보면, 천리와 인사(人事)가 부합되어야 비로소 이 지상에 올바른 마음기운이 드러나 '다시 개벽'이 이루어진다. 이와 같은 뜻에서 수운은 "운수야 좋거니와 닦아야 도덕이라."[27]고 노래하였으며, 한울님 역시 수운에게 "나도 또한 개벽 이후 노이무공(勞而無功)하다가서 너를 만나 성공하니 나도 성공 너도 득의(得意)"[28]라고 풀이하였다.

다시 개벽이 되는 세상을 수운은 『용담유사』중에서 '춘삼월 호시절'로 표현하고 있다. 이 춘삼월 호시절을 맞이하기 위해서 가장 필요한 것은 성심본체와 상통하는 '정심수도(正心修道)'이다.[29]

성심본체는 의심할 수 없는 자명한 근본이므로 정심수도로써 성심본체를 깨닫게 되면 참된 성품을 직관할 수 있게 된다. 수운의 관점을 계승한 의암은 "보통 사람의 눈은 다만 자신의 감각영식(感覺靈識)으로써 빛 안에서 대조할 뿐이요, 빛 밖에 한량없이 넓고 큰 본성은 알지 못한다."[30]고 풀이하였다.

의암은 「무체법경」에서 성심본체를 '위위심(爲爲心)', '진심(眞心)'으로 설명하였다. 의암에게는 이러한 참된 성품이 '본래의 나'이다. 의암은 '본래의 나'에 대해 '천지만물을 만들어 내고 그 안에 거주하는 것'으로 표현하고 있다. 의암이 말하는 '본래의 나'는 '무궁한 나이며 동시에 영원한 나'이기에 공공윤리의 단서가 된다.[31]

동학의 공공성은 한울 모심의 지공(至公)과 기운상통의 '나'를 함께 경험한다. 동학의 공공성은 한울 지공(至公)의 몸을 통해 공사의 상통이 이루어지기에 '나(私)'는 실제적으로 '지공(至公)'의 무사(無私)로 처음에는 '지공무사(至公無私)'로 체험되지만, 일상에서 '일행상통(一行相通)'되면, '지공활사 맥락상통(至公活私 脈絡相通)'으로 나아가 '나'와 한울이 상통하는 영성작용으로 체험된다. 맥락상통의 작용에 대하여, 1920년대의 이돈화는 '나와 하늘 사이의 공공작용', 즉 인내천(人乃天)으로 논증하였다.

이돈화의 인내천에서는 나의 본성, 무궁(無窮)의 한울이 공공으로 열리면, 내적으로는 정신적 도덕을 확립하고, 외적으로는 물질적 평등과 자유를 포용한다. 나아가 인류의 생활 개선을 위하여 노력하게 되고 우주와 더불어 살아간다. 이는 곧 한울과 사람이 상통하여 공공차원을 열어감이다.

따라서 시천주의 도리를 바로 알고 생명 섬김의 사인여천을 일상에서 실천하여 자유와 평등의 외연을 넓히게 된다. 결국 사인여천은 시대적 맥락과 화용(和用)하여 자유·평등·인애·자비의 공공 덕목으로 확장하게 된다. 동학의 생활규범은 생명세계를 여는 씨앗이다. 새 생명세계를 여는 씨앗으로써 동서 문명의 한계를 극복하고 조화의 통일세계를 열어감이다.

인내천의 종교는 사람으로 한울 되게 하는 신앙이다. 과거 사람들은 평등·자유·인애·자비·미덕을 오직 한울님의 전유물로 삼아 그것들을 단지 이상적 희망으로 살아왔다. 인내천의 신앙에서는 그것들을 단지 이상(理想)으로 가만두지 아니하고 실제로 사람들이 실행하기로 배정한 도덕이 되느니라.[32]

자연을 무의미의 자연, 천연계의 자연, 허위에 대한 자연, 제도에 대한 자연, 사람본성의 자연으로 구분하되, 이돈화는 특히 사람성의 자연을 인내천으로 설명하였다. 사람성의 자연주의는 인류의 공동생활을 영위하기 위하여 개개인의 정신적 부조리를 야기하는 일체의 편견이나 인습, 허위에서 탈피하여 본래의 천진함을 공공차원으로 회복하는 실천이다.[33]

이돈화의 '인간성 자연주의'는 수운의 무이위화(無爲而化)에 연원을 둔다. 무위이화는 한울의 자존·자율의 발현으로써 인간이 여기에 따르려면 수양이 필요하다. 이 자연주의는 수운의 수심정기(守心正氣), 해월의 대인접물(待人接物)하는 삼경(三敬), 의암의 성심신삼단(性心身三端)이 되어 일행(一行)으로 상통된다.

이돈화는 이(理)에서 발전하여 인간성 회복의 구체적 방법으로 '인간성 자연의 해방'을 제창했다. 결국 모든 인류는 '인간성 자연'에 귀의하여 새 인간으로 개신할 수 있다는 취지이다.[34] 인간성 무궁주의(無窮主義)는 공공작용으로 무위이화(無爲而化)와 상통하여 생물학적 진화론을 포용한다. 인간과 우주는 나뉘지 않고 불가사의한 '한'의 동사형이 되어 태초부터 '한'의 영성에 의해 점차로 현재의 형체와 정신적 단계에 이르렀다고 할 것이다.

이원적인 대립과 갈등, 그리고 모순을 극복하고, 존중과 배려를 통한 '조화와 균형'을 이루려는 데 그 핵심이 있는 것이다. 이돈화의 해석에 따르면, 우주는 오랜 세월 동안 영성 진화를 하였기 때문에, 경천(敬天)은 두 가지 의미를 함께 내포하고 있다고 말할 수 있다.

첫째, 자신의 소아(小我)가 대아(大我)의 공공으로 나아가 한울로 공경하게 된다. 인간성 본연의 도덕생활이 자연의 원리와 상통함이다.

둘째, 진리를 사모함이다. 진리는 도덕을 통해 인류를 상통시킨다. 이는 곧 '한'의 영성작용이 끊임없이 이어지고 매개함이다. 따라서 경천은 진리를 공공으로 실천하는 한울과의 상통함이며 공공으로 작용하는 도덕성의 발휘라고 할 것이다. 이에 천지·만물이 나타나고 인류 형상으로 발현하기에 인간의 영성은 우주의 무궁한 진화 위력을 갖추게 된다.[35]

그런데 인간은 자신의 능력을 유한하다고 오인함으로써 상대적으로 무궁하고 무한한 객관적 존재를 설정하고 신격화하였다. 역설적으로 이는 곧 인간성이 무궁한 잠재능력으로 발휘될 수 있음을 말한다. 절대를 사유할 수 있는 인간 본능과 행위로써 사람의 공공무궁(公共無窮)을 강조함으로써, 영성 진보와 물질 향상을 지속하게 된다. 동학은 인내천에 근거한 자아완성의 정신개벽으로부터 보국안민의 민족개벽, 포덕천하·광제창생의 사회개벽을 매개하여 지상천국의 인류 개벽을 지향한다.

동학에서 이루려는 이상향은 지상천국으로, 내세가 아니라 현세의 생활과 문화를 개혁하여 지상에 새로운 공공사회를 건설함에 그 요체가 있다. 최제우의 동학이 1905년 손병희에 의하여 천도교로 개신한 이후 지상천국 운동은 '보국안민, 포덕천하, 광제창생, 지상천국 건설'의 종지를 갖추게 된다.

이처럼 최제우가 동학 이념을 내세운 이후 1920년대의 이돈화에게 이르러 지상천국 건설, 세계일가(世界一家)의 공공이념이 제창되어 세계평화를 구현하려는 방향으로 확장된다. 이때 세계평화를 실현하는 구체적 실천 방안은 현대적 삶에 새로운 영성을 불어넣으면서 민족 단위를 매개로 추구하게 된다.

각 민족은 정치·경제·사회·문화 및 윤리·도덕·관습에서 현저한 차이가 있으므로 강자가 약자를 침략하는 일이 많아지게 된다. 따라서 민족 상호간에 매개하여 공사균형을 이루는 가운데 세계평화를 추진해야 할 것이다. 인류평화 추구에 있어서 약소민족에 특별한 관심을 두며 민족평등을 횡단매개로 삼아야 민족의 지위를 공공으로 향상할 수 있다.[36]

공공 의사소통의 합리성은 행위자들에게 무엇을 해야만 하는지를 말해주는 주관적 능력을 말하는 것이 아니다.[37] 의사소통의 합리성은 의사소통적 이성을 매개로 삼아서 합당성으로의 정향을 지향한다. 이 합당성은 합의에 이르기 위해 서로 필요로 하는 협력자로 등장한다. 이러한 의사소통적 합리성은 상호 이해 도달의 '상호 주관성'에 바탕을 둔 행위이다.

따라서 이돈화의 경우에는 개인과 사회의 공사공매의 사상이 드러난다. 이돈화는 개인과 사회를 모자(母子)관계에 비유하여 개인은 사회를 구성하는 일원으로 공공의 의사소통이 요구된다고 말한다.

공사공매를 통한 사회의 위력은 단순히 개인들의 총화보다 월등하므로 개인은 도덕적으로 사회에 대한 책임을 공공으로 부담하게 된다. 반대로 사회는 개인의 생존에 관하여 상호 호혜적 책임을 가지고 있다. 따라서 진정한 의미의 개인과 사회의 관계는 생성의 관계에서 보다 높은 차원으로 이행함을 말할 수 있게 된다.

이와 병행하여 교육 및 도덕의 향상과 경제의 발달에 힘써야 비로소 개인과 사회관계는 최상상태를 유지하게 된다. 이러한 공사공매의 방안은 공공 윤리의 실천 방안으로서의 경인(敬人) 사상과 상통한다. 야뢰에게 경인은 경천(敬天)을 실천하는 구체적인 방법이다. 그는 경천을 사인여천(事人如天)으로 설명하였다. 이처럼 '생명 섬김'의 사인여천은 공사공매의 실천이다. 이러한 도덕적 실천에서 한울과 인간은 상통하게 된다. 경천의 공(公)에서 비롯하여 경인의 사(私)를 실천하여 함께 아우러지는 공(共)을 이루기에 일상에서 공공작용이 가능하게 되는 것이다. 동학의 동귀일체(同歸一體)의 지상천국 건설은 인간성 회복을 위한 공공윤리 실천의 사회운동으로 자리매김하게 된다.

수운의 '오심즉여심'(吾心卽汝心)의 상통문제는 '나'의 공공을 지금, 그리고 여기에서 어떻게 느낄 수 있는가 하는 문제의식을 드러내 주고 있다. 결국 해월의 사인여천도 본래의 하늘마음을 지금 공공으로 확장하여 '나'의 몸을 통해 느낄 수 있음을 의미한다.

> 한 개인으로 가정에 있을 때 가정 전체는 한울이 되고 개인은 사람이 되는 것이요, 그 개념을 한 민족에게 옮겨놓을 때에는 민족 전체는 한울이 되고 개인은 사람이 되는 것이며, 이를 인류 전체에 옮겨 놓을 때에는 인류 전체는 한울이 되고 개인은 사람이 되는 것이며, 최종적으로 우주 전체를 대할 때는 우주전체는 한울이 되고 개인은 사람이 되는 것이다.[38]

한울의 의미를 '공'의 가정(家庭)이라고 한다면 '사'는 그 구성원으로 노력함이며, 한울이 '공'의 민족이라고 한다면 '사'는 애족 활동이다. 한울이 '공'의 세계라면 '사'는 세계시민으로서 인류 평화에 기여함이다. 먹고 먹히는 생태계 역시 약육강식(弱肉强食)의 쟁탈이 아니라, 어우러져 살아가는 '기화작용(氣化作用)'으로 바뀌게 되는 것이다.

6. 동학의 공공윤리 가치

성리학의 이데올로기에 의해 통치 질서를 정당화한 당시의 조선왕조의 공적 윤리에 대해, 동학은 조선왕조 해체 이후를 대비하여 시민사회의 민회

(民會)와 민권(民權)을 기치로 삼게 되었다. 동학은 민(民)으로 자각한 사(私)적 권리를 찾고 단결하면서 의사를 관철하려는 노력을 통하여 활사개공(活私開公)의 공공윤리를 실천하는 간·주체의 모습을 보여주었다.

개인의 행복을 실천적으로 발양시킴에 따라 사회 가치도 고양되는 것이다. 지구는 신령이 육화한 것이고 우주는 살아 있는 생명체임을 자각한다면, 모든 것이 서로 연결되어 있음은 주지의 사실이다. 이러한 상호연관성은 해월이 지구상의 모든 생명체는 다 '한울님'을 모신 존재[39]로 파악함에서 찾아볼 수 있다.

그는 음식을 먹는 것조차 '한울님인 인간이 한울님인 음식을 먹는 것'[40]으로 간주하였다. 따라서 인간과 지구상의 모든 것들이 분리되어 있지 않고 '한'으로 상통하는 존재로 자각하게 된다. 이러한 상호 연관성의 이해는 우리 모두가 살아 있는 공공작용의 존재라는 통찰을 보여준다. 다시 말하면 이는 삶의 문제를 명사로 보지 않고 동사형으로 보는 것이며, 존재자로 보지 않고 존재함으로 살아감을 의미하는 것이다.

이러한 생활 태도로 말미암아 해월은 자연을 대상화의 존재로 보지 않고 오히려 자연 속에서 한울님의 존재를 깨닫게 된 것이다. 구체적으로 그는 숲의 새소리, 개울 물소리 속에서도 한울님의 음성을 들었다.[41] 따라서 해월의 가르침은 경천·경인·경물이 '한'으로 귀일되는 삼경사상이다. 그는 '물물천 사사천(物物天事事天)'의 세계관[42]을 통하여 공공윤리를 심화시키고 확대하여 사물에까지 적용하였다.

해월에게 있어 자연과 인간이 얼마나 밀접하고 친근한 관계였는가는, 하늘과 땅을 부모로 이해하고 특별히 땅을 '어머니의 살'처럼 여기도록 가르친[43] 삶의 여정에서 확인할 수 있다.

해월의 삼경[44]은 경천·경인·경물로 나뉘면서도 '한'으로 상통한다.[45] 수운이 경천을 강조하였다면, 해월은 그 토대 위에서 경인(敬人)을 상통으로 다루었다. 그런데 해월의 경물은 수운의 경물과 다르다. 그에게 경물은 자연계를 상호 연관하고 매개하는 공공으로 인식되었다. 당연히 수운에게서 거부되고 부정되었던 각자위심(各自爲心)마저 후천 포태에서 수용하면, '생태양심의 공공(public-common ecological conscience)' 작용으로 전환될 수 있는 것이다. 각자위심은 부정되기보다는 대립을 지양하면서 상보적 관계 속에서 공공으로의 합당성을 추구하는 사적 출발점으로 자리매김한다. 결국 해월에게 있어서, 경천의 도리는 한울로 나아가는 공(公)이며, 경인의 도리는 사(私)의 다양성을 살리는 길이다.

이처럼 경물의 도리는 함께하는 공(共)이기에, 해월의 삼경 윤리에는 공사(公私) 간에 협동하고 매개하는 세계 시민성 창출의 공공윤리 성격이 강하게 드러나고 있다. 아울러 출세간과 세간을 공공으로 매개하여 홍익 생명의 영성 활동을 '한'으로 실천적으로 화용(和用)한다. 이돈화의 경물에서는 자연의 혜택을 상기하기에 이른다. 인간은 자연의 일부로서, 경물은 인간성의 본원으로 사람성의 자연을 공경하는 실천으로 이어지고 매개한다. 그는 무엇보다도 생명의 원천이 자연이라는 것을 강조하였다.

> 육체적 또는 정신적 장벽으로서 자연의 무진장한 생명으로부터 우리가 격리될 때에 인간은 멸망한다. 사람은 대자연 속에서 자연을 실현하지 않으면 안 된다. 벌은 밀방(密房)에서 꿀을 제조하지 못함과 같이 인간도 그 장벽 중에서는 생명양식을 구하지 못한다. 나아가 대자연에서 이를 구하여야 한다.[46]

생태 양심에서는 동물을 보호한다. 동물 보호의 목적은 인간성의 미덕 함양이며 사회 교화이고 경제관념이다. 자연을 잘 활용하려면 자연을 아끼고 육성해야 한다. 사회가 경제적으로 쇠퇴하는 것은 경물 실천이 공공으로 결여되어 있기 때문이다. 동학의 이상향으로서의 지상천국은 세계시민이 '한'과 상통하여 그 울타리로서의 한울을 공공으로 회복하는 데서 건설된다. 이는 곧 만인 평등 정신과 정성과 공경과 믿음을 바탕으로 전쟁과 질병과 빈곤을 함께 퇴치함이다. 이 사회는 인간 존엄이 구현되는 도덕사회이며, 권력이나 계급의 대립과 귀천이 사라진 평등사회이다. 이러한 이상 사회를 이루기 위해 공공윤리를 실천하는 새 인간이 요청된다.

따라서 동학에 나타난 공공윤리는 의식 변화와 사회 변화가 함께 수반되기에 사람은 타자와 상통하고 상변(相變)하여 공공 목표에 마침내 상달(相達)하게 되는 것이다. 이처럼 동학에 나타난 공공윤리는 서로를 존중하고 함께 행복한 사회를 지향하는 특징이 있다.

결국 동학의 공공윤리는 지방의 '공', 지방민으로서의 '사', 국가의 '공', 국민으로서의 '사', 세계의 '공', 세계시민으로서의 '사'를 이어주고 매개하는 가운데 살아 있는 모든 이웃의 생명을 살리고 갈등을 점진적으로 해소하게 된다. 우리가 이러한 동학의 공공윤리의 정신을 오늘에 살려가게 된다면, 계층 간·지역 간·세대 간·민족 간·국가 간의 갈등을 용해할 수 있을 것이다.

갈등이 용해되는 가운데, 우리는 '한'을 영성 매개로 삼아 지구촌의 세계평화를 구현하는 데 크게 이바지할 수 있다. 현대사회에서 동학의 공공윤리 정신은 시민적 공공성을 지금 - 여기에서 실천하면서 새 형태의 접과 포의 조직으로 유익하게 화용하는 홍익정신이라고 할 것이다. 결국 동학에 나타난 공공윤리는 오늘의 현대인에게 인격교육과 세계평화 구현의 공공활동을 역동적으로 살려 내는 새 길이 될 것이다.

상대를 한울님같이 섬기는 태도는 정의구현의 길이며 동시에 상대를 배려할 줄 아는 가치를 살리게 된다. 여기에는 공공살림의 교훈이 깃들어 있다. 즉 해월의 사인여천의 '섬김'은 시천주가 지닌 한울님 마음과 기운을 회복하고, 또 이를 변치 않는 '모심'으로 전환시켜 공적 '모심'과 사적 '섬김'이 공공작용으로 어우러져 사회적 정의를 실현하고 이웃을 자신처럼 배려하는 도덕적 실천을 가능하게 한다는 것이다.

7. 정의와 배려의 공공가치

1) 가치에 관한 공공윤리의 매개 접근법

수운이 제자들과 문답을 하는 과정에서, 제자들이 동학과 서학이 어떻게 다른가를 묻는 자리에서 "비록 도는 서학이 추구하는 천도로서 같은 것이나, 그 천도를 궁구하는 학은 동학이다."[47]라고 대답했다. 수운의 가르침이 우주적 이법인 천도에 그 뿌리를 두고 있으며, 이 천도를 궁구하는 학은 우리나라의 오랜 문화전통이나 사유에 근거한 것이라는 점을 분명히 말하고 있다. 수운이 말한 동학이란 동방지학(東方之學)의 준말로, 인류 보편적 가치의 근원이 되는 천도(天道)를 궁구하는 우리의 전통적 사유에 근거하는 학문이라는 의미이다.

오랫동안 동학 연구자들에게 시천주는 매우 중요한 탐구의 대상이 되어 왔다. '한울님을 모셨다.'는 시천주는 신분계급이 분명한 봉건사회에서 귀천(貴賤)을 막론하고, 세상의 모든 사람들이 본원적으로 한울님을 모시고 있으므로, '모두가 평등'하다는 평등사상을 지닌 것으로 주목을 받아왔다. 그러므로 동학의 시천주 사상은 봉건사회를 뛰어넘는 근대적 평등주의를 여는 매우 중요한 개념으로 이해되어 왔다.

이러한 수운의 가르침을 받은 해월은 사인여천(事人如天)으로 천명되면서 '섬김을 받는 존재가 한울님같이 존귀하다.'는 생각보다, '상대를 한울님같이 섬길 수 있는 윤리적 태도'가 더욱 중요하다고 가르쳤다. 해월의 사인여천의 '섬김'은 시천주가 지닌 한울님 마음과 기운을 회복하고, 또 이를 변치 않는 '모심'의 사회 실천이 되면서 윤리적 메시지를 드러낸다. 따라서 이 사인여천의 '섬김'에는 오늘 우리 현대사회가 가장 절실하게 필요로 하는 '상대에 대한 존중과 배려의 문제'가 담겨져 있다. '모심'의 공적 정의를 '섬김'의 사적 배려와 연동시켜 공공윤리의 태도를 보여주고 있다. 이러한 공공성의 문제는 서양의 정의와 배려의 공공성을 추구한 맥락과 유사성이 있다. 이제 가치 추구에 관한 서양학자들의 접근과 비교할 필요가 있다.[48]

깁스(J. C. Gibbs)는 도덕교육에서 매개적 노력이 중요함을 역설하였다. 그는 인지발달을 강조한 콜버그(L. Kohlberg)의 이론과 도덕 사회화 이론 및 도덕적 정서, 특히 공감을 중시하는 호프만(M. L. Hoffman)의 이론과의 통합을 강조하였다.

동학의 가르침은 신 중심의 사상이나 인간 중심의 사상에 일대 변혁을 촉구하는 즉 '신과 인간의 공공성'으로 인식을 바꾸어 가는 사상이라고 말할 수 있다. 다시 말해서 '우주는 한 생명'이므로 어느 하나가 그 중심, 나아가 이러한 인간 중심, 혹은 신 중심이라는 지배와 억압을 근간으로 하는 위계적인 사고에서 벗어나, 이들 모두를 공공작용을 일으키는 '한 생명'으로 인식한다. 이들을 공공의 관계에서 '서로 균형을 이루고 조화를 이루어', 공공의 생명 공동체로서의 삶을 이룩해야 한다는 윤리의식의 대전환이다.

이와 같이 해월의 삼경사상은 우주를 이루는 천지인삼재(天地人三才) 모두에 대한 정의로움의 살림과 배려를 통한 '섬김'을 말한다. 해월의 삼경사상은 공공차원에서 이루어지는 생명정의와 생명배려를 살리는 윤리적 결단이라고 할 것이다. 이러한 맥락은 서양의 콜버그 이론과 연계되어 고찰할 필요가 있다. 생명정의는 도덕적 의미의 개인적 구성과 상통한다. 생명배려는 호혜성의 원리로서 탈중심화 과정에서 드러나는 도덕적 동기화의 요체를 이룬다. 즉 정서를 고려한 인지적 구성의 측면에서 도덕적 동기화를 설명하기가 수월해진다. 그리고 도덕 판단력 발달 단계의 향상은 역할 채택의 기회와 같은 환경적 투입에 의해 촉진된다. 따라서 도덕적인 동기화의 핵심적인 요소인 인지적 기초로서 정의의 원리를 생산하는 '탈중심화 과정'으로부터 성립되는 것으로 파악할 수 있다. 이는 주체 중심의 위계적 사고를 도덕적 동기화에서 경계하고 있음이다.

반면에 호프만 이론도 콜버그 이론과 상응하여 고찰할 수 있다. 내면화를 통한 도덕규범의 사회적 전수의 중요성과 함께 도덕적 동기화의 기초로서 공감과 관련된 정서를 고려해야 한다는 점이다. 이는 동학에서 생명에 대한 공경의식과 상통한다. 그리고 호프만은 정신분석학 이론과 사회학습이론 및 다른 사회학 이론을 포괄하고 통합하는 이론이 설명의 수월성을 갖는다는 것이다. 이러한 맥락에서 동학의 생명존중 사상은 보다 포괄적이며

〈인지발달의 접근과 사회화의 접근의 통합성〉

	인지발달의 접근		사회화의 접근	
도덕성 및 도덕성 형성의 본질	개인에 의한 도덕성 형성의 우선	도덕성에서 인지(認知)의 우선	사회에서 획득되는 도덕성 우선	도덕성에서 정의의 우선성
핵심적 관점	인지적 평형화·자유와 정의를 통한 성취·탈중심화·원리화된 도덕성·보편주의적 이상	공평무사, 불편부당성 등에 기초한 성숙한 합리성 강조·인지적 동기화	규범의 능동적인 획득·자기통제·사회질서·안정성·전통	공감과 같은 정의적 측면이 도덕 학습을 가능하게 만들고, 도덕행위를 동기화
대안적 접근에 대한 비판	도덕성을 엘리트 철학자들의 법령으로 환원. 사회 공동체의 통합 저해. "내부" 문화에 대한 편협한 해석	도덕성에서 동기적 요소를 간과하고, 도덕성을 극단적인 추상적 이데올로기로 환원. 공감과 배려의 무시	도덕성을 사회 구성원의 통합을 위한 수동적 적응으로 환원. 개인위축. 문화적 상대주의로부터의 윤리적 무력감	도덕성을 자동화된 행위 혹은 심지어 비합리성으로 환원. 정의주의로부터의 윤리적 무력감

통합적인 안목에서 접근할 필요성이 있다.

단군신화나 난생신화는 모두 죽었다가 다시 태어나는 재생신화의 구조를 띠고 있다. 처음 태어난 '알'이나 곰이 마늘과 쑥만을 먹으며 견뎠다는 '빛도 없는 동굴'은 '죽음의 상징'이다. 그러나 이러한 죽음과 같은 암흑을 깨치고 다시 태어났을 때는 '의표가 당당한 사내'[49]로, 또는 '아름다운 여인 웅녀'로 질적인 변화를 갖는다. 난생신화는 이중탄생(二重誕生)을 바탕으로 하고 있고, 이중탄생은 '거듭 남'을 의미하는 것이며, 나아가 '지금까지의 나'를 버리고 인지적으로 '새로운 나'로 태어남을 뜻한다.

인지발달의 접근과 사회화의 접근의 공공성이 세 가지 관점에서 중요하다. 첫째, 인지발달의 접근으로, 점진적으로 성숙해지는 개인의 사고 구조 연구에 몰두하다 보니 사회적 상호작용에 소홀하게 됨을 반성해야 한다. 둘째, 사회화의 접근으로 도덕적 사회화 과정에 있는 개인은 매우 수동적인 위치에 놓이게 된다. 결국 도덕적 행동의 동기화와 도덕성의 표현에서 일차적으로 정의(情義, affect)에 초점을 맞춤으로써 갖게 되는 위험은 인지적인 동기화의 역할을 폄하하는 결과를 낳게 될 것이다. 셋째, 공공적 관점의 지향으로 정의(正義)와 공감은 상호 배타적인 것이 아니라, 두 이론이 통합될 때 올바른 평가의 길을 열 수 있다.

2) 도덕적 동기화에서 인지와 정의의 매개적 접근

앞에서 살펴본 것처럼, 콜버그(L. Kohlberg)의 입장은 도덕적 동기화를 위해 이성이 우선시되고, 정의(affect)를 이차적인 것으로 간주하고 있다. 먼저 탈중심화를 통한 도덕적 의미의 개인적 구성을 강조하며, 이러한 구성은 논리적인 필요성 및 정의감과 같은 감정을 생산할 수 있다는 입장을 견지한다. 또한 사회적 입장의 채택은 공감이나 동정으로부터 나오는 것이 아니라,

무엇보다 인지적 작용에 근거한다.

그리고 정의(affect)적 요소는 그것의 동기화적 속성이 인지적 구성 과정에서 비롯되기 때문에 콜버그는 인지를 가장 우선적인 것으로 고려하고 있다. 인지의 관점에서 동학의 사유에서는 만유는 개체이며 동시에 개체가 아니다. 따라서 서로 어우러져 살아야 하는 당위성을 지닌다. 그러므로 약육강식(弱肉强食)의 쟁탈이 아니라, 어우러져 살아가는 기화작용(氣化作用)이 중시된다.

물론 호프만(M. Hoffman)의 입장에서는 도덕적 동기화를 위해 정의(affect)를 우선시한다. 지식 획득의 구성적인 요소보다는 다른 사람의 심리적 상태에 관한 정보에 주목한다. 이러한 정보가 공감성과 같은 보다 기본적인 정서적 요소를 통해 훨씬 더 많이 획득된다는 것이다. 그리고 탈중심화를 통해 호혜성의 원리를 살려나가기 이전에는 인지적 동기화가 불가능하지만, 공감은 유아에게서조차 발견될 수 있는 생명적 기초이다. 이처럼 공감이 도덕적 원리보다 선행한다.

동학의 가르침은 물질과 정신, 전체와 개체, 인간과 자연, 신과 인간을 비롯한 모든 이원적인 대립과 모순을 극복하고, 존중과 배려를 통한 조화와 균형을 이루려는 데에 그 핵심이 있다. 이와 같은 '생명조화와 균형'이 곧 '공공적 삶의 본질'임을 '이천식천(以天食天)'으로 말하고 있다. 그렇다면 어떠한 윤리적 자세가 바람직한 것인가? 우리의 고민은 양자를 이어주고 매개하고 살리는 '한'의 관점에서 열린 자세를 공공윤리 관점에서 견지해야 한다는 것이다. 콜버그의 입장처럼, 공감과 연민과 같은 감정과 관련된 도덕성에 대해 적절한 역할을 할 수 없다면, 인지의 발달과 정의(affect)의 발달은 인지와 정서의 공공성을 전제하고 있음에 주목해야 한다.

아울러 호프만의 입장에서처럼, 인지와 정서는 공감적 편향을 극복하고 불편·부당성을 획득하는 과정에서 공공으로 연결되지만, 공감은 두 가지 편향된 흐름을 견지하게 된다는 사실도 간과할 수 없다.

첫째, 친숙함과 유사성에 대한 쏠림으로, 자신과 친숙하거나 자신과 유사한 피해를 입은 사람들에게 더욱 공감적으로 반응하게 되는 경향성이다. 둘째, 지금 그리고 여기에 편향하는 경향이 있다. 현재 자신이 직접 관찰할 수 있는 타인의 고통에 더욱 민감해지는 편향이다. 이 때, 자신의 행동에 영향을 받을 수 있는 모든 사람들에 대해 동등하게 고려하려는 평등한 숙고와 불편·부당성을 획득하는 데는 탈중심화의 인지 과정이 개입하게 된다. 인지에는 도덕적 동기화를 매개하는 기능이 있다. 인지로서만 도덕적 행동을 촉발할 수 없고, 도덕적 행동의 동기화도 가능하지 않다.

서양의 관점과 달리, 동학의 사인여천의 '섬김'은 인지와 정서의 통합적 측면의 외연을 보다 심화 발전시키고 있다. '상대에 대한 존중과 배려'는 삼경사상을 통하여 섬김의 대상이 인간에 머무는 것이 아니라, 만유에까지 이르게 된다는 점이다. 그런가 하면, 이와 같은 섬김에 담긴 상대에 대한 존중과 배려는 '이천식천'에 이르러 조화와 균형의 공공적 삶을 이루는 바탕이 된다.

다시 깁스(J. C. Gibbs)의 관점으로 돌아와 이를 다시 종합하면, 정의와 공감은 도덕적 동기화에 있어 균등하게 우선적인 것이며, 상호 환원 될 수 없는 원천임을 확인할 수 있다. 공정한 행동 혹은 부정의를 바로잡기 위한 행동의 관점에서 인지적인 동기화가 공감 혹은 공감에 기초한 죄의식에 의해 고양될 때 더욱 잘 완수된다고 할 것이다.

구성주의적 측면은 주로 인간은 그 자신에 의해 창조된다는 것과 사회와 인간관계를 위한 기초로서의 상호 신뢰와 존중 등의 내재적인 도덕적 의미를 이해하는 것이다. 이러한 관점은 내면화의 측면을 부각시키는 의미가 강조된다. 결국 개인에 의해 수용되어 그 자신의 것으로 고려된다는 것과 자신의 도덕적 감정에서 보상이나 처벌에 더 이상 의존하지 않음을 의미한다.

'상대에 대한 존중과 배려, 이를 통해 이룩하는 조화와 균형의 공공적 삶'은 우리의 오랜 모습이기도 하다.

천상에서 온 환웅과 지상에서 살고 있던 웅녀와의 결혼, 이 결혼을 통해 낳은 아들인 단군은 바로 서로 간의 존중과 배려를 바탕으로 하는 조화와 균형의 공공적 삶의 표상이며 상징이다. 즉 환웅의 부족과 곰의 부족이 서로 만나 결혼을 하고 아들을 낳았다는 것은 바로 이와 같은 것을 의미한다고 할 것이다.

콜버그의 관점에서 확인한 것처럼, 외적 도덕성으로부터 내적 도덕성으로의 발달적 관계에 주목하게 된다. 외적 도덕성이 발달적 미성숙 혹은 지연을 의미한다면, 내적 도덕성은 자기 구성적이고 내재적 도덕의 의미로 설명할 수 있다. 이러한 맥락에서 '홍익인간'의 '인간'은 오늘의 사람만을 의미하는 것은 아니다. 과거세대와 장래세대를 함께 아우르는 의미이다. 인간은 '사람과 사람이 사는 세상'을 뜻한다. 사람과 사람, 그리고 그 사람들과 어울려 사는 만유가 '인간'이다.

'홍익'의 뜻은 사람만이 아니라, 만유가 어우러져 살므로, 이들 만유 모두를 크게 이롭게 한다는 의미이다. 이와 같은 측면에서 본다면, '홍익인간'은 곧 인간, 그리고 만유가 서로 서로, 그리고 더불어 어우러져 사는 공공세계를 크게 이롭게 한다는 의미가 된다.

다시 호프만의 관점으로 돌아와서 살펴보면, 훈육에 대한 방법으로 도덕성의 공공요소인 외적·내적 도덕성을 함께 강조했다. 먼저 외부적 강제력이 수반되는 외적 도덕성은 현저하게 힘에 의존하는 훈육의 역사를 반영하게 된다. 그리고 내적 도덕성은 상대적으로 자율적이며 외부적 강제력으로부터 독립적이라는 의미를 포함한다.

내적 도덕성의 내면화의 성격과 규범에 대한 자기 부과적인 성격 및 공감에 기초하여 내외상통의 공공성을 통찰할 수 있다. 내적 도덕의 '자기 창조적' 성격은 개인이 사회에 우선하며, 모든 가치는 개인으로부터 나온다. 이러한 관점은 역사적으로 스펜서, 프레이지어, 호만스 등을 들 수 있다. 내적 도덕 지향의 '자기 수용적' 성격을 받아들인다면, 사회는 개인에 우선되며, 사회가 모든 가치의 원천이라고 할 것이다.

공공가치는 사회의 구성원들에 의해 매개된다. 이러한 관점은 역사적으로 콩트, 뒤르껭, 레비 스트로스 등에서 나타난다. 따라서 통합지향이 바람직하다고 말할 수 있다. 이를테면, 스피로(M. Spiro)는 개인과 사회는 사회적 상호작용의 과정에서 한 부분이자 꾸러미이며, 호혜적 혹은 상호적으로 영향을 주고받음에 주목하면서 사회적 상호작용의 상보적 측면을 부각시켰다. 이와 유사하게 콜버그는 '정의'와 '공동체'는 민주주의 사회의 상호작용의 상보적 양면임을 부각시키고, 각자 도덕적 의미를 구성할 수 있고, 문화의 지속적인 상호작용의 패턴과 규범에 영향을 미칠 수 있다고 하였다. 타인과의 상호작용을 통해서 윤리가 성립된다는 것이다.

이러한 맥락과 상통하게 데이먼(M. Daman)은 개인화와 사회화는 인간의 삶에서 친밀하게 '한데 얽힌' 측면이라 해석하게 된다. 그런데 이러한 두 측면은 근본적으로 상보적이지만, 현대사회에서는 변증법적 상호 작용이 보다 요구된다고 할 것이다. 따라서 개인은 타인과의 관계의 맥락에서 자아를 구성할 수 있고, 동시에 그 개인은 이러한 관계의 한계를 넘어설 수도 있어야 한다.

정의 존중과 상대 배려를 통한 조화와 균형의 공공적 삶은 단군에서 발원하여 최치원에 이르러 현묘지도(玄妙之道), 곧 풍류(風流)로 이어진다. 최치원은 일찍이 "나라에 현묘한 도가 있으니, 풍류라고 한다. 그 가르침을 세운 근원은 선사(仙史)에 상세히 갖추어져 있으니, 실로 삼교(유, 불, 선)를 아우르고 있으며 뭇 생명을 접하여 교화하는 것이다."[50]

뭇 생명을 접하여 화한다는 '접화군생(接化群生)'의 '접(接)'은 '만나다' 또는 '관계한다' 등을 의미한다. '화(化)'는 '변화시킨다', 또는 '감화시킨다'는 뜻이다. 또한 '군생'이란 '뭇 생명'을 말한다. 서양의 데이먼이 변증법적 상호작용을 강조하듯이, '접화군생'은 뭇 생명들을 만나 서로 어우러져 살면서 뭇 생명을 새로운 삶으로 감화시키는 것을 의미한다.

'뭇 생명'은 사람만이 아니라 동식물, 무생물까지 포함한다. 현묘지도, 곧 풍류도는 뭇 생명을 감화시키므로 사람을 비롯한 만유가 모두 균형과 조화의 공공적 삶을 이루므로 공공상생과 화해가 가능해진다. 균형과 조화의 공공적 삶은 생명의 본질이다. 다툼과 죽임이라는 상극의 삶을 해체하고, 상생과 공공을 회복하고자 하는, '한'의 사유를 이 시대에 다시 살려내려는 안목에서 바라보면, 동학은 서양의 통합접근과 상통한다.

3) 정의와 배려의 공공적 매개접근

이제는 정의와 배려의 통합적 결정과 실천 행동에서의 보완의 문제에 대해 살펴볼 필요가 있다. 먼저 브래베크(M. Brabeck)은 규칙화된 원리에 대한 관심과 특수한 맥락에 대한 관심의 통합적 접근이 도덕적 행동 결정을 보다 '옹호할 수 있도록' 만들어 준다는 사실을 부각시킨다. 도덕적 결정은 구체적인 상황적 맥락을 고려한 것이어야 하고, 또한 절대적이고 보편적인 도덕 원리 혹은 도덕적 선과 결합될 수 있는지를 합리적으로 평가한 것이어야 된다.

이와 마찬가지로, 나딩스(N. Noddings)는 배려를 중심으로 한 정의와의 매개를 강조하며, 정의적 추론의 기여에 대해서 인정하지만, 사회 도덕적 이슈에 대하여 우리를 깊이 있고 폭넓게 사고하도록 돕는 데는 명확한 한계가 있으므로 배려 지향을 중심에 둘 필요가 있음을 역설하고 있다.

같은 맥락에서 레스트(J. Rest)는 콜버그의 이론을 도덕적 판단력의 두 번째 구성요소에 자리 잡게 하였으며, 길리건의 이론과 관련되는 것으로는 도덕적 민감성과 동기화를 제시하였다. 아울러 네 가지 구성 요소 모형은 어떻게 해야 할 것인가에 관한 도덕적 숙고를 안내하는 절대적인 보편적 원리를 포함하고 있으며, 어떠한 선택으로 인해 영향을 받을 개인들에 대한 맥락으로 상대적인 반응을 포함하게 된다는 점을 부각시키고 있다. 정의와 배려 이론이 통합될 때의 도덕적 인간의 모습은 이와 같다. 먼저 각 개인의 행복에 대한 배려의 관심을 유지하면서, 정의와 같은 보편적인 도덕 원리에 부합되는지에 관한 합리적이고 사려 깊은 판단을 통해 도덕적 선택을 하는 사람이라는 점이다. 그리고 보편적인 도덕 원리의 요구와 특수한 맥락을 고

〈권리와 정의와 책임과 배려의 공공성〉

	권리와 정의의 도덕성(L. Kohlberg)	책임과 배려의 도덕성(C. Gilligan)
강조점	요구들 간의 충돌과 다툼을 합리적으로, 공평하게, 공정하게 해결하기 위해서는 추상적 법칙과 보편적 원리에 입각	'무지의 장막'과 공평성을 거부하면서 도덕적 선택을 위한 상황적인 특수한 맥락을 이해할 것을 강조
상대주의의 발달에 대한 관점	도덕적 딜레마는 판단하는데 필요한 과정이며, 딜레마의 해결은 반드시 절대적 원리에 입각	도덕적 선택의 해결로서 상대주의를 포용함

〈성별과 도덕성 발달의 상관관계〉

학자	길리건, 나딩스	피아제, 콜버그
도덕성의 성격	책임과 배려의 도덕성	권리와 정의의 도덕성
도덕교육의 목표	(배려에 기초한) 상황의 맥락과 특수성에 대한 관심과 이해를 강조함	보편적이고 추상적인 규칙 및 원리의 적용하는 과정에서 요구되는 정의와 공평성 강조 → 도덕 추론의 발달
도덕성의 관점에서 성과 관련된 차이점	배려(책임) 지향 : 다른 사람들과의 연결 중시, 대체로 여성 정의(권리) 지향 : 자율성, 분리, 독립성 강조, 대체로 남성 배려 지향과 정의 지향은 성(性)과 일치하는 것은 아님	남성과 여성 모두 자율성 및 독립성 추구

려한 도덕적 선택 사이에 다리가 놓일 수 있다. 이를 통해 자율성과 상호 의존의 통합적 접근은 도덕성의 개념을 보다 확산시키면서 적합한 개념으로 만들 수 있음에 주목하게 된다.

4) 매개가치 교육이론의 영향

도덕적 행동의 표출을 위해 영향을 미치는 심리학적 특성들을 제시하는 연구로서 두 이론을 언급할 수 있다. 먼저 레스트(J. Rest)는 도덕적 민감성, 도덕적 판단, 도덕적 동기화, 도덕적 품성을 도덕적 행동의 표출을 위한 심리학적 요소로 고려하고 있다. 그리고 데이먼과 블라지(W. Damon & A. Blasi)는 도덕적 정체성의 제시를 통한 도덕적 행동의 표출을 위한 심리학적 요소를 중점적으로 고려하고 있다.

도덕적 인격을 구성하는 심리학적 요소들에 주목한 학자로는 버코위츠(M. Berkowitz)를 들 수 있다. 그는 도덕적 행동, 도덕적 가치, 도덕적 인성, 도덕적 정서, 도덕 추론, 도덕적 정체성 도덕적 기능화를 돕는 기초적인 심리적 특성을 제시한다. 또한 리코나(T. Lickona)는 도덕적 사고, 도덕적 감정, 도덕적 행동의 통합적인 관점을 견지하면서 구성 요소들의 하위 영역에 여러 심리학적 요소를 포함해야 한다고 말한다.

이러한 점으로 미루어 볼 때, 리코나의 통합적 인격교육은 매우 포괄적인 개념의 사용으로 도덕 추론 및 인지 발달, 사회 및 감정 학습, 덕 교육, 배려의 공동체, 폭력 예방 등 거의 모든 도덕 발달 및 교육 이론들을 한 우산 속에 포함할 수 있는 장점이 있음을 알 수 있다. 그의 한계점은 통합적 인격교육에 관한 개념 정의가 쉽지 않고, 범위를 설정하기도 쉽지 않으며, 무엇이 보다 중요하고 무엇이 보다 비중 있게 다루어져야 하는가에 대해서도 명쾌한 답변을 주지 못하는 점을 들 수 있다. 또한 도덕적 사고와 도덕적 감정의 관계가 명확하게 제시되지 않는다는 점도 한계이다. 그리고 사고와 행동의 간극을 줄이기 위해 정의적 요소들이 도덕적 행동을 위해 어떤 역할을 할 수 있는지에 대해서 충분한 답변을 하지 못함을 지적하지 않을 수 없다.

그리고 레스트의 네 구성 요소 모형이 시사하는 바로는 여러 도덕성 연구 이론들을 종합하여, 도덕적 사고와 정서의 영역을 도덕적 행동 영역과 통합·연결했다는 점에서 이론적 의미가 크다고 할 것이다. 그 한계점으로는 지금까지 도덕적 판단력이 주로 연구되어 왔고, 최근들어 도덕적 민감성이 다소 연구되고 있을 뿐, 네 요소 전체를 포괄하는 프로그램의 개발은 아직 이루어지지 않고 있다. 통합적 관점에서 도덕교육의 실행을 위한 구체적인 방법론을 제시하지 못하고 있음을 언급하지 않을 수 없다.

또한 버코위츠 이론은 도덕적 행동, 도덕적 가치, 도덕적 인성, 도덕적 정서, 도덕 추론, 도덕적 정체성, 도덕적 기능화를 돕는 기초적인 심리적 특성들 간의 관계가 무엇인지 분명하게 밝히지 못함에 문제가 있다. 그리고 데이먼과 블라지의 도덕발달 및 통합이론은 사람들이 그들의 도덕적 신념에 따라서 행동하는데 실패하는것에 대하여 '도덕 정체성'이라는 심리학적 관점을 제시하였다. 그러나 도덕적 자아 또는 도덕적 정체성이 도덕적 행동을 어느 정도 설명할 수 있는가에 대해서는 명확하게 제시하지 못한다.

다음으로 인지발달의 접근과 사회화의 접근에 대한 문제점을 언급할 필요가 있다. 먼저 인지발달의 접근은 점진적으로 성숙해지는 개인의 사고 구조를 연구하면서 사회적 상호작용 과정을 소홀히 한다는 점이다. 사회화의 접근은 도덕적 사회화 과정에 있는 개인을 수동적인 위치에 놓음으로, 도덕적 행동의 동기화와 도덕성의 표현에서 일차적으로 정의(情誼, affect)에 초점을 맞춤으로써 인지적인 동기화의 역할을 폄하시키고 있다.

결국 통합의 공공의 관점이 절실하며, 이러한 점에서 공공성의 문제가 대두된다. 정의(正義)와 공감은 상호 배타적인 것이 아니라, 상호 통합될 때에만 도덕성의 충분한 범위와 복잡성을 제대로 평가할 수 있다. 도덕적 동기화에서 인지와 정의의 관계에서 콜버그의 입장은 이성이 우선되고, 정의 (affect)가 이차적이 된다. 이에 탈중심화를 통한 도덕적 의미의 개인적 구성을 강조하며, 이러한 구성은 논리적인 필요성 및 정의감과 같은 감정을 생산할 수 있음에 주목하게 된다. 또한 사회적 입장의 채택은 공감이나 동정으로부터 나오는 것이 아니라, 무엇보다 인지작용임을 강조함이다.

물론 정서의 요소는 그것의 동기화적 속성이 인지적 구성 과정에서 비롯되기 때문에 콜버그는 인지를 가장 우선적인 것으로 고려한다고 말할 수 있다. 반면에 호프만의 입장은 도덕적 동기화를 위해 정의(affect)가 우선되고, 이성이 이차적인 것으로 고려된다. 먼저 '지식 획득'의 구성적인 것보다는 전수를 위해 사용될 수 있는 기존 지식 혹은 다른 사람의 심리적 상태와 같은 타인에 관한 정보에 주목하게 된다. 또한 이러한 정보가 공감적 경향성과 같은 보다 기본적인 정의요소를 통해 훨씬 더 많이 획득됨을 고려해야 한다. 물론 탈중심화를 통해 평등 및 호혜성 중심의 정의(justice)적 원리를 지니기 전에는 인지적 동기화가 불가능하지만, 공감은 유아에게서조차 발견될 수 있는 생물학적으로 기초적인 경향성이다. 따라서 인간 성장에서 볼 때, 정의보다 우선됨 – 공감이 발달적으로 도덕적 원리보다 선행한다고 말할 수 있으며 도덕적 동기화의 원천은 정의(affect)라고 말할 수 있다.

이러한 관점을 통하여, 공공윤리 차원의 매개 가능성에 대한 열린 자세가 요청된다. 콜버그의 입장에서처럼, 자신의 이론이 공감과 연민과 같은 감정과 관련된 도덕성에 대해 매개 역할을 할 수 없음을 인정하게 되며, 인지의 발달과 정의(affect)의 발달은 공통된 구조적 기초를 가진다고 할 것이다.

공공윤리 차원의 매개 관점에서 동학의 공공윤리는 조선사회와 동학 정신의 상보적 관계에서 변증법적 상호작용 또는 공적 가치와 사적 권리를 이어주고 매개하는 공공성의 확대가 중시되었다. 인간에게 있어서 성찰없이, 무조건 원하는 대로 되는 것이 꼭 좋은 것은 아니다. 모든 일이 원하는 대로 쉽게 되면, 게을러지고 교만해지며, 공적 가치의 소중함을 망각하게 된다.

어쩌면 지금 내가 겪는 어려움이 공공윤리의 소중함을 깨우쳐 주는 삶의 가르침일 수 있다. 흔히 '서 있는 말에는 채찍질을 하지 않는다.'고 한다. 달리는 말에만 채찍질을 한다. 사적 자유와 권리는 공적 책임과 의무와 공공으로 만나서 실천윤리로 자리매김한다. 돈을 조금 적데 벌더라도 자유롭게 내가 원하는 일에 공적 보람을 느끼면서 공공으로 하는 것이 훨씬 가치가 있는 삶이다. 서양학자들을 통해 동학에서 강조한 공공윤리 차원의 통합지향을 통해 도덕적 상상력의 공공성을 꾸준히 모색하고 있다고 할 것이다.

동학의
다시 개벽과
민족종교의
원류

한국 민족종교의 원류에서 혼합, 통합형의 민족종교의 경우 풍류도의 영향을 배제할 수 없다. 풍류도는 풍류를 통해 신명에 이르려는 한국인의 열망과 미적 지향의 복합체이다. 무엇보다도 신라인은 아름다운 자연에 신의 정령이 깃들어 있다고 생각하여, 산천제(山川祭)를 지내고 자연과 상통하는 놀이를 하면서 집단이 신명의 상태에 이르렀다. 신라 시대에는 팔관회, 연등회, 한가위 축제를 열어 왕과 온 나라의 백성이 함께 제사를 지내고 술을 먹고 노래하고 춤추면서 하나로 어우러져 '풍류 신명'의 경지에 이르렀다.

1. 동학의 다시 개벽

사랑이라는 이름으로 집착한다면, 그 안에는 반드시 이기적인 부분이 존재한다. 예를 들어 내가 만든 틀에 상대를 끼워 넣고 원하는 대로 조정하려고 한다. 봄날의 햇살은 있는 그대로의 존재들에게 따스한 햇살을 골고루 비춰준다. 내가 원하는 대로 상대를 바꾸려 하지 않는다. 우리가 동학의 '다시 개벽'을 있는 그대로 보지 않고, 민족종교의 창도이며 태동의 동력으로 보는 경향은 민족종교의 원류를 이해하는 데 큰 오류를 범할 수가 있다.

잡으려고만 하면 상대는 끝내 떠나고 만다. 진정으로 다시 바라보면, 동학의 다시 개벽은 민족종교의 계승이라는 사실에서 새로운 삶의 틀로 다가온다. 물론 동학의 '다시 개벽'으로 말미암아 근대 민족종교는 새로운 전기를 마련한다. 그렇다고 이 순간부터 민족종교가 비롯하였고 그 이전에는 민족종교가 없었다고 말할 수는 없다. 민족종교의 원류를 본래적 모습으로 밝히기 위해서 동학의 다시 개벽을 제대로 살펴야 한다. 민족종교는 선천의 하늘신앙, 단군의 삼신신앙, 국선의 풍류도로 면면히 계승되어 오다가, 근대에 이르러 수운의 다시 개벽이 후천으로 천명되면서 선천의 천지개벽과 서로 이어지고 매개되면서 마침내 민족종교의 영성회통(靈性會通)이 가능해졌다.

가련하다 가련하다 아국운수 가련하다, 전세 임진 몇 해런고 이백 사십 아닐런가, 십이제국 괴질운수 다시 개벽 아닐런가, 요순 성세 다시 와서 국태민안 되지마는, 기험하다 기험하다 아국운수 기험하다.[1]

수운은 아득한 옛날에 열었던 삶의 틀이 병들었으니 병든 삶의 틀을 해체하고 새로운 삶의 틀을 열자는 의미에서 다시 개벽을 제창하였다. 다시 개벽의 시점은 수운이 살았던 19세기라고 생각하였다. 또한 수운은 「권학가」에서 "쇠운이 지극하면 성운이 오지마는 현숙한 모든 군자 동귀일체(同歸一體) 하였던가."라고 말하였다.[2] 이처럼 수운은 역사는 현숙한 모든 군자가 한 몸이 되어 만들어지는 것이라고 생각했다. 수운의 역사의식은 소강절이 주장하는 상원갑과 하원갑의 '원회운세설'(元會運世說)과는 다르다. 민족의 힘으로 삶의 틀을 다시 짜고 개벽하자는 의식이다.

수운의 다시 개벽은 낡은 삶의 틀을 해체하고, 다시 개벽할 수 있는 새로운 생각의 틀이 필요함을 의미한다. 새로운 삶의 틀은 민족종교를 '법고창신(法古創新)' 함이다. '법고'는 옛 자취에만 얽매이는 병통을 안고 있고, '창신'은 상도(常道)에서 벗어나는 걱정거리가 있다. 진실로 '법고'하면서 변통할 줄 알고 '창신'하면서 계승해야 한다. 수운의 다시 개벽은 연암의 법고창신(法古創新)과 동의어이다. 그것은 옛날로 돌아가자는 것이 아니라 가장 한국적인 것으로 근대에 맞는 새로운 가치를 창출하자는 것이다. 예를 들면 과거 조각보의 문양, 청자기와의 빛깔, 전통적인 처마의 선 등을 산업 디자인이나 건축물에 다양하게 활용할 수 있다.

최근 'K-Pop'으로 대표되는 한류 열풍만 보더라도 음악 콘텐츠 사업에 국한한 것이 아니라 제조업 등 관련 산업의 동반 성장의 견인차 역할을 공공으로 활용하자는 것이다. 패션, 음식, 영화, 공연 등 다양한 분야에서 독창적 제품과 문화가 창조되어야 한류가 지속적으로 발전한다.

민족종교도 과거 원형을 살리되 근대 상황에 맞게 새로운 삶의 틀로 다시 짜자는 것이다. 다시 개벽은 수운이 용담에서 체험한 영성 체험을 "무궁히 살펴내어 무궁한 이 울 속에 무궁히 펼쳐 내는 것"이다. 무극대도를 한울님으로부터 받았는데, 이 한울님이 민족종교의 상제이며, 상제를 망각한 근대 조선을 무궁한 상제와의 회통으로 다시 살려내자는 주장이다. 그러므로 자신을 믿지 말고, 각자의 몸에 모신 한울님을 다시 믿어 민족종교의 운수를 새롭게 바로 잡자는 다짐이다.

　　그런데 민족종교는 민족의 성립과 함께 발생된 종교로 대체로 같은 문화를 공유하면서 혈연·지연으로 결집된 민족에게 나타나게 된다. 단군 신앙·고대 이집트·바빌로니아·페르시아의 종교와, 켈트족(族)·슬라브족·그리스인·로마인의 종교 및 유대교나 고대 브라만교, 일본의 신도(神道) 등이 이에 해당한다. 민족종교는 세계종교와 달리 민족과 더불어 자연 발생적으로 생성되었기에, 전통적으로 민족문화를 계승하며, 구성원 대부분이 전통적인 믿음을 공공으로 향유하면서, 민족 고유의 의례(儀禮)를 계승한다.

　　근대 민족종교는 1860년, 수운(水雲) 최제우(崔濟愚)가 제창한 동학의 후천개벽(後天開闢) 사상에 영향을 받았거나, 선천 단군을 신앙 대상으로 삼은 한국 자생의 종교를 통칭하는 개념이다. 수운은 『동경대전』의 「포덕문」에서 우주가 처음 생성된 아주 먼 옛날부터 춘하추동의 사계절이 일정한 질서를 가지고 서로 바뀌고 또 바뀌면서 오늘날까지 면면히 이어져 왔다고 하였다.

　　우주의 질서, 또는 자연의 질서는 다름 아닌 한울님께서 우리에게 보여주시는 무궁무진하고 위대한 조화의 한 흔적인 것이다.…인류의 역사에 오제와 같은 훌륭한 임금이 나타난 이후에 성인(聖人)이 출현하고…"[3]라고 했다." 여기서 한울님의 역사는 선천에 이어 후천으로 이어진다는 사실과 오제 이후의 성인(聖人) 출현을 언급한 것에서 후천개벽 이전의 선천의 하늘신앙을 전제하고 있음을 확인할 수 있다.

수운의 동학을 근대 민족종교의 출발점으로 보는 경향에 비추어볼 때, 수운이 선천 질서를 한울님의 조화의 자취로 묘사하는데, 이는 후천개벽 사상의 핵심을 이룬다. 공공차원으로 이를 다시 조명해 보면, 보국안민(輔國安民 : 나랏일을 돕고 백성을 편안하게 함)을 표방하고 광제창생(廣濟蒼生 : 세상의 모든 사람을 널리 구제함)의 종교이념을 제창하는 것이다.

한국의 민족종교는 이러한 이념에 근거한 종교운동을 전개하면서 민족주의라는 사상적 동기와 역사 주체로서의 민족(民族)을 강조한다. 한국 민족종교는 역사 주체로서 민족이라는 자연집단에 주목하고 민족에 대한 사랑과 종교적 참여를 수반하는 가운데 민족애를 꾸준히 고취하게 된다. 역사적으로 1949년 1월, 증산교통정원(甑山敎統整院)을 결성하는 자리에서 이정립(李正立, 1895-1968)은 민족종교를 역설한다. 그리고 1966년, 이정립은 증산교 행동강령을 통해서 증산사상을 본받아 '민족종교'를 건설하자고 주장하였다. 그의 『대순철학』은 증산사상을 철학적 차원에서 해석한 최초의 책으로 알려져 있다.[4]

1985년, 서울에서 한국 자생의 민족종교들이 함께 모여, 한양원 회장을 중심으로 한국민족종교협의회(韓國民族宗敎協議會)를 결성함으로써,[5] 한국 민족종교 개념은 민족주의적 개벽사상을 수용하는 종교들을 포괄하는 개념으로 자리 잡게 된다.[6] 한국민족종교협의회의 회원 종단은 15개 이사 종단과 천도교, 원불교, 대종교, 대순진리회, 태극도, 갱정유도회[7] 등 30여 회원 종단을 갖고서 한국에서 사실상 민족종교의 주요 세력을 결집하는 형국을 갖추게 된다.

한국 민족종교들은 적극적 미래 참여 태도를 표방하고 있는데, 이러한 태도의 사상적 특성에서 민족주의 이념과 후천개벽 사상이라는 선명한 노선을 보여준다. 따라서 민족주의 이념과 후천개벽 사상은 핵심 개념으로 고요함과 역동성이 함께 자리 잡고 있다. 고요하다고 아무것도 없는 것이 아니다. 고요함에 귀기울여 보면, 세상 가득한 진동을 느낄 수가 있다. 지금 무엇을 듣고 있는지, 듣는 주인공이 누구인지를 불현듯 깨닫게 된다. 물을 보면 물이 되고 꽃을 보면 꽃이 된다.

한국 민족종교는 동학의 다시 개벽을 통해 새로운 웅지를 튼 경우가 있고, 과거의 웅지를 재건한 경우가 있다. 이는 두 갈래로 나뉜다. 원래 마음 하나였지만 나뉘고 보니 둘이 되었다. 그렇다고 원래 하나였던 마음을 잊어버리고 천지개벽과 다시 개벽을 둘로 나누는 것도 곤란한 일이다.

한국 민족종교는 크게 세 계통으로 나뉜다. 한 흐름은 수운 최제우의 동학에서 일부(一夫) 김항(金恒)의 정역(正易)사상을 거쳐 증산 강일순(姜一淳)의 증산교와 소태산(少太山) 박중빈(朴重彬)의 원불교(圓佛敎)로 이어지는 종교전통들이다. 이들은 한결같이 남조선 사상을 반영하면서 호남평야에서 널리 인정을 받고 성장한 이후에 전국으로 전파되는 과정을 보여 주었다.

또 다른 흐름은 홍암(弘巖) 나철(羅喆)의 대종교(大倧敎)와 같이 국조 단군(檀君)을 신앙 대상으로 삼아 민족 주체 의식을 신념으로 표방하는 단군 계통 종교로서, 한민족이 다가올 미래 사회의 주역이 된다는 확신을 보여주었다.

그 밖의 제 3의 흐름에 해당하는 한국 민족종교는 수운 사상의 종교와 단군사상의 종교와 구별되면서, 이들의 영향을 받아 이들 사이를 매개하고 살리는 가운데 한겨레의 공동체적 국선신명(國仙神明)을 표방하면서 나타난 다양한 민족종교 계통들이다. 민족종교는 이처럼 세 유형으로 대별할 수 있다.

먼저 민족종교 제1유형은 후천개벽 유형이다. 수운 계통, 일부 계통, 증산 계통, 원불교 계통이 그에 속한다. 여기서, 수운 계통은 동학을 계승한 천도교와 이에서 분파된 시천교, 천진교(天眞敎), 수운교 등의 큰 교단들 이외에 20여 개의 분파를 들 수 있다. 일부 계통으로 김일부의 『정역』을 중심으로 10여 개의 학회와 정역교 등이 해당된다.

여기에는 일부의 수행 전통을 물려받은 영가무도교(詠歌舞蹈教) 등도 포함된다. 이처럼 『정역』은 일부 이후의 한국 자생 민족종교의 교리 형성에 많은 영향을 주었다. 증산 계통은 1909년 증산이 사망하자 많은 교단으로 분화되었다. 그 가운데 보천교(普天教)는 1920년대에는 한국 제일의 교세를 가진 민족종교로 급성장하였으나 일제 말기에 와해되었으며, 현재 태극도(太極道), 증산교본부, 증산법종교, 대순진리회, 증산도 등 50여 개의 민족종교 교단을 이 계통으로 분류할 수 있다. 그리고 박중빈이 1916년, 제창한 원불교는 통합을 이루며 지속적인 발전을 꾀하고 있다.

민족종교 제2유형은 단군 신앙 유형이다. 그 대표적인 종단으로 나철이 이끈 대종교가 있으며, 그 밖에 한얼교를 포함하여 30여 개에 이르는 교단과 신행 조직들이 있다. 특히 1960년대 이후에 특정한 사상 체계 없이 태동한 종교들은 이후에 단군을 신앙 대상으로 삼는 공통된 경향을 보인다. 이 유형에 속하는 민족종교 단체가 꾸준히 늘어나는 추세라고 말할 수 있다.

민족종교 제3유형은 제1형과 제2형의 혼합 유형 또는 다른 종교 전통과의 통합 유형으로, 다양한 형태의 계통이다. 봉남계(奉南系)에는 성덕도(聖德道)를 포함하여 10여 개 교단이 있고, 각세도계(覺世道系)에는 각세도본관(覺世道本觀)을 비롯하여 8개 종단이 포함되어 있다. 유교계(儒教系)에는 갱정유도회(更定儒道會)를 위시하여 여섯 교단이 있고, 불교계(佛教系)에는 다양한 이름의 미륵종(彌勒宗)들이 포함된다. 1980년대 이후 이들은 불교 종단에 가입한 경우도 있다. 무속계(巫俗系)는 1988년 이래로 천우교(天宇教)와 천존(天尊)의 집을 포함하여 상당수 민족종교 계통 단체들로 분류된다. 이러한 민족종교 계통은 오늘에 이르기까지 약 500여 종단을 형성하였지만, 현재는 200개 이상의 종교단체로 집약된다.

민족종교의 원류를 밝히기 위해서, 먼저 민족종교 제1유형의 후천개벽 사상과 상관연동을 이루는 민족종교의 원류로 선천 창세의 하늘 신앙을 횡단매개로 삼게 된다. 또한 민족종교 제2유형의 단군 신앙과 상관연동을 이루는 민족종교의 원류로 삼신신앙을 횡단매개로 설정하게 된다. 그리고 민족종교 제3유형의 혼합 유형과 상관연동을 이루는 민족종교 원류로 유불선 회통의 기저를 이루는 국선풍류도를 횡단매개로 고찰할 필요가 있다. 여기서 한국 민족종교 혼합 유형은 국선풍류도와 상통한다. 따라서 후천개벽 유형과 상관연동을 이루는 선천 하늘신앙, 단군 신앙과 상관연동을 이루는 단군 삼신신앙, 혼합 유형과 상관연동을 국선풍류도를 중심으로 민족종교의 원류를 밝히고자 한다.

2. 선천 하늘신앙 원류

민족종교는 이 땅에 배달겨레가 나타나서 선천 하늘에 대한 신앙을 시작한 순간부터, 즉 민족의 등장과 함께 태동한 것이라고 말할 수 있다. 실제로 상고시대부터 제천의식을 진행했던 것이 밝혀지고 있으며, 『천부경』, 『삼일신고』, 『참전계경』을 통해 민족종교 사유에 대한 문법이 밝혀졌다.[8]

종교인류학의 관점에서 조흥윤은 『한국종교문화론』에서 한국의 민족종교는 1860년 최수운의 동학 창도를 그 시원으로 삼는다고 못 박고서 민족종교를 당시 발생한 신종교와 동일시하는 서술 방법을 택하였다. 또한 당시의 민족종교 발생 원인을 사회의 불안과 지배 종교의 붕괴에 있는 것으로 진단하였다.

한국 종교사의 역사적인 맥락에서 바라볼 때, 민족종교는 조선조에 와서 일그러진 다종교 공존의 특성을 되살리는 데 그 생명력이 있다고 기술하고 있다. 그리고 민족종교가 당시의 한국의 정신문화에 기여한 내용은 인간성 회복, 주체성 확립, 남녀 평등사상 고취, 조상숭배, 그리고 치성(致誠)에 있다고 평가하였다. 우리는 종교인류학의 관점에서 조흥윤이 제기한 문제의식은 나름대로의 설득력을 갖추고 있지만 민족종교의 관점에서 바라보면 한계점이 있다고 평가할 수 있다.

역사적으로 수운의 종교사상을 이어받은 해월은 동학의 뿌리가 환웅천왕에 뿌리를 두고 있는 '고신교(古神敎)'에 있다는 점을 이렇게 밝히고 있다.

태고에 천황씨는 우리 스승께서 스스로 비교한 뜻이요, 산위에 물이 있는 것은 오교·도통의 연원이라.[9]

다시 말하면, 동학 이전에 삼신신앙의 한국의 민족종교가 존재하였고, 최수운 선생은 『동경대전』에서 동학이 수운 선생의 24세조, 최고운의 풍류도에 드러난 민족종교에서 뿌리를 찾고 있기에, 동학은 창도라기보다 오히려 고신교(古神敎)의 계승이라고 말할 수 있다. 동학 이후를 근대 민족종교의 탄생이라고 보더라도 근대 민족종교는 이전과 깊숙이 연계되어 있다.

또한 일제의 실증주의 사관에 물든 많은 종교사학자들이 『천부경』, 『삼일신고』, 『참전계경』의 생태기호학적 가치를 부정하고 일제가 강조하는 신흥종교, 또는 신종교를 민족종교와 동일시하는 식민사관에 부지불식간에 갇히게 되었다.

따라서 기존 해석의 틀을 답습하거나 창조적 해석학의 안목을 제대로 구비하지 못한 데서 민족종교를 근대 이후의 소산으로 보게 되었다고 생각된다. 창조적 해석학의 관점에서 엘리아데는 '창조', '기원' 그리고 '시초의 완벽함'을 매우 중요시했다.

배타적일 정도는 아니지만 무엇보다 먼저 시원적 신화와 종교에 초점을 맞추어, 엘리아데는 신화 문서가 우주 창조 신화에 주된 존재론적 지위와 구조적이고 기능적인 중요한 역할을 부여하는 계층적인 가치척도를 드러낸다고 주장한다. 신화를 선정하고 배열하고 기술하고 해석하는 엘리아데의 작업은, 우주 창조 신화를 최고로 중요시하며 이외의 다른 창조 및 기원 신화들 또한 매우 중요시하는 그의 시각을 기반으로 삼았다.[10]

민족종교사의 관점에서 하늘은 한국인에게 역사 성립과 함께 인간 운명의 주관자로 비쳐졌다. 천제 또는 상제로 불리거나, 옥황상제로 불리면서 외래 종교가 이 땅에 유입되기 이전부터 민족종교의 숭배 대상이 되었다. 그리고 『제석본풀이』에서 옥황님으로 불리는 하늘은 천제가 되어 석가여래의 운명을 대위하였다. 민족종교의 관점에서 외래 종교 형태로 유입된 석가세존의 보호를 받는 천신 구조를 근원적으로 해체시켰다고 할 것이다.

신라 경덕왕에게 나타난 하늘의 상제는 인간 운명의 주관자로 비쳐졌다. 상제는 경덕왕의 자식 유무를 결정하는 존재였다. 상제는 신라 경덕왕에게 자식이 없는 운명을 만들었다. 그러나 경덕왕은 그 운명을 그대로 받아들이지 않고 표훈 대사를 동원해 바꾸었다.

경덕왕은 상제로 하여금 원래의 결정을 번복하고 딸을 가질 운명을 새롭게 만들게 하고, 더 나아가 아들을 가질 운명을 만들도록 유도하였다. 인간 운영의 주관자로서 천제, 옥황상제의 권능은 『제석본풀이』에서 나타나듯이, 석가모니에 의해 일정 부분 이루어지기도 한다. 원성대왕의 출현과 관련된 이야기 속에서 아찬 김경신의 운명을 왕으로 바꾸어 주는 것에 개입한 신은 북천신(北川神)이다. 이 이야기의 뒷부분에서는 김경신이 선친인 대각간 효양에게서 만파식적(萬波息笛)을 물려받았기 때문에 왕이 되었다는 해석도 나타났다. 그렇다면 김경신을 왕으로 밀어 올리는 운명의 변환에는 만파식적의 힘이 작용하였다고 할 수 있다. 그리고 신라 제31대 신문왕(神文王)은 아버지 문무왕(文武王)을 위하여 동해변에 감은사(感恩寺)를 지어 추모하였는데, 죽어서 해룡(海龍)이 된 문무왕과 천신(天神)이 된 김유신(金庾信)이 합심하여 용을 시켜 동해(東海) 중의 한 섬에 대나무를 보냈다. 이 경우에도 만파식적의 힘이 작용하였음을 확인할 수 있다.

> 이 대나무는 낮이면 갈라져 둘이 되고, 밤이면 합하여 하나가 되는지라 왕은 이 기이한 소식을 듣고 현장에 거동(擧動)하였다. 이 때 나타난 용에게 왕이 대나무의 이치를 물으니, 용은 "비유하건대 한 손으로는 어느 소리도 낼 수 없지만 두 손이 마주치면 능히 소리가 나는지라, 이 대나무 역시 합한 후에야 소리가 나는 것이요… 또한 대왕은 이 성음(聲音)의 이치로 천하의 보배가 될 것이다"라고 예언하고 사라졌다. 왕이 곧 이 대나무를 베어서 피리를 만들어 부니, 나라의 모든 걱정, 근심이 해결되었다 한다.[11]

최제우의 부친 최옥이 자식이 없어 고민할 때 그에게 아들을 점지하여 주는 역할을 수행하는 것은 금강산의 산신이었다. 최제우가 지방 한촌에 숨어 사는 별 볼일 없는 중년 선비에서 후천개벽의 주인으로 등장하는 새로운 운명 창조의 주재자는 상제 자신이다. 여러 존재가 개입하여 인간 운명이 주관된 것은 상제의 권능이 절대화되기 어렵다는 것을 뜻한다. 다른 경쟁자들은 하늘의 절대권위에 누수 현상을 일으키는 원인을 제공하였다.

우리 민족에게 하늘이 만들어 놓은 운명에 많은 관심이 모였다. 하늘을 모시거나, 하늘의 권능을 불러내고자 하는 민족종교의 노력은 스스로의 운명을 바꾸기보다, 하늘이 만든 선천의 '좋은 운수'를 실제적으로 불러내고자 하였다. 민족종교의 기본 정서는 하늘에 대해 성경신(誠敬信)을 다한 후에 하늘의 결정을 기다리는 '진인사대천명(盡人事待天命)'이다. 이는 후천개벽 사상과 구별되는 민족종교 원류의 정서이다.

민족종교에는 우리를 사랑하는 하느님이 쉽게 이 나라를 멸망시킬 운명으로 만들지 않을 것이라는 신념이 자리 잡고 있다. 이것은 하늘을 포함하여 우리 밖의 모든 것을 함께 이어주고 매개하는 가운데 경천애인(敬天愛人)의 공동체의식을 공공(公共)으로 만들어 내는 기반이 되었다. 『동경대전』「포덕문」의 서두에서 보듯이, 선천 질서를 수용하는 특징을 보여준다.[12]

한국인의 공공적 생활양식은 인격적으로 하느님, 사상적으로는 '한'에 그 연원을 둔다. 한국인의 공공작용은 '한'에 그 심원(深遠)한 기반이 있기에 우리 민족에게 '하늘'은 '우리의 하늘'로 추상화되며, 하늘이 마련하는 '운명'을 '나의 운명'으로 수용한다. 그 결과 하느님의 타자와 자기 운명에 대한 사랑은 공공으로 매개되고 이어진다.

민족종교의 자생적 공공양식의 관점에서, 하늘 또는 공공작용을 일으키는 '하는-님', 또는 경천애인의 '하느-님'은 우리 민족에게 신(神)이나 태양이 머무는 곳, 성소(聖所), 이상, 절대, 진리, 천국을 의미한다. 하느님이 남성 인격으로 농경생활을 관장한다면, 풍요와 다산을 약속하는 여성 인격은 지모신(地母神)으로 다가온다. 『태백일사』를 보면, 환인을 천신(天神), 환웅을 천왕(天王), 단군을 천군(天君)으로 모시는 가운데, '하는-님'의 세 신격이 삼위일체를 이루어 세상을 다스린다고 하였다.[13]

선조들은 강화도를 비롯한 여러 곳에 제천의 단을 쌓아서 새로운 천지를 연 날을 맞아 공공작용을 일으키는 '하는-님'을 향한 천제(天祭)를 올렸다. 『삼국지』「위지동이전」을 보면, 고대에 한국인은 하늘에 제사를 드리며 온 나라 사람이 모여 음식과 술을 먹으며 노래를 부르고 춤을 추었다. 이를 부여에서는 영고, 고구려에서는 동맹, 예에서는 무천이라 하였다. 한국인은 '하는-님'에 대한 '밝사상'을 가져 '밝누리'를 이루었다. '바라보는 자'의 의식은 일에 관계없이 온전히 현재에 있다. 삶의 고통은 하는 일에 혼이 팔려 있어 '하는-님'의 '바라보는 자'를 잊고 있음에 있다. 외부의 사건과 대상에 마음을 빼앗긴 채로 따라가기 마련이다. 이 '밝누리'에서 '밝은이'가

나와 이 세상을 다스리다가 다시 그곳으로 돌아간다고 생각하였기에 사람이 죽으면 동짓달 해가 뜨는 방향으로 머리를 뉘었다. 이처럼 공공작용을 일으키는 '하는–님'에 대한 흠모와 숭배가 절실했음을 알 수 있다.

> 환인천제는 11월인 자월(子月)을 상달로 삼고, 태백의 천제이신 삼신상제가 내려오신 곳에 신단을 쌓고, 천신을 주인으로 모시는 제를 지냈다.[14]

천지인삼재에서 하늘은 공공작용으로 통하며, 땅과 어울려 삼라만상을 만든다. 공공작용을 바라보며 깨어 있다는 것은 내 마음의 의식 공간에 어떤 일이 벌어지고 있는지를 바로 인식한다는 말이다. 의식은 무의식이 진정으로 무엇을 원하는지 잘 모른다. 무의식의 소리를 듣고 싶다면, 마음속에서 우러나는 깊은 기도가 필요해진다.

『천부경』에서 하늘과 땅 사이에서 '하는–님'과 더불어 매개 작용을 하며 깊은 기도를 하여 특별한 통로를 만드는 인간의 역할을 으뜸으로 기린다. '하는–님'과 더불어 조화롭게 삶을 살며 둘로 나누는 세계의 미혹함과 삿됨에서 벗어나 다시 본원의 마음, '하는–님'으로 돌아간다. 빛의 존재인 사람이 빛의 마음을 가질 때 비로소 그 마음을 '본심'이라 할 수 있다.[15] 하는 작용의 주체는 항상 상관 연동으로 작용하기에 공공성을 중시하게 된다.

『삼일신고』에 따르면, '하는–님'은 중력처럼 본체가 없고 보이지 않지만 어디에나 있지 않음이 없고 삼라만상 모든 것에 공공으로 작용한다. 하늘은 우주가 생성되고 별이 나고 자라고 사라지고 그 별에 생명이 나고 자라고 사라지는 일을 되풀이하는 모든 과정에 관여하며 무궁무진한 홍익원리로 작용한다. 천제를 지낸 신단인 천제단(天祭壇)은 삼신(三神)을 의미한다. 더욱이 을파소가 후대 찬술한 것으로 알려진 『삼일신고』에서 하늘과 땅의 올바른 상관관계는 인간의 역할에서 비롯함을 밝혀서 단군 366사로 집약한다. 을파소 선생이 백운산에서 기도하고 천서를 얻었다는 말은 천서를 얻기까지의 과정에서 모든 정성을 다하였다는 내용이다.[16]

『삼일신고』에서는 '하는-님'의 공공작용에 대한 구체적 내용을 선천의 주역 이전의 '환역사상(桓易思想)'으로 밝히고 있다. '하는-님'에 신격의 권능을 부여하면서부터 '하는-님'은 한얼(天神)로 표상되기도 한다. 한얼은 우주 삼라만상의 태어남, 있음과 없음, 움직임과 고요함, 죽음과 사라짐을 관장하며 이를 '하는-님' 또는 한얼님의 조화(造化)라고 말한다. 한얼님은 위 없는 위요, 처음이 없는 처음이요, 먼저 없는 먼저요, 만물의 주재자로서 슬기가 한량이 없으시고 말씀 없이 가르치시고, 얼굴 없이 만드시고 하염없이 다스리는 존재이다. 사람들은 한얼님께 정기적으로 천제를 올리는 한편, 전쟁이나 가뭄, 홍수, 질병 등이 있을 때도 천제로 재앙을 없애고 복과 조화를 이루기를 기원하였다.

동학 자체가 수운이 한울님으로부터 계시를 받아 깨우친 대도(大道)이다. 동학도 1대 교주 최제우, 2대 교주 최시형, 3대 교주 손병희의 경우 무극대도에 대해 조금씩 차이를 보이지만, 인간에게 하늘과 같은 거룩함과 절대성이 깃들어 있고 이것이 밖으로 작용하여 일체를 이룬다고 규명한 점에서 일치를 이룬다. '사람이 곧 하늘(人乃天)'이라는 말은 모든 사람이 신분이나 사회적 위상에 관계없이 하늘처럼 존엄하고 거룩하고 절대적인 존재임과 동시에 '하는-님'의 본성을 믿고 섬기고 실천하면 누구나 본래의 영성을 회복하는 존재임을 공공으로 밝힌다.

한국인의 '하는-님'에 대한 신앙은 무교신앙으로도 이어졌다. 무교신앙은 한국 무속신화 혹은 서사무가의 본풀이에 나타나 있다. 여기에서는 무교에 나타난 신명의 유래를 밝혀 준다. 한국 무속신화의 근본 성격은 신(神)들의 세계에 관한 이야기로서 무교는 기본적으로 신화적 요소를 함유한다. 문제는 서사무가에 등장하는 신명(神明)들의 성격이다. 서사무가의 형성, 기원과 변천 과정과 신들의 성격은 부족사회의 무속 제전에서 찾을 수 있다.

　고대의 제천 의례는 오늘날 대동굿이나 별신굿 등과 같은 부족 공동의 무속제전(巫俗祭典)이었다. 제전에서 소원을 신명에게 비는 축원무가(祝願巫歌)나 신명의 행적을 노래하는 서사무가(敍事巫歌)가 싹텄다고 할 것이다. 무가는 무속 고유의 세계관과 가치관을 그대로 유지한 채 전승된다는 점에서 우리 민족의 의식 세계를 제대로 반영한다.

　한국 신화에서 우리는 생생한 의례와 함께 살아 전해지는 무속신화들을 통하여 살아 있는 민족종교의 원류를 발견하게 된다. 무속신화가 지녔던 본래의 의미와 내용으로서 창세신화에 관한 내용과 상관 연동하여 '하는－님' 신앙을 이해할 수 있다. 천지개벽신화(天地開闢神話)라고 일컬어지는 서사무가는 전국에서 대략 십여 편이 채록·보고된 바 있다. 특히 함흥과 제주도 지역의 전승본이 비교적 완벽한 내용을 담고 있다고 알려져 있다. 한국인은 창조주에 의해 비롯된 것이 아니라 음양생성으로 천지가 자력에 의해 저절로 열렸다는 자력의 창세신화에 자신의 출생 근거를 찾았다.

　옥황상제 같은 신격이 등장한다고 하더라도 그들은 천지개벽의 부조화나 모순을 해결하는 조력자로 한정시킨다. 이렇듯이 서양의 창조론과 맞서는 한국의 창세론은 자연 또는 우주 자체가 음양의 관계에 의하여 스스로 교섭하면서 자력으로 생성되어 간다는 유기체적 자연관을 보여주고 있다. 아울러 하늘과 땅의 음양 교섭으로 사람도 생성된다고 보기에 한국인의 선천 창세에는 천지인삼재(三才)의 우주관이 깔려 있다.

　또한 환인(桓因)의 아들 환웅천왕(桓雄天王)이 신단수 아래에 내려와 신시(神市)를 열면서 여러 가지 인간 세상의 가치를 주관할 때에 인간의 삼백육십여사를 함께 주관하였다. 그 기본 원리는 하도낙서의 생생(生生)과 건곤[陰陽]의 우주 운행 원리와 천오지육(天五地六)의 천지생성(天地生成)에 기초한 육갑원리(六甲原理)에서 유래된다.

역수원리는 역학(易學)이 바탕이 되고 있을 뿐만 아니라 육갑원리와도 상관 연동되어 생생(生生)의 작용을 한다. 이 역수의 기본이 되는 육갑은 은대(殷代)에 이미 사용되었다. 물론 계사전에 수리 논리가 없는 것은 아니지만 『주역』 전편은 대성(大成)의 64괘의 괘효(卦爻)를 중심으로 삼은 것이다.

반면에 『천부경』은 하나와 둘과 셋에 하늘과 땅과 사람을 대입시키며, 사람을 중심으로 하여 천지조화를 추구한다. 하늘은 처음도 끝도 없고 텅 비어서 모두를 다 싸안고 어디에나 존재한다. 이것이 둘로 나뉘어 땅이 된다. 이렇게 하여 선악, 길흉화복과 주객이 존재하는데 하늘과 땅 가운데 사람이 나서 천지, 선악, 길흉화복을 조화시키려 한다. 사람이 본심을 잃지 않으면 하늘과 땅과 사람이 상통한다. 하나로부터 셋이 되는 것은 참과 참되지 않음이 나뉘는 것이고, 셋이 모여 하나로 상통하는 것은 깨달음과 진리로 돌아가는 것이다. 하나는 수(數)의 시작이며, 열은 수의 마침이다.

> 하나로부터 비롯하여 쌓아 열이 되면 크니라. 하나에서 열까지 쌓아 이로부터 나아감은 천만가지의 변화가 그 다함이 없으되, 이는 다 삼극의 변화에 말미암음이니라.[17]

사람은 본래 선하다고 하며, 깨달을 수 있는 자질을 갖춘 존재라고 말한다. 사람의 총명과 슬기는 한얼님과 다름없으되, 사람에게는 망령됨이 있다. 착함이 사람의 원래 마음이요, 청정함이 사람의 본래 기운이요, 후덕함이 사람의 본디 몸인데, 미혹하여 악하게 되고 흐리게 되고 야박하게 된다. 안개가 하늘 가리듯 본래 청정한 사람을 망령됨이 미혹되게 한다.

안개가 사라지면 본디 푸른 하늘이 드러나듯 망령됨을 걷어 내면 깨달은 사람, '밝은이(哲人)'다. 삼진(三眞), 곧 진성(眞性)·진명(眞命)·진정(眞精)으로 망령됨을 사라지게 할 수 있다.[18] 선과 악·맑고 흐림·후하고 박함이 대립하지만, 밝은이들은 마음의 평정을 이루고(心平), 숨 쉼을 고르게 하여 기운이 화평하며(氣和), 부딪침을 금하여 몸이 편안하다(身康).

참된 본성을 되찾고 하늘과 땅과 조화를 이루게 한다. 뭇사람도 깨달으면 밝은이요, 밝은이가 돌아가면 '하는-님'이다. 오직 사람만이 만물 중에서 영특하고 가장 빼어나서 위로는 '하는-님'에 합하고 아래로는 땅의 이치에 부합하므로 사람의 본성은 하늘의 도와 같다. 천리(天理)가 형체를 타고 나타나면 천기(天氣)를 이룬다. 세상에서 천리를 어기고 대립과 갈등이 일어난다. 수운은 인간이 '하는-님'을 공경하고 몰입하여 마음을 지키느냐 못 지키느냐에 따라 '하는-님'을 참으로 모실 수가 있다고 하였다.

> 느낌에는 기쁨, 두려움, 슬픔, 성냄, 탐함, 싫음이요, 숨을 내쉼에는 향내, 술내, 추위, 더위, 번개, 습기요. 부딪침에는 소리, 빛, 냄새, 맛, 음탕, 다침이니라. 뭇사람은 착하고 악함과 맑고 흐림과 두텁고 엷음을 서로 섞어서 가닥의 길을 따라 함부로 달아나다가, 낳고 성장하고 늙고 병들어 죽는 괴로움에 떨어지고, 철인은 느낌을 그치며 숨을 내쉼을 고르며 부딪침을 금하여 한 뜻으로 되어가서, 가닥을 돌이켜 참함에 나아가서 큰 고동을 여나니, 성품을 트고 공적을 완수함이 이것이니라.[19]

여기에는 인간의 의지와 주체성이 동시에 부여된다. 따라서 철인(哲人)은 필요 없는 감정을 절제할 줄 알고, 호흡을 천리에 맞춰 할 줄 알며, 필요 이상의 말초신경 자극을 억제하여, 오직 한 뜻(一心)으로 매사를 행하게 된다. 삼망을 바로잡아 삼진으로 나아갈 때 비로소 자신 속에 깃들어 있는 '대신기(大神機: 우주 삼신의 조화기틀)'를 발현시킬 수 있다. 이를 통해 '본래의 하늘 성품에 통하고, 역사에 큰 공덕을 완수할 수 있다. 이처럼 후천개벽의 원류에는 선천창세의 '대신기'가 있다. 이는 서양의 창조론과 구별되는 한국사유의 기틀이라고 말할 수 있다.

3. 단군 삼신신앙 원류

단군 신앙은 삼신신앙에 토대를 두고 계승되면서 한국민족의 민족적 정체성 형성과 정신적 통합에 상당한 역할을 담당해 왔을 뿐 아니라 민족종교 생활과 민간신앙에 큰 영향을 주었다. 그러므로 단군 삼신신앙에서 민족종교의 원류를 밝히고 현재의 영향에 대하여 살펴보는 일은 중요한 작업이다.

첫째, 삼신신앙은 신명 강림 신앙이다. 단군신화의 요지는 신명의 아들인 단군이 고조선을 세우고 다스린 후에 은퇴하여 산신이 되었다는 내용이다. 단군신화를 전해 준 일연은 불교의 호법신(護法神)인 환인석제(桓因釋帝)의 이름을 빌려 신의 이름을 환인이라고 불렀다. 또한 신은 세상에 아들 웅(雄)을 강림시켰으며, 신의 아들이 세상에 내려왔다는 천신강림 신앙은 동남아시아 유목민들 사이에 널리 퍼진 공통적 신앙 형태이다. 환웅이 강림한 장소는 태백산 꼭대기에 있는 신단수(神檀樹) 아랫니다. 이것은 높은 곳에 있어서 하늘과 땅을 잇는 성스러운 산에 대한 신앙 표현이다. 한국에 넓게 퍼져 있는 산신(山神) 신앙과 산당 혹은 성황신(城隍神) 신앙 등은 이렇게 천신이 강림하여 산이나 나무에 거처한다는 신앙을 알려준다.

둘째, 삼신신앙은 지모신(地母神) 신앙과 민족종교 입문의식(initiation)이다. 곰이 쑥과 마늘을 먹고 동굴 속에서 21일간 금기를 통하여 여자로 변했다고 한다. 그리고 그녀가 신의 아들인 환웅과 혼인하여 단군을 낳은 것이다. 일반적으로 동굴은 모태를 상징하고 있고 동굴에 들어간 웅녀는 지모신을 의미한다. 이것은 남방의 농경문화 배경의 지모신 신앙이다. 즉 고조선 시대는 수렵 목축 문화권과 농경 문화권이 혼합된 형태이다.

웅녀가 햇빛이 없는 동굴 속으로부터 다시 빛을 볼 수 있게 되었다는 것은 죽어서 창조 이전의 모태에 들어갔다가 재생했다는 곡신(穀神)의 신비에 대한 표현이다. 곰에서 여자로 바뀌었다는 것은 새로운 존재로 변화를 가져오는 민족종교의 체험 상징이며, 민족종교의 입문 의식이다. 단군신화에 따르면, 인간은 철저하게 능동적이고 주체적이다.[20] 환인은 환웅에게 천부인(天符印) 세 개를 주었는데 이것은 하늘과 땅, 그리고 세상을 지배하는 권력의 상징인 신기(神器)를 수여한 것이다. 세 개의 신기는 일본을 비롯하여 동북아시아 공통의 신화적 무구(巫具)에 해당한다.

셋째, 삼신신앙은 천지 융합과 창조 신앙의 모티브이다. 천신인 환웅과 지모신인 웅녀가 혼인하여 태어난 이가 시조 단군왕검이며, 그가 새로운 문화 질서, 고조선을 창건한 것이다. 이것은 혼돈(chaos)으로부터 질서(cosmos)를 이룬 것이기에 건국신화는 율려의 창세(創世) 신화가 된다.[21]

결국 신인 융합에 의하여 새로운 생명이 창세되면서 단군이 탄생하고 그에 의하여 새로운 세계가 가꾸어지는 것이다. 우리가 살면서 큰 축복 가운데의 하나는 진정으로 존경할 만한 인물을 알게 되는 경우이다. 존경하는 인물이 단군이면 마음속의 환한 등대처럼 삶의 기준점이 향상된다. 우리가 단군을 새롭게 보게 됨은 삶의 또 다른 축복에 해당한다. 창생 신화의 구조는 하늘과 땅 혹은 신과 인간의 융합에 의한 조물의 구조이다. 그리고 신인 융합은 신의 강림과 인간의 성화에 의하여 가능하게 된다는 것이 삼신신앙의 구조적 특징이다.

삼신신앙에서 환인의 인(因)은 근원, 유래, 의뢰, 친근 등의 의미를 가지고 있기에 '아버지'이며, 환웅의 웅(雄)은 강(强), 성(盛), 능력, 권능 등의 의미를 지니기에 '성스러운 신령'이며, 환검의 검(儉)은 절제, 겸비(謙卑), 중보(仲保) 등의 의미를 지니기에 '신명의 아들'이다. 분명히 이는 성부, 성령, 성자의 삼위일체를 표방한다. 여기서 단군 신앙의 모태가 삼신신앙임을 밝힐 수 있다. 사람의 삶을 변화시키는 것은 옳은 말보다는 생명의 근원을 향한 사람의 관심이다.

유동식은 단군신화로부터 기독교의 구원론과 창조 신앙을 발견하였다. 즉 단군신화의 천지 융합과 생명 탄생의 신앙으로부터 예수 탄생과 십자가의 죽음과 부활의 이미지를 발견하였던 것이다. 곰이 동굴 속에서 21일간 금기 생활을 함으로써 새로운 존재로 바뀌고 생명 탄생의 위업을 달성한 것은 예수가 십자가상에서의 죽음을 경험한 후에 부활하여 구원의 역사를 완성한 사실과 유비(類比) 관계를 보여준다. 유동식은 한국 종교와 기독교의 만남이라는 현실, 만남의 장을 이루는 한국의 종교 문화, 만남을 통한 한국적 신학 정립을 과제로 삼았다.[22]

단군신화에서 보이는 삼신신앙과 생명 창세 사상은 지금도 창생들 사이에서 널리 퍼져 있는 민간신앙이고, 한국 민족의 종교와 신앙의 기초가 되었다. 이러한 민족종교의 원류가 있었기에 기독교 등 외래 종교를 수용하는데 민족종교는 기반이 되었다고 말할 수 있다. 또한 오늘의 한국 기독교의 성장에 나타난 신앙 형태가 서구의 그것과 어떻게 다른가를 살펴보기 위해서는 한국민족이 생활에서 향유하는 민족 고유의 토착 신앙과 기독교 신앙의 관계에 대하여 보다 광범위한 이해와 해석이 요청된다.

민족종교는 기독교 단체와 함께 삼신신앙에 근거하여 '하느-님' 신앙을 규명할 필요가 있다. 한국의 신화는 익명의 한민족 집단이 당시의 의식으로 해명할 수 없었던 생명의 기원을 말하고 있다. 따라서 종교는 '통전적인 우주 안에서 살려는 것이요, 이 세상에서 동시에 영성 우주를 사는 것'이며 두 우주 사이의 통로를 도(道)라고 부르는 것이다.[23]

삼신신앙은 무속신화로도 나타난다. 이는 무당이 굿을 하면서 구송하고 무당 사이에서 의례를 행하면서 전승되는 신화로서 무당은 신과 인간 사이를 중개하여, 신에게 인간의 행복과 장수를 빌어주는 제의인 굿을 행하면서 구송한다. 학계에서는 서사무가라 하고, 제주도에서는 본풀이라고 한다. 현재 한국에는 20만 명에 달하는 무당이 각 지역마다 있다.

지금도 무속신화는 연행되고 창작된다. 특히 제주도의 무속신화는 신의 일에 기원하여 인간이 몸담아 살고 있는 세계와 인간의 여러 의례가 어떻게 마련되었는지를 설명하는 풀이를 통해 신들의 출생, 성장, 공적, 신으로의 좌정 등으로 이루어져 있다. 이 신화의 신들은 인격화되어 있지만 초월적 능력을 동시에 가지고 있으며 민담과 불교, 도교 등이 섞여 있다. 한국의 신화는 일원론적이고, 갈등과 대립을 한데 아우르는 조화 유형이다.

가난하거나 억압받는 이들에게 따스한 시선을 유지하며 결국 그들이 승리하거나 구원을 받는 것으로 귀결하는 등 휴머니즘을 표방한다. 모든 생명에 신이 깃들어 있다고 보아 존귀하게 여기는 생명을 바탕으로 하며, 대부분의 신화가 생태 지향이어서 하늘과 인간의 조화, 자연 및 뭇 생명과 인간의 상생과 순환을 추구한다. 이러한 상생과 순환에서 최고의 명품 옷은 자신감을 입는 것이다. 경험 없는 순수함보다 상처받은 영혼들의 자애로움이 더 아름답게 보일 때가 있는 법이다.

북한에서도 1994년에 단군릉을 발굴할 무렵부터 단군이라는 인물의 역사적 실존을 강조하면서 단군을 실존인물이라고 주장하기에 이른다. 단군은 한민족 최초의 정치 지도자로서 출생·건국·무덤이 모두 평양에 있다고 주장한다. 평양시 근처에는 북한이 발굴하여 재건한 단군릉이 있으나, 그 사실 여부에 대해서 남한 학계는 비판적인 입장을 취하고 있다.

민족종교에서 단군은 삼신신앙의 요체이다. 태양 신화와 토테미즘 계통의 신화가 혼재된 것으로 보고, 두 종족이 정치·사회적으로 통합되었을 때 시조 신화가 함께 나타난 것으로 해석한다. 천신족의 환웅이 지신족의 고마족 여성과 혼인하여 단군이 출생했다는 관점에서 단군은 무군(巫君), 즉 제주(祭主)이고, 왕검은 정치적 군장(君長)이라고 해석한다. 단군은 한민족 태고

의식을 반영한다. 『삼국유사』의 기록과 비교하여 농경 관계 기사를 곡물을 재배하는 민족의 제의(祭儀)로 파악한다.

환웅과 웅녀를 쌍분체제(雙分體制)로 간주하여 곰과 범이 한 굴에서 살았다는 내용을 일광금기(日光禁忌)와 탈피(脫皮) 동기에 초점을 맞추어 이해할 수 있다. 단군조선에서 위만조선으로 교체될 때, 단군조선과 종래의 기자조선을 포함한 시대를 일괄하여 고조선으로 이해하게 된다. 고아시아족은 곰 숭배와 함께 샤머니즘이라는 종교적 요소를 보유하고 있다.

최고의 샤먼을 지칭하는 텡그리(tengri)와 단군의 관련성에 주목하게 된다. 우주의 나무가 신단수로 나타나고, 시베리아 신석기문화의 담당자가 고아시아족이라는 사실은 단군이 신석기문화와 연결되어 있음을 반영한다. 한국의 청동기문화를 담당한 종족이 알타이계통의 예맥족으로, 그 출현 시기가 기자조선으로 변화한 시기와 부합하는 데서 주목할 내용이다.

삼신신앙의 풀이는 '삼신각개설' (三神各個說)과 '삼신일체설' (三神一體說)로 나뉜다. 삼신각개설은 환인천신(天神), 환웅지신(地神), 단군인신(人神)으로 각각 존재함을 말한다. 반면에 삼신일체설은 '한' 의 하느님으로 천지인 삼재의 성격을 모두 갖추고 있다. 단군을 태양신이며, 태양신은 '밝은 님' 이며, 이두(吏讀)로 단군이다. 삼신신앙의 홍익인간은 실천적 의미에서 이화세계의 개념과 어울려 공동체 원리, 사회의 공공성, 소통과 연대성, 질적 변혁을 표상한다.

먼저, 홍익인간 이념은 공동체 원리를 표상한다. 홍익인간, 곧 '인간 사이를 이어주면서 크게 돕는다.' 고 할 때의 인간(人間)은 사람과 사람, 사람과 자연이 상관적으로 얽혀서 형성되는 이화세계이다. 이러한 사유체계 속에서 전체를 고려하지 않고 부분만을 분리하여 생각하거나 이해하는 것은 원천적으로 불가능하며, 사람 또한 조화의 관계 속에서 인식되고 규정된다. 개별 존재는 다른 구성원과의 관계 속에서 의무와 윤리가 존재한다.[24] 삼신신앙의 홍익인간은 여러 사람을 이롭게 함이며, 공공가치, 공공복지를 위한 정신이며, 실천이다. 동시에 홍익인간은 사회 구성원의 평등, 공동체에 대한 봉사와 공공원리에 대한 존중, 공동 운명체로서의 연대의식을 중시하고 있다.

홍익인간은 '나 이외의 모든 것'들, 나를 둘러싼 생명 사이(間)의 존재들과의 상호작용에서 끊임없이 이롭게 함이다. 이는 사회연대, 공공행복, 영성회통이다. 또한 홍익인간의 메시지는 "환웅은 풍백과 우사·운사를 거느리고 주곡·주명·주병·주형 등 인간세상의 360여 가지 일을 주관하며 세상에 머무르면서 이치와 원리가 구현되도록 하였다"는 표현에서 재세이화(在世理化)를 표상한다.

이처럼 홍익인간에서 우리는 조화 사회와 이상 공동체를 건설하겠다는 적극적 현실 참여와 사회변혁의 정신을 읽을 수 있다. 결국 홍익인간이 지향하는 바는 공동체적 지향 속에서 개인의 역량을 사회 속에 실현하는 성통공완(性通功完)의 공공성을 담지할 뿐만 아니라, 사회적 연대감을 통하여 조화로운 통일의 민족공동체 수립을 목표로 하고 있다.

『한단고기』에서는 다양한 표현들과 함께 한의 출생 근원, 삼신신앙에 대한 이해를 드러낸다. 중국 주역의 태극 음양학설에서는 일(一)과 이(二) 그리고 사상(四象)과 팔괘(八卦)로써 세계의 구성을 설명하여 이원론적 경향을 띠게 된다. 반면에 『한단고기』에서는 태일(太一)은 하늘신앙으로 보면서 일기(一氣)의 작용에 따라 삼신이 분화되고, 살아 있는 생명의 본체, 양기(陽氣)로 작용한다고 본다. 그리하여 하늘의 체용(體用)과 땅의 체용(體用) 그리고 인간의 체용(體用)이 모두 기(氣)와 신(神)에 의한 삼일(三一)의 전환 속에 이루어지면서 삼신신앙의 근간을 이룬다.

삼일 원리에 기반하고 있는 '한' 철학은 그 사상사적 전개 과정을 통해 '한' 사상을 강화시켜 왔다. 특히 『한단고기』 속의 「소도경전본훈(蘇塗經典本

訓)」에는 삼과 일에 대한 다양한 논의가 심도 있게 진행되고 있다. 이러한 삼일은 '삼신신앙'을 맥으로 한다. 이는 『소도경』과 『천부경』에서 다양하게 드러난다.

『천부경(天符經)』은 일기(一氣)와 삼신으로부터 나와서 다시금 삼신과 일기로 돌아가는 과정을 간단히 81 글자로 압축한다. 그 속에는 '일'이 11번 사용되고 '삼'은 8번 사용되어 두 글자가 차지하는 비중이 23%를 넘는다. '일'이 존재원리라고 한다면, '삼'은 현상원리이다.[25] 그리하여 '한'으로 돌아가서 '성통공완(性通功完)'을 이룬다. 삼한은 삼일이기에 한국인은 천손 또는 하늘로부터 유래하였다고 전해진다.

이것이 바로 '한'의 근원에서 밝히는 한민족의 자기 정체성으로 세계 시민성과 상통하는 근거이다. '한'은 현상적으로 '무(無)'와 '일(一)' 그리고 '이(二)'의 삼자, 즉 삼신으로 드러나지만, 본질적으로는 그 자신을 과정으로 이어주고 매개함으로써, 삼신을 '일신의 존재론'과 상통시킨다. 그리고 삼신을 생명 근원으로 파악하는 삼신사상에서, 산육(産育)의 신명은 생명의 삼신할미가 되어 생명을 지속적으로 유지한다. 이로부터 삼일 개념은 본질적으로 '일(一)'과 '다(多)'를 융합하고 횡단으로 매개하는 '한'으로 연결되어 수양 단계를 형성한다.

'한'의 근원에서 하향하는 흐름에 '무(巫)'를 만나게 되고, 그 근원으로 복귀하는 과정에서 '선(仙)'을 만나게 된다. 이 양자를 이어주고 살리는 과정에서 '철(哲)'을 만나서 삼신신앙의 원류로 상통한다. 역사적으로 삼신과 '한'의 상통에서 고대 한국의 국선(國仙)과 만나게 되며, 선(仙)의 수련 체계를 체계화할 수 있었다. 국선 수행의 대표적 체계는 삼진(三眞)과 삼망(三妄)이다. 역사적으로 볼 때, 삼신 문화와 생명사상은 무(巫)의 정화와 선(仙)의 체험, '철(哲)'의 사유로 전화되어 왔다. 삼신사상의 핵심은 '한'에 의한 내외상통이다. 안호상은 '한얼'의 소중함을 이렇게 일깨운다.

오늘날 세계 온 인류는 자주, 독립적 개인과 민족이 되기를 원하고 있다. 이 자주, 독립성은 자기 민족의 주체성 확립에서 되며, 또 이것은 자기 민족의 고유한 정통적 종교와 철학에서 되는 것이다. 이 정통적 종교와 철학인 단군 한배검(檀君王儉)과 화랑의 종교와 철학과 또 이것에 관한 책들이 엄연히 있는데 그것은 곧 단군 한배검이 손수 남기신 세·한얼 말씀「三一神誥」과 천부경(天符經), 또 뒷시대에 지어낸 사기(事記), 이대전(理大全) 및 회삼경(會三經) 등이 있다. 그러나 우리나라의 종교가들과 철학도들이 우리의 이 정통적 종교와 철학의 연구는 너무나 소홀하니, 참으로 한심하고 통탄할 일이다.[26]

오늘날이 세계화의 시대이기도 하지만, 동시에 다른 한편으로는 동서냉전의 이데올로기전이 끝나고 민족주의가 부활하는 때임도 잊지 말아야 할 것이다. 인간의 생각이 신념으로 굳어지면 다양한 삶의 모습을 보지 않고 신념만을 고수하려고 한다. '한'에 의한 내외상통은 다양한 현실을 직시하면서 신명을 유지하게 되는 요체이다. 『참전계경(參佺戒經)』은 환국 시대부터 전해온 경전이지만, 실제로 세간에 등장했을 때 1910년대 초반으로 정훈모의 단군교에서 사용했던 '기자'의 경전, 『성경팔리』이다.

고구려 고국천왕 때 유명한 재상, 을파소는 일찍이 묘향산맥 중의 백운산 중에 들어가 기도하던 중 국조 단군(檀君) 성신(聖神)으로부터 하늘의 글(天書)을 얻게 되었다. 이 천서(天書)가 참전계경(參佺戒經)이다. 『고기(古記)』에 따르면, 「조화경(造化經)」, 「교화경(敎化經)」, 「치화경(治化經)」이라는 삼화경(三化經)이 있는데, 단군왕검께서 『참전계경』 366훈으로 가르쳐 뭇 백성을 치화(治化)하였니 『참전계경』을 '치화경'이라고도 부른다.

또한 『참전계경』은 팔강령으로 이루어져 있으므로 '팔리훈'이라고도 한다. 을파소는 이 같은 천서(天書)를 수학정진(修學精進)하고 낱낱이 깨달음마다 주서(註書)하고 말하기를, "신시이화(神市理化)의 세상에 팔훈(八訓)을 날줄(經度)로 하고, 오사(五事)를 씨줄(緯度)로 하여, 그 교화가 크게 행하여져 홍익제물(弘益祭物)하였으니, 참전(參佺)의 이룬바가 아닌 것이 없다."[27]고 하였다. 이에 선생은 이 천서(天書)를 일러 참전계경(參佺戒經)이라 하였다. 대시(大始)에 밝은이가 배달국 신시(神市)에서 인간의 366여의 일을 주재하였다는 데서 유래한 것이었다. 한웅천왕(桓雄天王)의 기록은 『삼국유사』에 기록으로 남아 있다.

> 환웅천왕이 다른 사람으로 변신한 뒤 혼인하여 아들을 낳아 단군왕검(檀君王儉)이라 불렀다. 당요가 제위에 오른 지 쉰 해가 되던 경인(庚寅)에 평양성(平壤城)에 도읍하고 비로소 조선(朝鮮)이라 하였고, 또 백악산 아사달에 도읍을 옮겼는데, 그곳을 궁인산(弓忽山)이라 하였고, 또 지금의 미달(彌達)이라고도 한다. 나라를 다스린 지는 1천 5백년이었다. 주호왕(周虎王)이 즉위하던 해 기묘(己卯)에 기자(箕子)를 봉(封)하자 단군은 곧 장경당(藏唐京)으로 옮겼다가, 뒤에 아사달로 돌아와 숨어서 산신(山神)이 되었고 수(壽)는 1천 9백 8세를 누렸다.[28]

따라서 민족종교의 삼대 경전으로 첫째, 천부경(天符經)은 조화경(造化經)으로 우주 삼라만상의 생성·진화·소멸하는 이치와 원리를 기록한 것이다. 둘째, 삼일신고(三一神誥)는 교화경(教化經)으로 천훈(天訓), 신훈(神訓), 천궁훈(天宮訓), 세계훈(世界訓), 진리훈(眞理訓)으로 나뉘어 천신조화의 근원과 온 누리의 사람과 만물을 교화하고 다스림에 대한 것을 소상하게 가르치고 있다. 셋째, 참전계경(參佺戒經)은 치화경(治化經)으로 정성(誠), 믿음(信), 사랑(愛), 구원(濟), 재앙(禍), 행복(福), 갚음(報), 응답(應)에 대한 가르침으로 참다운 삶의 도리를 알려주었고, 참전(參佺)의 계(戒)로서 나라를 다스렸다고 할 것이다.

당시 한국(桓國)의 한인천제(桓因天帝) 시기에는 오훈(五訓)이 있었고, 신시(神市)의 한웅천왕(桓雄天王) 시기에는 오사(五事)가 있었다고 한다. 오훈과 오사를 천부(天賦)의 순리에 따라 삼백육십육사에 관한 계율로 나타내어, 교화(敎化) 치화(治化)의 양화에 치용(致用)했다고 한다. 그리고 부도는 화랑과 최치원의 신라 그리고 김시습에로 이어진다.

그러나 이들이 조선단학(朝鮮丹學)으로 결집되고, 북애자(北崖子)의 규원사화(揆園史話)로 연결된다. 그러나 일제 강점의 시기를 지나면서 한국 고유의 신선낭가와 관련된 작업은 차이를 드러낸다. 대종교와 북로군정서 중심의 항일무장 투쟁 노선과, 민족종교와 민족 자강의 교육을 통한 민족의식 고취 노선이 있었다. 이처럼 민족종교의 원류로서 단군 삼신신앙은 삼일정신(三一精神)의 원리에 기반을 두면서 민족종교운동의 전개 과정을 통해 단군 신앙을 보강하고 지속적으로 강화시켜 왔으며 민족애를 낳게 되는 원동력이 되었다. 민족의 공공행복은 선한 일을 했을 때 찾아오는 경사로서, 여섯 가지의 문(門)과 마흔 다섯 가지의 호(戶)가 있다.

진정한 고수는 상대가 나를 이겼다고 생각하게 만들면서 실제로 자신이 원하는 것을 성취하는 존재이다. 상대방 기분이 좋아져서 실제로 자신이 원하는 것을 다 들어주면 실제로는 자신이 이긴 셈이 된다. 삼일정신에는 우리 민족의 유구한 삶의 생존 비밀이 담겨 있다. 삼일정신은 전체의 흐름과 개별적 존재를 동시에 명찰하는 정신이다. 명찰(明察)은 위엄을 갖추되 떠들썩하게 밝히지 않으며, 또한 위엄을 갖추되 흩어지게 살피지 않는 것을 말한다. 그러므로 어진 사람은 남과 시끄러운 일이 없으며 남과 헤어지고 흐트러짐이 없다.

4. 국선풍류도의 원류

민족종교의 원류로서 국선풍류도는 고운(孤雲) 선생의 「난랑비서(鸞郎碑序)」에 자세히 나타나 있다. 한국에는 고신도(古神道)가 이미 존재하고 있었음을 알 수 있다. 고운의 진술을 살펴보면, 풍류도는 외래적인 도가사상이나 중국 도교사상에 머무르는 것이 아니었다. '나라에 원래 있는 도'로서의 풍류는 자생적 민족종교, 한국선도(韓國仙道)의 모습을 드러내고 있다. 그 특성으로 삼교융화(三敎圓融)이나 '실내포함삼교(實乃包含三敎)'라고 한 바와 같이, 삼교 융화에 풍류도의 특성이 집약되어 있다.

풍류도는 한민족의 원형적 도와 사상으로, 한민족의 전통적 종교사상을 신라식의 이두로 표현하다가 한자식으로 표기하는 과정을 겪게 된다. 이는 한국 민족종교의 원류에 관한 중요한 단서가 되고 있다. 한국 고대의 신앙에 담긴 국선이 풍류도와 맥을 함께 하였다. 풍류도의 기본정신이 춘추시대에는 없었고 『장자』의 선인(仙人)과 맥을 같이 한다.[29]

풍류도는 고대로부터 한민족의 기층에 깔려 있는 것으로, 무엇이든지 잘 조화할 수 있는 능력을 말한다. 풍류도는 아무리 강한 세력이나 사상이 들어와서 우리를 지배하려고 하더라도, '강약이부동(彊弱而不同)'으로 처음은 당하는 형상을 취하지만 결국 시간이 지나면 들어온 대상이 마침내 변한다는 이치를 담고 있다. 국선풍류도는 우리나라의 풍토에서 자연발생적으로 일어난 민족종교의 원류이며, 생명력을 함장(含藏)하고 있다.

한국인의 정신은 접화군생(接化群生)을 통해서 드러난다. 풍류도는 그 기원에 있어 국조 단군의 홍익·이화라는 인간 살림살이와 상관 연동된다. 풍류도는 하나의 전체적 종합과 합일의 묘합(妙合)으로 고도의 추상성을 지니고 있다. 고운 선생이 국유현묘지도(國有玄妙之道)라고 표현한 것처럼, 한민족에게 고유한 의미에서의 순수함을 간직한 민족종교 원류에 대한 철학이 있다. 이는 한국의 '선(仙)사상'과 맥락 화용하고 있다.

김형효(金炯孝)는 신바람의 의미를 중시하여 이를 샤머니즘과 직결된다고 하였고, 김낙필(金洛必)은 우리나라 고대 신교(神敎)와 신선(神仙) 사유의 상통이라고 하였다.[30] 풍류도는 한국전통의 무(巫)와 신교(神敎)의 사상을 함께 함유한 사상이라고 할 수 있다. 그러므로 고운 선생은 한국의 고대종교 사상이 외래적인 삼교사상과 달리, 하나의 고유사상 또는 전통사상으로 한민족의 시원과 더불어 존재했던 것임을 강조하고 있다.

한국인의 정신은 삼교회통과 동시에 '한'의 이치를 유지하는 특징을 보여주고 있다. '한'은 일체의 생명을 가능케 한 생명신비의 원리로서 파악할 수 있으며 한국 민족종교의 근본적인 맥이다. '한'의 원리를 통한 자연과의 교감과 합일, 그리고 생명 중시와 하늘 숭배로 나타나는 광명이세(光明理世) 사상으로 집약할 수 있는 실천 이론이다.

그리고 이을호(李乙浩)는 풍류도의 현묘를 '한' 사상에서의 묘합(妙合)과 일맥상통한 것으로 간주한다. 이원적 구조가 일원적 존재로 이해될 때는 묘합(妙合)으로밖에 설명할 수가 없다는 것이다.[31] 풍류도는 한국 자생의 선도(仙道)의 내용과 형식으로서 정당한 이론적 논거와 근거를 가진 것이 분명하다.

한국 민족종교사에서 외래 종교사상과 다른 독자적 영역의 한국종교의 성립과 존재 가능성을 찾는다면, 고운 선생의 풍류도에 의존하지 않을 수 없다. 아울러 범부 선생은 동인의식(東人意識)을 통해 민족적 자긍심을 표방한 것으로 해석할 수 있다. 한민족이 중국문화에 예속되지 않고 한국문화의 자체적인 맥을 이어올 수 있었던 원인은 민족주의 신앙을 토대로 국선풍류도 정신이 자리 잡고 있었기 때문이다. 고운이 밝힌 풍류도는 한민족의 특징적인 민족종교의 맥박이다. 풍류도는 현묘지도로서 일체의 당파성과 배타성을 배제한 사상이다. 이는 하나됨의 묘합(妙合)의 정신을 바탕으로, 생명을 중시하는 풍류정신을 실천하는 모태가 되었다. 고운이 봉암사 비문에서

'아름다운 동이의 유순한 성격(旭夷柔順性源)'이라고 할 때에 이는 도가사상의 '유박(柔撲)' 사상을 이르는 말이라고 한다.[32]

풍류도라는 명칭은 한국 고대신도(古代神道)의 민족종교 개념을 함유하는 삶의 멋과 상통한다. 『최문창후전집(崔文昌候全集)』 사적편(事蹟篇) 「단전요의(壇典要義)」에 실린 묘향산(妙香山) 석벽 전각(篆刻)의 「천부경(天符經)」 81자와 그의 동인의식을 상관 연동하여 살펴본다면, 그는 19세기 말에 흥기한 여러 민족종교 계통과 연결된다.

고운은 한국종교사의 중요한 일획을 긋고 있음이 분명하다. 이처럼 고운 선생은 민족종교의 원형(原型)을 오늘에 남겨 주고 있을 뿐만 아니라 민족종교 문화의 효시에 대한 확실한 답변을 들려주고 있다.

반면에 한국 고대의 선(仙)의 전통은 산신신앙과 산악숭배, 신선사상, 자력 수련 전통을 두루 내포한다. 신선 신앙은 왕실의 과의(科儀) 도교로, 수련 전통은 지배 엘리트에게, 산악숭배와 다른 성격은 기층 민중들에게 스며들었지만 고려 이후에는 불교나 민간 신앙으로 습합되어 따로 도교적인 신앙이나 공동체를 형성하지는 못하였다.

한국의 선도는 본래의 선풍(仙風)을 보다 발전적으로 계승했다기보다는 지배층에서는 관방(官方) 도교 성격으로, 은둔적 엘리트 지식인 계층에서는 중국의 도서(道書)를 읽고 실험하는 수준에 머물렀다. 한국고대의 선도 전통은 지배계층에게는 제초과의(齊醮科儀)와 수련 도교로 이어졌지만 기층 민중에게 커다란 포용력을 발휘하지 못하였다.

한국 선도는 고대로부터의 '선'의 전통이 중국의 유불도 삼교와 만나 주로 지배층과 엘리트 지식인들을 중심으로 전개되면서 화랑도로 나타나거나 통일신라 이후 입당 유학자들에 의해 내단학(內丹學)으로 형성되고, 고려에 와서는 과의 도교를 거쳐 조선에 와서 조선 단학파를 형성하였다. 선도 문화에 내재한 집단 축제와 산악숭배, 특히 신과 영적 교감을 통해 백성들의 어려움을 털어 주고 위무하던 창생문화의 성격은 오랫동안 무교와 불교, 그리고 민간신앙에 흡수·잠복해 있거나 산간에서 좌방선가의 흐름으로 전수되었다.

동학을 비롯한 신종교는 고대 한국의 선풍을 계승하여 대내외적 위기 상황에서 유불선 합일, 인간평등사상, 후천개벽이라는 희망의 메시지를 바탕으로 민중의 열망에 부응함으로써 역사 전면에 등장하였다고 여겨진다. 풍류도의 윤리의식은 "집에 들면 부모에게 효도하고 벼슬하면 나라에 충성하는 것은 공자의 취지요, 무위(無爲)의 일에 처하고 말하지 않음의 가르침을 행하는 것은 노자의 근본이요, 모든 악한 일을 행하지 않고 착한 일만 수행하는 것은 석가의 가르침이다."[33]에 담겨져 있다.

국선화랑은 풍류도를 따르는 집단이기에 풍류도(風流徒), 혹은 풍월도(風月徒)라 칭하였다. 이들은 인위를 배격하고 무위의 자연 속에서 노닐며 소요(逍遙)의 삶을 행하였다.

『삼일신고』를 보면 언어 저 너머에 궁극적 진리가 있다고 생각하여 굳이 말로 뜻을 나타내는 것을 지양하였으니, 이러한 삶의 양식과 언어에 대한 이해는 도가사상과도 상통한다. 이처럼 국선풍류도에는 새, 거북이, 말, 나무, 심지어 생명이 없는 달과 별과 산도 모두 신명의 드러남이고 삶의 밝음으로 작용하는 현세적 인간관이 자리 잡는다. 밝음이 '한'과 상통함은 바이칼 호수 일대에서 따뜻한 광명을 찾아 남하하는 동안에 한민족에게 생긴 본능적 개념이기 때문이다.[34]

5. 민족종교의 원류

지혜롭지 못한 사람은 '나는 그 정도는 다 안다.'에서 시작한다. 그에게 새로운 것이 들어갈 틈이 없다. 반면에 지혜로운 사람은 '나는 아직 모른 다.'라는 마음에서 다른 사람의 이야기에 귀를 기울인다.

지식은 말하려 하지만 지혜는 상대방을 들으려고 한다. 동학의 다시 개 벽은 우리에게 듣는 지혜의 틀을 제공하였다. 그것은 한국 민족종교운동이 수운에 의하여 갑자기 창조된 것도, 수운사상 또한 종교 전통의 교리나 경 전 내용에 전적으로 의지한 것도 아니라는 것이다. 수운사상은 개신(開新)의 법음(法音)이다. 수운의 다시 개벽은 역사적으로 면면히 흘러온 창생 대중의 희원과 살아 있는 신앙을 개벽사상으로 체계화하였다. 중화주의(中華主義)에 대한 사대사상(事大思想)을 극복하고, 왜적(倭敵)의 침략을 막아 내어 민족의 자존심을 되찾고 백성이 편하게 사는 길을 모색한 것이다. 수운이 이를 보 국안민으로 표현하면서, 보국안민은 민족종교의 상징적 깃발이 되었다. 후 천개벽사상의 원류에는 선천 창세의 하늘 신앙의 지혜가 열려 있다.

조선 중기 임진왜란과 병자호란의 양란에서부터 19세기 중엽까지 이어 진 사회적 붕괴 과정에서 창생은 도탄에 빠지고 혹심한 정신적 혼돈과 방황 을 겪게 되었다. 이를 극복하는 대안이 동학(東學)에 의하여 제시되었다. 이 러한 사상이 정감록에 나타나는 십승지(十勝地)가 충청북도 이남의 남한에 있다고 하는 남조선신앙(南朝鮮信仰)을 반영한다.

남조선신앙은 회음으로부터 시작된 움직임과 소리와 노래로 온몸과 머 리를 울려 후천세계의 우주운율에 토대를 둔다. 이러한 우주운율은 '여율 (呂律)'을 빚어낸다. 여율은 율려의 전복(顚覆)개념이다. 율려의 '음을 누르고 양을 드높임(抑陰尊陽)'이 아니라 여율의 '양을 다스리고 음을 뜀뛰게 함(調陽 律陰)'이라는 여성성과 혼돈성과 역동적 생명력을 조화와 균형의 공공의 미 학으로 담아낸다.[35] 동학 이후의 민족종교운동은 19세기 말에 들어 하루아 침에 나타난 것이 아니라 조선 중기 이후에 꾸준히 발전되고 유지되었던 민 족 전승 신앙의 복합기제이다.

수운이 보국안민을 제창했을 때, 많은 창생이 호응했다. 동학은 요원의 불길과도 같이 삼남지방에서 일어났다. 보국안민의 정신과 그 내용이 이미 한국의 민간전승 신앙에 전해져 오기에 수운의 교리가 창생에게 마침내 수용된 것이다. 그런데 민족종교가 역사적으로 가장 견디기 어려운 시련은 일제가 씌운 유사종교(類似宗教)라는 굴레였다. 1919년 3월 3일 문부성(文部省) 종교국(宗教局)이 발표한 종교국통첩(宗教局通牒) 제11호에 따르면, 신도교(神道教), 불교, 그리고 기독교는 공인된 종교이고, 공인되지 않은 채 마치 공인 종교와 유사한 행동을 하는 종교를 유사종교라고 규정하였다.

공인종교는 문부성에서 관리했으며 유사종교는 경무국(警務局) 치안과(治安課)의 단속 대상이 되어 가혹한 탄압을 받았다. 유사종교라는 굴레를 쓰게 된 민족종교는 사회적으로 종교가 아니면서 종교의 허울을 쓴 단체, 즉 사이비 종교(似而非宗教)라는 낙인이 찍히게 되었다. 같은 맥락에서 민족종교는 사이비 또는 사교(邪教)라는 용어로 언론과 사회에서 매도되기도 하였다. 철저하게 조작된 개념들을 통해서 한국의 민족종교들을 말살하려는 정책을 일제가 체계적으로 전개한 데 그 원인이 있다.

사이비 종교는 종교적 본질을 추구하지 않는 종교이다. 더 포괄적으로, 사이비 종교는 건전하지 않은 종교를 가리킨다. 오늘날의 한국사회에서 한국 자생 민족종교를 사이비 종교와 같은 의미에서 유사종교라는 이름으로 부르는 경우가 많다는 점은 우리가 일제의 문화정책의 영향에서 아직도 벗어나지 못했다는 사실을 대변하고 있다. 한국 역사의 주체는 우리 민족이고, 민족을 하나로 묶는 가치관은 민족애이다. 민족종교는 민족의 구원을 그 사명으로 삼고, 민족애를 종교적 신념의 차원으로 승화시켜 사상과 운동을 공공으로 아울렀다.

단군 신앙은 선천과 후천을 삼신신앙으로 이어주면서 민족애라는 가치관을 경험하게 하는 요체가 되었다. 이러한 가치관은 즉흥 재즈 음악과 같다. 삶 속의 모든 변수를 내가 조정할 수 없고, 그때그때 주어진 상황 속에서 나의 스타일을 찾아 나의 음악을 만들며 사는 가치관이다. 행복해지려면 자신이 진정 하고 싶은 것을 하는 것이 최선이다. 그러나 이러한 민족주의 신념이 일제 강점기와 60년대 이후 산업화 과정에서 각각 다른 이유로 탄압을 받거나 평가 절하되기도 했다. 그럼에도 불구하고 한국민족은 삼일정신, 한사상, 삼신신앙이 서로 이어주고 살리면서 한국 민족종교의 생명력을 지속적으로 유지시켜 주었다.[36]

한국 민족종교의 원류에서 혼합, 통합형의 민족종교의 경우 풍류도의 영향을 배제할 수 없다. 풍류도는 풍류를 통해 신명에 이르려는 한국인의 열망과 미적 지향의 복합체이다. 무엇보다도 신라인은 아름다운 자연에 신의 정령이 깃들어 있다고 생각하여, 산천제(山川祭)를 지내고 자연과 상통하는 놀이를 하면서 집단이 신명의 상태에 이르렀다. 신라 시대에는 팔관회, 연등회, 한가위 축제를 열어 왕과 온 나라의 백성이 함께 제사를 지내고 술을 먹고 노래하고 춤추면서 하나로 어우러져 '풍류신명'의 경지에 이르렀다.

서로 어우러져 우주와 내가 하나가 되고 나와 타인의 구분이 무너지면서 최고로 기분이 좋은 흥(興)과 열락(悅樂)의 순간을 한국인은 가장 인간적이고 미적으로도 아름다운 경지라 여겨 신이 내려와 그 신이 드러난다는 뜻으로 '신명', 혹은 '신이 난다.'고 표현한 것이다.

이제까지 다시 개벽 사상과 한국 민족종교의 원류로서 선천 창세 사상을 상관 연동으로 살펴보았다. 단군 신앙을 통해 선천과 후천을 삼신으로 아우르는 한국적 생명력을 발견하게 되었다. 생명력은 천지인 삼재 사이를 이어주고 살리는 홍익인간의 힘이요, 재세이화의 지혜이다. 셋을 두어 둘을 하나로 회통시키는 풍류도의 삼일사상에서 하늘과 땅, 신과 인간, 이상과 현실을 하나로 아우르며 화해와 상생을 모색하는 민족종교의 근본을 찾을 수 있다. 이러한 민족종교의 원류를 오늘에 살릴 때, 민족종교의 원시반본, 화쟁회통 그리고 후천개벽의 회통이 이루어질 수 있다.

과거 민족종교의 원류로서의 가치를 발견하지 못한 상태에서, 풍류도에 대해 국수주의 접근을 하거나, 반대로 풍류 신명 사상을 미신적인 것으로 치부하려는 경향이 있었다. 이를 극복하고 국선풍류도의 원전 분석과 문화·인류학적 연구를 통한 국선풍류도의 여법한 총체적 모습을 드러냄으로써 한국 민족종교의 새로운 원류를 확인할 수 있다.

우리는 끊임없는 관계 속에서 살아간다. 나와 가족, 친척, 친구, 동료, 이웃과 함께 살아간다. 이러한 관계들이 행복해야 삶이 행복해진다. 혼자 행복한 것은 오래가지 않는다. 다시 개벽은 망각된 풍류 신명을 회복시킴을 말한다. 여시바윗골에서 새 출발을 선택한 수운의 삶과 상관 연동된다.

수운은 31세가 되는 1854년, 그의 부인의 고향인 울산으로 이사를 갔다. 유곡동 여시바윗골에 초가 3칸을 짓고 이사[37]하였다. 수운은 집 앞의 6두락 논을 사서 농사도 짓고 사색도 하였다. 그런데 을묘년의 1855년 봄 3월, 어떤 선사가 책을 전해주고 갔다. 이를 『천도교백년약사』에서는 「을묘천서」라고 명명하였다. 그 이듬해에 수운은 천성산 내원암에서 49일간을 작정하고 기도를 한다. 그러나 이틀을 남기고 47일 만에 중단하고 만다. 80세에 이른 숙부의 별세를 계시 받았기 때문이다. 그 후 1년간 상복을 입고 나서, 1857년 7월, 다시 천성산에 들어가서 자연동굴인 적멸굴(寂滅窟)에서 다시 49일간의 기도를 마치게 된다.

그 이후, 1859년 11월 중순, 수운은 가족들과 같이 울산을 떠나 경주 용담으로 향하였다. 이때 최제우는 수운(水雲)으로 호(號)를 바꾸는 등의 결심을 다지고 다시 개벽의 새 길을 찾기 위해 수행에 몰두한다. 이듬해 경신년 입춘에는 다시 개벽의 새 길을 얻지 않으면 세상으로 한 발자국도 나가지 않겠다는 결의를 다짐한다. 드디어 경신년 음력 4월 5일 오전, 수운은 한울님을 만나는 영성 체험을 하게 된다.

「논학문」에서는 몸이 몹시 섬뜩해지고 떨리더니 밖으로부터 신령한 기운이 접해 왔다고 기록하고 있다. 그다음으로 지엄한 상제를 대면하는 망극함을 느꼈다고 전한다. 「포덕문」에서 상제(한울님)는 "나를 세상 사람들이 상제라고 하거늘 너는 상제를 알아보지 못하느냐?"고 하였다. 그리고 수운은 영부와 주문을 받으라는 가르침을 받았다고 전한다. 수운은 한울님 마음과 수운의 마음이 하나가 되는 '오심즉여심(吾心卽汝心)'의 궁극 경지를 체험한다.

수운은 영성 체험에서 신은 상제, 한울님, 천주(天主)로 표현된다. 그런데 수운이 표기한 천주는 천주교의 천주가 아니다. 그것은 한울님의 한문 번역으로서의 천주이다. 수운의 한울님은 '인격적인 분'이며, '유일한 분'이며, '공공으로 하는-님'이며, '몸에 모셔져 있는 분'이다. 그런데 '공공으로 하는-님'의 개념과 '우리 몸에 모셔져 있는 분'이라는 개념은 다시 개벽으로 천명한 새로운 신명 개념이다. 동학의 신명은 '공공으로 되어 가는 과정의 인격'이며 초월적 완성체로서의 절대타자의 인격체가 아니다.

여기에서 우리는 동학의 공공성을 강조할 수 있다. 이러한 동학의 공공 세계 구현의 이전 상태를 상제께서는 '노이무공(勞以無功 : 온갖 애를 썼으나 아무런 보람이 없음)'으로 표현하였다.[38] 「용담가」에서 '나도 또한 개벽 이후 노이무공(勞以無功) 하다가서 너를 만나 성공하니'라고 하였다. 한울님이 선후천을 이어주는 상제지만, '노이무공' 하다가 수운을 만나 마침내 동학의 공공성을 드러낼 수 있음을 고백한 것이다.

『장자(莊子)』에서도 노이무공이 나타난다.

옛날과 지금이란 물과 육지나 같은 게 아닙니까? 주나라와 노나라는 배와 수레나 같은 게 아닙니까? 지금 주나라의 방식을 노나라에 행하려 한다는 것은 마치 육지에서 배를 밀고 가려는 것과 같습니다. 아무런 성과도 없을 것이며 자신에게 반드시 재앙이 돌아가게 될 것입니다.

　　해방 이후 삼일운동 기념식에서 삼일정신 본래의 공공성을 밝힌 경우는 발견하기 어렵다. '하나를 잡아 셋을 머금고 셋을 잡아 하나로 돌아감'은 우주의 내면 가장 깊은 곳에서 우주변화를 지어내는 근원적인 힘이다. 이 힘을 수운은 영성 차원에서 상제 체험으로 경험한 것이다. 선천시대의 삼신상제가 후천의 길목에서 수운에게 나타난 것이다. 삼신이 공공으로 운행하는 만물의 원리가 덕이 되고 지혜가 되고 힘이 되는 이치가 있지만 불가사의한 운행을 수용하는 자가 흔치 않았지만, 선천시대의 삼신상제는 수운을 만난 순간 '노이무공(勞以無功) 하다가서 너를 만나 성공하니'라며 공공작용의 원만구족을 찬탄한다.

동학의
성경신과
은유적
본성

동학의 성경신의 이러한 맥락에서 각자가 처한 상황에 맞추어 도덕적 상상력을 자발적으로 발휘할 때, 보다 풍요로운 공공작용을 기대할 수 있다. 이는 곧 각자가 행복한 세계보다 서로 서로가 행복한 세계를 항상 염원하고, 서로 서로가 행복한 세계보다 '함께 행복한' 공공행복을 살려내기 위한 공공염원(公共念願)으로 승화될수록 도덕적 상상력의 발휘 문제가 공사관계의 조화와 균형을 위하여 절실하게 다가온다.

1. 은유적 본성과 원형적 구조

동학에서 도통을 하려면 한울님을 모시고 믿으면서 정성을 다하여야 한다. 그리하여 한울님의 마음과 나의 마음이 하나가 되는 것이다. 그것은 한울님의 생명과 나의 생명이 공공작용에 일으키는 것이다. 그렇게 나의 생명과 한울님의 생명이 공공작용에 일으키면 생명활동을 주관하여 만사지에 이르게 된다. 공공작용을 만사지가 되어야 도통이 이루어진다. 따라서 동학의 도통은 '지기금지 원위대강'으로부터 시작하여 '시천주 조화정'으로 방향을 잡아서 '영세불망 만사지'로 나아가 공공작용을 일으켜야 된다. 우주의 근원인 한울님의 공공적 '하는 작용'을 알고 모시어 그 마음과 내외 상통하여 영원토록 활동하는 것이다. 그래서 수운은 이를 지칭하여 '차제도법'이라고 하였다.

따라서 동학의 21자 주문을 믿음과 공경과 정성으로 구송하는 것이 매우 중요하다. 참으로 중요한 시작이며 더불어 행복한 길을 완성하는 마침이다. 이리하여 수운은 스스로 동학을 '이제도 들은 바가 없고 예전에도 들은 바가 없고, 이제도 비할 바가 없고 예전에도 비할 바가 없다.'라고 하였다.[1] 그 의미를 깨닫고자 하면, 정성과 공경과 믿음이 으뜸이 되는 요체이다.

무엇이 정성과 공경과 믿음인가? 어떻게 하는 것이 정성과 공경과 믿음으로 구송하는 것인가? 수운은 동학의 실천이 성경신 석자를 실천하는 데 있다고 했다. 이 석자는 도덕적 은유이다. 보다 알기 쉽게 풀이하면, 정성과 공경과 확신이다. 정성은 순수하고 한결같은 마음으로 쉬지 않음이요, 공경은 상대를 높이고 자신을 끊임없이 낮춤이요, 확신은 나의 생각과 말과 행동에 추호의 의심을 갖지 않음이다. 정성은 하늘의 해를 본받음이요, 공경의 땅의 물을 본받음이요, 확신은 성인의 언행을 본받아 언행을 일치시킴이다. 이 세 덕목은 인생을 향기롭게 하는 한울님과 인간의 공공작용이다.

진리적 신앙은 도덕적 실천으로 완성된다. 도덕적 실천이 결여된 진리적 신앙은 허구적인 관념이다. 아는 것과 실천하는 것이 공공작용으로 조화와 균형을 이루어야, 참된 신앙인이 된다. 신앙이 성숙되어 간다는 것은, 도를 체득한 만큼 덕을 실천해 나가는 것이다. 도는 덕으로써 실천되고, 덕은 도를 더욱 깊게 성숙시킨다.

도덕은 도와 덕의 공공작용을 말한다. 우리의 마음이 천지의 마음을 닮아 익어가는 것이다. 천지를 닮은 사람이라야, 비로소 천지의 도를 체득하여 천지의 덕을 행할 수 있다. 도의 출발이 천지요, 덕의 출발이 천지이기에, 천지를 닮지 않고는 도덕군자가 될 수 없다. 천지부모는 천지의 마음을 가지고 천지의 도덕을 주재하시는 분이다. 정성과 공경과 믿음 없이는 천지부모의 마음을 헤아릴 수도 닮아갈 수도 없다.

천지부모가 자신을 담아 만들어 낸 생명의 본성이 성·경·신이기에, 성경신이 없으면 생명의 이치를 깨쳐 생명으로서 공공역할과 작용을 할 수 없다. 생명에 대한 한결같은 정성과 한없는 공경, 초지일관한 믿음을 가져야, 천지부모가 천지공공의 천하사에 참여할 수 있다. 천지부모님이 행하신 '인간사업'은 생명사업이다. 이 공공사업은 천지생명에 대한 지극한 성·경·신의 정신을 몸소 깨달아 실천하는 것이다.

선도(仙道)는 만유생명의 주인, 옥황상제를 잘 모시는 가르침이다. 옥황상제는 음양조화로 삼계생명을 주재하여, 생명이 천리에 맞게 생성·성장·결실을 맺게 보살핀다. 동학의 시천주의 정신도 옥황상제를 생명의 주인으로 정성을 다해 알아보고 공경의 자세로 모시고 확신을 갖고 실천하여 하늘의 존엄을 드러내는 것이다.

불도(佛道)는 만유생명의 근원적인 마음자리, 법신불(法身佛)을 깨쳐 삼계 생명의 공공활동을 지혜와 자비로 이어주고 살려내는 것이다. 자리이타(自利利他)의 보살이 되어 정성스러운 몸가짐으로, 공경하는 말로, 확신의 뜻을 공공으로 구현하여 땅의 풍요를 드러내는 것이다.

유도(儒道)는 천지의 일을 성사재인(成事在人)하기 위하여[2] 수신제가치국평천하의 방법으로 내 몸을 잘 닦아 말과 행실에 모범이 되고, 남을 편안하게 하고 세상을 안정시켜 나가는 것이다. 안심안인(安心安人)의 성형들의 가르침을 정성과 공경, 그리고 확신으로 실천하여 인간의 아름다움을 드러내는 것이다.

수운이 깨달음을 얻을 때 한울님(天主)의 목소리를 들었다고 한다. 이때 그 소리를 선어(仙語)라고 부른다.[3] 동학은 수운이 '듣고' 깨달은 것을 바탕으로 성립된 사상이다. 그런 다음 한울님의 지시로 종이를 펼쳤고, 그러자 종이 위에 영부(靈符)가 보였다. 그래서 그 영부를 그렸다.

수운이 듣고 보았기에 본 것을 그리게 된다. 불교는 '보고' 깨닫는다. 그래서 견성(見性)이니, 관자재심(觀自在心)이니 라고 말한다. 보는 기능을 중시하는 것이 불교적 깨달음의 특징이다. 반면에 유교는 "오십이지천명(五十而知天命)"이라고 하듯이, '아는' 기능을 중시한다. 동학에서도 보는 것과 아는 것이 없지 않지만 어디까지나 제일 먼저 나오는 것은 하늘의 소리를 '들음'이다. 그리고 땅의 모양을 봄이다. 이를 살펴 인간으로서 '참 나'의 도리를 공공으로 실천하게 된다.

동학의 '참 나'는 두 가지이다. 하나는 지기이고, 다른 하나는 '지금 여기의 지기(至氣)'이다. 처음의 '참 나는' 무한 공간, 무한시간으로서의 우주(宇宙)다. 우주의 본질이 지기이므로 처음의 '참 나'는 지기이다. 나중의 '참

나'는 '지금 여기의 지기'이다. 처음과 나중이 시작도 끝도 없이 진행되기에 '참 나'의 공공활동은 '무시무종(無始無終)'의 신선활동이다.

신선활동은 공공작용으로 '지기의 기화(無爲而化)'하는 몸으로 귀일한다. 이것을 일컬어 '동귀일체(同歸一體)'라고 부른다. 동귀일체하면 동학의 이상향인 후천선경(後天仙境), 혹은 지상선경(地上仙境)이 도래한다. 여기서 동귀일체에 이르기까지의 과정을 정리하면 다음과 같다. 성경신의 마음으로 21자 주문을 외움 → 수심정기가 됨 → 각자위심(各自爲心)이 소멸되면서 지기의 마음속의 신령을 회복(內有神靈)하고 밖으로 지기의 몸을 나타내면서(外有氣化) 내외 상통(相通)하여서 마침내 동귀일체를 이루게 된다.

이러한 지상신선들이 모여서 이루어진 지상선경이야말로 달리 말한다면, 군자공동체(君子共同體)다. 김대문의 『화랑세기』에 따르면 16세 풍월주 보종(宝宗)은 선도의 대가이다. 그래서 당시 신라인들을 그를 일컬어 진선공자(眞仙公子)라고 불렀다.[4]

도덕적 추론에서 먼저 듣고, 보고, 그리고 실천한다. 성·경·신을 대입하면 정성스럽게 듣고, 공경의 마음으로 보고, 그리고 확신을 가지고 실천하는 추론이다. 하늘의 소리를 듣기 위해서 중요한 것은 은유적 차원의 본성을 파악하고 상상력을 발휘하여 그 소리의 진의를 제대도 파악하려는 태도이다. 바로 보았다면 상상력을 발동할 필요가 없다. 들리되, 그 소리의 근원이 하늘이기에 지극한 정성으로 듣지 않으면 소리는 놓치게 마련이다. 천지부모의 음성을 듣기 위해서는 자세가 달라야 된다. 따라서 도덕적 추론의 상상력의 사례로서 '도덕적 이해의 은유적 본성'이 중요하다.

도덕적 추론의 형식으로는 도덕적 원리, 사실적 판단, 도덕적 판단의 세 가지 형식으로 이루어져 있다. 예를 들어, '공중도덕을 위반해서는 안 된다.'는 도덕적 원리를 전제로 '자판기를 파손하는 것은 공중도덕을 위반하는 것이다.'는 사실적 판단과 만나서 '결국 자판기를 파손해서는 안 된다.'

는 도덕 판단을 내린다. 실제적으로는 도덕적 판단을 내릴 때 도덕적 원리와 사실적 판단 중 어느 하나가 생략되기도 한다. 여기서 잘못된 도덕적 추론의 경우로는 근거로 제시한 도덕적 원리가 잘못된 경우가 있거나 또는 근거로 제시한 사실적 판단이 틀린 경우가 있거나 아니면 근거로 제시한 도덕적 원리와 사실적 판단이 상관관계가 없는 경우이다.

도덕적 상상력은 상대방의 입장을 헤아려 보고, 다른 사람에게 도움이 되는 여러 행동들을 상상하여 그 결과를 예측하는 능력을 의미한다. 그 특징으로는 '어떤 상황을 도덕적 문제로 받아들일 수 있는 마음의 상태'로서의 '도덕적 민감성'과 '다른 사람의 감정을 함께 느끼고 이해하는 것'으로서의 '공감' 그리고 '자기가 어떤 행동을 했을 때 나타날 수 있는 다양한 결과를 미리 생각해 보는 것'으로서의 '다양한 결과 예측'이 있다.

도덕적 상상력을 키우기 위해서는 먼저 도덕적 문제에 대해 다양하게 생각해 보아야 한다. 그리고 다른 사람의 어려움을 이해하고, 그 사람의 입장과 감정을 공유하기 위해 다양한 경험을 쌓아야 한다. 도덕적 추론은 도덕적 판단을 내릴 때 근거를 제시하면서 그 판단이 옳다고 주장하는 과정을 의미한다. 도덕적 추론의 절차는 먼저 도덕적 문제의 상황을 인식하는 것이다. 그리고 주장에 대한 근거나 이유를 확인하는 것이다. 이와 같이 도덕적 추론의 과정에서 도덕적 원리와 사실적 판단의 상호 연동적인 확인을 하게 된다. 이를 통해 마침내 우리는 도덕적 판단을 수월하게 내리게 된다.

도덕적 판단에서 중심 역할을 하는 것은 도덕적 상상력의 구조, 즉 '개념들의 원형구조'이다. '동학의 성·경·신을 실천하는 것이 도덕적이다'는 명제는 분명히 도덕적 판단에 속한다. 이 원형구조가 뜻하는 의미의 함축들은[5] 「도덕성에 관한 통속이론」[6]의 배후의 특정 가정들을 비판한다. 동시에 도덕적 판단이 어떻게 가능한지에 관한 통찰력을 제공해 준다. 동학의 성·경·신을 이해함에 있어서도 이러한 원형구조로서의 사례를 파악할 필요가 있다.

최근 인지구조의 원형들에 대한 새로운 발견은 개념 구조에 대한 우리의 이해를 근원적으로 바꾸어 놓았다.[7] 범주구조에 관한 고전 이론은, 범주 또는 개념의 실재가 그 범주의 구성원으로 간주되기 위한 구체적인 목록에 의해 정의된다. 범주구조 안에서 한 구성원과 다른 구성원을 차이를 드러나게 할 수 있는 방법은 존재하지 않는다. 동학의 성경신이 중요하다는 주장이 그렇지 않다는 주장을 하는 사람을 수용하지는 못한다는 논리이다.

1970년대에 로쉬(E. Rosch) 등은 범주들에 상당한 정도의 내적 구조가 존재한다는 사실을 발견했다. 모든 구성원이 어떤 범주에 대한 이해에 있어서 동등하게 비중을 차지하지 않는다. 어떤 특정범주에서 몇몇 구성원들은 그 범주에 대한 이해방식에서 인지적으로 더욱 중심적인 반응을 나타낸다. 성·경·신의 실천에 있어서 동학도와 비동학도의 반응 방식은 차이가 나게 마련이다. 인지적 원형들은 범주들을 정의하는 데 중요하다. 그렇지만 그것들이 범주의 모든 구조를 보여 주는 것은 아니며, 범주 구성원이 되기 위한 필요충분조건의 상세한 목록을 제시하는 것도 아니다.

대부분의 경우 그 범주의 모든 구성원이 지니는 속성들을 통일된 상황으로 정의할 수 있는 단일한 집합은 존재하지 않는다. 상이한 구성원들은 일련의 필수적 속성들을 공유해서가 아니라, 비트겐슈타인(L. Wittgenstein, 1889-1951)이 말하는 '가족유사성(family resemblance)'의 개념과 상관 연동되어 있다.

비트겐슈타인은 가족유사성이라는 기준을 제시한다. 그는 과학적 의도에 맞는 한 언어에서 전개된, 개념어의 표지 정의를 위한 요구를 비판했다. 그가 한 개념 단어가 적용되는 것마다 공통된 성질이 틀림없이 있다는 사고에 대한 적대감을 갖고 있다는 점이다. 그래서 비트겐슈타인은 모든 놀이에 공통적인 무엇이 있는 것인가를 '보고 알기(look and see)'를 권한다. 여기서는 동학의 듣기(listen)에 관한 내용은 기술되고 있지 않다.

그리고는 바로 모든 것에 공통된 어떤 것은 보지 못하며, 다만 거기에는 유사성과 관계들과 전체 시리즈만을 볼 것이라고 말한다. 비트겐슈타인은 하나의 언어를 말하는 것을 하나의 논리 내지는 수학적 계산을 조작하는 것에 비유했다. 이 비유는 크게 네 가지 목적을 갖고 있다.

첫째, 언어를 말하면서 우리는 사고에 있어서 정확한 규칙의 복합 체계를 조작한다. 일상 언어의 명제들은 명백히 그런 계산의 부분으로 분석될 수 있다.

둘째, 한 단어의 의미는 기호론에서는 그것의 대신이고, 그것의 바른 사용을 설명하는 규칙에 의해 결정된다. 마찬가지로, 한 문장의 이해는 그것이 없다면 문장이 죽은 체계의 일부로 보는 것이다. 계산에서 한 문장의 역할은 그것의 의미이다.

셋째, 문법은 인과적 기계론이 아니다. 계산 규칙은 한 단어를 쓰는 가능한 결과가 무엇이 될 것인가는 상술하지 않고, 어떤 종류의 조작이 수행될 것인가를 상술한다.

넷째, 한 언어를 말하는 것은 하나의 활동인데, 이는 마치 한 계산이 우리가 조작하는 무엇인 것과 같다. 언어가 규칙에 통제를 받는 활동이라는 생각이다. 문법의 규칙들은 그들이 형식적 계산의 규칙보다는 숨바꼭질과 같은 놀이의 그것과 닮아 있다. 계산 모델이 '어떤 사람이 문장을 발화하고 그것을 의미하고 이해한다면, 그는 분명한 규칙들을 따라 하나의 계산을 조작하고 있다.'라는 견해이다.

비트겐슈타인은 이 견해에 대해 두 가지, 즉 그 자신이 이전에 그것을 주장했고, 그렇지만 그것은 잘못되었다는 것을 진술하고 있다. 때때로 계산 모델은 비트겐슈타인이 논리 구문론의 관념과 문법의 관념 사이에 주장했던 언어의 개념으로 제공되었다.

비트겐슈타인은 낱말의 은유관계를 분석한 전기의 『논리철학논고』와 언어놀이에서 상호 변환되는 자연언어가 논리구조로 정형화된 언어와는 다른 의미로 사용됨을 분석한 후기의 『철학탐구』에서 여러 용어로 바꾸어가면서 계산 모델을 유지하였다. 그는 명제 체계라는 관념이 좁은 범위의 적용, 즉 결정 가능한 것(길이, 색깔)의 한정들(5m 길이, 붉은 색)에만 있고, 심지어 거기에는 하나의 한정 가능한 것의 한정들 모두가 동일한 순열 가능성들을 공유한다는 사실을 무시한다는 것을 깨닫게 되었다. 점차적으로 그는 또한 정확하고도 엄격한 규칙 체계로서 말의 그림을 공격하게 되었다. 동학의 성·경·신이 오늘 우리가 사용하는 게임 규칙에 따라 과거의 성·경·신 개념과 상이한 의미로 전개될 수 있음을 말한다.

예컨대, 언어 규칙들은 경계가 되는 경우를 위해 사용되나 기호 결합이 허튼 소리인가 아닌가를 판단할 수 있는 인식 가능한 환경을 지시해 주지는 않는다. 놀이에서도 동일한 것이 성립되며, 예컨대 서브를 넣기 전에 공을 얼마나 높이 던지는가에 대한 규칙이란 전혀 없다. 그러나 이것은 테니스를 칠 수 없다는 것을 의미하지는 않는다. 실상, 모든 면에서 냉혹한 규칙들로 묶인 활동이라는 관념은 불합리한데, 주위에는 무수히 많은 그런 관점이 있기 때문이다. 더욱이, 어떤 놀이에 있어서든, 미리 꼼짝달싹도 하지 않는 무수히 이상한 가능성들이 있다. 테니스 규칙들은 만일 공이 날아가는 까치에게 잡힌다면 무슨 일이 일어나는지에 대해 상술하지 못한다면 무용지물이다. 형식적 계산은 언어의 심층 문법을 드러내지 않는다.

그들의 유일한 합법적 철학적 역할은 비교의 대상으로서 이다. 그것들은 우리가 유사성과 비교를 통해 우리 문법의 개관을 성취하는데 도움을 준다. 그러나 점차적으로 비트겐슈타인은 계산 모델을 버리면서, 원숙기 저술에서 다양한 긴장을 만들어 낸다. 예를 들면, 왜 우리는 이러한 일방적인 목록 중심의 문법적 규칙들을 채택해야 하는가? 철학의 공공활동은 때때로 아무 것도 아닌, 다만 관련된 언어개념들의 특정한 왜곡을 대적하려는 목적을 위해, 명백한 규칙들을 새롭게 만들고 있다는 사실이다.

그래서 비트겐슈타인은 규칙이란 우리가 우리의 실천에 있어서 규칙에 접근하는 것이 부인되고, 어떤 규칙을 넘어서서 역할을 할 수 없다고 규정하였다. 그는 결국 우리가 어떤 새로운 종류의 발견을 할 수 없다는 것을 보여주는 데는 실패하였다. 대신 그는 이것이 논리적 계산에 의해서가 아니라 일상 언어 철학에서 강조한 다양하고 복합적인 패턴과 애매한 의도에 의해서 범주구조에 관한 것을 보여주고 있다고 강조한다.

이제부터 범주구조에 관한 새로운 이해가 어떤 방식으로 「도덕성에 관한 통속이론」과 상충되며, 따라서 도덕적 추론의 본성에 관한 다른 견해를 요구하는지를 탐색할 필요가 있다. 따라서 도덕적 절대주의는 도덕성이 문화적 구성물일 뿐이라는 회의적 우려를 극복하려는 노력과 함께 도덕적 객관성을 근거 짓고 확보하는 문제에 사로잡혀 있다.

도덕적 절대주의는 보편이성에서 비롯되며, 모든 합리적 존재에 강제적이며, 문화와 역사를 통해 불변하는 확정적인 도덕 규칙들의 명확한 집합을 탐색함으로써 이 절대적 근거를 추구한다. 절대적 도덕 규칙에 대한 이러한 시각은 우리 경험과 도덕적 지식의 발전과 성장, 그리고 역사적 변형 등이 주는 모든 의미를 배제하는 문제점을 지닌다. 성경신의 담론이 오늘 우리가 어떤 방식으로 담론하는가에 따라 도덕적 판단도 달라진다.

왜냐하면 도덕적 절대주의는 도덕법칙에 대한 우리의 이해가 변화할 수 있으며, 때로는 퇴화할 수도 있는 반면, 법칙들 자체는 본래의 상태에서 항구적으로 확정되고 타당해야만 한다고 말하기 때문이다. 도덕적 절대주의가 우리의 기본적인 도덕적 개념들에 공유되고 안정된 부분이 존재한다는 점을 지적하는 것은 옳지만, 모든 도덕적 추론이 이런 방식으로 작용한다는 주장을 그릇되게 일반화하는 오류를 범할 수밖에 없다.

지성적인 도덕적 숙고가 반성적 활동이라는 것, 또 그것이 그 자체로는 전형적으로 도덕적 상상력의 일반적 영향 아래서 작용한다는 것은 사실이다. 그렇지만 이 원리들이 절대적인 도덕법칙이라고 생각해서는 안 된다. 오히려 우리의 도덕적 숙고에서 고려해야 하는 중요한 관심사들을 표출하는 집단적 도덕 경험으로서 도덕 원리에 관한 견해를 제시할 것이다. 도덕적 숙고가 사례들을 확정적인 규칙에 따라 분류하는 것으로서가 아니라, 오히려 경험적 상상력의 탐색과 변형으로서 적절하게 기술될 수 있기 때문이다.

이러한 관점은 도덕적 절대주의를 와해시킨다. 그것은 또한 도덕성이 극단적으로 불안정하고 불확정적이지 않다는 것을 보여줌으로써 극단적 형태의 상대주의도 와해시킨다. 흔히 말하는 도덕적 절대주의 시각은 다음의 전제들을 근거로 이루어진다.

먼저 보편적 도덕법칙으로 인간에게 강제성을 갖는 일련의 도덕법칙들이 존재함을 수용한다. 또한 보편적 이성으로 각각의 도덕적 행위자는 보편적 이성 능력을 통해 도덕법칙들을 파악하고 구체적인 상황에 적용할 수 있음을 받아들인다. 도덕적 가치의 절대주의 특성은 도덕적 가치와 법칙들은 시공간을 넘어 모든 합리적 존재에 대해 보편적인 강제력을 가진다.

아울러 도덕적 개념은 일의적이며 문자적이다. 도덕법칙들에 포함되는 개념들은 하나의 확정적 의미를 가져야 한다. 그래서 구체적인 상황에 적용하는 것은 바로 그 개념을 정의하는 필요충분조건이 경험 안에서 실제로 성립하는지를 결정하는 문제로서 작용하여야 한다. 그리고 개념의 고전적 범주 구조이다. 도덕적 판단이 사례들을 확정적 개념과 법칙에 포섭시키기 위해서는 그 개념들이 고전적 범주 구조를 지녀야 한다는 것, 즉 그것들은 필요충분조건의 집합에 의해 정의되어야 한다.

게다가 도덕적 추론의 비상상적 구조이다. 일의성에 대한 요구는 은유(metaphor)나 환유(metonymy), 다양한 영성(image)과 같은 도덕적 상상력의 구조들을 허용하지 않는다. 또한 가치 원리들의 위계적 서열화가 이루어진다.

둘 이상의 도덕 원리들이 충돌하는 모든 경우에 관련된 가치나 원리들의 서열을 정하는 합리적 절차가 존재한다.

그리고 절대주의 논리이다. 절대주의자에게 도덕적 추론은 구체적인 사례들을 절대주의 도덕 개념에 포섭시키는 연역논리의 문제이다. 무엇보다도 근본적인 자유이다. 도덕적 행위자는 '비합리적' 이유들과 상관없이 스스로에게 부여한 도덕 원리들에 근거한 도덕적 결정을 바탕으로 행동할 수 있어야 한다. 결국 옳은 행위이다. 도덕적 탁월성은 정확히 무엇을 행할 것인지, 또 과연 그것을 행할 것인지를 결정하는 마음의 순수성과 의지의 강인함으로 이루어짐을 중시한다.

이러한 다양한 맥락에서 비추어 볼 때, 동학의 성·경·신 담론에서 추구한 세계를 무엇이라고 말할 수 있을까? 즉 그것을 도덕적 절대주의를 와해시키고 전개할 수 있는 범주구조는 어떤 것인가의 문제다. 최제우는 『동경대전(東經大全)』을 통해, 성·경·신 범주는 기존의 유교에서 말한 인의예지(仁義禮智)들의 가르침과 다르다고 한다.

성·경·신을 말하기 위해서 수심정기(守心正氣)를 알려주고 이것은 자신이 새로 정한 새로운 언어이고, 가르침이라고 소개한다. 그리고 수운은 「권학가(勸學歌)」를 통하여 동학 수도의 세계를 '성경 두 글자를 지켜 내어 한울님을 공경하는 것'으로 말하면서 성·경·신(誠敬信)을 지금도 과거에도 듣거나 비교할 수 없는 가르침으로 강조한다. 성·경·신의 범주구조로 보면, 우리는 공공세계라는 도덕적 상상력의 은유와 연동되어 있다.

공공세계는 공공철학을 통하여 '대화(對話)하고 공동(共動)하며 개신(開新)하는 세계'를 말한다.[8] 이러한 공공세계는 자기와 타자가 함께 서로 마주보며 진실의 상화(相和)와 화해와 공복(共福)을 실현하기 위한 공동과 개신의 길을 자타가 더불어 추구하는 세계이다. 이러한 공공세계는 개인적으로 이성, 감성, 영성의 가치를 추구하면서 타자와 더불어 공동(共動:함께 움직임)하는 가운데, 공공이성, 공공감성, 공공영성을 공유한다. 그러므로 공공세계는 단독 행동이 아니라 상호(相互), 상관(相關), 상보(相補)의 활동으로 기운이 활성화되어 미래 창조에 바탕이 되는 새로운 지평을 열어가는 개신(開新)이다. 우리는 동학의 성경신에 대한 분석에 있어 유불 결합의 관점에서 논구한 선례를 살펴볼 수 있다.[9]

동학의 성·경·신이 불교의 지관(止觀)의 틀을 빌리고 유가적 전통을 계승하면서도 격물치지의 도리를 한울님에 대한 공경과 정성으로 대체한 것으로 묘사하고 있다.[10] 또한 수운의 성(誠)은 본체개념으로 한울님을 지칭하고, 수운의 경(敬)은 성리학과 불교의 경 개념을 계승한 것이라고 해석하고 있다.[11]

인간의 한울님 모심을 우주와 한 몸이 되어 우리 자신이 새롭게 창조되는 것이기에 화엄의 비로자나불과 상통한 것으로 해석하였다.[12] 아울러 동학의 성·경·신을 일상생활에서의 인간 행동의 도덕적 덕목인 정성과 공경 그리고 믿음의 덕목 중심으로 해석한 경우도 나타났다.[13] 동학의 성·경·신을 유불 세계와 상통시키거나 덕목 중심으로도 해석할 수 있지만, 동학이 추구하는 세계의 독특성을 제대로 반영하려면 유불 정신의 계승이나 덕목 중심으로 바라보기보다 새로운 세계 건설의 관점에서 동학의 성·경·신을 규명할 필요가 있다고 생각된다.[14]

다음에서는 공공철학에서 추구하는 공공세계의 관점에서 동학의 성·경·신에 대하여 고찰하고자 한다. 성·경·신을 통한 공공세계 염원은 수운의 영성 체험에 근거하여 이루어진 수심정기(守心正氣) 사상에 나타나 있다. 그렇지만 이후의 해월 최시형의 삼경(三敬) 사상, 그리고 의암 손병희의 인내천(人乃天) 사상과 상관 연동을 이루어 성·경·신이 이어지고 있기 때문에, 이 글에서는 수운사상에 국한시키기보다 해월·의암 사상과 연계하여 성·경·신을 이해하고자 한다.

특히 1905년 의암에 이르러, 동학이 천도교(天道教)라는 명칭으로 바뀌지만, 동학 성경신(誠敬信)은 역사적 맥락으로 이어져서 정성과 공경, 그리고 믿음을 강조하는 가운데 삼일회통을 보여주었다. 이는 다른 종교전통과 함께 공동(共動)하면서 삼일운동을 주도하는 토대가 되었다.

이 과정에서 한울님과 상통하고, 초월하면서 내재하는 한울님과 공공으로 상달(相達)·개신(開新)한다. 동학의 성·경·신에는 자타 상통의 공공세계에 대한 삼일정신의 실천지표가 나타나 있다. 동학이 추구하는 공공세계는 후천개벽(後天開闢)에 의한 공공행복(公共幸福)의 구현이다. 인간은 개체이면서 동시에 사회적 존재이기에, 인간의식의 개벽과 사회개벽을 동시에 요청한다. 동학혁명(東學革命)은 사회모순을 제거하는 동시에 불순물을 정화하여, 본래 면목을 회복하는 다시 개벽이다.

> 도(道)인즉 천지가 개벽하여 일월이 처음으로 밝는 도(道)다.[15]

동학의 다시 개벽은 지속성의 범주구조로 보면, 겨레얼 살리기 차원과 은유적으로 연동된다. 양자는 공공세계를 열기 위한 삼일의 진면목을 보여준다. 하나가 삼으로 펼치는 조화와 삼이 하나로 복귀하는 균형이 겨레얼 살리기와 동학운동 사이에 함께 한다. '한'의 공공세계에는 겨레의 얼이 함께 공공작용을 일으켜, 국난을 극복하고 다시 개벽을 실천한다.

겨레의 공공세계는 동학운동의 전개에서 '한'의 생명력을 보여준다. 동학에서 공공세계를 구현하기 위한 횡단 매개는 수심정기(守心正氣)에 나타난 정성의 공공세계, 삼경(三敬)에 나타난 공경의 공공세계, 그리고 인내천(人乃天)에 나타난 확신적 믿음의 공공세계로 상관 연동되어 동학의 성·경·신의 범주구조로 드러났다. 동학운동의 맥락에서 보국안민(輔國安民)에 대한 정성과 광제창생(廣濟蒼生)에 대한 공경, 그리고 성령출세(性靈出世)에 대한 믿음이

수반되어 '한' 의 공공세계를 은유한다.[16]

2. 수심정기(守心正氣)에 나타난 정성의 공공세계

공공세계는 '공(公)' 과 '사(私)' 의 상관성 문제가 관건이 된다. 고대 사회 이후에 '공' 은 주로 통치자의 입장을 말하며, '사' 는 피통치자의 입장을 의미한다. 현대사회에서 공(公)은 동양의 존재론적 당위성을 말하는 것이 아니라, 내면의 성찰이 부족한 외면 규제의 엄격성을 질타하면서 사적 자율성과 대립되는 모습에 대한 비판적 시각의 대상이 된다.

현대사회에서는 개체의 사적 차원과 사회의 공적 차원이 단절되고 있다. 인간은 삶의 외연이 축소되고, 사회는 공적 가치 기준의 뿌리를 송두리째 상실한 가운데, 자율성을 망각한 방종이 난무하여 공동체 존립의 위기를 맞이하고 있다. 공공세계는 '공' 과 '사' 의 어느 한쪽도 말살하지 않고 양자 모두 서로 상보적으로 개선, 향상시킴으로써 활사개공(活私開公)에 의한 행복 공창(幸福共創)이 가능해진다. 동학의 수심정기(守心正氣)에서 수심(守心)은 개체 살림의 활사(活私)이고 정기(正氣)는 공적 열림의 개공(開公)이다.

1860년(경신년) 4월 이전의 수운은 현실적 문제를 사적 차원에서 극복하고자 고뇌했던 한 젊은 지식인이었다. 그러나 경신년 4월의 영성 체험 이후에는, 이러한 사적 차원을 뛰어넘어 공적 차원의 '한울님 마음' 으로 개벽하여 공공세계를 통해 세상 사람들을 깨어나게 하는 인류 구원의 영성 지도자로 변모하게 된다.[17] 경신년 이전의 삶이 사적 삶이라면, 그 이후의 삶은 구체적 제세(濟世)의 의지를 지닌 공공의 삶이라고 말할 수 있다.

비록 한울님으로부터 무극대도를 받는 결정적인 영성 체험 이후의 삶이 4년에 불과했지만, 이는 곧 수운 선생을 존재하게 만든 공공세계 구현의 삶이었다. 수운 선생은 결정적인 영성 체험을 하는 경신년 4월 이전에, 이인 (異人)으로부터 천서(天書)를 받는 을묘천서(乙卯天書) 체험을 한다.[18] 수운이 천서를 받았던 곳은 수운의 처가 동네, 울산 유곡동 '여시바윗골'의 초옥(草屋)이다. 세상을 구할 가르침을 얻고자 십여 년을 떠돌다 아무 것도 이루지 못한 수운은 처가 동네 근처에 초옥을 마련하고 머문다.[19] 이곳에서 어느 봄날, 수운 선생은 이인으로부터 한 권의 책을 받는다. 선전관(宣傳官) 정운 구(鄭雲龜)의 보고서에 을묘천서에 관한 기술이 나타난다. 정운구는 서울을 떠나 경주부(慶州府)를 향해 길을 떠날 때, 문경(聞慶) 새재를 지나면서 탐문 수사를 하였다. 경주부에 이르러서 사람을 시켜 시장이나 절간 등지를 드나 들면서, 수운과 동학의 일을 염탐하였다.

> 5,6년 전에 울산(蔚山)으로 이사를 간 다음 무명을 팔아서 살다가 근년에 이
> 르러 홀연 다시 고향으로 돌아와서, 사람들에게 말하기를, '나는 하늘에
> 제사를 지내어 치성을 드리고 돌아오는 길에 공중으로부터 문득 책 한 권
> 이 떨어지는 것을 얻어서 공부를 하였다. 이때 이 책의 내용을 아는 사람이
> 아무도 없었는데, 나만이 홀로 그 내용을 알게 되었으니 이를 선도(善道)라
> 고 한다.[20]

관변기록으로 볼 때, 수운이 세상을 떠돌다 울산 근처에서 신비 체험을 한 사실은 널리 알려진 일이다. 그러나 오늘날 수운이 받은 책이나 그 책의 내용은 전해지지 않는다. 내용 중에 '하늘에 기도를 하라(祈天하라)'[21]는 내 용이 있었다는 사실은 전해진다. 수운이 세상을 떠돌며 다른 도(道)나 가르 침을 찾아다니는 것을 그치면서, '하늘 기도(祈天)'하는 '성(誠)'의 수행이 이 때부터 본격적으로 시작되었다.

10여 년 간 세상을 떠돌며 세상을 올바르게 제도할 가르침을 얻고자 노력

하던 수운은 을묘천서 이후 내원암(內院庵)과 적멸굴(寂滅窟) 등지에 자리를 잡고 하늘에 기도하는 '성(誠)'의 수행 방식을 채택한다.[22] 수운은 이로써 외면적 도(道)를 구하는 방식을 버리고 공공세계의 상호회통(相互會通)의 관점에서 '성(誠)'의 방식으로 한울님과 접근하였다.

을묘천서 이전까지 이법천(理法天)의 가르침을 얻고자 했다면, 이후부터는 공공세계의 이사상통(理事相通)의 성(誠)으로 도(道)를 깨닫는다. 이 과정에서 수심정기(守心正氣)의 이치를 체득한다. 을묘천서 이전의 '하늘 기도(祈天)'를 외재하는 하늘에 대한 기도였다면, 을묘천서 이후에는 성(誠)으로 이사상통하기 위한, '사법천(事法天)' 한울님과 대화이다.

구도 방법이나 대상 양상에 있어서, 을묘천서를 기점으로 성(誠)의 차원으로 전환한다. 수운 선생은 수심정기(守心正氣)로 정성을 바쳐서 탐욕, 편벽, 사곡(私曲)이 없는 성(誠)의 공공세계에 목표를 두었다. 여기서 수심정기의 정성 없이는 공공세계를 열지 못한다는 깨침을 얻게 된다.

을묘천서 이후, 수운 선생은 종래의 성리학(性理學)의 하늘, 즉 이법천(理法天)뿐만 아니라 '섬기는 하늘(事天)', '기도하는 하늘(祈天)'로서 인격 소통이 되는 하늘세계의 공공작용을 파악하게 되었다. 수운은 을묘천서를 기점으로 공공양식(公共良識)의 새 길을 걸었다. 하늘은 섬김의 대상이며, 기도 상통이 된다는 것은 인격 교감으로서 공공세계 열림이다.

수운 선생은 울산 인근에서 생활하며 수련을 계속한다. 서너 해가 지난 기미년(己未年, 1859년) 10월, 가족을 데리고 경주 용담으로 돌아온다.[23] 고향으로 돌아온 수운은 아버지 근암공이 제자를 키우던 용담서사(龍潭書社)를 다시 고치고, 이곳에 칩거하며 다시 수련에 정진한다. 구미산(龜尾山) 산자락에 자리한 용담서사 밖으로 한 걸음도 나가지 않고자 불출산외(不出山外)를 굳게 '성(誠)'으로 맹세한다. 이렇듯 마음을 다지는 한편, 세상의 어지러움에 대해 치열하게 고민하는 데서 한 발 물러나 유유히 관조하고, 한가롭고 그윽하게 세월을 보내며[24] 수련에 몰두한다.

수운은 이 무렵 자신의 이름을 바꾸게 된다. 원래 이름은 '제선(濟宣)'이었지만, 공공세계를 열기 위해 '제우(濟愚)'라고 개명한다. 이로써 세상 사람을 구하겠다는 공공세계 열망을 드러내고, 사회에 대한 책임의식도 표방한다. 그렇게 수련에 열중하던 경신년 4월, 수운은 신비 체험을 한다. 음력 4월 5일, 장조카 맹륜(孟倫)의 생일 연회에 초대되었다가 몸이 이상해지는 것을 느낀 수운은 용담으로 돌아왔지만 정신이 아득해진다. 성경신의 성(誠)은 사량 분별을 떠나서 순일한 마음을 유지하는 것이 중요함을 의미한다. 그렇다고 모든 사람이 동일범주로 구조화되지는 아니한다.

수운은 아무것도 보이지 않으며, 정신을 수습할 수가 없고 무엇에 홀린 듯하고 술에 취한 것 같으며, 일어나려고 해도 일어날 수가 없고, 선 자리에서 그냥 넘어지고 엎어지는가 하면, 몸이 저절로 한 자 이상씩 뛰어올라, 도저히 그 증상을 알 수가 없었다고 전한다.[25] 수운은 점점 몽중으로 빠져들고, 알 수 없는 강력한 힘에 취하여 황홀한 기운이 전신을 감싸는 것을 느끼게 된다. 그러던 중 문득 천지를 진동하듯 커다란 소리가 어디선가 들려왔다.[26] 정신을 차리고 가만히 들어보니, 수운을 부르는 소리였다. 이 경험을 수운 선생은 『동경대전』에 다음과 같이 기록하고 있다.

> 뜻하지 않게 어느 4월에 마음이 춥고 몸이 떨리어 무슨 병인지 그 증상을 알 수가 없고 말로 형상하기 어려울 즈음에 어느 신선의 말이 있어 문득 귀로 들어오는지라….[27]

몸이 떨리고 마음이 선뜻해지며 어느 신선의 말소리가 들려왔다고 한다. 이와 같은 표현을 수운은 『동경대전』의 다른 부분에서 다음과 같이 언급을 하고 있다.

몸이 많이 떨리고 추우며, 밖으로는 접령(接靈)하는 기운이 있고 안으로는 강화(降話)의 가르침이 있으되, 보였는데 보이지 않고 들었는데 들리지 않는지라….[28]

「포덕문」과 「논학문」의 기록은 동일하게, '몸이 떨리고 추웠다.'고 한다. 그러나 「논학문」의 기록에는 밖으로는 접령(接靈)하는 기운이 있었고, 안으로는 강화(降話)의 가르침이 있었다고도 기록한다. 즉 한울님의 기운과 나의 기운이 하나가 되어 만나게 되므로 '밖으로는 접령(接靈)의 기운을 느끼게 되고(外有接靈之氣)', '안으로는 한울님의 말씀이 들렸다(內有降話之敎)'고 기록한다. 여기서 우리는 성·경·신의 첫 번째 반응 이전의 영성화통의 울림에서 의사소통의 '들림'으로 전환된다. 영혼울림이 들림의 공공작용으로 이는 다시 동학에 대한 믿음의 공공작용을 낳게 된다.

사람의 성(誠)은 한울님을 감응하게 하고, 한울님은 조화를 통해 무위이화하게 하고, 사람은 이 무위이화를 통하여 한울님의 경지에 이르게 된다. 따라서 수운의 성(誠)은 수심정기(守心正氣)에 나타나면서 솔성수교(率性受敎)에 이르러 공공세계를 열기 위한 정성된 도리로 승화하게 된다. 다시 말하면, 한울님으로부터 품부 받은 마음을 사적으로 지키고(守其心), 기운을 바르게 하여 공적으로 실천함으로써(正其氣), 한울님 성품을 공공으로 지니게 되어(奉其性), 마침내 그 한울님의 가르침을 공공으로 받게 된다(受其敎)는 것이다. 이러한 공공세계는 '자연 울림'의 '한'에서 저절로 화해져 나옴(化出於自然之中)"으로, 공공세계의 성(誠)에 이르는 과정으로서 일관된 정성(精誠)을 요청한다.[29]

이를 통하여 수심정기의 성(誠)은 한울님의 성(誠)과 인간의 정성이 함께 공공으로 매개하는 가운데 자연스럽게 성(誠)의 공공세계를 이룬다. 실제로 수운은 신비 체험 동안, 자신의 인격을 유지한 채 상제(上帝)라는 인격 존재와 대화를 나눈다.

수운의 영성 체험은 본연적으로 마음에 모시는 한울님을 깨닫고, 이 한울님과 이사상통(理事相通)의 공공세계로서 경험된다.[30] 경신년 영성 체험에 따른 성(誠)의 공공성은 『용담유사』에서 드러난다.

처자 불러 효유(曉諭)하고 이럭저럭 지내나니 천은(天恩)이 망극하여 경신 사월 초오일에 글로 어찌 기록하며 말로 어찌 성언할까. 만고 없는 무극대도 여몽여각(如夢如覺) 득도로다. 기장하다. 기장하다 이내 운수 기장하다. 한울님 하신말씀 개벽 후 오만 년에 네가 또한 처음이로다. 나도 또한 개벽 이후 노이무공 하다가서 너를 만나 성공하니 나도 성공 너도 득의(得意) 너의 집안 운수로다.[31]

성경(誠敬) 두자 지켜내어 차차차차 닦아내면 무극대도 아닐런가. 시호시호 그때 오면 도성입덕(道成立德) 아닐런가.[32]

어질다 모든 벗은 우매한 이 내 사람 잊지 말고 생각하소. 성경현전(聖經賢傳) 살폈으니 연원도통 알지마는 사장사장(師丈師丈) 서로 전해 받는 것이 연원이오….[33]

『용담유사』와 『동경대전』의 체험을 통해, 몸과 마음이 춥고 떨리며, 정신이 아득해지며, 한울님과 대화하며, 울림이 들림으로 들림이 떨림이 된다. 이러한 영성 체험의 과정에서 두려움의 외경심(畏敬心)이 발생한다.[34] 더없이 커다란 기쁨, 한결같은 환희심이 수반되었다고 전한다. 수운은 경신년의 결정적 영성 체험 순간에 평소와는 다르게 의사소통의 공공이성, 감성상통의 공공감성, 영성회통의 공공영성의 영혼 치유를 체험한다.[35] '여몽여각'

의 사이라든가, '꿈인지 잠인지 알 수 없는 상태'의 영성 체험이 '황홀경' 또는 '표현되기 곤란한 심리 상태'로서의 성(誠)의 모습이다. '이내 신명 좋을시고'라고 노래하는 극대화된 기쁨의 모습은 영성 체험 중에 겪게 되는 '더없는 환희의 고양 상태'로서의 성(誠)의 표현이다. 수심정기의 성(誠)을 통해 공공이성, 공공감성, 공공영성이 어우러진 모습으로 공공세계를 형성한다.

체험 이전의 수운은 '자신의 불우한 처지(「용담가」)'나, '어려움에 대한 한숨(「안심가」)' 또는 '불우한 처지와 이를 생각하며 전전반측하는 자신(「도수사」)', '신세에 대한 한탄(「교훈가」)' 등으로 사적 고뇌와 절망감을 토로한다. 그러나 경신년 4월의 체험을 기점으로 '오작(烏鵲)은 날아들어 조롱을 하는 듯하다.'고 표현하거나 '비감회심(悲感悔心) 절로 난다.'고 하던 구미용담(龜尾龍潭)이 '세상에서 가장 뛰어난 승지(勝地)며, 낙원(樂園)'으로 새롭게 자리매김하게 된다.

'성경(誠敬) 두 자 지켜내어', '좋은 세상(春三月)에의 신념(「안심가」, 「도수사」)', 나아가 '좋은 세상을 이룩하도록 당부하는(「교훈가」)' 등, 성(誠)을 토대로 '제세(濟世) 신념과 미래 믿음'의 공공세계로 전이(轉移)되고 있다. 이러한 변모는 성(誠)에 대한 공공영성에서의 변모를 말해 준다.

경신년 4월의 성(誠)의 체험은 수운 선생을 거듭나게 했다. 경신년의 결정적인 영성 체험에서 수운이 미친 사람처럼 공중을 향하여 말을 하고 미친 사람처럼 펄펄 날뛰므로 아들과 부인은 너무 놀란 나머지 서로 손을 잡고 통곡을 한다.[36] 이후 수운은 자신이 펴는 도를 서학으로 음해하려는 소문이 잘못된 것임을 피력한다.[37]

수운이 동학 창도 이후 포덕을 시작하자 많은 제자들이 몰려 들어, 당시 관(官)으로부터 지목을 받고, 끝내는 조선 정부에 체포된다. 마침내 수운은 후천개벽의 길을 수호하기 위해 체포를 감내하고 또 처형마저 감수하는,

'자기희생의 길'을 걷는다. 이처럼 수운은 성(誠)의 체험을 통해 도달하는 공공세계 열림을 거쳐 '긍정적 공공인'으로 변모한다. 이렇듯 수운은 경신년 성(誠)의 체험 이후 정서적·의지적인 면, 인격적·도덕적인 면 모두에서 성(誠)을 통한 공공적 지성인으로 변하게 된다.

수운의 성(誠)의 체험은 울림에서 들림으로, 들림에서 떨림으로 공공작용을 나타낸다. 사적 고뇌, 조실부모(早失父母)의 가정적 아픔 또는 적서(嫡庶) 차별에 의한 서자의 고뇌, 화재(火災)로 인한 가산의 피폐 등의 요인과 함께 청운의 꿈이 좌절되는[38] 등의 영성불통의 고뇌를 극복하기 위한 노력이다. '성(誠)의 체험을 통한 공공차원의 열림'이라는 수운의 체험은 자신의 고뇌나 좌절감을 개인적인 것으로만 여기지 않고, 부패하고 혼돈에 빠진 당시 사람들의 공통 고뇌나 좌절감이 공공으로 들림으로 파악하였다.

수운의 고뇌나 좌절감은 사적인 것이 아니고, 그 시대의 환경 조건이 투영된 공적인 고뇌나 절망감이 된다. 수운은 자신의 절망감을 자신의 것만으로 이해하기보다는 '세상의 모든 사람들', 곧 '창생(蒼生)의 것'으로 받아들이면서 공공세계를 열기 위한 수행은 창생을 구제하기 위한 수행이 된다.[39]

수운이 수행(修行)을 통해 얻은 공공세계를 열기 위한 무극대도는 궁극적으로 창생의 구제를 위한 대도(大道)이며, 수운이 한울님으로부터 받은 체험은 공공세계에 대한 고뇌이기도 하다. 성(誠)의 체험을 통해 얻게 되는 끝없는 기쁨, 한 번도 느껴 본 일이 없는 삶에 대한 보람은 사적 기쁨이면서 동시에 공적 창생 구제이며, 공사(公私)를 아우르는 공공세계에 대한 기쁨이었다.

수운은 성(誠) 체험을 통해 이제까지 잠재적으로 지니고 있던 지극히 사적 욕망과 공적 사회적 소망을 유용하고 또한 인정될 수 있는 공공세계의 이념, 즉 제세이념(濟世理念)으로 전환하면서 공공세계에 대한 성(誠)의 열망으로 충만하게 된다.[40] 영성회통을 기점으로 수운은 '세상을 새롭게 제도(濟度)할 가르침'으로서 동학을 세상에 내놓았다.

성(誠)에 대한 결정적인 체험을 통하여 한울님으로부터 무극대도를 받은 이후, 수운은 거의 일 년에 가까운 시간을 다시 수련에 임하게 된다.[41] 수운이 경신년 4월의 체험에 만족하지 않고, 수련을 계속하였다는 것은 매우 중요한 사실이다. 세상으로부터의 단절과 사색과 언어의 단절이 갖는 변화가 수반되었음이다.

성(誠)의 체험 이후에서 행해졌다는 '지속적인 수련'은 수심정기에 대한 반성과 성찰을 통해 보다 합리적인 교의, 곧 교의의 철학적 합리성을 마련하기 위한 노력이다. 그러므로 수운은 섣부르게 포덕(布德)을 하지 않고, 지극히 공경을 통해 수련에 더욱 정진하게 된다.[42] 수운이 포덕도 하지 않고, 다만 수련에만 전념하며 보낸 기간은 경신년 4월부터 다음 해인 신유년(辛酉年, 1861)의 봄까지 지속된다.

경신년 4월의 공공세계로서의 성(誠)에 대한 체험은 예상하지 못했던 사건이며 또 매우 직관적이고 직접적인 '한울님과의 만남과 대화'라는 경험이었다. 또 이에 수반되는 외경감(畏敬感)과 고양된 환희 등의 공공감성의 변화는 지극히 정돈된 공공이성의 의사소통을 수반한다. 의사소통이 이루어져 이성과 이성이 서로서로를 매개하고 이어지면 공공이성의 작용이 발동된다.

수운은 지속되는 체험에서, 「용담가」를 비롯한 「안심가」, 「교훈가」 등의 노래를 지으며 공공감성을 표현하고, 「포덕문」, 「검결」 등 『동경대전』의 여러 경편(經篇)을 지어 공공이성을 추스른다. 결국 결정적인 공공세계에 대한 성(誠) 체험 이후, 수운 선생은 공경을 지속함으로써 자신이 체득한 공공세계의 사유를 마침내 영성 차원으로 회통시키게 된다.

사람이 한울님과 교제하며 그분으로부터 오는 진리를 따라 살아야 하는데 인간의 영성 망각으로 그분과 회통하지 못하고 단절을 초래하는 것이다. 진리의 공공세계를 살지 못하고 사적으로 살다보니까 세상은 고통과 절망이 가득하였다. 영성회통이 요청되는 범주이다. 수운은 한울님의 지속적 강화(降話)[43]의 말씀을 받거나, 시험을 받기도 한다.

한울님은 수운 선생에게 '백의재상(白衣宰相)을 제수(除授)하겠다고 하고, 또는 신비한 조화(造化)를 부릴 능력을 주겠다.'[44]고 제안한다. 그러나 수운은 이를 공공으로 세상을 구할 도가 아니라고 하여 거절하고, 이후 한울님의 명교(命敎)가 있어도 거행치 않고 열하루 동안 음식을 끊는다.[45] 수운의 시천주(侍天主)에 대한 정성은 한울님 모심(侍天主)에 따른 공경으로 이어지고 이 공경은 공공세계에 대한 확실한 믿음으로 구체화된다. 이러한 경우를 되짚어보면, 몸에 한울님의 감화를 위한 정성이 요체가 된다고 말할 수 있다.

> '시(侍)'라는 것은 한울님으로부터 품부 받은 그 마음을 다시 회복하여 이를 실천하는 것을 말하는 것으로, 안으로는 한울님의 신령함을 회복하고, 밖으로는 한울님이 무궁한 기운과 융화일체를 이루는 것을 말한다. 이렇 듯 한울님의 마음을 회복하고 한울님 기운을 얻으므로, '나' 스스로 우주의 중심이며 동시에 '나' 스스로 우주라는 큰 기운에 연결되어 있음을 깨닫는 것을 의미한다. 나아가 이러한 경지를 깨달아 그 마음을 변치 않으며, 이를 실천해 나아가는 것을 '시(侍)'라고 말한다.[46]

수운의 동학에서 공공세계는 수심정기에 의한 내외상통하며, 성(誠)이 체화된 인격 상통의 공공세계이다. 동학의 공공세계는 수운의 경(敬)의 마음으로 지속된다. 동학의 공공세계는 내재적 초월신(內在的 超越神)과의 상통으로 지속되어 '규정 불가능의 포괄자'로서의 '한(桓)'으로 나아간다.

이와 같이 동학의 공공세계는 인간 생명의 내면에 흐르는 신명 기운에 대한 감지와 함께 인간 생명을 둘러싼 자연생태(自然生態)의 생기(生氣)와 상통한다. 따라서 모든 세상 사람들의 존재 가치는 생명의 본성 차원에서 서로를 이어주고 살리는 횡단매개의 활동으로 드러난다. 그러므로 수운의 성(誠)의 체험은 '부동의 동자(the unmoved mover)'를 함유하면서 태극(太極)이나 로고스(Logos)도 함께 아우르는 '한(桓)'으로 이행한다. 수운의 공공세계, 경(敬)은 내재하며 초월하는 한울님 인격을 영성의 주재자로 모셔 공공세계를 지속시키는 요체가 된다.

동학의 공공세계는 '무로부터의 창조'가 아니라, 성(誠)의 정성으로 '뜻을 추구하며 저절로 되어 감'이 가능해진다. 공공세계는 한울님의 큰 덕과 상통하면서, 한울님의 뜻이지만 확신적 믿음으로 신조(信條)로 체현된다. 동학의 공공세계에서, 수운은 한울님과 함께 일을 도모하는 공공세계에 대한 확신을 하게 된다. 한울님의 기쁨, 보람, 행복은 인간과 억조창생의 만물의 매개가 되어서 마침내 공공인격을 이룬다. "내 맘이 곧 네 맘이다(吾心卽汝心)"라고 한 말씀에서 믿음은 결실을 맺게 된다.[47]

3. 삼경(三敬)에 나타난 공경의 공공세계

해월 최시형은 수운의 공공세계를 물려받아 전개하면서 경(敬)에 목표를 두었다. 그는 동학이 박해받던 어려운 시기에 포교하였고, 포접제(包接制)를 두어 교단을 조직하고 관리하였다. 교도들의 공공인격 함양을 위하여 훈련하는 체계를 갖추었고, 1880년에서 1881년 사이에 『동경대전』과 『용담유사』 등 동학의 기본 경전을 간행하였다. 해월은 전봉준의 동학농민혁명의 거사에 대해 처음에는 무력 봉기 관점에서 반대하였다. 그는 오직 '삼경(三敬)'으로 인간의 마음이 한울님과 합한 후에야 공경의 공공세계를 체화할 수 있다고 생각하였다. 사사로운 욕심을 끊고 사사로운 물건을 버리며 사사로운 영화를 잊은 뒤에라야 기운이 모이고 신이 모여 환하게 깨달음이 있을 것이라고 한다.[48] 해월의 삼경사상(三敬思想)의 요체는 경(敬)에 의한 공공세계의 구현이다.

'삼경'은 공적 성(誠) 차원의 '하늘공경(敬天)', 사적 경(敬) 차원의 '물건공경(敬物)', 그리고 공공 신(信) 차원의 '사람공경(敬人)'을 말하면서 이들의 상관 연동성을 함께 중시함으로 성·경·신의 범주구조를 확인하게 된다. 성(誠)차원의 '하늘공경'은 신(信) 차원 '사람공경'이며, 경(敬) 차원의 경물(敬物)은 신(信) 차원의 경인(敬人)에서 공사매개의 공공세계로 변화시킨다. 이를 통해 사적 경(敬)은 공공세계의 진위성과 성숙도를 판명하는 기준이 된다.[49] 한울님이 나와 한마음이므로, 내 마음을 공경하지 않는 것이나 혹은 편안하지 않는 것은 곧 한울님을 불편하게 하는 이치가 된다.

자기 마음을 공경하라는 것은 자신의 마음이 항상 한울과 합치하도록 공경을 다하는 마음상태를 유지하라는 말이다. 이러한 마음을 지켜 바른 기운을 얻는 법이 효제온공(孝悌溫恭)이다. 이는 곧 부모를 온공함으로 모시듯이 나는 물론 다른 사람의 마음까지를 공경하라는 은유적 담론이다.[50] 공공세계 차원에서 수심정기의 종지(宗旨)는 공경의 사인여천(事人如天)으로 타자 섬김으로 지속성을 유지하게 된다.

> 사람마다 마음 공경하면 기혈이 크게 화하고 사람마다 사람을 공경하면 모든 사람이 와서 모이고 사람마다 물건을 소중히 하면 만상이 거동한다. 거룩하다 공경함이여.[51]

인간이 사심을 벗어나서 한울님을 향한 경(敬)으로 대인접물할 때 공공세계의 무위이화를 달성한다. 삼경은 공공세계 차원에서 경인(敬人)에 강조점이 있다. 경인의 사람은 생명 살림의 매개적 존재이다. 흙, 물, 공기, 동식물, 물질 재화를 포괄하되 사람 사이를 이어주고 살림이다.

경이란 도의 주체이며 몸의 작용이니, 도를 닦고 몸으로 행함에 오직 공경으로 종사하라.[52]

사물이 지닌 경제 가치를 벗어나, 한울님 기운으로 상통하며 그 결실로서의 물(物)을 공경하여야 비로소 '천지기화의 덕성'에 영성으로 회통한다. 동학의 경(敬) 사상을 원시종교의 '정령신앙(animism)'과 상관 연동으로 생각할 수 있다. 공공세계에 대한 해월의 독특한 가르침으로써 삼경사상은 "하늘로서 하늘을 먹인다."라는 이천식천(以天食天) 사상에 이르러 공사공매(公私共媒)의 공공매개 가치를 중시하게 된다. 해월은 공공매개의 구현을 이렇게 풀이한다.

내 항상 말 할 때에 물물천(物物天)이요 사사천(事事天)이라 하였나니, 만약 이 이치를 시인한다면 물물(物物)이 모두 이천식천(以天食天) 아님이 없을지니, 이천식천은 어찌 생각하면 이치에 상합치 않음과 같으나, 그러나 이것은 인심의 편견으로 보는 말이요, 만일 한울 전체로 본다면 한울이 한울 전체를 키우기 위하여 동질이 된 자는 상호부조로써 서로 기화를 이루게 하고, 이질(異質)이 된 자는 이천식천(以天食天)으로써 서로 기화를 통하게 하는 것이니 … '외유기화(外有氣化)'라 함은 '이천식천'을 말한 것이니 지묘한 천지의 묘법이 도무지 기화에 있느니라.[53]

해월의 '이천식천'은 하늘의 공적 차원을 사물의 사적 차원으로 이어주고 인간이 이를 매개함이다. 이를 통하여 동학은 경(敬)의 공공세계를 구축한다. 인간 중심, 혹은 신 중심의 위계적 사고에서 벗어나서 유기체적인 '한'의 생명으로 인식하여, 상통의 관계에서 서로 균형을 이루고 조화를 이루게 함으로써 경(敬)의 공동체를 건설하도록 의식을 전환하는 계기가 되었다. 해월의 삼경사상은 우주를 이루는 천·지·인에 대한 존중과 배려를 통해 '섬김'으로써 경(敬)의 공공세계를 구현하는 사상이다. 해월의 삼경사상에는 '공공 차원의 존중과 배려'가 깃들어 있다.

그러나 해월은 존중과 배려에서 그치지 않고, 한 걸음 더 나아가 존중과 배려를 통한 균형과 조화를 역설한다. 이것이 이천식천(以天食天)에 반영되어 있다. 즉 지금까지 인류를 지배한, 먹고 먹히는 약육강식(弱肉彊食), 적자생존(適者生存)의 세계관을 넘어서, 이천식천(以天食天)이라는 상생(相生)의 공공세계 가치를 역설한 것이다. 따라서 공공세계에 기반을 두고 있는, '경(敬)의 공동체'는 공공인격의 군자공동체이다.

경(敬)의 공공세계는 하늘과 땅과 사람, 자연과 역사와 신성, 노동과 삶과 놀이문화, 개인과 공동체와 뭇 생명의 상생에서 드러난다. 집단 영성의 삼경 사상, 이천식천 사상은 경(敬)의 공공세계를 형성하는 계기가 된다. 동학운동은 경(敬)의 공공세계에 토대를 두고 생명 살림의 개신의 이치를 밝혔지만, 조선의 수구 세력과 동아시아의 패권을 노리던 청국과 일본의 무력개입으로 결국 좌절을 맛보게 된다. 그러나 해월의 경(敬)의 공공세계에 대한 비전은 인내천에 대한 신(信)의 공공세계로 이어지면서 동학의 공공세계에 대한 믿음을 강조하게 된다.

4. 인내천(人乃天)에 나타난 믿음의 공공세계

인내천(人乃天)에 대한 믿음(信)은 의암에 이르러서 사람과 한울님이 상통함에 대한 성(誠)을 반영함으로써 성신쌍전(性身雙全)의 공공세계에 대한 기획이 된다. 이는 성(性)의 공적 차원, 신(身)의 사적 차원, 그리고 이를 매개로 삼는 쌍전(雙全)의 공공차원을 드러낸다. 사람과 한울, 그리고 이를 상통시키는 마음이 상관 연동을 이루어 사람이 하늘과 상통하는 공공세계로서의 신천지를 건설하려는 믿음으로 체화된다.

의암 손병희는 도를 닦으며 제자들을 수련시킨 구조자(救助者)이며 동학 농민혁명 기간에는 북부군사령관(北接統領)이었고, 정치운동과 인재양성 그리고 삼일독립만세운동을 주도한 실천가였다. 그는 신(信)의 공공세계를 위해서 살아 움직이는 생명 사이의 동귀일체(同歸一體)와 더불어 인내천(人乃天)에 대한 믿음을 강조한다. 동귀일체는 믿음의 공공세계를 반영하고, 존재하는 것은 한울의 혼원(渾原) 기운이 드러난 현상이기에, '한'으로 귀일하여 믿음의 평등성을 구현한다.

인내천은 여성 존중을 믿음으로 실천하여 여성을 부속품으로 여기거나 천대하는 것을 철폐하고, 믿음의 인격체로 대우할 것을 주문한다. 마찬가지로, '인내천'은 아동 존중의 믿음으로 어린이를 독립된 믿음의 인격체로 대우하여 한울님 모시듯이 존중하고 믿음으로 교화함을 강조한다. 어른들이 아동을 소중한 믿음의 인격체로 여기는 새 계기를 제공함으로써, 여성과 어린이, 남녀노소가 함께 어우러지는 공공세계에 대한 신념 체계를 형성한다.

공공세계를 이루는 개체들은 '참여적 합일'(參與的 合一)을 통한 동귀일체의 활동으로 한울님과 영성회통을 믿게 된다. 동학의 제사법인 향아설위(向我設位)는 동귀일체의 공공세계에 대한 믿음의 실천이다. 조상의 제사를 모시는 제주(祭主)인 후손은 개체이면서 동시에 개체에 앞선 조상들의 생명이 믿음으로 체화(體化)된 공공의 존재이다. 향아설위의 제사에서 제사를 받는 대상은 한울님과 조상이며, 이는 곧 동귀일체가 되어 믿음의 공공세계를 구현하게 된다.

동학의 동귀일체 사상은 개인주의를 부정하면서 공공세계를 통하여 물질과 정신이 동시에 살아나는 역동성을 보여준다. 이 과정에서 의암은 성령출세(性靈出世)로 믿음의 공공세계를 심화시켰다. 성령출세는 1910년 2월, 의

암이 49일간 기도를 마치고, 수운의 기도처였던 적멸굴에 다녀온 후의 글로, 사람이 죽은 이후의 성령에 대한 설법이다. 한울님은 나의 정신이 영성으로 회통할 궁극 대상이며, 동시에 기화하여 지금 여기의 나의 마음을 이루는 지기(至氣)이다. 이는 곧 한울과 지기의 공공회통의 믿음을 반영하는 지기일원론에 해당한다.[54] 이돈화의 신념 체계는 당시의 이원론적 범주체계를 통일시키려는 노력으로 나타났다.[55]

> 우주는 본래 영의 표현이다. 영의 적극적 표현은 형상이 있고, 영의 소극적 섭리는 형상이 없다. 그러므로 형상이 없고, 있는 것은 영의 나타난 세력과 숨겨져 있는 세력이 어우러져 두 바퀴가 돌아가는 것 같다. 여기에 한 물건이 있다는 것은, 홀연히 신령스런 성령의 활동이 드러난 것이다. 이것은 성령의 결정체로서 만물의 조직을 낳은 것이며, 만물의 조직으로써 다시 성령의 표현이 드러난 것이다. 그러므로 성령과 세상은 같은 이치에서 드러난 두 가지의 다른 측면일 따름이다.[56]

성령출세의 세계에서는 개체의 본성을 영성으로 보아 개체는 영원히 불생불멸한다. 사후에 다른 세계로 가는 개체 영혼의 불생불멸이 아니라, 끊임없이 새로워지는 생명세계에 적극적으로 참여하는 불생불멸이다. 만유는 '한'의 지기(至氣), 즉 한울님의 창발이다. 공공세계에서 '한'은 만유의 영이며 한울님과 상통한다. 창발은 신(信)의 현현으로 물질 형태를 지닌 가시세계(可視世界)와 그렇지 않은 불가시세계(不可視世界)로 나뉜다. 실재의 양면성이다.

인간생명은 진화하는 존재로서, 한울님의 신령한 성품을 품부 받고 태어난다. 인간이 한울님을 모실 때 개체는 공동체와 다양, 다중, 다층의 공공매개 역할을 작동시킴으로써 상극 관계에서 상생 관계로 상관 연동된다. 지기

(至氣)의 '한'과 '다수'는 상관 연동의 믿음으로 공공세계를 이룬다. 지기(至氣) 활동의 한울님은 생명세계를 떠나 존재 의미를 가질 수 없다. 한울님은 지금 눈앞에 전개되는 생명의 공공작용으로 그 모습을 드러낸다.

동학은 타계(他界)에서의 영생을 부정한다. 죽으면 그만이라는 생물학적 죽음도 부정한다. 의암의 성령출세의 의미는 개체의 영생을 넘어서서 믿음의 공공세계의 실현이라는 데서 그 진면목이 드러난다. 의암은 인간의 무체성품이 생사 없는 참 성품이라고 보고, 불멸하는 영원한 존재에 대한 믿음과 연관시킨다.[57] 공공세계는 영성과 시공의 상통, 산자와 죽은 자의 상통, 그리고 과거와 현재와 미래의 상통으로, '한 생명의 삶'을 믿음으로 드러낸다. 현실세계는 뒤틀려 있고 병들어 있으며 억압적이고 생명 파괴로 가득차 있다. 동학의 공공세계에 대한 믿음은 이 '부정 세력들과 구조적인 악'을 '파사현정'(破邪顯正)으로 타파하여 건강 세계로 되돌려 놓는 성·경·신의 개벽운동으로 나타난다.

동학의 평등이념은 기회평등 원칙으로 계층·신분·성별·지역·직업 등을 이유로 한 인격을 차별하지 않는다. 이러한 믿음으로 기회의 평등을 보장한다. 소극적인 평등 실현은 차별적 금지이지만, 적극적 평등실현은 공동체 복지를 증진시킨다. 복지사회 이념은 적극적으로 상호 회통하는 믿음의 공공세계를 지향한다.

동학은 반생명적 현실을 혁파하여 군자 공동체의 복지 실현을 위해 실천적 행동에 나서지 않을 수 없다. 통치 능력을 상실하고 무능, 부패, 사대주의에 깊이 병든 조선정부는 동학혁명으로 분출된 창조적 사회변혁의 에너지를 수요하지 못하고, 청국과 일본 등의 외세에 의지한다. 외세의 힘을 끌어들여 동학혁명군 30여만 명을 억압하고 궤멸시켜 버렸다. 일종의 제국주의 침략의 일환으로 청군과 일본군이 식민지 쟁탈전에 투입되어 조선 지배를 위한 종주국 싸움으로 조선 땅이 유린되었던 것이다. 결정적으로 동학혁명의 좌절을 가져 온 계기는 현대 무기로 무장한 일본군과 조선 정부군의 합동작전이다.

동학은 보국안민과 제폭구민, 광제창생과 내수도문, 민회와 포접제, 그리고 집강소의 폐정개혁안 등 공공세계에 대한 다양한 믿음의 장을 새롭게 열었기에, 결국 이 땅에 믿음에 토대를 둔 성·경·신 개신(開新)의 새 희망을 주었다.

5. 동학 성·경·신의 구조적 이해

동학의 성·경·신은 정성의 수심정기·공경의 삼경·믿음의 인내천이 구현되는 공공세계이다. 각각 공공세계를 이루면서도, 성·경·신의 전체 맥락으로 공공세계를 살린다. 공공세계는 물질 위주의 경제 세계는 아니며, 물질가치를 폄하하는 관념 세계도 아니다. 그렇다고 인간 중심의 세계도 아니다. 천지인삼재를 어느 하나로 흡수하거나 통합하는 합일(合一)이 아니라 상호회통(相互會通)하여 상생으로 함께 살리는 세계이다.

수운의 수심정기에 나타난 성경신은 한울님을 지향하면서 울림-들림-떨림의 공공세계를 이룬다. 해월의 삼경에 나타난 경(敬)은 천지인삼재에 대한 성·경·신의 공공세계를 이룬다. 한울님과 한울님의 발현으로서 천지인삼재에 대한 성실·공경·믿음의 실천이다. 의암의 인내천에 나타난 신(信)은 성령출세의 성·경·신 공공세계 구현이다. 이는 사람과 한울 사이를 공공으로 이어주고 매개하고 살려 군자공동체를 구현함이다.

한울님을 모시는 정성은 천지인삼재에 대한 공경으로 이어지고 이는 불생불멸의 군자공동체에 참여하는 믿음으로 회통하여 성경신의 동귀일체를 이룬다. 군자공동체의 동귀일체(同歸一體)에 기초하여 개인 중심의 배타성이

나 전체 중심의 획일성을 거부한다.

개인과 전체의 사이를 중시하면서 '세포와 몸' 의 관계처럼 사이를 이어주고 살리는 가운데 생명의 유기적 관계의 믿음으로 군자공동체를 이룬다. 살아 있는 자손과 세상을 떠난 조상들의 관계도 '한(桓)' 생명으로 이어주고 살리기에 동학의 성령출세(性靈出世)는 '한(桓)'의 겨레얼 살리기를 계승하고 있음이다.

이처럼 동학에 나타난 공공세계는 개인과 전체가 함께하는 세계이며, 산자와 죽은 자가 함께 행복한 세계이다. 한겨레의 공공세계는 타계주의와 내세주의가 아니라 지금 여기에서 창발(創發)하는 현실세계이다. 생명·정의·평화·자치·자발의 공공세계이다. 이 과정에서 인간 평등만이 아니라 불필요한 살상과 자연에 대한 오염 행위를 문책하고 단죄하려는 생태 세계를 구현하고자 한다. 그러므로 이러한 공공세계는 승평성화(昇平聖化)의 기치를 내세운다. 공공세계를 구현하려면 정치적 제도와 질서를 함께 갖추어야 한다. 아울러 구성원이 공공 차원을 살려 내면서 생성, 상생, 창발(創發)의 역동성을 중시한다. 이는 공공 차원의 전개 과정에서 성경신의 도리를 삼일(三一) 차원으로 실천한다. 유불의 영향을 받았지만 유불의 세계와 다른 공공세계를 구현함에 그 목적이 있다. 이러한 성경신을 매개로 삼는 동학운동은 전개 과정에서 창발성, 유기체성, 개신성(開新性)을 살려 동귀일체의 공공세계를 구축하게 된다.

우리 겨레가 민주화 정보화의 사회로 진입하게 된 것도 동학의 공공세계가 성경신의 실천으로 근간으로 동귀일체의 '한' 의 정신을 살리려고 노력했기 때문이다. 동학의 성경신 공공세계는 공공업보(公共業報)를 횡단으로 매개하여 정성과 공경 그리고 믿음을 회통시켜, 지금 여기의 참 나로 하여금 얼마만큼 살려 내는가에 관건이 있다고 할 것이다.

6. 동학 성·경·신과 도덕적 상상력

「도덕성에 관한 통속이론」의 기본적 가정은, 도덕성을 구체적 상황에 적용하는 문제로 파악하여 접근한다. 이 이론에 따르면, 이성이 도덕 규칙들이 구체적 사례들에 어떻게 적용될 것인지를 결정할 수 있도록 한다. 종교 윤리의 전통에서 이를 성찰하게 되면, 행위의 평가를 위한 기본적 원리는 인격존중이다. 도너건(A. Donagan)의 인격 존중 관점[58]에서 "도덕적 최고 원리는 자신이든 타인이든 모든 인간을 합리적 존재로 존중하지 않을 수 없다."라는 말로 귀착된다.[59] 그러나 이러한 문제의 관건은 어떤 특정한 유형의 행위를 어떻게 이 원리에 귀착시켜 결정할 수 있는가이다. 동학에서도 인격존중의 원리를 전제로 삼아 성인(聖人)을 목표로 구조화되어 있어 성인(聖人)이 되면 성경신 실천도 다반사(茶飯事)라고 풀이한다.

> 우리의 도는 다만 성경신 세 글자에 있느니라. 만일 큰 덕이 아니면, 실로 실천하고 행하기 어려운 것이며, 과연 성경신에 능하면 성인(聖人)되기가 손바닥 뒤집기 같으니라.[60]

만일 인격존중의 개념이 무엇을 포괄하는지를 밝혀 낼 수 있다면, 다양한 행동유형의 상황에서 어떻게 행동할 것인지를 말할 수 있는 명확한 개념들의 체계를 만들 수 있으며, 그 개념들은 다음 중 어느 하나로 귀착된다.

첫째, 성경신 유형의 행위는 항상 허용한다. 둘째, 성경신 유형의 행위는 결코 허용되지 않는다. 셋째, 성경신 유형의 행위가 행해질 경우, 그것을 실천하지 않는다면 결코 도덕적으로 받아들일 수 없다.

도덕법칙 이론의 핵심적인 문제는 성경신 유형의 행위가 세 가지 가능한 가설 가운데, 어느 것에 합치되는지를 어떻게 결정할 것인가이다. 가능한 모든 행위에 과연 어떤 것이 인간을 합리적 존재로 존중하는 것인지, 어떤 방식으로 적용할 것인지를 결정하려면, 추가적인 전제가 요청된다.[61]

첫째, 성경신 유형의 행위는 항상 인간을 합리적 존재로 존중하라는 것이다. 둘째, 성경신 유형의 행위는 결코 인간을 합리적 존재로 존중하지 않는다. 셋째, 성경신 유형의 행위가 행해질 경우, 그것을 행하지 않는다면 인간을 합리적 존재로 존중하지 않는다. 이러한 추론체계는 도덕적 공리는 아니며, 다양한 행위들을 하는 인간을 '합리적인 존재'로 존중하는 개념에 포섭시켜 도덕적 상상력을 통해 공공작용을 일으키게 한다.

> 순일한 것을 정성이라 이르고 쉬지 않는 것을 정성이라 이르나니, 이 순일하고 쉬지 않는 정성으로 천지와 더불어 법도를 같이하고 운을 같이하면 가히 대성(大聖) 대인(大人)이라고 이를 수 있느니라.[62]

> 사시의 차례가 있음에 만물이 생성하고, 밤과 낮이 바뀜에 일월이 분명하고, 예와 지금이 길고 멀음에 이치와 기운이 변하지 아니하니, 이는 천지의 지극한 정성이 쉬지 않는 도인 것이니라. 나라 임금이 법을 지음에 모든 백성이 화락하고, 벼슬하는 사람이 법으로 다스림에 정부가 바르며 엄숙하고, 뭇 백성이 집을 다스림에 가도가 화순하고, 선비가 학업을 부지런히 함에 국운이 흥성하고, 농부가 힘써 일함에 의식이 풍족하고, 장사하는 사람이 부지런히 노고함에 재물이 다하지 않고, 공업 하는 사람이 부지런히 일함에 기계가 고루 갖추어지니, 이는 인민이 지극한 정성을 잃지 않는 도이니라.[63]

그러나 여기서 난점이 발생한다. 어떤 종류의 행위들이 핵심적 개념들에 포섭되는지를 결정하는 방식과 관련된 문제이다. 이러한 판단의 행위들은 그 자체로 추가적 규칙이나 알고리즘 절차로서 유도할 수 없다. 왜냐하면 규칙들의 적용을 위한 규칙들의 무한 퇴행을 야기하기 때문이다. 만약 도덕성이 규칙들의 체계라면 어떤 시점에서 우리가 그 개념들을 특정한 상황에 적절하게 적용할 수 있는지를 결정해야 한다. 여기서 모든 '도덕법칙' 이론의 핵심 문제, 즉 무엇이 '비형식화' 된 추론까지 포괄하는지에 대해 설명해야 하는 문제에 직면한다. 이러한 문제에 대해 해월의 답변은 정성의 일관성이다. 이 말은 동학 전통의 구성원들에 적용되겠지만 모든 인간을 포괄하며 '합리적 존재로서 존중' 하라는 도덕적 상상력이 포함된다.

그러나 도덕적 개념들에 자동적으로 합치하지 않는 경우는 어떠한가? 도너건은 불확실한 사례가 이루어졌거나 또는 명확했던 과거 사례와 충분히 유사한지를 밝힘으로써, 과거 사례에 대한 평가를 현재의 까다로운 사례에 적용하도록 확장하는 일이라고 주장한다.[64] 여기서 도너건이 말하려는 상황은 도덕적 개념들이 새롭고 전례 없는 사례들을 포괄할 수 있도록 확장시키면서 시대에 따라 실제로 변형되는 방식까지 포괄하자는 주장이다. 이러한 문제에 대해 해월은 정성에 공경을 추가하는 방식으로 보완한다. 앞의 사례는 혼원한 한 기운의 적용에 있어 공경의 문제이고, 뒤의 사례는 사람마다 한결같이 일관된 공경의 문제를 제기한다.

우주에 가득한 것은 도시 혼원한 한 기운이니, 한 걸음이라도 감히 경솔하게 걷지 못할 것이니라. 내가 한가히 있을 때에 한 어린이가 나막신을 신고 빠르게 앞을 지나니, 그 소리 땅을 울리어 놀라서 일어나 가슴을 어루만지며, '그 어린이의 나막신 소리에 내 가슴이 아프더라.' 고 말했었노라. 땅을 소중히 여기기를 어머님의 살같이 하라. 어머님의 살이 중한 것인가 아니면 버선이 중한 것인가. 이 이치를 바로 알고 공경하고 두려워하는 마음으로 체행하면, 아무리 큰 비가 내려도 신발이 조금도 젖지 아니 할 것이니

라. 이 현묘한 이치를 아는 이가 적으며 행하는 이가 드물 것이니라. 내 오늘 처음으로 대도의 진담을 말하였노라.[65]

사람마다 마음을 공경하면 기혈(氣血)이 크게 화하고, 사람마다 사람을 공경하면 많은 사람이 와서 모이고, 사람마다 만물을 공경하면 만상이 거동하여 오니, 거룩하다 공경하고 공경함이여![66]

그러나 성경신의 맥락처럼 종교윤리 개념은 복잡한 도덕적 상황을 고려하여 확장시키지 않을 경우, 그 체계만으로 확정할 수 없는 비결정성의 여지가 항상 남아 있다. 도너건의 도덕적 절대주의에 따르면, 합리적 인격 존중이라는 개념에 대해, 우리의 이해는 시대에 따라, 또는 문화에 따라 달라질 수 있음을 전제하더라도 절대주의 개념 자체는 변화할 수가 없다. 성경신의 실천적 구조에 있어서도, 상황 변화에 따른 문제를 극복하기 위하여 믿음의 일관성을 요구하고 있다.

사람이 혹 정성은 있으나 믿음이 없고, 믿음은 있으나 정성이 없으니 가히
• 탄식할 일이로다. 사람의 닦고 행할 것은 먼저 믿고 그 다음에 정성 드리는 것이니, 만약 실지의 믿음이 없으면 헛된 정성을 면치 못하는 것이니라. 마음으로 믿으면 정성 공경은 자연히 그 가운데 있느니라.[67]

이와 같이 성경신은 도덕적 원형이론에 해당한다. 이 경우 대부분의 도덕적 상황에서 안정적 핵이 존재하는지를 설명하면서도 동시에 왜 이러한 개념들이 불안정한 예외를 항상 허용하는지도 살펴야 한다.

이러한 도덕적 추론으로 미루어 볼 때, 성경(誠敬)으로 끝나지 않고, 신(信)을 추가하게 된다. 도너건의 발상에 비추어 보더라도, 명확한 규칙들이 갖

는 안정적 핵을 인정하지만, 개념들의 비원형적 부분을 고려하여 도덕적 상상력을 발휘해야 한다. 마치 해월이 성경의 두 글자에 믿음을 첨가하는 이치와 도너건의 주장에는 일맥상통한 점이 있다.

> 인의예지도 믿음이 아니면 행하지 못하고 '금목수화(金木水火)'도 토(土)가 아니면 이루지 못하나니, 사람의 믿음 있는 것이 오행의 토가 있음과 같으니라. 억 천만 사가 도시 믿을 신(信) 한자뿐이니라. 사람의 믿음이 없음은 수레의 바퀴 없음과 같으니라. 믿을 신(信) 한자는 비록 부모형제라도 변통하기 어려운 것이니라. 경(經)에 말씀하시기를 '대장부 의기범절 신(信) 없으면 어디 나며' 하신 것이 이것이니라. 마음을 믿는 것은 곧 한울을 믿는 것이요, 한울을 믿는 것은 곧 마음을 믿는 것이니, 사람이 믿는 마음이 없으면 한 등신이요, 한 밥주머니일 뿐이니라.[68]

이처럼 기본적 도덕적 개념은 상황을 감안하면 비결정적일 수 있다. 따라서 맥락 존중, 의도 파악, 또는 복합 관심 등에 의하여 항상 상대적인, 가능한 대안적 해석들이 열려 있게 마련이다.[69] 비결정성은 주어진 맥락에서 한 개념을 명료화하거나 결정짓는 것이 결과적으로 평가적 결정을 요구한다는 것을 의미하기 때문이다. 해월은 수운의 사례를 인용한다.

> 우리 수운 대선생께서는 정성에 능하고 공경에 능하고 믿음에 능하신 큰 성인이시었다. 정성이 한울에 이르러 천명을 계승하시었고, 공경이 한울에 이르러 조용히 천어를 들으시었고, 믿음이 한울에 이르러 묵계가 한울과 합하시었으니, 여기에 큰 성인이 되신 것이니라. 생이지지(生而知之)하신 성인도 오히려 그러하시었든, 하물며 어리석은 사람이 어질고자 어두운 사람이 밝아지고자 범인이 성인이 되고자 함에랴.[70]

그러나 여기에 다시 의문이 제기된다. 대부분의 도덕적 개념들에 있어서 안정적 핵이 항상 존재하는 것일까? 또한 이러한 핵을 넘어서서 발생하는 경계, 또는 주변사례에 관해 '우리는 어떻게 대처할 것인가?'의 문제이다. 첫 번째 물음과 관해서, 안정적 개념은 항상 '그 자체로 이해되는 확정적 본질'을 갖고 있지 않다는 점이다.

문화체계는 공유되며 변화를 겪는 경험과 사회적 상호작용이라는 연동 관계에서 그 의미를 유지한다. 바로 이러한 상호작용의 안정적 구조가 존재하지 않게 되면, 그 개념은 불확실성으로 전락될 것이다. 여기에 각각 도덕적 상상력을 발휘하여 사이를 이어주고 매개하여 도덕적 상황으로 살리지 못하면, 성경신의 도덕적 원형도 불확정성 원리가 될 수 있음이다. 두 번째 물음에 관해서, 성경신구조가 비원형적 상황에서 도덕적 상상력으로 확장 코드를 끊임없이 생산해야 한다는 것이다. 도덕적 상상력에 대한 이해와 추론을 통하여 비원형적 사례들도 포괄해야 하기 때문이다.

하나의 문화전통에서 사실상의 보편적 합의가 가능한 핵심사례들이 존재할 것이라는 도너건의 주장은 옳다. 그런데 이러한 주장은 보편적 합의가 가능한 도덕 개념의 원형적 구성요소들이 소통할 경우이다. 물론 안정적 핵심사례들은 문화권에서 공유 가치, 인지 모형, 실천 범례, 목적 유지라는 상황 맥락을 받아들일 때 안정적이다. 그러나 이러한 안정성도 항상 확실하며 일관된 범주 구조로 공식화되지는 아니한다.

도덕적 개념들은 대부분 인지원형을 중심으로 안정적 핵을 갖는다. 안정성은 원형구조에서 비롯하며, 또한 상황 배경이 되는 인지 모형과 통속 이론, 또는 상황에서 그것들이 탄력적으로 적용되고 기여하는 정도에 의존한다. 그렇지만 우리는 몇몇 중요한 도덕적 개념의 경우에는, 무엇이 도덕적 원형에 속하는지에 관해서 끊임없는 도덕적 논쟁의 여지가 발생한다. '인격' 개념을 생각하면, 이러한 맥락을 쉽게 이해할 수 있다. '인격' 개념에는 도덕적 상황이 전제된다. '인격' 개념은 내적 구조에 있어서, 복합적이기에 원형적 구성요인을 너머 초월하여 서서 비원형적 구성요인들로 확장하기가 매우 어려워진다.

오늘날의 상황 하에 낙태, 안락사, 시민권, 동물의 권리, 인간의 환경적 책임과 관련하여 동학 성경신을 적용할 때, 우리를 괴롭히는 여러 가지 물음들이 수반된다. 그런데 여기에 도덕적 상상력을 발휘하여 믿음의 문제를 유지시키면, 도덕적 인격의 주체성을 살릴 수가 있다. 성경신과 같이 도덕적 개념들의 원형구조에 대한 이해는 이 개념들의 비교적 안정적인 핵뿐만 아니라 그것들이 어떤 상황에 처해서는 상대적인 비결정성을 갖게 되며, 이 경우에 도덕적 상상력으로 이어주고 매개하여 성경신의 공공작용이 유지되는지를 설명할 필요가 있다. 도덕적 비결정성은 대부분 도덕적 상황의 극심한 변화에 처하여 비원형적 경우로서 발생한다.

윈터(Winter, Steven)[71]는 실제 삶의 상황에 법률을 적용할 때마다 불가피하게 나타나는 세 가지 중요한 비결정성을 제시하였다.[72] 첫째, 확장의 비결정성이다. 주어진 사례에 대해 다양한 해석이 가능하지만 어떤 해석도 확정적이지 않다. 예를 들면, 선의의 거짓말, 이를테면, 선의의 거짓말의 경우 유일하게 옳은 도덕적 평가는 존재하지 않을 수도 있다.

둘째, 범례의 비결정성이다. 개념과 추론에 관한 도덕적 절대주의 모형과 인간의 인지가 실제로 작용하는 방식 사이의 괴리 때문에 발생하는 것이 패러다임의 비결정성이다. 도덕적 절대주의는 명제적 법률과 규칙에 대한 객관주의 기대와 요구에 직면하지만, 도덕적 추론은 종종 명제적이지 않으며 심층적인 은유적·상상적 구조들에 의존하고 있다.

셋째, 실질적 비결정성이다. 우리의 도덕 개념과 추론의 바탕에 자리 잡고 있는 모형들에는 변화해 가는 사회·문화적 차원이 존재한다. 즉 원형적 구성원으로 간주했던 것들조차도 변화하고, 또 변화할 수 있다는 사실을 제안한다.

세 가지 종류의 비결정성이 도덕적 객관주의 개념이나 가치라는 그릇된 절대주의 이상들을 무너뜨릴 수 있다. 그렇다고 도덕적 무정부 상태를 옹호하는 것은 아니다. 도덕성을 정의하는 것이 하나의 참된 이론의 가능성을 포기하는 것이 될 수 없다. 오히려 다차원적 특성을 인정하는 것이며 도덕적 상상력의 발휘를 언급하는 것이다.

도덕적 개념이나 추론에서 은유적 상황이 항상 작동하기에 도덕적 상상력을 발휘하여 공사(公私) 문제의 갈등을 이어주고 매개하여 공공작용이 이루어지도록 살려나가야 된다. 성경신의 엄격주의에 매달려 창조적 해석을 통한 탄력적 적용의 유연성을 발휘하지 못하면, 도덕적 처방은 치명적 결과를 야기할 수도 있다. 그렇다고 도덕적 숙고를 자의적 혹은 무작위적인 사고의 유희로 귀착시키는 것은 아니다. 그것은 이성의 오류 가능성을 부각시켜 주며, 또한 우리가 행하는 것, 그 행위의 이유가 최선으로 판명될 것인지에 관해 그 행위에 앞서서 결코 확신할 수 없다는 사실을 부각시킬 뿐이다.

현존하는 모든 도덕법칙은 진화하는 도덕적 전통의 인식지평에서만 그 의미와 유용성을 갖는다. 따라서 도덕적 절대주의의 잘못은 그 법칙을 특수한 역사적, 정치적, 사회적, 경제적, 심리적 맥락을 살려내지 못하고 체험의 선험구조에 갇혀서 도덕적 상상력을 분리시키는 데 있다. 물론 「도덕성에 관한 통속이론: 도덕성의 법칙이 예외 없이 일관되게 적용될 수 있다는 이론」이 요구하는 것을 수행할 수 있는 확정적 법칙이나 규칙은 따로 있을 수가 없다. 도덕적 개념들이나 이성이 이러한 방식으로 작용하지 않기에 「도덕법칙」 이론들은 어떠한 상황을 전제하지 않고 항상 실현되기란 불가능하다. 또 이성의 본성이 합치하지 않는 가상적인 이상들과 연동되어 있다. 「도덕법칙」은 부분적으로 옳지만, 부분적으로 그릇될 수 있음이다. 존 듀이(John Dewey, 1859-1952)의 경우가 그러하다.[73]

듀이의 관점에서 바라보면, 도덕적 원리들이 우리의 삶, 목표, 가치, 행위 등을 성찰하기 위한 도덕적 상상력의 이상들을 제시해 주지만, 효용성 있는 규칙들의 기술적인 지침을 매개함으로 훨씬 직접적이며 실제적인 기능을 발휘한다. 그렇지만 그것들은 한 전통이 지속적인 경험과 반성의 과정에서, 과거 행위에 대한 반성, 미래의 행위 방향, 또는 실천적 지혜를 가진 것으로 생각되는 사람들의 선택에 대한 성찰을 통해 중요한 고찰들로 받아들인 것들을 환기시켜 주는 장치로 간주할 필요가 있다.[74]

특정한 가치, 원리, 믿음 등을 일차적인 것으로 받아들이더라도 보다 광범위한 함축들을 포함할 수 있도록 훨씬 더 도덕적 상상력을 발휘할 수 있는 설명적 작업을 요청한다. 우리가 인간 경험의 복합성과 진화에 대해 개방적이고 수용적이기를 원하는 한, 도덕적 상상력을 매개로 삼은 성경신의 공공세계를 실현하기가 수월해진다.

동학의 성경신의 이러한 맥락에서 각자가 처한 상황에 맞추어 도덕적 상상력을 자발적으로 발휘할 때, 보다 풍요로운 공공작용을 기대할 수 있다. 이는 곧 각자가 행복한 세계보다 서로 서로가 행복한 세계를 항상 염원하고, 서로 서로가 행복한 세계보다 '함께 행복한' 공공행복을 살려내기 위한 공공염원(公共念願)으로 승화될수록 도덕적 상상력의 발휘 문제가 공사관계의 조화와 균형을 위하여 절실하게 다가온다.

동학의
공공행복과
천지인의
조화

동학의 공공행복 영성공동체는 후천개벽(後天開闢)이라는 지표로 구체화된다. 인간은 개체이면서 동시에 사회적 존재이기 때문에, 영성공동체의 공공행복은 인간개벽과 사회개벽을 동시에 요청한다. 표층 의미에서 혁명(革命)은 폭력을 통해 사회모순을 제거하는 정치사회 혁신 운동이다. 혁명은 새로운 변화를 표상한다. 반면에 동학의 심층 의미에서의 혁명은 표출된 온갖 불순물을 제거하고, 내구성·유연성을 살려내어서 본성의 본래 면목을 회복하는 영성 추구의 과정이며, 군자로서 자신의 정체성을 확인하는 과정이다.

1. 공공행복과 하도 형상

공공행복(公共幸福)은 공공으로 복된 즐거움이며, 타자 지향을 통하여 자타(自他)가 더불어 향유하는 복락이다. 공공행복은 개인적으로 즐거움을 추구하면서 타자와 더불어 행복을 공유하려는 특징을 보여준다. 원래 욕망은 '나[私]'라는 의식에서 타자를 지향한다. 욕망에는 본능과 본성이 공존한다. 본능적 욕망은 개체 중심으로 배타적이다.

반면에 본성적 욕망은 타자의 욕망을 성취하는 것으로, 자신의 즐거움을 함께 추구하는 '자리이타(自利利他)'의 존재방식이다. 이를테면, 노약자에 대한 봉사는 타자를 배려하는 가운데 본성의 즐거움을 함께 향유하려는 존재방식에 해당한다. 공공행복은 타자의 본성을 도와주는 가운데 자기 본성의 즐거움을 함께 향유하려는 공공철학 사유의 존재방식에 해당한다.

미국의 하버드대학 베일런트(G. E. Vaillant) 교수는 건강하게 늙어 가는 일곱 가지 행복 조건을 말하였다. 그 조건은 본능 충족의 요건으로, 고통에 대응하는 방어기제, 정상교육, 안정된 결혼생활, 금연, 금주, 운동, 알맞은 체중 유지 등이다. 이 밖에도 그는 따뜻한 인간관계 유지와 긍정적 심리기제, 행복하려는 지속적 노력과 함께 부단한 연구가 필요하다고 말하였다.[1]

이러한 열거주의 관점은 본능적 욕망에 근거하기에 사회적 본능으로 표출되게 마련이다. 그런데 인간의 사회적 본능은 생각하고 판단하는 능력·지능을 앞세워 상호 경쟁을 유발하기에 질투심을 수반한다. 인간의 사회화 과정에서, 타자로부터 인정을 받으려는 욕망으로 말미암아 상생 의식을 망각하고 경쟁적으로 우위를 확보하려고 하면서 갈등 상태를 유발하게 된다. 따라서 사회적 본능은 지식과 기술의 심화·확장, 그리고 소유의 증대로 진전되어 나갈 것이다. 이처럼 본능은 환유의 지능으로[2] 미끄러지면서 타자를 배제하고 자아 중심 의식을 축적한다. 본성은 자타 상통으로 공공행복을 추구하게 한다.

이 글에서는 인간 본성에 근거한 동학의 공공행복을 고찰하기 위해 하도의 생성을 살펴본다. 한겨레의 공공행복에 대한 염원은 19세기 후반 조선왕조 쇠퇴기, 겨레얼 계승의 위기에서 동학을 통해서 나타났다. 여기서 말하는 동학은 수운 최제우(崔濟愚, 1824-1864)의 영성 체험(1860)에 근거한 동학사상과 전봉준(全琫準, 1855-1895)에 의한 동학농민혁명운동(1894)을 함께 아우르는 포괄적 개념이다.[3]

최제우 이후, 2대 교주 해월 최시형을 거쳐 3대 교주 의암 손병희에 이르러, 동학은 1905년 천도교(天道敎)라는 명칭으로 바뀌게 된다. 이러한 동학의 특징은 종교철학과 사회정치의 만남에서 드러난다. 종교철학의 측면에서 동학사상은 인간의 영성을 추구하지만, 사회정치의 측면에서 동학은 공공부조의 혁명이라고 말할 수 있다. 공공부조의 혁명이 어우러진 동학에는 자리이타의 공공행복의 실천 지표가 제시되어 있다.

동학의 공공행복 영성공동체는 후천개벽(後天開闢)이라는 지표로 구체화된다. 인간은 개체이면서 동시에 사회적 존재이기 때문에, 영성공동체의 공공행복은 인간개벽과 사회개벽을 동시에 요청한다. 표층 의미에서 혁명(革命)은 폭력을 통해 사회모순을 제거하는 정치사회 혁신 운동이다. 혁명은 새로운 변화를 표상한다. 반면에 동학의 심층 의미에서의 혁명은 표출된 온갖 불순물을 제거하고, 내구성·유연성을 살려내어서 본성의 본래 면목을 회복하는 영성 추구의 과정이며, 군자로서 자신의 정체성을 확인하는 과정이다.

인류 역사에서 진정한 혁명은 종교와 연관되어 나타났다. 우리는 인격과 영성공동체의 본연의 모습을 회복하는 과정에서 공공행복의 가치와 만난다. 동학은 한겨레의 공공부조 차원의 행복 추구의 진면목을 보여주면서 황토의 흙냄새를 느끼게 한다. 흔히 동학에는 한겨레의 체취와 숨결이 함께 깃들어 있다고 한다. 그러므로 한겨레의 공공행복은 동학운동을 떠나서 찾아보기 어렵다고 할 것이다.

동학은 종교혼합물(syncretism)이 아니다. 그것은 한겨레의 영성이 겨레얼의 수난기를 맞이하여 겨레를 지켜내고자 이 땅에 다시 분출한 것이다. 그러므로 우리는 동학에서 한겨레의 공공차원의 횡단매개 지표를 해독할 수 있어야 한다. 동학에서 공공의 횡단매개는 시천주(侍天主), 삼경사상(三敬思想)과 성령출세 사상(性靈出世思想), 음양상균사상(陰陽相均思想) 등을 통한 공공인격 형성으로 구체화되고 있다.

동학에서 특히 음양상균사상은 음양의 생명성과 상대성을 표현한 것으로 공사(公私) 관계에 있어서도 두 기운이 균등하거나 균형만을 유지한 채 홀로 독립해 있는 것이 아니라 서로 소통하여 응화생성(應和生成)함을 강조한 것이라고 말할 수 있다.

동학운동을 군자공동체 형성 운동의 맥락에서 검토할 때 보국안민(輔國安民)과 광제창생(廣濟蒼生)의 공공이념과 민회(民會)와 포접제(包接制)의 공공부조가 함께 수반되어 있다고 할 것이다. 역사적 전거를 중심으로, 우리는 동학의 공공행복론을 군자공동체의 본성 차원에서 하도(河圖)와 비교하여 논의할 필요가 있다. 하도는 피라미드 분열 운동 중 하나에서 넷으로 전개되는 과정을 상징한다. 중심과 넷을 합해 다섯이 되며 이 다섯 속에는 각기 음양의 수가 포함되어 총 10수가 된다. 하도는 하수(黃河)에서 나온 그림으로 역의 기원이다.[4] 복희씨는 상상적 동물인 용으로써 형이상학적인 하늘을 상징하고, 실재하는 말로써 형이하학적인 땅을 표현하되, 이 둘을 합친 용마(龍馬)는 천지를 상징한다.[5] 이는 우주의 내재 질서를 집약된 수로써 표현한 것이다. 하도는 지고한 가치를 조금도 잃지 않고 있으며 그 간명함에 반비례하여 우주의 진면목을 제시해 준다는 평가를 받고 있다.[6]

고대 동양인은 하늘–땅–사람이 모두 연결되어 있다고 믿어 왔으며, 그 연결의 이치를 설명한 것이 바로 '하도'이다. 하도는 흥취가 생기지 않는 한, 이해하기가 쉽지 않다. 이러한 난해성을 혁파하기 위한 방법으로, 수리적(數理的)인 기법을 도입하기도 한다. 또 그 기법의 일환으로 위상을 가진 도형을 채택하기도 한다.[7]

〈하도형상〉에서 보듯이, 하도는 1에서 10까지의 수로 이루어져 있다.[8] 하도는 우주 생성의 원리를 형상화한 것이기에 무형이 유형화되는 방법을 표현하고 있다. 1(하)2(상)3(좌)4(우)5(중앙)의 수가 안에 있고, 그 바깥에는 6(하)7(상)8(좌)9(우)10(중앙)의 수가 둘러싸고 있는 모습으로 모두 55점으로 구성되어 있다. 1, 3, 5, 7, 9는 하늘 수가 되어서 홀수로서 하얀 점으로 표시하고, 2, 4, 6, 8, 10은 땅 수가 되어서 짝수로 검은 점으로 표시한다.[9] 이는 모두 자연수이다.

서양의 자연수는 직선으로 배열함으로써 무한의 문제를 만나게 된다. 이

〈하도형상〉

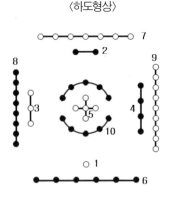

에 대한 연구의 결과 칸토어의 집합론에서 보는 바와 같은 무한에는 크고 작은 차이가 있고 무한도 유한과 같이 계산될 수 있다는 사실을 알게 되었다. 최근 프랑스 철학자 알랭 바디우(Alain Badiou)는 칸토어의 이러한 집합론에 근거하여 수학과 존재론은 동일하다고 보기도 한다.[10]

칸토어는 수를 역에서와 같이 음수와 양수 그리고 생수와 성수 등으로 나누지 않았다. 그런데 동양의 역은 서양과 같이 수를 무한으로 계산하지 않는다. 역과 한의학에서는 1에서 10까지의 자연수만으로 그것을 음양으로 나누어 사용한다. 하도 생성의 순서는 자연수의 1,2,3의 순서와 같다. 숫자 1(아래, 홀수)에서 시작하여 2(위, 짝수)·3(좌, 홀수)·4(우, 짝수)·5(가운데, 홀수)로 진행하고(1-5까지를 生數라고 한다.), 다시 6(아래)·7(위)·8(좌)·9(우)·10(가운데)로 끝난다(6-10까지를 成數라고 한다). 여기서 주의해야 할 점은 하도는 무형의 이치와 상통하여 유형화한다는 점이다.

따라서 우리 눈에 보이지 않는 무형의 점이 중앙의 5개의 점 가운데에 있으며 이는 '있는 것도 아니고 없는 것도 아닌 것'으로 있다. 이는 유형화되기 이전의 무형과 유형 사이의 중간 단계이다. 이후 최초에 1(아래)부터 형상이 생겨나기 시작한다. 중앙의 5·10은 나머지 전후좌우를 생성하는 전체가 되는 것이다. 칸토어의 집합론에서와 같이 전체와 부분을 나누면[11] 중심에 있는 5와 10은 전체(whole)이고 아래의 1과 6(part 1), 위의 2와 7(part 2), 왼쪽의 3과 8(part 3), 오른쪽의 4와 9(part 4)는 각각 부분에 해당한다. 하도가 발생할 때 중심에서 시작하여 각각 상하좌우로 나뉘게 된다. 중심에서 사방으로 퍼지는 상(象)이다. 또한 그림을 자세히 보면 중앙의 5의 점들이 상하좌우로 나와 있는 생김새가 전체 하도가 상하좌우로 펼쳐져 있는 생김새와 같다. 하도가 프랙탈(fractal: 작은 구조가 전체 구조와 비슷한 형태로 끝없이 되풀이 됨) 구조를 나타내고 있는 것이다.

러셀 역설은 부분과 전체가 서로 반복적으로 되먹히는(recursive) 데서 발생

〈하도 구조〉

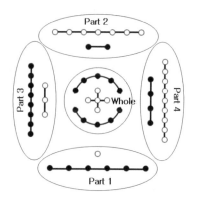

하는 것이라면, 하도는 전체가 이미 부분의 요소(element)임을 도형으로 보여준다. 그리고 부분과 전체가 무형적인 중앙의 한 점에서 나오고 있다는 것을 보여준다. 모든 사물은 생성이 있으면 운행이 있다. 생성과 운행이 똑같은 방식으로 이루어지지 않는다.

하도의 왼쪽 3-8을 목(木)이라 하고 위쪽 2-7을 화(火)라고 하고 가운데 5-10을 토(土)라고 한다. 그리고 오른쪽 4-9를 금(金)이라고 하고 아래쪽 1-6을 수(水)라고도 한다(河圖五行). 또한 왼쪽의 목, 위쪽의 화, 오른쪽의 금, 아래쪽의 수는 각각 시간적으로는 춘하추동(春夏秋冬)에 해당하고, 공간적으로는 동남서북에 해당한다. 역에서는 수가 시간과 공간을 표시한다.

'하늘이 상을 드리웠다(天垂象).'고 한다. 상(象)은 형(形)과 반대되는 개념이다. 형이란 물질적인 형체를 갖추고 있는 것이라면, 상은 이미 무형(無形)의 기미(幾微)로 기화(氣化)되어 파악하기 어렵다. 수(數)도 상을 표현하므로 수상(數象)이다. 인간은 하늘이 드리운 상을 수로 포착한다.[12]

탈레스(Thales)는 만물이 물(Water)로, 엠페도클레스(Empedokles)는 만물은 흙·공기·물·불로 구성되어 있다고 주장했다. 만물의 운행은 목·화·토·금·수 오행의 '서로 도와주는 관계'(interaction, 相生)와 서로 '제압하고

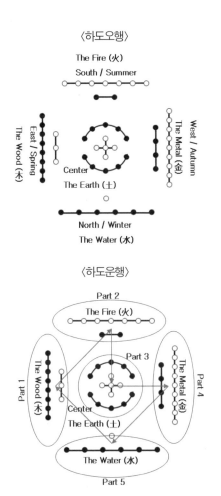

〈하도오행〉

The Fire (火)
South / Summer

Center
The Earth (土)

North / Winter
The Water (水)

East / Spring
The Wood (木)

West / Autumn
The Metal (金)

〈하도운행〉

Part 2
The Fire (火)

Part 3

Part 1
The Wood (木)

Part 4
The Metal (金)

Center
The Earth (土)

The Water (水)
Part 5

조절하는 관계'(counteraction, 相克)로 균형을 잡아간다.[13] 우주의 본체를 제시할 때 단일론(Singularism) 또는 다원론(pluralism)을 주장하는 것은 사이를 배제한 논리다. 우주의 본체는 무(無)와 유(有)의 화합체이다.

그 변화상의 표현이 음양오행이며 근본 운행의 방식이 하도로 형성화되었다. 하도운행을 살펴보면, 왼쪽의 3-8 목은 위쪽의 2-7 화를 생성하고, 위에 있는 2-7 화는 중앙의 5-10 토를 생성한다. 5-10토는 오른쪽의 4-9금을

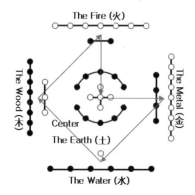

〈하도과정〉

생성하고 4-9금은 다시 아래쪽의 1-6 수를 생성한다. 1-6 수는 다시 왼쪽의 3-8 목을 생성하여 다시 화-토-금-수 순으로 생생불식(生生不息)한다.

하도의 생성 과정에서 전체 역할을 했던 토(土)가 운행 과정에서는 부분의 역할을 한다. 멱집합(power set)에서 부류가 자기 자신의 부분집합의 한 요소가 되는 것과 같다. 중앙의 5-10 토는 모든 것을 담는 전체(whole)집합인 동시에 집합의 구성 요소로서 나타난다.[14]

이는 칸토어가 말했던, 부류가 요소 속에 한 부분으로 그 자체가 포함(包含)됨에 따라 부분과 전체가 서로 포함되는 관계를 보여준다. 다른 한 포함(包涵)은 부분이 전체 속에 담기기는 하나 그 반대는 아닌 것이다. 화이트헤드의 설명에서, 전자는 내인관계(internal relation)이고, 후자는 외인관계(external relation)이다. 그러나 하도에서는 더 나아가 발생 때는 전체가 부분을 낳지만, 운행 때는 전체가 한 부분으로 운행된다.

포함관계가 성립이 되지만, 생성과 운행의 변화 속에서 상호 포함 역할이 달라진다. 하도의 경우, 발생 시에는 외인관계로서 포함(包涵)의 관계이지만, 운행 시에는 내인관계로서 포함(包含)의 관계이다. 이는 곧 러셀 역설 해의와 상통한다. 이제 다음에서 동학의 공공인격은 이러한 포함(包含) 관계를 어떻게 드러내면서 자타 상통이 되는가를 살펴보고자 한다.

2. 동학의 공공인격 함양

동학의 공공인격의 의미와 밀접한 개념이 인내천에 나타난다. 인간이 천주에 포섭되지만 종속되지 않고 부분이 전체보다 더 커질 수 있는 상황이 나타난다. 이는 동학의 공공행복과 연결된다. 다시 말하면, 공(公)과 사(私)의 상관관계가 외인의 포함(包涵) 관계인가? 아니면 내인의 포함(包含) 관계인가? 포함(包涵)은 타자언급이지만, 포함(包含)은 자기언급이면서 동시에 타자언급이다. 인간이 천주에 의해 지음 받아 천주에 포섭되지만 종속되지 않기에, 천주를 거역할 수도 있다. 자유의지가 인간에게 있음이다. 천하의 공(公)과 인간의 사(私)의 문제도 이와 같다. 고대 사회 이후에 '공'은 천하를 다스리는 통치자의 입장을 의미하며, '사'는 피통치자의 입장을 대변한다.

현대사회에서 공(公)은 본성적 당위성을 말하는 것이 아니라, 본성의 성찰을 결여한 상태에서 외면 규제를 지향하는 엄격한 잣대로 '사'의 자율적 본성과 대립하는 양상을 보여준다. 개인의 '사'와 사회의 '공'이 단절됨으로써, 사람은 삶의 외연을 축소·지양하고, 사회는 공(公)의 본성적 뿌리를 상실하면서 공동체의 위기를 맞이하는 실정에 이른다. 21세기가 요구하는 '세계시민성'의 관점에서 공사(公私) 형평을 통해 공공인격을 구현하는 일이 중요한 과제로 대두한다.

이제는 세계·국가·지방이 공공으로 소통하고 협력하는 글로내컬(glo-na-cal)의 삼차원의 상관 연동의 사유를 내면화한 공공인격이 요청된다. 이러한 새로운 공공인격의 요건은 본성 차원의 공정성에 충실하면서 청중의 관심에 진정으로 귀를 기울이고, 자율적 본성을 추구하는 횡단매개의 실천이 다양하게 모색된다. '공(公)'과 '사(私)'의 상관관계는 포함(包含) 관계이다. 이 것은 자기언급이면서 동시에 타자언급으로, 자타가 상통하여 함께한다. 세 계시민성의 관점에서 새로운 공공인격은 건전하고 보편적인 인간 본성에 토대를 두면서 각 민족이나 국가가 이루어 낸 정체성에 주목하면서 비판적 으로 성찰하는 자세를 견지한다. 세계시민성의 정립과 도덕성의 회복에서 자신의 삶을 새롭게 개척하면서 동시에 공동체에 동참하고 책임진다. 공공 인격을 공동체에서 함양하면서 본성적 도덕 가치를 담보하는 매개를 통하 여 공공인격은 '더불어 사는 행복'을 구현하게 된다.

겨레얼이 나타난 건국신화는 겨레의 세계관, 가치관, 생명의 영성 등을 압축하여 상징적 언어로 표출된 것이다. 만주 지역과 한반도를 삶의 터전으 로 정한 한겨레의 건국신화 가운데 대표적인 것이 단군신화(檀君神話)이다. 단군신화의 영성주의 사상은 '널리 생명을 이롭게 한다.'는 홍익인간(弘益人 間)의 이념으로서, 이는 근세의 동학의 '인내천'의 이념과 상통한다.

영성주의 사상은 상호 인격 존중이 근간을 이룬다. 단군은 한민족 공동 체의 성경이며 단군을 통해 영생불멸을 통찰한다.[15] 이는 동학의 '공복사 상'(共福思想)과 상통한다. 또 동학은 경천의 제천의식(祭天儀式), 생명을 널리 이롭게 하는 홍익인간(弘益人間), 집단 놀이문화의 풍류도(風流道)[16]를 아우르 는 가운데 더불어 행복할 수 있는 방안을 모색한다.

동학은 열강들의 조선 침략이 전개되는 상황에서, 수운의 영성 체험에 뿌 리를 두고, 공공행복의 문제를 시천주(侍天主)·조화정(造化定)·만사지(萬事知) 의 공공인격의 달성의 방법으로 해결하고자 하였다. 한울님을 각자의 몸에 모신다는 시천주(侍天主) 신앙은 하루아침에 빈부귀천이나 유식–무식, 남성 –여성을 초월하여 만인 평등과 생명 존엄을 자각케 한다. 조화정(造化定)은 '한울님의 조화'가 공공작용으로 이루어지는 것으로, 하나는 저절로 됨(無爲 而化)의 생명 생성과 자연 변화이고, 다른 하나는 각자(各自)가 천리(天理)를 자각하고 적극적으로 참여하여 스스로 만들어 감을 나타낸다. 만사지(萬事知)는 공공인격으로 거듭난 인간들이 후천개벽의 세 세상에서 더불어 함께 공공행복을 누리며 살아가는 것을 나타낸다.

한울님과 인간의 공공작용의 조화는 객체적으로는 '공'(公)이 절로 생성하고 변화하여 저절로 됨의 조화(造化)와 주체적으로 '사'(私)가 스스로 결단하고 동참하여 만들어 감의 균형(均衡=定)이다. 수운은 한울님의 '절로'와 인간의 '스스로'가 조화를 이루어 신명작용을 이루어 감을 조화의 공공작용으로 풀이했다.[17]

따라서 수운은 "격치만물(格致萬物: 모든 사물의 이치를 캐어내고 밝히는 것)하는 법과 백천만사(百千萬事) 행하기를 조화(造化) 중(中)에 시켰으니"[18]라고 하여 새 역사는 무위이화의 이치를 자각하여 각자가 스스로 힘써 행할 뿐이라고 역설한다. 수운은 한울님과 인간의 이러한 공공작용의 참여 방식을 조화정(造化定)이라고 규정하면서 공공행복의 원리를 "저절로 되는 하늘 조화의 그 밝은 덕에 합하여 스스로 만들고자 하는 그 마음을 정립함"이라고 설명하였다.[19]

그런데 천심이 곧 인심(天心卽人心)이기에 인도(人道)로서의 이러한 '만듦'은 결국 하늘 조화의 주체적 파악이며,[20] 사람의 이치와 하늘의 이치가 서로 다르지 않고 공공(公共)으로 함께 하기에 '그 덕을 합하는(合其德)' 새로운 행복 구현이 가능한 것이다. 인간의 공공 참여가 가능한 그 근거로서의 천도의 자각, 즉 조화의 주체적 파악(萬事知)을 가능하게 하는 것을 '수기심정기기'(守其心正其氣)라고 한다. 나에게 품수(稟受)되어 있는 하늘 조화의 참된 그 마음을 삼가 지켜 이를 정성으로 공경하고 믿음으로 그 기운을 스스로 '바로 함'이 공공행복의 길이다. 이는 '한울님을 지극히 위함(至爲天主)'과 '한울님 모심(侍天主)'을 조화(造化定)시키는 공공작용(萬事知)이라고 정의할 수도 있다.[21] 해월 최시형(崔時亨)은 이같이 말한다.

안으로 신령이 있다 함은 처음 땅에 떨어진 벌거숭이 어린이가 타고난 참된 마음이요, 밖으로 기화가 있다 함은 아기를 밸 때 이(理)와 기(氣)가 질(質)에 응하여 새로운 형체를 이룩하는 것이니라. 그러므로 밖으로 이 몸에 내려 지피는 기운이 있고 안으로 말씀이 내리는 가르침이 있다고 함과, 하늘 조화의 지극한 기운으로서의 허령(虛靈)이 이제 나에게 이르러 기화되기를 원한다고 함이 이것이니라.[22]

시천주는 조화정의 가능 근거이다. 조화정은 이성과 감성·영(靈)과 육(肉)·지(知)와 행(行)은 합일되고, 천덕(天德)과 인덕(人德)·인심(人心)과 천심(天心)이 공공작용으로 조화와 균형을 이루는 것이다. 조화정은 하늘이 공(公)을 이루는 것과 동시에 사람이 무위이화(無爲而化)의 천리를 자각하여 스스로 역행(力行)하는 것이다. 천지화육(天地化育)의 공(公)을 사(私)가 공공부조(公共扶助)하기에 천인합덕(天人合德)과 만사지의 공공행복이 가능해진다.

이처럼 동학의 '시·정·지'(侍·定·知)는 사람이 안팎으로 온전히 참됨(誠)으로써 마침내 하늘 조화의 참된 그 마음에 합한 시존(侍存)의 공공이기에, 우주와 더불어 개체가 행복하게 되는 조화와 균형의 체험이다. 우주가 절로 되는 기운과 인간 각자가 스스로 이루는 기운이 공공인격의 함양으로 더불어 행복한 스스로의 길을 밝혔다고 할 것이다. 『주역』(周易)에서도 천지운행을 관찰하고 만물소장(消長)을 이해하면서 저절로 얻어지는 즐거움과 함께 스스로 근심 없이하여 공공행복의 길을 이루는 자발적 기쁨의 공공작용으로 말한 대목이 있다.[23]

수운의 시천주(侍天主)는 서학(西學), 유불도의 가르침과 차이가 난다. 동학의 공동체는 공공인격이 이루는 군자공동체이다.[24] 동학의 군자공동체는 자신의 이기적 욕망을 충족시키는 공동체가 아니라, 존재론적 본성에 뿌리를 두고 천리를 깨달아 이웃과 함께 행복을 만들어 가는 공동체이다. 동학의 존재론적 본성은 수운의 영성 체험에 집약된다. 그것은 '한울님을 생명을 다하여 모심(侍天主)'에 따른 공공인격 함양에 근거한다.

> '시(侍)'라는 것은 한울님으로부터 품부 받은 그 마음을 다시 회복하여 이를 실천하는 것을 말하는 것으로, 안으로는 한울님의 신령함을 회복하고, 밖으로는 한울님이 무궁한 기운과 융화일체를 이루는 것을 말한다. 이렇듯 한울님의 마음을 회복하고 한울님 기운을 얻으므로, '나' 스스로 우주의 중심이며 동시에 '나' 스스로 우주라는 큰 기운으로 연결되어 있음을 깨닫는 것을 의미한다. 나아가 이러한 경지를 깨달아 그 마음을 변치 않으며, 이를 실천해 나아가는 것을 '시'라고 말한다.[25]

동학의 공공인격은 수심정기에 의해 내외 상통하며, 성경신을 통해 도덕성이 함양된 인격이다. 동학의 공공인격은 수심정기로 스스로 마음을 지키며, 내면을 절제하며 금욕적 삶을 영위하기에 성경신으로 공과 사를 이어주고 매개하고 살리는 인격이다. 동학사상은 신분고하, 빈부격차, 남녀성차 없이 성경신으로 한울님을 섬기고 함께 공공작용에 동참하여 사특(邪慝)한 기운을 버리고 천인합덕(天人合德)을 절로 이룬다.

따라서 동학의 공공인격은 봉건적 신분제도를 혁파하고, 생명 존엄을 자각하고 정성과 공경 그리고 믿음으로, 공과 사를 상통시키며 자기애와 타자애(他者愛)의 회통을 구현한다. 자신의 본성을 살리기 위한 구도하는 마음으로 타인의 존엄을 높이 세우고, 그리고 자타 상통의 신망을 함께 지켜 냄으로써 더불어 공공인격 가치를 살려 나간다.

무엇보다도 동학의 공공인격은 수운의 영성 체험에 근거한다. 이는 서양 태생의 종교에서 볼 수 있는 타계 지향의 초월신관과 차이가 난다. 동시에 동아시아 종교에서 볼 수 있는 범신론적 비인격 신관과도 차이가 난다. 동학이 그리는 공공인격은 '내재적 초월(內在的 超越)'을 의미하는 포월(包越)의 인격이다. 여기서의 내재는 천지신령이 인간에게 깃들어 있음을 말하고, 초월은 시공의 초월이 아니라 '규정 불가능의 포괄자'로서의 '한'을 이기심을 벗어나 개체의 현존으로 살려냄을 말한다.

동학의 공공인격은 인격 내면에 흐르는 신명 기운을 '스스로' 감지하고 생명을 아우르는 '저절로'의 생태생기(生態生氣)와 상통한다. 세상 사람들의 영성 차원의 존재 가치는 본성 차원에서 서로를 이어주고 살리는 횡단매개 활동에서 드러난다. 그러므로 수운의 영성 체험이 오늘을 살아가는 우리들에게 주는 메시지는 '부동의 동자'(the unmoved mover)나 태극(太極) 또는 로고스(Logos)가 아니라, 스스로 귀감이 되어 세상의 공공인격을 살려내어 후천 세상에는 한울님과 인간이 공공행복을 함께 이루는 것에 있다고 할 것이다.

동학의 공공인격은 '무로부터의 창조'가 아니라, '한울님의 뜻을 좇으면서 인간 스스로 되어 감'이다. 다시 말하면, 동학의 공공인격은 한울님의 큰 덕과 상통하면서, '한울님 뜻에 부합(天賦)'하여 각자 실천으로 옮기는 것이다. 공공인격은 자각의 인간인 한울님과 함께 공공행복을 이루는 존재이다.

한울님의 인격도 기쁨, 보람, 행복은 사람을 비롯한 억조창생과 함께 하기에 공공인격에서 벗어나지 않는다. 한울님을 단지 천하를 호령하고 심판하는 주체로 이해하면 한울님의 행복공창(幸福共創)의 심정을 헤아리지 못한 것이다. 한울님의 참 심정은 '내 마음이 곧 네 마음이다(吾心卽汝心)'라는 선언에서 명백하게 드러나는 공공인격이라고 할 수 있다.[26]

제2대 교주 해월 최시형은 공공인격의 목표를 스스로 이루기 위하여 관의 박해를 받아 가며 포교에 매진하였고, 포접제를 두어 교단을 조직하고 공공부조의 체제를 구축하였다 아울러 동도(東徒)들의 공공인격 함양을 위하여 훈련 체계를 갖추었고, 1880년에서 1881년 사이에 『동경대전』과 『용담유사』 등도 간행하였다. 동학농민혁명이라는 험난한 역사의 한가운데서도 공공인격의 함양이라는 목표를 이탈하지 않았다. 해월은 동학을 결사체로서 정비하는 가운데 공공성을 진작시키는 데 매진하였다. 아울러 동학사상을 한겨레의 농경문화 정신 토양 속에 깊이 토착화(土着化)시켰다. 공공인격 함양의 구체적인 방안으로 '삼경사상'과 여러 실천 지침을 제시하였다.

해월의 삼경사상(三敬思想)은 공공인격 함양에 요체가 있다. 여기서 삼경은 하늘공경(敬天), 사람공경(敬人), 그리고 물건공경(敬物)을 공공으로 아우른다. 여기서 중요한 것은 천지인 삼재 각각도 중요하지만 그들 사이의 유기적 관계를 공공으로 맺고 유지하고 새롭게 변화시키는 것이다. 경천은 경인으로, 경천·경인의 공공활동은 경물(敬物)로 매개되면서 섭취되기에 경물의 정도가 공공인격 함양의 진위성과 성숙도를 판명하는 잣대가 될 수 있다.[27]

따라서, 한울님 모심과 공경의 공공성이 공공인격의 출발점이 된다고 할 것이다. 동학에서 공경 대상으로서 한울님은 타계의 초월적인 존재가 아니며, 만물을 통하여 무위이화하는 내외 상통의 신명 인격이다. 해월은 이렇게 말한다.

> 한울을 공경함은 사람을 공경하는 행위에 의지하여 사실로 그 효과가 나타난다. 한울만 공경하고 사람을 공경하지 않으면 농사의 이치는 알되 실지로 종자를 땅에 뿌리지 않는 행위와 같으니, 도 닦는 사람이 사람을 섬기되 한울과 같이 한 후에야 비로소 바르게 도를 행하는 사람이다.[28]

시천주의 근본종지(根本宗旨)는 사인여천(事人如天)이다. 삼경사상은 공공인격 함양 차원에서 경물(敬物)에서 꼭지점이 드러난다. 경물에서 물(物)은 생명을 살리는 매개의 존재이다. 흙, 물, 공기, 식물, 동물, 물질 재화 등이 '한'을 함유한다. 동학의 경물은 물건을 아껴서 사용한다거나 재활용하는 등의 물질 효용 극대화가 아니다. '한'의 전통에는 물건에도 혼이 깃들어 있다고 한다. 어떤 물건이라도 허투루 대하지 말자는 전통의 지혜가 깃들어 있다. 노자의 경물중생(輕物重生)과는 표면적으로는 차이가 난다.[29]

> 물건을 공경함이니 사람은 사람을 공경함으로써 도덕의 최고 경지가 되지 못하고, 나아가 물건을 공경함에까지 이르러야 천지기화의 덕에 합일될 수 있느니라.[30]

물자체가 지닌 경제 가치를 벗어나서, 한울님 기운의 공공작용으로 매개하는 물(物)로 공경하여야 '천지기화(天地氣化)의 덕성(德性)'에 부합한다. '경물중생(輕物重生)'이라는 도가적(道家的) 가치관에 따르면 세상을 바로잡겠다는 이념, 명예, 권력, 재물이 물(物)의 범주에 포함된다. 이런 물(物)을 가볍게 여기고 자신의 평화스러운 삶을 중시한다는 게 '경물중생'이다. 동학사상의 경물(敬物)과 노자사상의 경물(輕物)은 표면적인 태도에서는 다르지만 공공인격 함양으로는 역(逆)의 합일을 이룬다.

공공인격 함양에 대한 해월의 가르침으로서 삼경사상은 "하늘로서 하늘을 먹는다."는 이천식천(以天食天)에 이르러 공사공매(公私共媒)의 보다 공공가치를 확연하게 제시한다. 해월은 이렇게 말한다.

> 내 항상 말할 때에 물물천(物物天)이요 사사천(事事天)이라 하였나니, 만약 이 이치를 시인한다면 물물(物物)이 모두 이천식천(以天食天) 아님이 없을지니, 이천식천은 어찌 생각하면 이치에 상합치 않음과 같으나, 그러나 이것은 인심의 편견으로 보는 말이요, 만일 한울 전체로 본다면 한울이 한울 전체를 키우기 위하여 동질이 되자는 상호부조로써 서로 기화를 이루게 하고, 이질(異質)이 된 자는 이천식천(以天食天)으로써 서로 기화를 통하게 하는 것

이니… '외유기화(外有氣化)'라 함은 '이천식천'을 말한 것이니 지묘한 천지의 묘법이 도무지 기화에 있느니라.[31]

해월의 이천식천은 공과 사를 이어주고 매개하는 공공부조로서 공공행복의 토대를 추구한다. 김지하는 급진적 산업화가 추진되면서, 공동체가 '동물농장'으로 변질되어 가고 있음을 통렬하게 비판하였다. 그는 "밥은 하늘이다."라는 메시지를 문학작품으로 발표하기도 하였다.[32]

동학은 이처럼 인간 중심의 사고뿐만 아니라 신 중심의 위계사고에서도 벗어나 유기체적 '한' 생명으로 인식하여, 음양상균으로 균형을 이루고 조화를 추구함으로써 새 시대의 군자공동체를 건설할 수 있다. 이와 같이 삼경사상은 우주를 이루는 천지인 삼재의 모심과 배려를 통해 '섬김'으로 나아간다. 해월의 삼경사상은 '인격의 존중과 배려'가 깃들어 있다.

그러나 해월은 존중과 배려에서 그치지 않고, 한 걸음 더 나아가 존중과 배려를 통한 조화와 균형을 강조한다. 이것이 이천식천(以天食天)이다. 즉 지금까지 인류를 지배하고 있는 욕망 차원의 먹고 먹히는 약육강식(弱肉强食), 적자생존(適者生存)의 법칙을 넘어 서서, 본성에 토대를 둔, 이천식천이라는 공공상생(公共相生)의 새로운 가치를 설파한 것이다.

공공인격의 함양의 군자공동체는 동학의 생명부조에서 발견하게 된다. 삼라만상의 영성은 삼라만상의 물상을 서로서로 상통하게 만든다. 공공인격은 하늘과 땅과 사람, 자연과 역사와 신성, 노동과 삶과 놀이문화, 개인과 공동체와 뭇 생명의 상생으로 드러난다. 삼경사상, 이천식천사상은 공공인격 형성을 바탕으로 21세기의 '군자공동체'를 형성하는 계기가 된다.

동학운동은 '공공세계' 구축의 횃불을 밝혔지만, 중앙정부의 수구 세력과 동아시아 패권을 노리던 청국과 일본의 무력 개입으로 좌절되고 말았다. 그러나 동학이 제시한 공공행복의 필요성과 비전을 공사상균(公私相均)[33]에서 재확인할 수 있다. '공사상균'은 동학적인 공공행복 구축의 토대라고 할 수 있다.

한울님의 무위이화의 저절로 기운과 인간 스스로의 도덕적 상상력이 발휘되어 조화와 균형의 조화정(造化定)을 처처(處處)에 만사지의 공공행복을 가시화할 수 있다. 이는 공사가 함께 공공작용으로 상통하여 역동적 균형을 더불어 살려나가는 것이다. 이것을 우리는 창조적 생명 살림의 본성이라고 할 것이다. 비인격적인 유교의 상제와 달리 동학의 한울님은 인격적으로 표현해서 누구나 가까이 할 수 있는 친근한 존재로 묘사되었다. 또한 상제가 선약, 태극을 형상화한 궁궁(弓弓)을 언급하는 것이나, 수운을 보호한다는 군사적 의미가 있고, 또 신령과도 통교할 수 있는 영적 행위인 '칼노래'를 통해서 대중적인 실천의 수준에까지 공공행복을 염원한 것이라고 말할 수 있다.

3. 동학의 군자공동체 구현

동학은 '공공행복의 영성적 군자공동체' 구현을 위해서 살아 움직이는 모든 생명체의 사이의 '동귀일체(同歸一體)'를 강조한다. 현재 살아 있는 생명만이 아니라 이미 돌아가신 죽은 자들의 신명세계도 '영성공동체'의 구성원이 될 수 있다. 이러한 생각은 3대 교주, 의암 손병희의 가르침에서 보다 구체화되었다. 이처럼 동귀일체는 동학의 영성공동체적 형성 의지를 반영한다. 모든 존재하는 것들은 한울님의 혼원(渾元)한 창조 기운이 드러난 현상이기에, 개인과 집단, 자기와 타자, 사람과 한울님, 물질과 정신이 '한'으로 귀일하여 평등을 이룬다. 현대사회는 자본주의 경제제도와 금전적 이기주의가 맞물려 '한'의 가치를 저버렸기에 이 시대에는 '한'의 회복이 시급한 과제이다. 동학의 도덕적 평등주의 사상은 여성·아동 존중 사상으로 구체화된다.

여성 존중 사상은 여성을 부속품으로 여기거나 천대하는 것을 없앤다. 아동과 여성을 '한' 인격체로 우대했던 동학의 전통에서 특히 아동 존중 사상은 아동을 독립된 인격체로 대우하여 한울님 모시듯이 하는 태도를 낳았다. 어른들이 아동을 소중한 인격체로 여길 수 있는 계기를 제공함으로써 군자공동체의 실천 덕목을 보여준다.

동학의 동귀일체 사상은 불교의 '동체대비(同體大悲)' 사상, 노장의 '도일(道一)' 사상과 상통한다. 개체의 존엄을 강조하면서도 개인주의나 형이상학적 단자론(單子論)에 빠지지 않고, 공동체의 '한' 생명에 귀일하고 그 안에서 영생한다. 그러므로 자타 상통의 영성 가치가 존중된다. 오행이 삼재에 따라 '강·질·기'(綱·質·氣)로 나뉘지만, 생명의 기로 수렴된다.

그것은 물방울이 바다에 흡수되어 개체가 망실되는 무차별적 합일(無差別的 合一)이 아니다. 각각의 개체들이 참여적 합발(參與的 合發)을 통해 군자의 인격으로 의사소통하게 된다. 동학의 제사 제도에서 최시형이 설한 향아설위(向我設位)도 동귀일체의 군자공동체를 전제로 할 때 가능해진다. 조상의 제사를 모시는 후손은 개체이면서 동시에 그 개인 안에 앞선 조상들의 생명이 생물로나 영성으로 체화(體化)되어 있는 공공인격이다. 향아설위의 제사상(祭祀床)에서는 안의 한울님과 조상이 공공으로 제사 대상이며 동귀일체이다. 동학의 동귀일체 사상은 개인주의를 부정하고 집단주의도 거부한다. 자유와 평등, 개체와 공동체, 물질과 영성을 공공으로 살림이다.

의암 손병희의 성령출세(性靈出世) 사상도 공공인격 함양을 강조한다. 성령출세설은 1910년 2월, 손병희가 49일간 기도를 마치고 수운의 기도처인 적멸굴에 다녀온 이후의 글이다. 성령출세는 개인이 일생 동안 선한 행위와 사상을 가졌을 때 그 사상과 덕업과 성령은 혈연적으로는 물론이고 사회적으로 계승되어 후대로 이어진다는 의미이다.

또 다른 의미에서 성령출세는 자신의 성령(性靈)을 개벽해서 한울님의 본체성령인 지기(至氣) 본래의 모습으로 돌려놓는 것이다. 한울님의 본체성령(本體性靈)으로 환원하여 새로운 생명체로 다시 태어나서 공공복락(公共福樂)을 누릴 수 있다.[34] 의암의 해설을 살펴본다.

> 우주는 본디 영의 표현이다. 영의 적극적 표현은 형상이 있고, 영의 소극적 섭리는 형상이 없다. 그러므로 형상이 있고 없는 것은 영의 나타난 세력과 숨겨져 있는 세력이 어우러져 두 바퀴가 돌아가는 것 같다. 여기에 한 물건이 있다는 것은, 홀연히 신령스런 성령의 활동이 드러난 것이다. 이것은 성령의 결정체로서 만물의 조직을 낳은 것이며, 만물의 조직으로써 다시 성령의 표현이 드러난 것이다. 그러므로 성령과 세상은 같은 이치에서 드러난 두 가지의 다른 측면일 따름이다.[35]

생명 세계에 적극적으로 동참하면서 공공으로 상통하는 불생불멸이다.[36] 만유는 '한 영'으로 지기(至氣), 즉 한울님의 창발현현(創發顯現)인데, 물질 형태를 지닌 가시세계(可視世界)와 그렇지 않은 불가시세계(不可視世界)로 나뉜다. 그러나 실재의 양면성인 두 세계는 분리된 독립 실재가 아니라 불가분리의 상관적 연동관계로 파악할 수 있을 것이다. 몸이 없는 기운과 마음이 존재할 수 없듯이, 이들은 공공으로 상통한다.

인간은 한울님의 신령한 성품을 품부 받고 태어난다. 지기(至氣)로 유일한 '한'과 만물로 다수인 '한'의 상관관계는 불가분리이다. 조상의 영들과 후손 영들의 관계도 불가분리이다. '한 생명'에서 한울 영, 조상 영, 개체 영은 회통한다. 지기(至氣), 즉 창조적 활동의 한울님은 가시적 생명 세계를 떠나서 그 존재 의미를 가질 수가 없다. 지금 여기 눈앞에 전개되는 생명세계의 실현이다.

의암 손병희의 성령출세설은 개체의 영생을 넘어서는, 공공행복의 군자 공동체의 실현에서 그 진면목이 드러난다. 조선사회의 중심적 가치관으로 '천[天理]' 중심의 도덕적 원칙을 내세우기보다, 기운과 몸과 마음의 공공적인 수도 실행을 중시하고 있다.

> 내가 바로 하늘이요 하늘이 바로 나니, 나와 하늘은 도시 일체이니라. 그러나 기운이 바르지 못하고 마음이 옮기므로 그 명에 어기고, 기운이 바르고 마음이 정해져 있으므로 그 덕에 합하나니, 도를 이루고 이루지 못하는 것이 전부 기운과 마음이 바르고 바르지 못한 데 있는 것이니라.[37]

동학은 공공행복 군자공동체를 가능하다고 본다. 그런데 현실세계는 뒤틀려 있고 병들어 있으며 억압적이고 생명 파괴적인 힘들로 가득 차 있다. 동학의 공공인격은 이 부정 세력들과 구조적인 악을 파사현정(破邪顯正)하여 건강한 영성공동체로 되돌려 놓는 간주체(間主體)이다. 그러므로 동학농민혁명은 동학사상의 표현이고, 동학사상은 동학농민혁명의 담론이다. 동학에는 종교와 정치, 생명과 혁명, 개체 해방과 단체 해방이 함께 있다.

동학농민혁명은 동학교도를 중심으로 뭉친 창생의 운동이다. 당시 사회 구성원의 대부분이 농민이었기에 동학농민혁명이라고 부르지만 실제로 동학농민혁명은 반봉건·반외세, 불의에 대한 정의, 자유, 평등 이념의 군자공동체를 지향한다. 동학의 평등주의는 기회 평등의 원칙을 적용하여 계층, 신분, 성별, 지역, 직업 등의 이유로 인격 차별을 허용하지 않는다. 이를 제대로 활용하면 기회의 평등을 보장할 수 있다.

소극적 입장에서 평등 실현은 차별 금지이지만, 적극적 입장에서는 공공부조의 증진이다. 공공부조는 적극적으로 상호 회통하는 영성공동체의 구현에 생명력이 있다. 이는 곧 내유신령과 외유기화의 상통이다. 정성[誠]으로 마음을 고이 지켜 공경하고[敬]하고 서로 믿는[信] 데서 그 기운을 바로 할 수 있다. 동학은 반생명적 현실을 혁파하여 군자공동체의 공공 부조를 위해 실천적 행동에 나서지 않을 수 없었다.

그러나 조선의 지배권을 둘러싼 청일 양국의 각축은 군사적 충돌로 이어져 마침내 청일전쟁(淸日戰爭, 1894-1895)이 발발하였다. 청일전쟁에서 승리한 일본군은 현대식 무기에 따른 압도적 무력의 우세를 기반으로 동학농민군 진압에 나섰다. 결과적으로 동학농민혁명의 좌절을 결정적으로 초래한 계기는 현대 무기로 무장한 일본군과 조선 정부군의 합동작전이 이루어졌다. 통치 능력을 상실하고 무능, 부패, 사대주의에 깊이 병든 조선 정부는 동학농민혁명으로 분출된 창조적 사회변혁의 에너지를 승화시키지 못하고, 외세에 힘입어 동학농민혁명군 30만 명을 억압하고 궤멸시켜 버렸다. 무능한 조선 정부의 요청을 빌미로 청군과 일본군이 식민지 쟁탈전과 조선 지배를 위한 종주국 싸움을 벌이며 일종의 제국주의 침략으로 조선에 파병되었다. 그러나 동학농민혁명의 기치에서 드러난 보국안민과 제폭구민, 광제창생의 이념은 물론이고 민회와 포접제, 그리고 집강소의 폐정개혁안 등으로 동학사상의 공공행복의 군자공동체의 기치(旗幟)는 충분히 그 역사적 족적을 남길 수 있었던 것이다.

4. 동학의 공공행복 기치

1894년 3월, 동학농민혁명은 전봉준·손화중·김개남 세 사람의 이름으로 동학농민혁명 봉기의 이념과 명분을 온 세상에 알리는 창의문(倡義文)을 세상에 발표함으로써 불이 붙었다. 창의문은 동학농민혁명군의 혁명선언문이다. 약 700자 정도로 작성된 간결하지만 단호한 창의문을 살펴본다.

> (전략) 백성은 국가의 근본이라. 근본이 쇄삭(碎朔)하면 국가는 반드시 없어
> 지는 것이다. 보국안민(輔國安民)의 책(策)을 생각지 아니하고 다만 제 몸만
> 을 생각하여 국록(國祿)만 없애는 것이 어찌 옳은 일이랴. 우리들은 재야의
> 유민(遺民)이나 군토(君土)를 먹고 군의(君衣)를 입고 사는 자라. 어찌 차마 국
> 가의 멸망을 앉아서 보겠느냐. 팔역(八域)이 동심(同心)하고, 억조가 순의(詢
> 義)하여 이에 의기를 들어 보국안민으로써 사생(死生)의 맹세를 하노니 금일
> 의 광경에 놀라지 말고 승평성화(昇平聖化)와 함께 들어가 살아보기를 바라
> 노라.[38]

동학농민혁명군의 대장기(大將旗)에 쓰여 있는 혁명 이념은 보국안민, 제
폭구민이었다. 동학의 혁명 목표는 공화제 정부를 세우려거나 정권을 쟁탈
하고 국가정체변혁(國家政體變革)을 꾀하려는 야망도 아니었다. 그것은 국가
의 근본은 백성이며 백성이 부서지면 나라는 망한다는 공공행복 기치(旗幟)
를 확인하고 그에 따른 정치를 실현하는 것이었다. 당시는 중앙이나 지방이
나 행정 관료들이 부패, 무능, 사리사욕, 백성 수탈, 인권 박탈 등으로 국가
멸망 직전의 상황이었다.

다시 말해 정치 권력자들의 폭정에서 민중을 구하고, 국가 위기 상황에서
나라를 구하고 백성을 편안하게 하려는 것이 혁명 봉기의 목적이었다.[39]
'팔역(八域)이 동심(同心)하고 억조가 순의(詢義)하여'라는 말에 유의할 필요
가 있다. 전국 방방곡곡에서 뜻있는 사람들이 '한' 마음이 되어 죽음을 각
오하면서[殉] 의로움[義]을 드높이자는 것이다. 승평세계(昇平世界)는 '태평한
세상'이다. 창의문에서 "승평성화(昇平聖化)로 함께 들어가 살아보기 바란
다."라고 하여 승평성화(昇平聖化)의 기치가 중시되고 있다.

"승평성화로 함께 들어가 살아보자."는 외침이 공공행복에 대한 염원이요, 다짐이다. 그러므로 동학의 공공행복은 승평성화로서 영성공동체의 새로운 생활 방식을 그려 보는 데에 있다. 그 세계는 우리 겨레가 고대사회로부터 꿈꾸며 달려온 공공행복 영성공동체 구현과 상통하며, 한 멋진 풍류의 삶[40]과 그 맥을 같이 한다.

승평성화(昇平聖化)가 조선시대에는 종족과 종계·향약과 사창(社倉)·서원(書院) 등을 통해 나타났다. 이러한 공동체들은 유교적 인륜공동체를 지탱하는 세 축으로서, 생래적 귀속집단인 동시에 자발적 계약집단이기도 하였다. 조선 시대의 공동체는 친목(親睦) 도모와 환란(患難)의 구휼 등을 통한 유대감의 강화와, 미풍양속의 선도와 같은 규범적 기능을 겸하는 것이었다.

그런데 세월이 흐르면서 차츰 규범적 기능을 상실함으로써 '유대감의 강화' 마저도 연고주의(緣故主義)로 타락하였다.[41] 이러한 타락의 모습을 동학이 극복하고 공공행복 인륜공동체를 살려내려면 유교의 인륜공동체의 역사적 전개과정을 타산지석으로 삼아야 될 것이다. 영성공동체에서 더불어사는 공동 행복 추구가 구현되기 위해서는, 정의라는 도덕 가치가 삶의 기치로서 온전히 자리 잡아야 한다.

힘없는 사회계층에 대한 정치적 억압, 경제적 수탈, 그리고 문화적 소외 등을 외면하는 도덕적 위선을 경계해야 한다. 동학농민혁명의 창의문에서 보국안민, 제폭구민의 깃발에 담겨 있는 이념은 공공행복 영성공동체 실현의 전제조건으로서 정의로운 사회의 실현을 의미한다. 동학사상의 또하나의 핵심 지표인 광제창생(廣濟蒼生)에서는 세상의 모든 백성을 널리 구제하겠다는 동학농민혁명군의 의거 동기를 엿볼 수 있다. 이는 보국안민과 함께 동학농민혁명을 일으킨 핵심 명분이기도 하다.

보국안민 또는 광제창생은 공공 규범의 의미로 드러난다. 광제창생은 정의롭지 못한 권력에 수탈당하는 인간 해방과 사회 구원을 통해 구현된다.

이러한 정의 구현에는 인간 사이사이를 이어주고 매개하는 공공 차원의 횡단매개 역할이 중시된다. 광제창생은 생명 존중과 불살생(不殺生)의 비폭력 평화운동을 매개하는 횡단매개의 기치이기도 하다.

동학의 공공 규범은 내수도문(內修道文)에서도 볼 수 있다. 내수도문은 1890년 12월, 해월이 여성 동학도를 대상으로 제시한 일곱 가지 항목의 가르침이다. 내수도문은 여성 존중의 가르침으로 소통의 방법을 중시한다.[42] 내수도문의 7조목(七條目)을 요약하면 이와 같다.[43]

제1조. 부모에게 효도하고 남편을 공경하고 자식 며느리를 사랑하라. 하인을 자식처럼 여기며, 육축(六畜)도 아끼며, 나무도 생순(生筍) 꺾지 말며, 어린 자식 때리거나 울리지 말라. 어린아이도 한울님 모셨으니 아이 때리는 것은 한울님 때리는 것이다. 제2조. 한 번 사용하여 더러운 물을 땅에 버릴 때 함부로 멀리 버리지 말라. 제3조. 모든 일을 행하거나 행한 후에 항상 마음으로 한울님께 심고하라. 제4조. 먹고 남은 밥, 국, 채소류 반찬을 새 것과 섞지 말고 따로 보관하라. 제5조. 아침저녁 밥 지을 때, 새 물에다 식량을 다섯 번씩 씻어 밥 짓고, 밥 되어 그릇에 담을 때 심고하라. 제6조. 깨어져 금간 그릇에 음식 담아 먹지 말고, 살생하지 말며, 하루 세 번 식사 준비하고 음식을 먹고 치우는 일을 부모님 제사 섬기듯 정성스레 하라. 제7조. 집 밖에 용무나 활동을 위해 나가고 들어올 때, 물건 주고받을 때, 심고하라.

내수도문 조목에서 드러나듯이, 생명 존중, 위생 철저, 평화 감사를 강조한다. 새로 돋아나는 나무의 생순(生筍)을 꺾지 말고, 집안의 육축(六畜)을 아끼고 사랑하며, 어린아이를 체벌(體罰)하지 말라는 가르침이 그러하다.

어린아이 때리는 것을 한울님 때리는 것과 동일시하는 데에서 생명 존중의 극치를 본다. '내수도문'은 여성에게 주어진 가르침이다. 여성 역할과 모성 심성이 공공행복 기치를 현실 화용하는 지름길이기 때문이다.

더불어 삶을 통한 공공행복 기치는 생태환경의 생명이 모두 행복한 공공행복 생명공동체로 확장된다. 해월은 내수도문의 실천을 당부한다.

> 이러한 칠 조목을 하나도 잊지 말고 매매사사를 다 한울님께 고하면, 병과
> 윤감(輪感)을 아니하고, 악질과 장학을 아니하오며, 별복(鼈腹)과 초학(初瘧)
> 을 아니하오며, 간질(癎疾)과 풍병(風病)이라도 다 나을 것이니, 부디 정성하
> 고 공경하고 믿어 하옵소서. 병도 나으려니와 위선 대도를 속히 통할 것이
> 니, 그리 알고 진심 봉행하옵소서.[44]

동학운동에 나타난 한겨레의 공공행복 기치는 당시 민중들의 열렬한 호응을 받아, 동학운동 과정에서 자발적으로 창생이 집결하였다. 그런데 그 연원은 민회로 소급된다.[45] 동학혁명에 앞서서 전개된 일련의 민회활동에서 동학은 평화적 의사 소통의 간주체가 되고 당국과 농민을 이어주고 살려내는 공공부조를 이루었다.

아울러 호남지방 대부분을 점령한 동학농민혁명군은 산적한 공공의 삶에 제반 문제를 해결하기 위하여 폐정개혁안 12조를 설정하고, 민정기관인 집강소를 통해 자치적(自治的)으로 공공행복 영성공동체를 형성하려고 노력하였다. 그 과정에서 자발적 공공행복 기치의 단위공동체(單位共同體)로서의 조직망인 포접제가 활용되었다고 할 것이다.[46] 동학운동 과정에서 나타난 민회, 포접제를 기반으로 한 집강소 그리고 폐정개혁안 실시 등은 공공행복 기치를 화용하려는 자율적 공공부조로서, 생명 자발성과 생명 조직성이 승평성화(昇平聖化)의 상승작용을 한 결과라고 할 수 있다.

동학운동에서는 공사상균(公私相均)의 균형적이며 집단적인 힘을 통해 생명 자발성, 생명 조직성, 생명 응집성, 생명 결집성이 혼융하여 '한' 기운으

로 드러났다. 특히 민회는 집단의지를 밝히고 실천하는 대중운동의 결사체로서 공공행복 구현의 목적의식을 나타내고 있다고 할 것이다.[47] 고대 그리스·로마 시대, 도시국가의 시민총회(總會)[48]가 민주적 의사를 대변하는 이치와 상통한다. 그러나 19세기 말, 중앙집권적 군주제도로 경직된 조선 사회에서 민회는 국가 전복 반란죄나 사회 질서 혼란 죄로서 응징의 대상이 될 뿐이었다. 민중의 집회·결사·의사 소통의 자유는 보장되지 않았으며, 힘없는 민중을 민회로 결집하거나 이를 안내해 줄 만한 조직 단체가 당시에는 존재하지 않았다. 그러므로 근대 한국 사회에서 민회 운동은 동학운동에서 공공행복 기치를 대내외적으로 표방함으로써 새로운 전기를 마련하였다.

동학 민회의 발단은 최제우가 정치범으로 참수(斬首) 당한 억울함과 부당함을 풀어주고 당국의 재판 기록을 바로잡아 달라는 요청을 하면서였다. 이것을 교조신원운동(教祖伸寃運動)이라고 하는데, 일종의 해원(解寃)의 몸짓에서 비롯하였다. 동학도들로서는 교조(教祖)의 억울한 누명을 벗기고 동학도의 정당함을 만천하에 밝히는 일이 명분상으로도 중요할 뿐만 아니라, 포교 활동의 자유 및 교인들의 신분 보장 문제가 걸린, 현실적으로도 시급한 과제였다. 당시 조선의 상황은 영불 연합군에 의한 북경 함락과 병인양요(1860), 일본의 반강제적인 조선과의 수호조약체결(1876)과 한미통상조약체결(1882) 등으로 안팎으로 급변하고 있다.

조선 정부 당국은 불법적이라고 본 동학의 교조신원(教祖伸寃) 청원을 처리할 통찰력이 없었다. 이러한 상황에서 동학의 민회를 통한 민중 집회의 결성은 공주집회(公州集會, 1892), 삼례집회(參三禮集會, 1892), 광화문전복합상소(光化門前伏閤上訴, 1892)를 거쳐 2만여 명이 운집한 보은집회(報恩集會, 1893)에서 절정에 달하게 된다. 특히 보은집회는 조선왕조 정부를 상대로 강력하게 정치 개혁과 외세 배격의 민의를 전달하는 형태로 이루어졌다.

조선 왕조 정부는 선무사 어윤중을 보내서 해산을 종용하는 한편 청주병

영의 병대를 파견하는 등 강온 양면으로 압박하여 집결한 동학교도들을 해산시킨다. 1893년 4월 26일부터 5월 17일까지 벌였던 보은의 장내리 집회는 청의(淸義)와 충의(忠義) 등 각 포의 깃발 아래 전국의 동학도들이 대거 참여하였다. 보은집회 상황은 이렇게 드러난다.

> 이때 모인 동학교도들의 수는 약 2만 명으로, 그 반(半)은 성 안에 수용하고 나머지 반은 성 밖에 산재해 있었다. 그리고 교도들은 접별(接別)로 모여, 낮에는 성(城) 안에서 주문(呪文)을 암송하고 있었다. 해월은 성 안에 거주하면서 모든 교도들을 통할하고 서병학(徐丙鶴), 손병희(孫秉熙), 손천민(孫天民), 이국빈(李國彬) 등이 그를 보좌하고 있었다. 삼례취회(參禮聚會)와 복합상소(伏閤上訴) 등을 통해 경험을 쌓은 동학교도들은 보은취회(報恩聚會) 단계에 와서는 매우 조직적이 되었으며 또한 규율을 잘 지켜 전투 때의 군대조직과 같은 규율을 방불케 할 정도로 질서정연하였다.[49]

2만 명 규모의 자발적 민중의 집단적 의사 표현이 눈앞에 펼쳐졌다. 보은집회에서 절정에 달한 민회에 놀란 고종은 호조판서 어윤중을 현장에 내려보내 수습토록 했다. 어윤중은 고종에게 올린 장계(狀啓)에서 동학도들의 민회로서의 성격을 공사상균(公私相均)이라고 보고하였다.

> 이 집회는 조그마한 무기도 휴대하지 않은 것이므로 다름 아닌 민회(民會)와 같은 것이다. 일찍이 듣기에 각국에는 역시 민회가 있어서 정부와 정령(政令)에 있어서 국민 및 국가에 불편함이 있으면 회의하여 강정(講定)한다 하니, 이 집회도 그와 같은 것이므로 어찌 비류(非類)로 간주할 수 있겠는가.[50]

1894년, 동학농민혁명 발발 직전까지 전개된 동학의 '민회' 운동은 '공공행복'의 기치를 내세웠다. 동학의 민회는 평화적 형태로 나타났지만 간절하게 집단적으로 항소하거나 민의를 정부에 전달하려는 의지를 발현하였다. 교조신원운동으로 시작된 민회는 종교 신앙의 자유, 포교의 자유, 신체 및 재산의 부당한 억압 및 압류에 저항하는 기본권 주장으로까지 나아가면서 '공공행복의 기치'를 내세워 민중들에게 영성 각성과 세계시민성의 전환점을 제공하였다.[51]

또한 동학의 민회는 강권 동원을 통해서가 아니라, 자발성과 자유의지에 의한 집회로서 의미를 갖는다. 교도들의 지역적 조직망인 유기적 포접제(包接制)가 민중의 자발성, 자치 능력, 자기조직화의 실천력을 웅변적으로 대변한다.

동학 민회를 민주 정치 제도의 대의정치와 연관시키면, 참여적 민주주의 또는 직접 민주주의 제도와 상통한다. 국민을 위한, 국민에 의한, 국민의 정치에 이르러서야 민주주의 가치가 공공행복 기치를 현실 화용할 수 있다. 민회를 통한 사회 구성원의 직접 민주주의는 '공공행복 인류공동체 구현'의 가능성을 한국 근대사회에 드러냈다.

동학농민혁명은 농민 중심의 '가난하며 재산이 없는 사람의 사회 계급혁명'에 그치지 않고, '인류공동체 구현'을 위한 개벽운동으로 승화되었다. 전주성에 입성한 동학농민군은 숫자로 약 3,000명이었다. 전주성을 점령한 동학농민군은 정부군과 협력하여 전남 일대의 치안 질서 확보와 민생 보호를 위해 소위 '전주화약(全州和約)'을 체결하였다.

조선정부는 동학농민혁명군이 지역마다 집강소(執綱所)를 설치하는데 동의하였고 동학군은 폐정개혁안(弊政改革案) 12개조를 제시하면서 '공공행복의 기치'를 현실화해 나갔다. 공공행복을 위한 폐정개혁안 12개조 내용은 아래와 같다.[52]

1) 동학교도와 정부 사이에 숙원(宿怨)을 없애고 서정(庶政)에 협력한다. 2) 탐관오리 죄상을 조사하여 벌한다. 3) 횡포한 부호를 엄벌에 처한다. 4) 불량한 유생과 양반을 징벌한다. 5) 노비문서를 소각한다. 6) 칠반천인(七班賤人)의 인간 차별 대우를 개선하고 백정이 쓰는 패랭이(平涼笠)를 없앤다. 7) 젊은 과부의 재혼을 허가한다. 8) 규정 이외의 잡세(雜稅)는 일체 폐지한다. 9) 관리 채용은 문벌을 타파하여 인재 본위로 등용한다. 10) 일본인과 밀통하는 자는 엄벌에 처한다. 11) 공사채(公私債)를 불문하고 기왕의 것은 일체 면제한다. 12) 토지를 평균으로 분작(分作)한다.

이상의 폐정개혁안 12조는 '공공행복의 기치' 아래, 신분차별 철폐, 부당한 세금 징수 철폐, 농토의 합리적 분배 경작, 지방 토호와 악질 관료와 타락한 유생들의 징벌, 합리적 관료 등용, 강대국의 내정 간섭 반대 등을 내세웠다. 이 모든 일들이 집강소(執綱所)를 중심으로 주민들의 자치(自治)로서 이루어졌다는 사실에 더 큰 의의를 둘 수 있다. 동학은 '공공행복 인류공동체' 구현을 위해 민회와 자치 방식을 채택하였다고 할 것이다.

5. 영성공동체와 천지인의 조화

앞에서 공공행복의 공동체를 형성하는 과정에서 인격 형성과 공동체의 정의 문제를 고찰하였다. '공공행복 영성공동체'는 공공 차원의 횡단매개를 통하여 한울님, 자연, 인간을 함께 아우르면서 공공부조로 공공 차원을 개신한다. 이는 초월적 유신론에 기초한 서구의 기독교 문명과 다르며, 자연을 신명과 동일시하는 인도 계통의 범신론적 종교사상과도 구별된다. 또한 근세 서양문명의 기초를 이루었던 물질과 정신 실체의 이원론과도 차이가 난다. 시천주·삼경사상·성령출세설·음양상균 사상이 드러내고자 하는 '공공행복 영성공동체'는 물질 위주의 경제공동체도 아니고, 물질가치를 폄하하는 초월주의 공동체도 아니며, 그렇다고 인간 중심주의 공동체도 아니다. 그것은 천지인 삼재를 어느 하나로 흡수하거나 통합하는 합일(合一)이 아니라 상호회통(相互會通)하는 가운데 공공행복을 상생으로 살린다. 공공행복 영성공동체는 생명 연계의 동귀일체(同歸一體)에 근거하며 개인주의 철학이나 전체주의 철학을 동시에 거부한다.

개인과 전체의 관계는 세포와 몸의 관계처럼 유기체적이라는 점을 강조한다. 심지어 살아 있는 자손과 이미 세상을 떠난 조상들의 관계도 한생명으로 살 수 있음을 말한다. 동학의 성령출세(性靈出世) 사상과 향아설위론(向我設位論)은 한생명 살림이다. 동학은 이러한 한생명 살림의 사상으로 공사상균(公私相均)의 조화로운 집단력을 발휘하였다.

공공행복 영성공동체는 개인과 전체가 함께하며, 산자와 죽은 자가 함께하는 공공행복 도리를 반영하고 있다. 공공행복 군자공동체는 타계주의와 내세주의가 아닌 창발(創發) 화용으로, 현실에서 생명·정의·평화·자치·자발의 '공공행복의 기치'를 표방한다. 인간 평등만이 아니라 불필요한 살상과 자연에 대한 오염 행위를 문책하고 단죄하려는 생태 윤리 강령을 '승평성화(昇平聖化)' 가치로 촉구한다. 이는 시천주, 내수도문(內修道文), 그리고 폐정개혁안(弊政改革案)으로 나타난다. 한마디로 동학의 공공행복 군자공동체는 경천애인사상으로 나라가 평안하고 나라의 창고가 넉넉함을 발원한다.[53]

역사적으로 사인여천(事人如天), 사람을 섬기되 하늘같이 하라는 윤리적 강령은 존재론적인 규정을 포함하는 근대적인 인간 존엄사상으로 바뀐다. 1905년, 의암 손병희에 의한 인내천(人乃天) 사상이 그 결실이 이렇게 되면 동학은 한울님의 공공작용을 믿는 종교의 영역은 물론 인간 중심주의의에 따른 인권 존중 사상까지를 망라하게 된다. 군자공동체가 지속적 결속력을 가지려면, 공공인격의 한울님과 영성 체험이 수반되어야 한다. '공공행복 영성공동체'를 구현하려면 정치적 제도와 질서를 함께 갖추어야 되는데, 영성공동체의 구성원이 공공부조를 살려 내면서 참여 민주주의, 직접 민주주의를 가능하게 해야 할 것이다. 이것은 오늘의 한국 사회에 대한 평가 기준이 될 수 있다.

오늘의 한국 사회에서 공공행복 영성공동체를 이루기 위해서는 생성, 상생, 창발(創發)의 역동성을 중시해야 한다. 일방이 타방을 억눌러서는 안 된다. 동학운동의 역동성, 유기체성, 개신성(開新性)은 공공행복의 기치로 수렴되었다.

지난날의 겨레얼 수난기를 극복하고 짧은 기간에, 한겨레가 민주화·정보화의 사회로 진입할 수 있었던 계기는 동학운동의 공공행복의 기치가 '한'의 정신으로 오늘까지 계승되고 있음을 의미한다. 이처럼 동학의 영성공동체는 한겨레의 공공업보(公共業報)를 공공부조로 횡단으로 매개하는 가운데 공공행복의 기치를 얼마만큼 살려낼 수 있는가 하는, 공공행복 서원(誓願)의 다짐으로 다가온다. 서원은 자기 마음속에 맹세하여 소원을 세움으로써 보다 선하고 훌륭하게 살겠다고 약속하며 타자의 행복을 함께 염원하는 행위이다. 공공행복의 원(願)을 세우고, 그것을 이루고자 맹세하는 일이 천지인 삼재의 상통 관계의 다짐으로 다가온다.

천지인 삼재의 원방각에 대한 최초의 문헌은 『환단고기(桓檀古記)』「삼신오제본기(三神五帝本紀)」[54]에 "하늘에 제사 지낼 때는 둥근 단을 쌓았고, 땅에 제사 지낼 때는 모난 언덕에서 지내고, 조상에게 제사를 지낼 때에는 각목(角木)을 썼다."고 한 데서 발견할 수 있다. 원은 하늘을, 방은 땅을, 각은 사람을 상징하는 것으로 삼재의 사상이다.

삼재(三才)란 하늘(天)과 땅(地)과 사람(人)을 이르는 말로서, 천지인의 사물과 현상, 제도와 사상까지를 포괄한다. 『맹자(孟子)』에 "천시는 지리만 같지 못하고 지리는 인화만 같지 못하다(天時不如地利 地利不如人和)."라 하여 하늘이 주는 좋은 때는 지리적·공간적 이로움만 못하고, 지리적 이로움도 사람의 화합만 못하다는 내용이 나온다.

천지인 삼재에 대한 좋은 표현에서 하늘은 단지 하늘만을 이야기하는 것이 아닌 하나의 변수 개념으로 하늘의 무한한 가능성, 신의 의미, 정신, 시간성 범주이다. 땅은 물리적인 땅의 의미를 넘어 공간적인 요소, 물질적인 것, 육체적인 것의 드러남까지를 의미한다. 사람은 하늘과 땅을 이어주는 존재로 시간과 공간 속에서 작용하는 작용력을 뜻한다.

천지인 삼재 사상의 연원은 『삼일신고』[55]이다. 여기서는 성(性)을 원(○), 명(命)을 방(□), 정(精)을 각(△)으로 설명한다. '원방각'은 천지인 삼재 사상을 설명하는 공간 도형이다. 공간 도형에서 하늘의 이미지는 원으로, 땅의 이미지를 방으로, 사람의 이미지는 각으로 나타난다. 『삼일신고』에서 삼(三)은 천지인을 말하며, 일신고(一神誥)는 한울님이 계시다는 의미이다. 환웅은 푸르고 푸른 것이 하늘이 아니며, 검고 검은 것도 하늘이 아니라고 한다.[56]

본성에서 구하여라. 상제가 너희 머리로 내려오시리라.[57]

하도의 생성과 운행의 결과 원방각이 산출된다. 원은 하늘을 표현하여 무한을 상징한다. 1에서 10까지의 숫자 중에 가장 확장된 10수가 원이다. 또한 결과적으로 생명 창조의 시원은 정자와 난자처럼 둥근 원이며, 하도가 총체적으로 말하는 것은 창조 영역이기에 원으로 표현된다. 방은 땅의 공간적 표현이기에 전후좌우 방향, 목·화·금·수이다. 방위로 사방으로 표시하고 사각이다. 방은 고정적이고 물질적인 상태를 표현한다.[58]

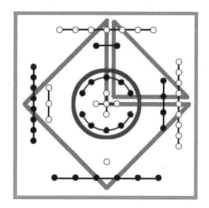

〈하도 원방각〉

〈천지인 삼재의 연동관계〉

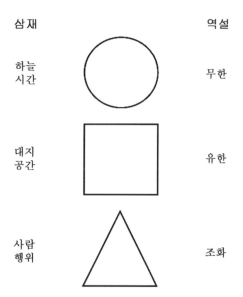

삼 재		역 설
하늘 시간	○	무한
대지 공간	□	유한
사람 행위	△	조화

삼각형의 각은 하도 운행의 결과이며, 원과 방의 상호 포함에 따른 운동 결과로 생성된다. 각은 인간의 법률 작용으로 작용과 조화에 해당한다. 원은 무한을 표시하고 방은 유한을 표시한다. 그리고 각은 원과 방, 무한과 유한의 모순을 해결한다.

하도의 운행은 목(좌측)에서 화(상), 토(중앙), 금(우측), 수(하)의 순으로 진행된다. 그 결과 마름모 도형에서 삼각형이 빠져 있는 그림이 생성된다. 그 비어 있는 모양에서 삼각형이 발생한다. 하도는 원방각의 각이 원과 방의 운행의 속성, 즉 원은 하늘이 무한히 운행하려고 하는 속성이라면 방은 땅이 늘 유한하여 고정적으로 움직이지 않으려는 속성이 서로 포함(包含)되면서 생성하는 것이라는 사실을 보여준다.

무한의 표상으로 원형과 유한의 표상으로 방형의 모순 대립을 거친 후 이 사이를 이어주고 매개하는 화합·통합형으로 각이 나온다. 시간적으로 천지의 원방이 있는 다음에 사람의 각이 나타난다. 천지인 삼재 관계의 하도는 원과 방의 상호 대립 모순을 각으로 해결하고 있음을 시사한다.

공공행복의 구현에는 공공 책임이 수반된다. 하버드대 마이클 샌델 교수는 『정의란 무엇인가』로 한국 사회에 신선한 돌풍을 일으켰다. 이번에는 우리에게 근본적이고 중요한 가치인 도덕을 이야기했다. 샌델 교수는 아리스토텔레스의 철학 전통을 통해 "정치·경제·사회·교육·생명윤리라는, 사회를 구성하는 각 분야가 도덕에 기반을 두어야 한다."고 역설한다. 현대 민주주의 사회에서는 경제가 정치를 밀어냈고, 정치가 다루지 못하는 도덕이나 윤리와 같은 가치들에 갈증을 느끼고 있다. 그는 "윤리적·도덕적 가치가 경쟁할 수 있는 사회, 의견 불일치를 받아들일 수 있는 사회를 만드는 것이 정의로운 사회로 나아가는 첫 단계"라고 말하면서, 도덕성이 살아야 정의도 살 수 있고, 무너진 원칙도 다시 바로 세울 수 있음을 강조한다. 이것이 지금 우리가 왜 도덕이라는 문제에 관심을 갖고 치열한 논쟁을

벌여야 하는가를 밝혀 주고 있다.[59]

개인의 권리와 선택의 자유는 도덕적 · 정치적 삶에서 가장 두드러지는 규범이지만, 그것들이 민주사회를 위한 적절하고도 충분한 기반이 될 수 없다. 우리는 좋은 삶에 관한 올바른 정의(定義) 없이 공공생활에서 발생하는 난해한 도덕적 의문들을 논리적으로 풀어나갈 필요가 있다고 한다.[60] '공정한 시민사회를 위한 공동체'에서는 도덕적 · 정치적 논쟁에서 한 걸음 물러나 오늘날 다양한 자유주의 정치이론들을 검토하고 각각의 강점과 약점을 평가한다. 이러한 문제의식은 공공행복을 구현하기 위한 공공책임의 필요성을 역설한 것이라고 말할 수 있다.

공공책임의 문제에서 A형 논리와 E형 논리[61]가 있는데, 앞의 포함(包涵)논리는 타자언급(other-reference)뿐이지만 뒤의 포함(包含)은 자기언급과 타자언급을 함께 말하기에 발생한 문제에 자신을 포함한 공공책임을 묻기가 적합하다고 할 것이다. 태극이 음양을 포함한다고 할 때, 음양의 중국식 논리와 달리 우리나라는 제3의 매개를 인정한다. 중국은 태극을 상위 부류 개념으로 설정하고 음양을 하위 요원 개념으로 나타낸다. 우리나라에서는 삼태극의 논리를 사용하여, 황색의 태극이 청적색의 음양을 함께 감싸는 공공성을 중시한다. 태극 역시 전체적으로는 부분의 한 요원으로 음양을 껴안고 있다. 태극과 음양이 내인(內因) 관계에서 포함(包含)의 관계를 나타낸다고 할 것이다.[62]

이는 양극화의 중간 지대 혹은 공공 지역을 설정하기 위한 것이다. '제3의 인간 역설(The Third Man Paradox)'을 해결하는 과정[63]에서 그리스 철학자들은 들뢰즈(G. Deleuze)가 말하는 중간 지대인 배중률을 간과하였다. 제3의 인간이란 다름 아닌 이 중간 지대를 의미한다.[64] 들뢰즈는 인류가 선택한 두 종류의 길을 말한다. 첫째는 영토화 · 코드화의 길이며 다른 하나는 탈주와 유목의 길이다. 앞의 영토화 · 코드화의 길은 삶의 주체들이 서로를 얽매고

마는 정착민의 삶의 길이고, 뒤의 탈주와 유목의 길은 자유를 위한 모험과 도전의 유목민 삶의 길이다. 정착민의 삶을 들뢰즈는 노예화의 길이라 말하지만 그렇다고 해서 유목민의 삶이 언제나 정당하고 옳은 것이라고 생각하지는 않는다.

애당초 사람의 삶이란, 마음은 늘 일상의 탈출을 꿈꾸지만 몸은 일상에 젖어 있게 마련이고 떠남은 용기가 아니라 타는 목마름에 있다. 이 순간 여행자는 떠나왔지만 다시 돌아갈 곳에 대한 그리움에 또다시 목말라한다. 역설적이지만 스스로를 비우고 받아들이는 것, 있는 그대로 보는 것에 대한 사유가 그저 마음을 가볍게 한다.

그러나 그리스 철학자 플라톤의 제3의 인간은 제4, 제5 등 무한 퇴행(infinite regression)을 하지만 하도의 원방각에서 원은 무한을, 방은 유한을 표현하므로 둘 사이가 상호간섭(interference)하고 있다. 이 중간 지대에 공공 책임의 의미를 내포하는 '각'이 형성되어 사이를 이어주고 매개하는 역할을 맡게 된다.

인간의 욕망은 셀 수 없이 많아서 무한인데 반하여 인간에게 주어진 시간과 돈은 늘 유한하다. 여기서 무한과 유한의 괴리가 시작된다. 사람은 늘 유한과 무한 사이에 고민을 하고 있으며 우리는 순간순간 선택과 포기를 결정해야 한다. 따라서 우리는 공공행복을 위해서도 합리적인 결정을 해야 하며 각의 형상을 중시하게 된다. 현대 사회는 복잡하고 다원화되어 좀처럼 합리적 의사 결정을 내리기 어렵다. 그 원인의 근본은 체계와 생활 세계의 지나친 분화에 의하여 야기된 것이기에 도형 체계와 생활세계를 통합하는 것으로 문제는 해결된다.

그것은 사회과학의 지식만으로 획득되는 것도 아니고 일반적인 토론 학습에 의해서도 쉽게 달성될 수 없는 문제이다. 토론 학습은 대부분 대화 참여자가 전략적 동기에 의하여 대화를 진행시키기에 의사소통이 왜곡될 우려가 남는다. 전략적 합의는 언제든지 폐기될 위험성이 내포되어 있다. 체계 기능의 입장에서는 체계의 효율성은 생활세계의 삶을 위협한다.

하버마스(W. Habermas)는 이러한 위험이나 위협으로부터 탈출하는 것은 대화 행위자들이 선험 화용론의 입장에서 담론 규칙을 따르고 순수한 합의에 이를 경우에만 가능하다고 주장한다. 합리적 의사소통인 순수한 합의는 대화 행위자들이 합리적 대화의 조건인 보편타당한 구성요소를 대화 속에 포함시키면서 상대방과 합리적으로 소통할 수 있는 능력을 가질 때 가능하다. 그 이유는 다른 이론들과는 달리 사회통합을 가치·규범 그리고 그 사회의 지배적 사상 부분의 통합과, 시장과 국가라는 체계 간의 통합이라는 두 가지 종류로 구분하고, 이의 연관성 속에서 설명하고 있어, 물질과 비물질 어느 한쪽에 치우치지 않는 접근을 통해 제3의 매개방안을 모색하면서 공공책임을 부담하려고 노력하기 때문이다.

반면에 『황제내경 영추(黃帝內經 靈樞)』를 보면, "하늘은 둥글고 땅은 네모

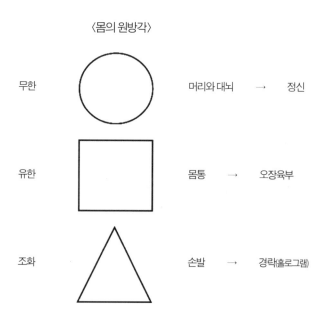

〈몸의 원방각〉

무한 　머리와 대뇌　→　정신

유한 　몸통　→　오장육부

조화 　손발　→　경락(홀로그램)

나다[天圓地方]. 하늘은 둥글어서 사람의 머리에 해당하고 땅은 모나서 사람의 발에 해당한다."[65]고 하였다. 『주역설괘전(周易 說卦傳)』에서는 "건위수 곤위 복(乾爲首 坤爲腹)"[66]이라고 하여 하늘의 상징인 건괘(乾卦)는 인체의 머리에 해당하고 땅의 상징인 곤괘(坤卦)는 인체의 복부에 해당한다고 하였다.

원방각은 이처럼 인체의 두뇌·몸통·사지에 각각 상응하며, 정신·육체· 경맥을 나타낸다. 원방각을 말할 때, 하늘은 둥글기에 원(圓)이고 건(乾)이면서 양(陽)다. 땅은 모가 나기에 방(方)이고 곤(坤)이면서 음(陰)이다. 사람은 각(角)이면서 건곤(乾坤)이고 양(陽)이면서 음(陰)이다. 그래서 하늘은 둥글고 땅은 동서남북 4방이다.[67] 사람에 상관 연동되면, 머리는 하늘을 닮아 둥글고, 몸통(trunk)은 땅을 닮아서 네모 난다. 천지인삼재에서 사람은 매개하고 책임지는 손발(limbs)에 해당한다.

하늘-머리-무한과 땅-몸통-유한은 이분법적으로 나뉘어 해체되는 것이 아리라 '한'으로 이어지고 매개하고 연결된다. 따라서 정신을 담당하는 머리는 원에 해당하며 오장육부가 들어 있는 육체는 방에 해당한다. 여기서 몸의 원과 방이 나타나는 데, 각은 어디에 해당하는가? 각은 손발로써 함께 일을 하는 데에 마음이나 의견, 행동 방식 따위가 서로 맞는 것을 표상하게 된다. 따라서 손발이 맞지 않으면, 공공책임을 부담하게 된다. 두 사람 사이가 손발이 척척 맞는다면 합심하여 사이를 이어준다.

김상일은 하나와 여럿, 무한과 유한을 상보적으로 설명한다.[68] 파르메니데스(Parmenides, BC. 515-BC445)는 제3의 인간 역설에서 하나와 여럿의 관계를 다루는 부분-전체의 상관관계에 의한 '유기체론'(mereology)을 제기한다. 이 때문에 서양철학은 하나와 여럿을 분리시키는 고질적인 이원론에 빠졌고, 몸과 마음의 분리는 인간정신의 황폐와 소외를 가중시켰다. 화이트헤드가 "서양철학은 플라톤 철학의 주석에 불과하다[69]고 할 때, 이 말은 '여럿 위의 하나(One over many)'라는 플라톤 원칙을 변함없이 유지하며 그 '하나'

를 찾기 위해 2500여 년의 세월을 바쳤다는 것이다.

불교의 화엄사상에는 월인천강(月印千江)이라고 해서 "하나의 달이 여러 강물 위에 비춘다"는 말이 있는데, 이러한 하나와 여럿의 관계를 '일중다 다중일'(一中多 多中一)이라고 한다. 레이저 광으로 만드는 홀로그래피는 하나와 여럿의 관계를 서로 포함하는 포함(包含) 관계를 만든다. 인간의 오장 부와 경락의 사례에서 소유권(ownership: 전체상실의 국부적, 대상적 일부분)과 자체권(ownship: 메타의 전체)의 관계로 유추할 수 있다.

순수형상의 생명을 자체권(ownship)이라고 하고, 그것을 소유한 개별자 혹은 몸을 소유권(ownership)이라고 말할 수 있다. 두 개의 권역이 서로 간섭하면 제3의 메타 생명체가 형성되는데, 그것이 바로 경맥에 해당한다고 할 것이다.[70] 경맥은 '형이상의 몸'(meta-body)이 상응하는 '형이하의 몸'(object-body)을 가지는 셈이 된다. 형이하의 몸은 생명이란 기를 소유하고 있고, 기는 경맥으로 흐르지만 가시적이지 아니하다.

물론 형이하의 대상의 몸은 가시적이다. 서양의학은 가시적 대상–몸을 다루지만 한의학은 형의상의 메타의 몸과 대상의 몸을 함께 다룬다. 역설 가운데 의미론적 역설(semantic paradox)[71]은 다름 아닌 대상과 메타의 상호 순환 관계에서 발생하는 역설이다. 그런 의미에서 몸을 대상과 메타로 나누어 본다면, 양자의 상호 순환이란 관점에서, 동학의 공공행복의 반대편에 있는 공공상실, 부조화와 불균형에 접근할 수 있다.

한의학은 양의에서 언급하지 않는 경맥 이론으로 윤곽을 드러내기 시작한다. 그 철학적인 이유는 고대 그리스 철학에서 문제시된 '제3의 인간 역설'로 설명할 수 있을 것이다. 인간의 생명은 반드시 몸이 소유하고 있어야 하는데, 생명 자체와 그 생명을 담고 있는 개별자 몸과의 관계에서 반드시 제3의 인간 역설이 발생하기 때문이다.

형상이 생명 그 자체라면 개별자는 그 생명을 소유한 몸이다. 이는 정신과 육체 그리고 마음과 몸의 유기체적 상관적 연동의 관계라고 말해도 좋을 것이다. 동학에서는 우주에 확충되어 있는 순수한 기(氣: energy)가 개별자에 포함(包含)되어 있다고 믿는다. 내유신령은 영적 초월 차원을 내면으로 체험한다. 자신의 소유권을 부정하고 생명의 자체권을 신령으로 느껴서 한울님을 모시고 만물의 생명들과 교류한다.

그리고 외유기화로 신령하며 무궁한 생명력으로서의 지기(至氣)의 현존이, 나의 생명의 구체적 몸에 삼투막으로 넘나들면서 우주만물의 생명 활동과 연계되고 공공 활동으로 감지된다. 영원무궁한 생명의 공공 활동, 창생자(蒼生者)가 이법이거나 자연법칙이거나 우주 생성의 원리가 아니라, 존경과 경외와 기도와 예배의 대상이 되고 인격적이며 동시에 초인격적인 한울님임을 깨닫게 된다. 더불어 한울님의 상실은 공공 상실임을 체험한다.

이와 같이 공공행복의 반대 상황, 공공 상실이 나타날 경우, 부조화의 병과 불균형의 탈이 혼돈을 이룬다. 공공세계가 아니라 혼돈세계가 형성되면, 자체권과 소유권의 일탈이 지속된다.[72] 다시 말해서, 역설이 제3의 매개 작용으로 해의(解義)되지 못한다면, 부분과 전체가 갈등과 불일치로 첨예화되어 공사(公私)관계마저 상실되고 단절된다.

순수형상과 생명의 자체권(ownship)의 근원은 하늘인데 단절로 말미암아 소통이 되지 못한다. 도형의 형상으로는 원인데, 원의 조화가 사라지고, 이에 상응하는 머리가 쑤셔 온다. 다양한 질료를 소유한 개별자 혹은 몸의 소유권(ownership)의 근원은 대지인데, 상실로 말미암아 상통이 이루어지지 아니한다. 도형의 형상은 방형인데, 정형에서 일탈하여 이지러지고 비뚤비뚤해져 상응하는 몸통의 오장육부가 뒤틀린다.

두 개의 권역이 서로 간섭하게 되면 제3의 메타 생명체가 형성되어 사이를 이어주고 매개하는 공공작용을 가능하게 한다. 이것이 바로 경맥을 통해서 이루어진다. 하나의 하늘과 여럿의 땅은 무한과 유한의 상호 교섭에 의

한 공공작용을 형성한다.

만약 그렇지 못하면, 역설의 결과로 정신과 육체의 상호모순 작용이 일어나서 부조화와 불균형의 경맥이 형성된다. 원과 방의 도형의 형상은 각으로 회통되지 아니하면, 상응하는 팔, 다리, 사지가 저려오거나 통증이 나타난다. 모든 경락은 오장육부 가운데 하나와 이어져 있고 체외 말단은 손가락 또는 발가락과 연결된다.[73]

엄지가 아파 오면 폐의 기운, 검지가 아파 오면 대장의 기운, 중지가 아파 오면 심장의 기운, 무명지가 아파 오면 삼초부의 기운, 약지가 아파 오면 소장의 기운 상태를 점검해야 한다. 그러므로 공공행복을 이루기 위해서는 내 앞의 하늘, 땅, 그리고 사람과의 공공작용을 망각하지 말아야 한다. 우리와 함께 살아가는 이웃도 자신과 마찬가지로 행복을 추구하는 존재라는 사실에서, 머리와 몸통 그리고 사지가 함께 소통·상통·회통하기 위하여 자신의 소유권을 일단 내려놓을 필요가 있다.

자신이 옳다는 것을 내세우거나 주장하는 것도 공공 권리의 측면에서 필요하지만, 공공 상실이 되지 않도록 서로를 살피고 배려하는 것이 공공행복의 첩경임을 잊지 말아야 한다. 동학의 공공행복은 내 위에 있는 하늘을 정성을 바쳐 우러러보고, 내 앞에 있는 사람을 공경으로 대하고, 내 밑에 있는 땅을 믿음으로 일구어 갈 것을 주문한다. 현대 사회에서 신념 체계가 서로 달라서 불편한 관계도 천지인 삼재의 원융회통에서 대안을 모색하고, 마주 보면서 다함께 향유할 수 있는 공공행복을 염원할 필요가 있다. 사회에 공공상 실감이 팽배하면, 수운의 다시 개벽과 멀어지면서, 부조화의 질병과 불균형의 일탈이 속출하게 된다.

동학은 천지인 삼재의 영성 회통으로 공공행복을 추구한다. 내가 옳다고 믿고 의지하는 것을 다른 사람에게 설득하려는 것은 결국 상대방을 염두에 두지 않는 자기 존중의 A형 사고방식이다. 이러한 사고방식은 내가 옳은 것을 아무리 증명하더라도 나의 행복은 가능할지 모르지만 우리 모두의 행복은 회복되지 아니한다.

따라서 동학에 나타난 E형 사유방식은 오늘의 갈등 문제들을 해결할 수 있는 대안이 될 수 있다. 공(公)과 사(私)의 조화와 균형을 모색하는 도덕적 상상력을 발휘함으로써, 공공행복의 새 길을 밝히게 될 것이다.

〈태극도설〉

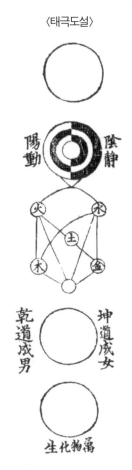

주석

동학의 불연기연과 풍류화랑의 신명

1 표영삼,『동학 1, 수운의 삶과 생각』,「안심가」, 서울: 통나무, 2004, 258쪽.

2 위의 책, 259쪽.

3 『龍潭遺詞』「敎訓歌」.

4 『東經大全』「論學文」, "內有神靈 外有氣化 一世之人 各知不移."

5 『海月神師法說』「靈符 呪文」, "外有氣化者 胞胎時 理氣應質而成體也."

6 『三國史記』「新羅本紀」, 眞興王條, "國有玄妙之道 曰風流 設敎之源 備詳仙史 實乃包含三 敎 接化群生."

7 이항,「한국사상의 원류」,『민족정통사상의 연구』, 25쪽.

8 유동식,『풍류도와 한국의 종교사상』, 서울: 연세대학교출판부, 1997, 56쪽.

9 우기정,『범부 김정설의 국민윤리론』, 서울: 예문서원, 2010, 28쪽 참고.

10 김성기,『포스트 모더니즘과 비판 사회 과학』, 문학과 지성사, 1994.

11 유동식,『종교와 예술의 뒤안길에서』, 서울: 한들출판사, 2002, 245쪽.

12 유동식, 앞의『풍류도와 한국의 종교사상』, 66쪽.

13 황준연,『한국사상의 새 길라잡이』, 서울: 박영사, 2003, 37-38쪽.

14 정진홍,『경험과 기억』, 서울: 당대, 2003, 35-39쪽.

15 같은 책, 39쪽.

16 『人政』8-34,「氣化人道敎」, "夫活動運化之氣 充刃兩間 爲天地之精液 人物之句遊 造化由 此而生 神靈緣此而發 四海神靈 得此活動運化之氣 以成活動運化之身 雖欲與此氣相離 豈可得乎."

17 李賢九,「최한기의 인간관」,『실학의 철학』, 예문서원, 1997, 482쪽.

18 유가에서 추구하는 이상적인 인간상은 천지 자연의 이치와 일치되는 경지인 '天人合一' 의 상태를 지향한다. 이러한 '천인합일' 의 논리는 본래부터 분리되었던 두 요소가 합쳐 지는 이원적인 성격이 아니라 天과 人은 원래부터 동질적이었던 것임을 전제하여 그 하 나의 이치에 되돌아가는 一元的 回歸性의 성격을 지닌다.

19 혜강의 저술,『氣測體義』는『神氣通』과『推測錄』의 합본이다. 이 책은 몸의 감각기관이 대상과 경험에 접하는 현상에 대한 상세한 철학적 기술에 해당하는『神氣通』을 먼저 실 었고, 다음 사유를 형성하는 과정을 분석하는『推測錄』을 실었다.

20 『神氣通』1-46,「收得發用有源委」, "有能不由諸竅諸觸 因通達人情物理者乎 又能不有 諸竅諸觸 而收聚人情物理 習染於神氣者乎 又能不由諸竅諸觸 而接濟酬應於人物者乎."

21 『神氣通』1-16, 「通天下爲一體」, "未得其通 則或只知有其身 或不知有其身."

22 『人政』10-39, 「只知身心」, "身非獨一人之身 有億兆之身 心非獨一人之心 有億兆之心 統合億兆心 而抽拔中正以爲心法 統合億兆身而集成人道以爲修身."

23 『神氣通』1-29, 「物我證驗」.

24 『神氣通』1-18, 「通人我之通」, "惟其見聞閱歷 所習所得 有萬不等 人之所通 或我不能通 我之所通 人或不能通 是當收聚人之所通 以通我之所不通 ?告我之所通 以通人之所不通 豈可以此多寡 斷其人之通與不通也 有能統人之通與不通而通其情 又能統我身之所具而 通其用 毋有偏滯 方可謂通."

25 아리스토텔레스, 최명관 옮김, 『니코마코스 윤리학』 제6권 제5장, 을유문화사, 1999, 350 쪽.

26 『人政』20-48, 「相求爲用」, "人人相爲用然後人道明矣 父爲子之可事之道 子爲父之可教之 行 君爲臣之可忠之政 臣爲君之可義之謨 夫爲婦之可順 婦爲夫之可和 長爲幼之可恭 幼 爲長之可愛 朋友相爲可信 先爲人之可信 人乃信."

27 네그로폰테, 『디지털이다』, 커뮤니케이션북스, 1995, 133쪽.

28 이왕주, 『쾌락의 옹호』, 서울: 문학과 지성사, 2002 참조.

29 송양섭, 「花郞徒 敎育에 관한 硏究」, 『춘천교육대학논문집』, 1-2쪽.

30 『三國史記』4卷, 「新羅本紀 4」.

31 『三國遺事』卷第2, 「紀異 第2」, 48代 景文大王條.

32 『三國志』 「魏志」, 馬韓條.

33 표영삼, 앞의 책, 191쪽.

34 『삼국사기』 권제4, 신라본기 제4, 24 진흥왕 37년조. "崔致遠鸞郎碑序曰 國有玄妙之道曰 風流設敎之源 備詳仙史 實乃包含三敎 接化群生 且如 入則孝於家 出則忠於國 魯司寇之 旨也 處無爲之事 行不言之敎 周柱史之宗也 諸惡莫作 諸善奉行 竺乾太子之化也."

35 상담이론에서는 상담자의 공감능력을 높이 산다. 이는 상대의 감정을 자신이 이해하는 능력이다. 우리가 자신의 신발에 익숙하지만, 타인의 신발을 신어 보면 신발을 신고 다닌 상대방의 마음을 느낄 수가 있다. 상대방의 슬픔과 분노에 대하여 상대방의 기분을 이해 해 줌으로써 자신의 감정을 조절할 수 있는 객관적인 눈을 길러 주는 것이다. 누군가의 신발을 신어 봄으로써 그 사람의 감성에 다가갈 수 있는 새로운 소통이 이루어진다.

36 유동식, 『풍류도와 한국의 종교사상』, 서울: 연세대학교출판부, 1997, 참조.

37 황훈영, 『우리 역사를 움직인 33가지 철학』, 서울: 푸른숲, 1998, 133쪽.

38 김부식, 『삼국사기』, 황준연, 『한국사상의 새 길라잡이』, 서울: 박영사, 2003, 35-36쪽.

39 황준연, 『한국사상의 새 길라잡이』, 서울: 박영사, 2003, 39쪽.

40 위의 글.

41 황준연, 『한국사상의 새 길라잡이』, 서울: 박영사, 2003, 36쪽.

42 유동식, 『풍류도와 한국의 종교사상』, 서울: 연세대학교출판부, 1997, 69-71쪽.

43 위의 책, 74쪽.

44 야스퍼스는 현존분석을 1949년, 『역사의 시원과 목적에 관해서』(Vom Ursprung und Ziel der Geschichte)에서 과학기술문명과 연관시켜 전개한다. 기술의 발전이 세계 발전에서 중요한 역할을 한다고 말하며, 이것이 세계사를 구분하는 기준이 된다. 기술은 최초로 인류에게 문화 발전의 가능성을 열어 놓았고 인류 역사에서 기원전 5세기경에 최초로 문화가 꽃을 피웠다. 인류 문화가 정상에 도달한 시기를 야스퍼스는 '차축시대 (Achsenzeit)' 라고 불렀다. 세계사의 축은 기원전 800년에서 200년 사이에, 대체로 기원전 500년경에 나타난 정신적인 과정 안에 놓여 있다는 주장이다. 19세기의 과학과 기술의 혁신은 제2의 차축시대를 예감하고 있지만, 아직 그것은 달성되지 않고 있다. 오히려 현대과학의 시대는 제1의 차축시대에서 획득한 인류의 정신 유산을 손상시키고 있다. 기술 시대에 들어서면서 인류 문화가 퇴락의 길을 걸었으며 현대의 위기가 조장되었다. 이 위기로부터 탈출하는 길은 실존을 획득하는 데 있다. 기술은 독자적인 자체의 근원을 갖지만, 작용하는 인간의 역할이 중요하다.

45 김부식, 『삼국사기』, 황준연, 『한국사상의 새 길라잡이』, 박영사(2003), 35-36쪽에서 재인용.

46 '侍天主 造化定'의 주문은 기독사상에서 "나는 그리스도와 함께 십자가에 매달려 죽었다. 이제 내가 사는 것이 아니라 내 안에 그리스도가 사시는 것이다.(갈라디아. 2:20)"라고 고백하는 바울 사상과 소통된다. 이는 기독사상을 풍류도로서 포용하는 주문이다. 신인합일은 동서를 막론하고 영성 치유의 관건이 된다.

47 『東經大全』「布德文」, "盖自上古以來 春秋迭代 四時盛衰 不遷不易 是亦 天主造化之迹 昭然于天下也."

48 『용담유사』「권학가」, "우습다 저 사람은 저의 부모 죽은 후에 신도 없다 이름하고 제사조차 안 지내며 오륜에 벗어나서 유원속사 무삼일고 부모 없는 혼령혼백 저는 어찌 유독 있어 상천하고 무엇하고 어린 소리 말았어라."

49 접화군생(接化群生)은 만물과 화화(和化)하여 완성하는 활동이다. '세상의 잘못을 바로잡고 흐트러진 세상을 구제한다.'는 광제창생(廣濟蒼生)과 일맥상통하다.

50 주자학에서 핵심적인 것은 감성 상통보다 이성 소통으로, 결국 붕당을 정당화하고 지배층의 통치수단으로 전락하였다. 수운의 새 길은 민학(民學)이다.

51 『天道教創建史』, 47쪽.

52 『東經大全』「修德文」.

53 『東經大全』「布德文」, "是故 我國 惡疾滿世 民無四時之安 是亦 傷害之數也 西洋 戰勝攻取 無事不成而 天下盡滅 亦不無脣亡之歎 輔國安民 計將安出."

동학의 천도와 겨레얼 살리기 운동

1   '한울타리'의 고운님, 그리운 임, 아름다운 임으로 영성 차원의 의미이다.

2   『동경대전』「포덕문」.

3   『용담유사』「도덕가」.

4   『龍膽遺事』「道德歌」, "천지 역시 귀신(鬼神)이요 귀신 역시 음양(陰陽)인 줄 이같이 몰랐으니 경전 살펴 무엇하며…".

5   『東經大全』「論學文」, "日吾心卽汝心也 人何知之 知天地而無知鬼神 鬼神者吾也."

6   일정론(一正論)에서 일(一)은 우주적 원리이며, 정(正)은 도덕적 원리로서 '일'은 천리이고, '정'은 인간의 마음이라고 하여 이들이 본질적으로 걸림이 없다고 했다. 화엄사상에서 말하는 일체의 걸림이 없는 무애(無碍)의 논리이다.

7   따라서 유교에서도 우리 자신이 신성하고 빛나는 존재임을 알고 실감하며, 다른 모든 생명들과 만물 역시 우리처럼 성스러운 존재라 여기고 대하라고 가르치는 것이다. 사랑하고 좋아하는 대상뿐 아니라 싫어하고 미워하는 대상까지 자신과 한몸이라 느끼고 사랑하는 것이 수행의 지름길이다. 동학에서도 한울님의 본성을 품부 받은 존재로서 우리는 차별과 분별을 넘어 우주의 모든 존재를 한 형제로 여기면서 이러한 진리를 실감하게 된다.

8   신일철, 「이퇴계의 天諧 天愛의 정치사상」, 『현대사회철학과 한국사상』, 서울: 문예출판사, 1997, 382-395쪽.

9   『海月神師法說』「天地理氣」, "鬼神難形難測 氣運剛健不息. 造化 玄妙無爲 究其根本 一氣而已."

10 『용담유사』「도덕가」.

11 『용담유사』「권학가」.

12 '양태극'이 아닌 '삼태극'의 '풍류도'의 개념은 양극단 사이를 이어주고 매개하는 '사이'의 역할을 강조함으로 상생의 중매 작용을 가능하게 한다.

13 배영기, 「도학사상과 동학사상」, 『단군학 연구 16』, 222-225쪽.

14 『義菴聖師法說』「性靈出世說」 참조.

15 牟宗三, 『中國哲學十九講』, 北京: 上海古籍出版社, 1997, 18-42쪽.

16 이현희, 「동학농민혁명의 민족사적 의미」, 『동학농민혁명 100주년 기념 국제학술회의 논문 자료집』, 1993.10, 115쪽.

17 이돈화, 『당지』, 민족화합국민협의회, 1988, 65쪽.

18 이돈화, 앞의 책, 68쪽.

19 『용담유사』「몽중노소문답가」.

20 홍장화, 『천도교의 교리와 사상』, 천도교중앙총부, 1990, 136쪽.

21 『용담유사』는 동학의 창시자 최제우(1824~1864)가 1860~63년 한글로 지은 포교가사집

이다. 『동경대전』과 함께 동학의 기본 경전으로 모두 8편의 가사를 싣고 있다. 서양 세력이 밀려오는 데 대해 깊은 우려를 나타내며, 이에 맞서는 정신적 자세를 다루고 있다. 창생과 부녀자를 위하여 한글 가사체 형식을 택했다.

22 김용덕, 『국제개혁의 추진 현황과 향후 과제』, 민주자유당, 1993.5, 16쪽.

23 『義菴聖師法說』「人與物開闢說」.

24 유기종, 『동학사상』, 경인문화사, 1990, 95쪽.

25 폐정개혁 12개조 : ① 동학도는 정부와의 원한을 썼고 서정에 협력한다. ② 탐관오리는 그 죄상을 조사하여 엄징한다. ③ 횡포한 부호를 엄징한다. ④ 불량한 유림과 양반의 무리를 징벌한다. ⑤ 노비문서를 소각한다. ⑥ 칠종의 천인 차별을 개선하고 백정의 머리에 쓰는 평량갓을 없앤다. ⑦ 청상과부의 재가를 허용한다. ⑧ 무명의 잡세는 일체 폐지한다. ⑨ 관리채용에는 지벌을 타파하고 인재를 등용한다. ⑩ 왜와 통하는 자는 엄징한다. ⑪ 공사채를 물론하고 기왕의 것을 무효로 한다. ⑫ 토지는 평균으로 분작한다.

26 『용담유사』「교훈가」, "천생만민(天生萬民) 하였으니 필수지직(必授之職) 할 것이오. 명내재천(命乃在天) 하였으니 죽을 염려(念慮) 왜 있으며 한울님이 사람 낼 때 녹(祿) 없이는 아니내네."

27 배영기, 『한민족의 민족문화발전방안』, 서울: 민족사바로찾기국민회의, 1993, 50-52쪽.

28 『東經大全』「修德文」, "仁義禮智 先聖之所教 修心正氣 惟我之更定."

29 정신(spirit) 은 어원인 희랍어의 pneuma나 라틴어의 spiritus가 '숨, 호흡' 을 뜻하며 생명력이나 생명 그 자체를 말한다. 여기엔 생명력을 함의하는 '덕' ([希]aretē [羅]virtus [英] virtue)의 차원이 포함된다. 다음으로 [希]psychē[羅]anima [英]soul 등으로 표기되는 혼, 영 역시 생명을 표상하며 죽은 자의 작용이나 활동을 뜻하기도 한다. 영성은 정신의 근원(Ursprung)이다.

30 밝달은 밝(밝다)+ 달(뫼, 땅, 높다)

31 'ㄱ, ㄴ, ㄷ'의 합성 글자이다. 'ㄱ, ㄴ, ㄷ'은 각각 '하늘에서 내려옴, 내려온 것을 받음, 받고 하늘로 올라감' 을 뜻한다.

32 졸저, 『겨레얼 살리기 III』, 서울: 겨레얼살리기국민운동본부, 2006, 33쪽.

33 '얼' 은 '올, 온' 이나 '울, 우리' 와 상관되고, '올, 온' 은 '모두, 전부' 를 뜻하며 '울, 우리' 역시 같은 뜻을 지닌 '공동살림' 을 의미한다.

34 앞의 글, 38쪽.

동학의 공공작용과 무극대도의 연동

1 마크 존슨, 노양진 옮김, 『도덕적 상상력』, 서울: 서광사, 2008, 313쪽.

2 MacIntyre, Alasdair, *After Virtue*, Notre Dame, Ind.: University of Notre Dame Press, 1984. 216쪽.

3 위의 책, 317쪽.

4 졸고, 「동학의 무극대도에 나타난 공공작용 연구」, 『동학학보』 23 참조.

5 "나에게 영부있으니 그 이름은 선약이다. 그 모양은 태극이다. 또 궁궁이기도 하다. 나의 영부를 받아 사람들을 질병에서 건지고, 나의 주문을 받아 사람을 가르쳐서 나를 위하게 하면 너도 또한 오래도록 덕을 세상에 펴게 될 것이다."

6 '山不利水不利, 利於弓弓' 이라고 도선비결에서 언급한 '궁궁' 은 밖에서 찾는 것이 아니라 자신의 안에서 찾는 것으로 묘사되어 있다.

7 『三國史記』 권4 「新羅本記」 眞興王條.

8 안호상, 『나라역사 육천년』, 서울: 한뿌리, 1987, 60-61쪽.

9 한국철학회 편, 『한국사상사』, 익산: 원광대학교출판부, 153-155쪽.

10 金炯孝, 『韓國思想散考』, 서울: 일지사, 1985, 199-201쪽.

11 金洛必, 『조선시대의 내단 사상』, 서울: 대원출판, 2005, 232-242쪽.

12 李乙浩 外, 『한사상과 民族宗敎』, 서울: 태학당, 1984, 31-32쪽.

13 한국철학사전편찬위원회, 『한국철학사전』, 서울: 동방의 빛, 2011, 411쪽.

14 오문환, 『사람이 하늘이다』, 솔, 1996, 67쪽.

15 『외와문집(畏窩文集)』 행장에 최림(畏窩 崔琳)이 태어나던 "이날 밤에 구미산이 세 번 울어 마을 사람들이 모두 이상하게 여겼다. 옛날 정무공이 태어날 때에도 이 산이 울었다 하는데 이번에 또 울었다."고 기록하였다. 즉 탄생할 때 구미산이 세 번 울었다(三鳴)고 전한다. 이 구미산은 수운이 탄생할 때에도 3일간 울었다고 전한다. 「용담가」에서 "기장하다 기장하다 구미산기 기장하다 거룩한 가암 최씨 복덕산 아닐런가."라고 한 것도 이러한 연유이다.

16 배상현, 「수운 최제우의 사상고-유학사상을 중심으로」, 『동학연구』 2 1998, 129-135쪽.

17 『용담유사』 「교훈가」.

18 『용담유사』 「몽중노소문답가」.

19 처사가는 실전(失傳)되었다는 설과, 동경대전의 「시문(詩文)」 중의 일부 구절을 지칭한다는 설 두 가지가 있다.

20 신일철, 「동학사상의 도교적 성격문제」, 『민족문화연구총서』 19, 영남대 민족문화연구소, 1998, 34쪽.

21 『동경대전』 「포덕문」, "不意四月 心寒身戰 疾不得執症 言不得難狀之際 有何仙語 忽入 耳中 驚起探問."

22 위의 글. "吾有靈符 其名仙藥 其形太極 又形弓弓 受我此符 濟人疾病 受我呪文 敎人爲我 則 汝亦長生 布德天下矣."

23 『용담유사』「용담가」.

24 『용담유사』「용담가」.

25 조대현, 「동학과 풍류도의 관계」, 『동학연구』4, 한국동학학회, 1999, 78쪽.

26 『태극도변(太極圖辨)』「宋元學案」권12 참조.

27 심경호, 『주역철학사』, 예문서원, 1994, 658쪽.

28 한훈, 「태극도의 연원과 도상학적 세계관」, 『유교사상연구』47집, 2012, 245-7쪽 참조.

29 孔令宏, 『宋明道教思想研究』, 北京: 宗教文化出版社, 2002, 86쪽.

30 위의 책, 86쪽.

31 「成象第六」『老子道德經河上公章句』, "玄, 天也 於人爲鼻. 牝, 地也, 於人爲口."

32 "强號爲一. 在佛曰, 實相, 在道曰, 玄牝." "道之大象, 卽佛之法身. …… 老釋未始有彆分, 迷者分而未合." 『二十五史·南史卷75·列傳第65·隱逸上·顧歡』4卷 205쪽, 上海古籍出版社·上海書店, 1992, 上海 中國. 참조.

33 「成象第六」『老子道德經河上公章句』, "魄者雌也, 主出入入口, 與地通, 故口爲牝也."

34 「仙佛合宗」『伍柳仙宗全集』, "知還虛爲證天仙之先務也."

35 『太極圖說』「周敦頤集」.

36 李申, 『易學與易圖』심양: 심양출판사, 1997, 157쪽.

37 『書經』「洪範」, "思曰睿 睿作聖."

38 김동규 역해, 『인자수지 자효지리학』, 명문당, 2003, 1026-7쪽 참조.

39 『通書』「思」第9章, 「周敦頤集」: "故思者聖功之本 而吉凶之幾也."

40 궁궁(弓弓)은 궁궁인(弓弓人)이라고도 하니 개벽 시기의 성인이다. 궁(弓)은 하늘을 상징하므로 궁궁인(弓弓人)은 하늘과 상통하는 사람으로 비결의 십승지인(十勝之人)이다.

41 무극대도 용담 연원, 『무극대도』, 서울 : 보성출판, 2011, 113쪽.

42 위의 글, 112쪽.

43 「論學文」18章. "凡天地無窮之數 道之無極之理 皆載此書."

44 「通喩」1.

45 「龍潭歌」4.

46 위의 글.

47 「勸學歌」9.

48 「道修詞」1.

49 성리학에서의 무극은 만물의 본질인 궁극자의 무형 측면을 지칭하는 것으로 송대, 주돈이의 「태극도설」에 '무극이면서 태극이다(無極而太極)'라고 하여 궁극자로서의 태극의 성격을 무극이라고 규정하였다. 우주본체를 만물의 시초라고 보면 태극이고, 처음이 없다면 무극이다. 이 양자를 결합하여 성리학의 우주론 개념으로 사용하였다.

50 李讚九, 「東學의 無極觀 研究」, 『東學研究』제14·15집, 2003, 81쪽.

51 『주역』「繫辭」上5章.

52 崔英辰,「周易 十翼에 있어서의 神의 槪念」,『周易研究』2집, 1997, 19쪽.

53 『海月神師法說』「天道와 儒佛仙」, "吾道 似儒 似佛 似仙 實則 非儒非佛非仙也 日萬古無 也 無極大道也."

54 金容沃,『擣兀世說』, 통나무, 1990, 240쪽.

55 「通喩」1.

56 金凡父,「崔濟愚論」,『世界』, 1960.5(國際文化研究所), 230쪽.

57 마크 존슨, 노양진 옮김,『도덕적 상상력』, 서울: 서광사, 2008, 350쪽.

58 위의 책, 352쪽.

59 P. Ricoeur, *Time and Narrative* I (University of Chicago Press 1988), 59쪽.

60 「繫辭」上 10.

61 『동경대전』「포덕문」, "吾有靈符 其名仙藥 其形太極 又形弓弓 受我此符 濟人疾病."

62 무극대도 용담 연원, 앞의 글, 193쪽.

63 『동경대전』「논학문」18, "天地無窮之數, 道之無極之理."

동학의 공공철학과 인성교육의 활용

1 Eleanor Rosch, "Natural Categories" *Cognitive Psychology* 4 1973, 328쪽.

2 Donagan Alan, *The Theory of Morality*, Chicago: University of Chicago Press, 1977. 참조.

3 앞의 책, 11쪽.

4 『海月神師法說』「天地父母」, "天地陰陽日月於千萬物化生之理, 莫非一理氣造化也. 分而 言之, 機者, 天地鬼神造化玄妙之總名. 都是一氣也."

5 졸고,「해월의 삼경사상에 나타난 공공철학의 정신」,『동학학보』24. 참조.

6 『天道敎經典』『海月神師法說』,「內修道文」.

7 김태창,「한사상・한철학과 공공윤리」,『윤리교육연구』26, 2011.

8 오문환,「해월 최시형과 동학사상」, 예문서원, 1999 ; 최민자,「우주진화적 측면에서 본 해 월의 삼경사상」,『동학학보 3』, 2002.

9 김현옥,「동학의 여성개화운동-해월의 여성관을 중심으로」,『성신사학』6, 1988. 김경애 「동학 천도교의 남녀평등사상에 관한 연구」,『역사학보』91, 1981.

10 신일철,「최시형의 범천론적 동학사상」,『동학사상의 이해』, 사회비평사, 1995.

11 이길용,「초기동학의 인간관 연구」, 서강대 석사학위논문, 1991.

12 김태창, 위의 글.

13 김태창,『상생과 화해의 공공철학』, 서울 : 동방의 빛, 2010, 198쪽.

14 전승문,「천부경에 나타난 삼재사상과 파니카(Raimon Panikkar)의 삼위일체 해석학의 비교 연구」, 1997, 46쪽.

15 『동경대전』「포덕문」, "謂我上帝 汝不知上帝耶."

16 『天道敎經典』『海月神師法說』「待人接物」.

17 『天道敎經典』『海月神師法說』「靈符呪文」.

18 이영노,『해월신사법설해의』, 천법출판사, 2001, 473-478쪽.

19 『海月神師 法說』「以天食天」.

20 위의 책, 495-496쪽.

21 『海月神師法說』「修道法」.

22 『天道敎經典』『海月神師法說』「內修道文」.

23 위의 책, 151쪽.

24 『天道敎經典』『海月神師法說』「夫婦和順」.

25 위의「夫婦和順」.

26 『海月神師法說』「天地父母」.

27 『海月神師法說』「對人接物」.

28 오지영,『동학사』, 문선각, 1973, 199쪽. '승평성화'는 영성적이며 공동체적 생존양식을 의미한다.

29 『海月神師法說』「三敬」.

30 함석헌 옮김,『간디자서전, 나의 진리실험 이야기』, 한길사II, 1983, 97쪽.

31 박용길,『유마경』, 민족사, 2000, 284쪽 참조. "내 병은 무명으로부터 애착이 일어나서 생긴 것입니다. 그리고 모든 중생이 앓고 있으므로 나도 이렇게 앓고 있는 것입니다. 만일 모든 중생의 병이 없어진다면 내 병도 없어질 것입니다. 중생이 병에서 벗어날 수 있다면 보살도 병이 없을 것입니다."

32 신성호,「한국적 생태신학의 모형을 위한 수운과 해월의 '하느님-자연-인간 연구'」, 협성 대학교 석사학위논문, 2002, 45쪽.

33 이러한 제사 방법은 최시형(崔時亨)이 종래 유교식 향사법(儒敎式享祀法)인 향벽설위 (向壁設位)의 부당성을 자각하여, 1897년 4월 5일 동학창도 38주년기념식전에서 도제 (道弟)들에게 "오늘의 향사는 향아설위를 함이 가하다."라고 말하고 이 향아설위식을 단 행함으로써 비롯되었다. 『도종법경(道宗法經)』에 나타난 최시형의 향아설위의 설법에 서는 "제사를 받들 때에 벽을 향하여 신위를 베푸는 것이 옳으냐, 나를 향하여 신위를 베 푸는 것이 옳으냐?(奉祀之時 向壁設位可乎 向我設位可乎)", "너희들은 매양 식고(食告) 할 때에 한울님 감응하시는 뜻(情)을 때로 보는 일이 있느냐?(爾等 每食告之時 天主感應 之情 有時見乎)", 아니면 "한울님께서 감응하지 않는 뜻은 혹 본 일이 있느냐?(天主不感 之情 或有見乎)"라고 반문한 다음, "이로부터 이후로는 나를 향하여 신위를 베푸는 것이

옳으니라(自此以後 向我設位可也)."라고 선언한다. 이처럼 시천영기(侍天靈氣)로 생활해야 하는 삶을 통하여 사회적 공공성에 대한 책임의식을 반영한다.

34 『天道教經典』「海月神師法說」〈誠敬信〉, "其聲鳴地 驚起撫胸曰 其兒履聲我胸痛矣"

동학의 공공윤리와 인격 함양의 가치

1 Saito Junichi, *Publicness*, (東京: 岩波書店, 2004), 92쪽.

2 위의 책, 106쪽.

3 金泰昌 외 京都포럼編, 『公共哲學特卷』, 東京: 東京大學出版會, 2008, 335-339쪽.

4 『桓檀古記』「神敎鍵話」, "我桓祖(雄)主震男之理以木德王是謂(受明皇) 天皇氏也." 해월의 영성 체험은 수운의 시천주 체험과 상통하며, 이는 인간 몸 안의 한울님의 임재를 표방한다. 이는 초월적 신관을 표방하는 서학과는 차이가 난다. 『한단고기』는 이를 한인(桓因)과 맥락 화용하여 이어주고 있다.

5 정창우, 『도덕교육의 새로운 이해』, 서울: 교육과학사, 2009, 149-151쪽.

6 『高宗實錄』 권1, 1863, 12월, 임진. "每月期望 殺猪買果 入去淨避山中 設壇祭天 誦文降神,"

7 『日省錄』, 甲子 二月 二十九日(서울대학교 고전총서, 『日省錄』高宗篇1, 서울: 서울대학교출판부, 158쪽. "以猪麵餅果 入山祭天 出於差病之意也."

8 『東經大全』「論學文」, "侍者 內有神靈 外有氣化 一世之人 各知不移者也."

9 尹盧彬, 「東學의 世界思想의 意味」, 『韓國思想』12, 1974, 309쪽, '옮김(移)'은 공화의 생명을 빼앗음이다. 이러한 '함께'로부터 떨어져 나가면 각(各)이 되고 개체의 사(私)가 된다. 따라서 불이는 '내가 공공으로 상통함을 강조한다'고 할 것이다.

10 『天道教創建史』, 127쪽.

11 졸저, 『세계윤리교육』, 청주: 도서출판 개신, 2009, 245-247쪽.

12 『老子』 60장, "큰 나라를 다스리기를 마치 작은 생선을 굽듯이 하라(治大國若烹小鮮)."

13 신일철, 앞의 책 참조.

14 『龍潭遺詞』「敎訓歌」, "시킨 대로 施行해서 차차차차 가르치면 無窮造化 다 던지고 布德天下할 것이니 次第道法 그뿐일세. 法을 定코 글을 지어 入道한 세상사람 그날부터 君子되어 無爲而化될 것이니 地上神仙 네 아니냐."

15 『東經大全』「論學文」, "守其心定其氣, 率其性受其敎, 化於自然之中也."

16 「論學文」의 君子의 德과 小人의 德에 대한 구분 조항 참조.

17 신일철, 「李退溪의 天譴 · 天愛의 政治思想」, 『현대사회철학과 한국사상』, 서울: 문예출판사, 1997, 382-7쪽.

18 『天道教創建史』115쪽.

19 『海月神師法說』「待人接物」, "余過淸州 徐垁淳家 聞其子婦織布之聲 問徐君曰 彼誰之織布之聲耶 徐君 對曰 生之子婦織布 眞是君之子婦織布耶 徐君不卞吾言矣 何獨徐君耶 道家人來 勿人來言 天主降臨言."

20 '동학당'은 조선 후기에, 최제우를 교조(敎祖)로 하여 일어난 동학을 지칭하는 용어 중 하나. 정부에서는 민심을 현혹시킨다 하여 수운을 사형에 처하였으나, 해월 최시형(崔時亨)이 2세 교주(敎主)가 되어 1894년에 동학농민혁명을 일으켰다.

21 『天道敎創建史』, 97쪽.

22 '포'는 용담연원(龍譚淵源)이라는 정신적 구심을 중심으로 한 소통의 망을 말한다. '사람이 하늘이다'라는 자각 가치를 기조로 삼으면서 포 사이의 의사소통, 정치적 조직화를 꾀한 새로운 민간조직 형태라고 할 것이다.

23 어윤중은 1893년 양호선무사(兩湖宣撫使)가 되어 보은의 동학교도들을 해산시키기 위하여 파견되었지만, "이 집회는 조그마한 무기도 휴대하지 않은 것이 다름 아닌 민회(民會)와 같은 것이다. 일찍이 듣기에 각국에 역시 민회가 있어 조정의 정령(政令)에 민(民)·국(國)에 불편함이 있으면 회의하여 의정한다 하니, 이 집회도 그와 같은 것인데 어찌 비류(匪類)로 간주할 수 있겠는가?' 하는 동학도들의 말을 인용하면서 정부에 장계(狀啓)를 올렸다.

24 金芝河, 『金芝河 全集』1, 서울: 實踐文學社, 2003, 158쪽.

25 『의암성사법설』「無體法經」, "億億萬年自我而始焉 自我至天地之無而 是時億億萬年 亦至我而終焉."

26 『의암성사법설』「以身換性說2」.

27 『龍潭遺詞』「敎訓歌」.

28 『龍潭遺詞』「龍潭歌」.

29 『龍潭遺詞』「道修詞」, "句句字字 살펴내어 正心修道 하여두면 春三月 好時節에 또 다시 만나볼까."

30 『義菴聖師法說』「後經 2」, "凡夫凡眼 但以自身感覺靈識 對照於光內 不知光外 無量廣大之性."

31 『의암성사법설』, 「無體法經」1-5-1. "我有一物 物者我之本來我也 此物也欲見而不能見 欲聽而未能聽 欲問而無所問 欲把而無所把 常無住處不能見動靜." 이를 水雲은 『龍潭遺詞』「興比歌」에서 "無窮한 이 울 속에 無窮한 내 아닌가."라고 표현한다.

32 이돈화, 「人乃天要義」, 『東學思想資料集』III, 서울: 亞細亞文化史, 1979, 244쪽.

33 위의 책, 403-405쪽.

34 이돈화, 「사람性의 解放과 사람性의 自然主義」, 『개벽』, 제10호, 1921, 20-21쪽.

35 이돈화, 「人乃天要義」, 위의 책, 239쪽.

36 이돈화, 「인류 상대주의와 조선인」, 『개벽』, 제25호, 1921, 21쪽.

37 J. Habermas, 장춘익 역, 『의사소통행위이론-기능주의적 이성비판을 위하여』, 나남출판, 2006, 198쪽.

38 이돈화, 『新人哲學』, 서울: 천도교중앙총부, 1968, 201쪽.

39 『海月神師法說』「靈符呪文」, "吾人之化生 侍天靈氣而化生 吾人之生活 亦侍天靈氣而生活 何必斯人也 獨謂侍天主 天地萬物皆莫非侍天主也 彼鳥聲亦是侍天主之聲也."

40 『海月神師法說』「以天食天」, "그러므로 한울은 一面에서 同質의 氣化로 種屬을 養케하고 一面에서 異質的 氣化로써 種屬과 種屬의 連帶的 成長發展을 圖謀하는 것이니, 總히 말하면 以天食天은 곧 한울의 氣化作用으로 볼 수 있는데…."

41 『海月神師法說』「天語」, "내 恒常 말할 때에 天語를 이야기 하였으나 天語가 어찌 따로 있으리오. 人語가 곧 天語이며 鳥聲도 亦是 侍天主의 聲이니라."

42 『海月神師法說』「以天食天」, "내 恒常 말할 때에 物物天이요 事事天이라 하였나니…."

43 『海月神師法說』「誠·敬·信」, "惜地如母之肌膚 母之肌膚所重乎."

44 『海月神師法說』「三敬」.

45 『天道敎創建史』, 「海月神師」, 77쪽.

46 이돈화, 앞의 『新人哲學』, 204쪽.

47 『동경대전』「논학문」, "道雖天道 學則東學."

48 정창우, 앞의 책, 34-36쪽 참조.

49 『삼국사기』「동명성왕」편에 의하면, 朱蒙이 처음 알을 깨고 나올 때의 모습이 '의표가 당당한 모습'이었다고 한다.

50 『삼국사기』「난랑비서」, "國有玄妙之道 曰風流 設敎之源 備詳仙史 實乃包含三敎 接化群生."

동학의 다시 개벽과 민족종교의 원류

1 표영삼, 『동학1-수운의 삶과 생각』, 「안심가」, 서울: 통나무, 2004, 143쪽.

2 위의 책, 79쪽.

3 윤석산, 『주해 동경대전』, 서울: 동학사, 2009, 22쪽, "盖自上古以來 春秋迭代 四時盛衰, 不遷不易 是亦 天主造化之迹 昭然于天下也 愚夫愚民 未知雨露之澤 知其無爲而化矣 自五帝之後 聖人以生."

4 윤이흠, 「한국민족종교의 개념」, 『한국민족종교의 원류와 미래』, 동방의 빛, 2011, 22쪽.

5 한국민족종교협의회는 민족종교 상호간의 화합과 유대를 증진시키며, 민족종교의 근본 이념을 바탕으로 올바른 가치관을 제시하고, 문족문화의 창달과 민족정신의 선양을 목적

으로 삼는다.

6 윤이흠, 앞의 글, 23쪽. 민족종교의 개념을 "한국민족종교협의회"의 관점 내부에서 언급하는 데 이유는, 1985년 한국민족종교협의회가 1985년 제1차 학술토론회를 개최한 것을 계기로 학술적 개념으로 등장하기 시작하였기 때문이다. 이러한 학술적 토론과 이어진 연구를 통하여 민족종교는 고유한 사상을 근간으로 하는 종교군으로 우리 사회에 공식적인 학술용어로 자리매김하게 되었다.

7 1945년 강대성(姜大成)이 창시한 종교로서 개설 정식 명칭은 〈시운기화유불선동서학합일대도대명다경대길유도갱정교화일심(時運氣和儒佛仙東西學合一大道大明多慶大吉儒道更定敎化一心)〉이며, 일심교(一心敎)라고 부르기도 한다. 교단 명칭이 종래의 유교를 갱정한다는 의미를 담고 있지만, 여기서 말하는 유도는 유교와 달리 유불선의 일심(一心)에 합하는 유도이다.

8 졸고, 「한국인의 종교적 심성의 원형」, 『한국민족종교의 원류와 미래』, 서울: 한국민족종교협의회, 2011, 41-92쪽 참조.

9 『해월신사법설』 「明心修德」, "日太古兮天皇氏 我先師自比之意也 山上有水 吾敎道統之淵源也 知此玄機眞理然後 有以知開闢之運無極之道矣."

10 더글라스 알렌, 유요한 역, 『엘리아데의 신화와 종교』, 이학사, 2008, 282쪽.

11 『三國遺事』 「萬波息笛」.

12 『東經大全』 「布德文」, "自五帝之後 聖人以生 日月星辰 天地度數 成出文卷而以定天道之常然 一動一靜一盛 一敗 付之於天命 是敬天命而順天理者也."

13 『太白逸史』 「神市本紀」.

14 『檀書大綱』 「三皇開國紀」.

15 김석진, 『천부경』, 서울: 동방의 빛, 2009, 82쪽.

16 최동환, 『366사 참전계경』, 서울: 지혜의 나무, 2007, 42쪽.

17 『天符經』, "一積十鉅無櫃化三."

18 『三一神誥』 「三眞」, "眞性善無惡 上哲通 眞命淸無濁 中哲知 眞精厚無薄 下哲保 返眞一神."

19 『三一神誥』 「人物」, "感喜懼哀怒貪厭 息芬寒熱震濕 觸聲色臭味淫抵 衆善惡淸濁厚薄相雜 從境途任走 墜生長肖病歿苦 哲止感調息禁觸 一意化行改妄卽眞 發大神機 性通功完是."

20 한자경, 『한국철학의 맥』, 이화여자대학교 출판부, 2010, 30쪽.

21 朴堤上, 『符都誌』 「律呂」.

22 유동식, 『풍류신학으로의 여로』, 서울: 전망사, 1988, 10-36쪽 참조.

23 유동식, 『풍류도와 한국의 종교사상』, 서울: 연세대출판부, 1997, 23쪽.

24 김광린, 『지구화 및 정보화시대와 홍익인간사상』, 서울: 홍익문화통일협회, 2004, 32-33

쪽.

25 이근철, 「천부경의 '일'에 관한 우주론적 고찰」, 『선도문화』 2집, 서울: 국제평화대학원 출판부, 2007 참조.

26 안호상, 「단군과 화랑의 세·한(3·1)철학과 도의 원리들」, 이은봉 엮음, 『단군신화연구』, 온누리, 1986.

27 天書의 根幹은 성(誠), 신(信), 애(愛), 제(濟), 화(禍), 복(福), 보(報), 응(應)의 八理訓으로, 기본 강목과 팔리훈 낱낱의 實德을 응분하여, 體用을 각기 분설한 총 366훈으로 이루어져 있음을 乙巴素가 판별해 냈다.

28 『三國遺事』, 卷一, 「古朝鮮」, "時有一熊一虎 同穴而居 常祈于神雄 願化爲人 時神遺靈艾一炷 蒜二十枚曰 爾輩食之 不見日光百日 便得人形 熊虎得而食之 忌三七日 熊得女身 虎不能忌 而不得人身 熊女者無與爲婚 故每於壇樹下 呪願有孕 雄乃假化而婚之 孕生子 號曰壇君王儉 以唐高卽位五十年庚寅(唐高卽位元年戊辰 則五十年丁巳 非庚寅也 疑其未實) 都平壤城(今西京) 始稱朝鮮 又移都於白岳山阿斯達 又名弓(一作方)忽山 又今彌達 御國一千五百年 周虎王卽位己卯 封箕子於朝鮮 壇君乃移藏唐京 後還隱於阿斯達 爲山神 壽一千九百八歲 唐裵."

29 유병덕 외, 『한국종교 맥락에서 본 원불교사상』, 원광대 출판부, 1985, 70쪽.

30 김낙필, 『고운의 도교관: 최고운 연구』, 민음사, 1989, 149쪽.

31 이을호, 「단군신화의 철학적 분석」, 『한국사상의 심층연구』, 우석, 1982, 14쪽.

32 류승국, 『동양철학연구』, 서울: 근역서재, 1983, 965쪽.

33 『삼국사기』 「신라본기 진흥왕조 난랑비 서문」, "且如入則孝於家 出則忠於國은 魯司寇之旨也處無爲之事 行不言之敎 周柱史之宗也 諸惡莫作 諸善奉行은 竺乾太子之化也."

34 이기영, 『민족문화의 원류』 14. 김상일, 『한철학』 전망사, 1979, 23쪽에서 재인용.

35 김지하, 「남조선의 여러 화엄개벽들 9」, 『법보신문』 988호, 2009, 3월 2일.

36 『태백일사』 「소도경전본훈」, "삼일은 그 체는 일이요, 그 용은 삼이라. 혼묘가 한 둘레에 있으니 체와 용은 따로 갈라질 수 없도다. 대허에 빛있음이여, 이것은 신의 형상이고 대기의 오래도록 존재함이여, 이는 신의 화로서 참 목숨이 근원으로 만물이 여기서 나는도다."

37 이곳은 수운 사후 폐허가 되었으나 최근 울산광역시에서 복원하여 지방문화재 제12호로 지정되었다.

38 『장자(莊子)』, "古今非水陸與 周魯非舟車與 今?行周於魯 是猶推舟於陸也 勞而無功 身必有殃."

1 『해월신사법설』「개벽운수」, "今不聞 古不聞 今不比 古不比."

2 선천의 상극 시기에는 모사(謀事)는 재인(在人)이요 성사(成事)는 재천(在天)이지만, 후천의 상생 시기에는 모사는 재천(在天)이요 성사는 재인(在人)이다. 지나간 세상이 하늘과 땅을 높이 받드는 시대로 진인사대천명(盡人事待天命)이 인간 역사의 주제였다면 인간이 천지의 주인이 되는 후천 세상은 모든 문제를 인간이 중심이 되어 이루어 내는 성사재인(成事在人)의 정신이 중시된다.

3 『동경대전』「포덕문」, "有何仙語, 忽入耳中."

4 김대문, 이종욱 옮김, 『화랑세기』, 조합공동체소나무, 1999, 286쪽.

5 프로이드가 종교를 일종의 환상이라고 본 데 비하여, 융의 하느님은 심리적 실재로서 일종의 원형구조이다. 그렇다고 그것이 비인격적인 신도 아니다. 원형구조는 개인의 삶에 깊이 관여된 사건으로 나타나는 도덕적 상상력이다. 원형구조는 종교적인 태도를 나타내게 하고 보다 높은 힘에의 귀의를 가능하게 한다. 원형구조는 도덕적 상상력을 통해 의미를 함축하게 된다.

6 「신경철학」(Neurophilosophy)의 입장은 인간의 도덕성의 추론은 뇌의 추론 과정이고, 신경계의 구조에 대해 상세하게 알지 않고서 도덕성 추론에 대한 올바른 이론을 고안할 수가 없다는 주장이다. 뇌의 신비를 벗김으로써 과학적 사실에 경이감을 느끼겠지만, 그것이 바로 인간의 존재나 생명의 방식을 전적으로 해체하는 것은 아니다.

7 범주 구조에 관한 새로운 견해의 다양한 측면들은 Ludwig Wittgenstein, *Philosophical Investigation*, trans. G. E. M. Anscombe (New York: Macmillan, 1953)과 John Austin, *Philosophical Papers*, 2nd ed., ed. J. O. Urmson and G. J Warnock (Oxford: Oxford University Press, 1970)에서 처음 탐색되었다.

8 김태창 편저, 『상생과 화해의 공공철학』, 서울: 동방의 빛, 2010, 25쪽.

9 정혜정, 「동학의 성경신 이해와 분석」, 『동학학보』제3집, 2002, 243-277쪽.

10 위의 글, 275쪽.

11 위의 글, 276쪽.

12 위의 글, 277쪽.

13 오문환, 「동학 천도교의 수행론: 주문·성경신·오관을 중심으로」, 『동학학보』제13집, 2007, 133쪽.

14 졸고, 「동학의 성경신에 나타난 공공세계의 연구」, 『동학학보』제22집, 2011.8 참조.

15 『海月神師法說』「開闢運數」, "道則天地開闢日月初明之道也."

16 김상일, 『동학과 신서학』, 지식산업사, 2000, 21쪽.

17 윤석산, 『주해 동학경전』, 서울 : 동학사, 2009, 12쪽.

18 김광일,「崔水雲의 宗教體驗」,『韓國思想』12집, 1974, 70쪽.

19 『신인간』(1928년 3월호)에 의하면, 수운 선생이 살았다는 집이 1926년까지 남아 있었다고 한다. 그 집터로 추정되는 곳에 울산시와 천도교가 乙卯天書를 기념하는 遺墟碑를 세웠고, 울산시에서 草堂도 지어 기념공원으로 조성하였다.

20 『高宗實錄』卷1, 高宗 元年 十二月 二十日 壬辰, "五六年前 移寓蔚山地 賣買白木而資生矣 近年還居本土後 或向人說道曰 吾致誠祭天而歸 自空中墜下一卷書 俾爲受學也 人固不知其何樣文字 而渠獨曰善道."

21 『道源記書』, "其後深探透理 則書有祈禱之教."

22 『道源記書』, "轉至丙辰仲夏之節 謹奉幣帛 與一箇僧 入于梁山通道天聖山 結築三層壇 計爲四十九日."

23 『天道教會史·天統』, "大神師 三十六歲時(己未) 十月에 蔚山으로부터 慶州 龍潭舊趾에 還居하시다."

24 『水雲行錄』, "自是由來 罷脫衣冠 心盟不出 休息且退 可笑滔滔之世態 不妨寂寂之閑娛 居遊歲月 樂在亭潭."

25 誠에 대한 經驗은 조카 孟倫, 崔世祚의 生日, 4월 5일(陰)에 일어났다.

26 『東經大全』「布德文」, "有何仙語 忽入耳中."

27 『東經大全』「布德文」, "不意四月 心寒身戰 疾不得執症 言不得難狀之際 有何仙語 忽入耳中."

28 『東經大全』「論學文」, "身多戰寒 外有接靈之氣 內有降話之教 視之不見 聽之不聞."

29 『東經大全』「論學文」, "守其心 正其氣 率其性 受其教 化出於自然之中."

30 趙鏞一,『東學造化思想研究』, 東星社, 1988, 113-117쪽.

31 『龍潭遺詞』「龍潭歌」; 윤석산,『주해 동학경전』, 서울 : 동학사, 2009, 406쪽.

32 『龍潭遺詞』「道修詞」; 윤석산, 위의 책, 436쪽.

33 『龍潭遺詞』「道修詞」; 윤석산, 위의 책, 438쪽.

34 수운의 畏敬心은『東經大全』가운데 한울님과 대화에서 "두려워하지 말라, 또는 의심하지 마라(勿懼勿恐 勿疑勿疑)."고 하는 말을 들었다는 것에서 드러난다.

35 졸고,「안드레아스 베버의 공공의 생태윤리」,『윤리교육연구』26, 2011, 251쪽.

36 『龍潭遺詞』「安心歌」, "아버님 이 웬일이고 정신수습 하옵소서. 物形符 있단 말씀 그도 또한 혼미로다. 애고애고, 어머님아 우리 신명 이 웬일인고. 아버님 거동 보소 저런 말씀 어디 있냐. 모자가 마주 앉아 手把痛哭 한참 할 때…."

37 『龍潭遺詞』「安心歌」, "서학이라 이름하고 내 몸 발천하렸던가?"; 윤석산, 앞의 책, 385쪽.

38 『道源記書』, "先生居憂三年 家産漸裏 學書不成 意墜靑雲."

39 李符永,「水雲의 神秘體驗」,『韓國思想』11輯, 한국사상 연구회, 1974, 14쪽.

40 尹錫山, 『龍潭遺詞 研究』, 민족문화사, 1987, 57-60쪽.

41 『東經大全』 「論學文」, "吾亦幾至一歲 修而度之."

42 『東經大全』 「修德文」, "不意布德之心 極念致誠之端."

43 『東經大全』 「論學文」, 降話' 는 한울님과의 대화이다.

44 『道源記書』, "上帝又教曰 汝除授白衣之相乎 先生答曰 以上帝之子 寧爲白衣相乎 上帝曰 汝不然則受我造化."

45 『道源記書』, "其後 雖有命教 誓不舉行 絶飮十一日."

46 윤석산, 『주해 동학경전』, 동학사, 2009, 94쪽.

47 위의 책, 99쪽.

48 이영노, 『해월신사법설해의』, 천법출판사, 2001. "絶其私慾 棄基私物 忘基私榮以後 氣聚神會 豁然有覺矣."

49 이영노, 『해월신사법설해의』, 천법출판사, 2001, 473-478쪽.

50 위의 책, "孝悌溫恭 保護此心 如保赤子 寂寂無忿起之心."

51 위의 책, "人人敬心卽 血氣泰和 人人敬人卽 萬民來會 人人敬物卽 萬相來儀偉哉 敬之敬之也夫."

52 위의 책, "敬者道之主 身之用 修道行身唯敬從事."

53 위의 책, 495-496쪽.

54 이돈화, 『천도교 창건사』, 서울 : 천도교중앙종리원, 1968, 67쪽.

55 신일철, 『동학사상의 이해』, 서울 : 사회비평사, 1995, 165쪽.

56 앞의 책, "宇宙元來靈之表顯者也 靈之積極的表顯 是有形也 靈之消極的攝理是無形也 故 無形有形也 卽靈之現勢力 潛勢力之兩轉輪也 玆有一物從之而忽有靈性之活動 是以靈之 結晶 生物之組織也 以物之組織 又生靈之表顯也 故 靈與世不過同一理之兩側面而已."

57 김용해, 「손병희의 '무체법경' 과 조지 허버트 미드의 '정신, 자아 그리고 사회」, 『동학학보』 10, 2006, 99쪽.

58 J. E. Malpas, S. T. Toulmin, *The Philosophical Papers of Alan Donagan*, The University of Chicago Press, 1994. 147-9쪽. 앨런 도너건은 철학 및 도덕의 역사에 관한 그의 이론에 대한 구분에 영향력 있는 철학자였다. 그는 일반적인 도덕성에 대해 논쟁으로 널리 알려져 있다. 『도덕의 이론』(1977)으로 유명하며, 히브리어 기독교 전통, 토마스 아퀴나스와 칸트 이론을 통해 깊은 정신적 영향을 받았다. 법인 문제에 실질적인 반사 중에 발생하는 개념적 문제와 그를 이끌어 윤리 역사에 있어 '인격존중' 으로 헌신하였다.

59 마크 존슨, 앞의 책, 78쪽.

60 『海月神師法說』 「誠敬信」, "吾道只在 誠敬信三字 若非大德 實難踐行 果能誠敬信 入聖如反掌."

61 앞의 책, 186쪽.

62 『海月神師法說』「誠敬信」, "純一之謂誠 無息之謂誠 使此純一無息之誠 與天地 同度同運 則 方可謂之大聖大人也."

63 『海月神師法說』「誠敬信」, "四時有序萬物盛焉 晝夜飜覆日月分明 古今長遠理氣不變 此 天地至誠無息之道也 國君制法 萬民和樂 大夫治法朝廷整肅 庶民治家家道和順 士人勤學 國恩興焉 農夫力稼衣食豊足 商者勤苦 財用不竭 工者勤業機械俱足 此人民至誠不失之道 也."

64 앞의 책, 189.

65 『海月神師法說』「誠敬信」, "宇宙間 充滿者 都是渾元之一氣也 一步足不敢輕擧也 余閑居 時一小我着屐而趨前 其聲鳴地 驚起撫胸曰「其兄屐聲我胸痛矣」惜地如母之肌膚 母之肌 膚所重乎 一襪子所重乎 的知此理體此敬畏之心 雖大雨之中 初不濕鞋也 此玄妙之理也 知者鮮矣 行者寡矣 吾今日 始言大道之眞談也."

66 『海月神師法說』「誠敬信」, "人人敬心則氣血泰和 人人敬人則萬民來會 人人敬物則萬相 來儀 偉哉敬之敬也夫."

67 『海月神師法說』「誠敬信」, "人或有誠而無信 有信而無誠 可嘆矣 人之修行先信後誠 若無 實信則 未免虛誠也 心信 誠敬自在其中也."

68 『海月神師法說』「誠敬信」, "仁義禮智非信則不行 金木水火非土則不成 人之有信如五行之 有土 億千萬事都是在信一字而已 人之無信如車之無轍也 信一字 雖父母兄弟 難以變通也 經曰「大丈夫 義氣凡節 無信何生」是也 信心卽信天信天卽信心 人無信心一等神?飯囊而 已."

69 앞의 책, 192쪽.

70 『海月神師法說』「誠敬信」, "我水雲大先生 克誠克敬克信之大聖也夫 誠格于天 承乎天命 敬格于天 密聽乎天語 信格于天 契合乎天 兹以其爲大聖乎 生而知之之聖猶然 矧乎 愚而 欲賢暗而欲明 凡而欲聖乎."

71 Winter, Steven, "Transcendent Nonsense Metaphoric Reasoning and the Cognitive Stakes for Law." University of Pennsylvania, *Law Review* 137, no.4, 1989, 1194-5쪽. 윈터는 지혜 로운 도덕적 판단의 어려움에 대하여 언급하면서 현실적 딜레머를 고안하고 기술하는 문제에 매달린다. 서구의 도덕 전통이 기본적으로 절대주의에 근거하는 문제점을 언급 하고 도덕적 추론이 객관적 타당성을 충족하기가 어렵다고 고백한다.

72 앞의 책, 197쪽.

73 John Dewey, *Theory of Moral Life*, Holt, 1960, 141쪽. 존 듀이는 서민 경험을 실용주의와 연계하여 보편성을 확보하려고 노력하였다. 지식을 주입시키거나, 학생들의 자발성(自 發性)에 의존하면 불충분하며 여러 가지 경험에 참여시킴으로써 상상력과 창조력을 발 휘하기에 사회개조 이상을 중시한다.

74 앞의 책, 215쪽.

1 베일런트, 『행복의 조건』, 프런티어, 2010, 16-17쪽.

2 지능의 환유는 지능에 의해 지시하는 대상을 대체시키는 것을 의미한다. 지능이 자기본위의 태도를 나타내면, 타자의 불행이 예견되어 있다. 공공행복에는 지능, 지식, 기술, 태도의 구성요소 가운데 도덕적 태도가 중시된다.

3 졸고, 「동학에 나타난 공공행복 연구」, 『동학학보』 19 참조.

4 朱熹, 김상섭 해설, 『易學啓蒙』, 서울: 예문서원, 1996, 35-85쪽. 하도 생성에 관하여 중국의 고증학자들은 송대(宋代) 진단(陳搏)의 저작으로 본다. 진단을 통해 소강절, 주희에 이르러 세상에 알려지게 되었다고 한다. 廖名春 외 2인, 심경호 옮김, 『주역철학사』, 서울: 예문서원, 1998, 369-417쪽 참조.

5 김석진, 『대산주역강해』 상, 서울: 대유학당, 1997, 39-42쪽.

6 윤창열, 「하도와 낙서에 나타난 음양오행에 관한 연구」, 대전: 대전대학교 한의학연구소, 1995, 103-124쪽.

7 김윤식, 유한철, 『하도 낙서 천부삼인』 상, 한국학술정보, 2012, 28쪽.

8 한동석, 『우주변화의 원리』, 서울: 행림출판, 1990, 47-48쪽.

9 김석진, 앞의 책, 39-42쪽.

10 Alain Badiou, *Being and Event*, Continuum, Int. Pub Group, 2007 참조.

11 김상일, 『한의학과 러셀역설 해의』, 서울: 지식산업사, 2005, 145-149쪽.

12 전창선, 어윤형, 『음양오행으로 가는 길』, 와이겔리, 2010, 183쪽.

13 한동석, 앞의 책, 24-42쪽.

14 김상일, 앞의 책, 281-282쪽.

15 한영우, 「단군 신앙과 민족의식의 성장」, 『한국의 전통문화』, 을유문화사, 1988, 78-88쪽.

16 조용일, 「고운에서 찾아 본 수운의 사상적 계보」, 『한국사상』 제9집, 1968, 144쪽.

17 『東經大全』 「布德文」, "蓋自上古以來 春秋迭代 四時盛衰 不遷不易 是亦天主造化之迹 昭然于天下也." 한울님이 스스로 멋진 세상을 만드심을 '봄과 가을(春秋)' 이라는 개념으로 표현한다. 세상을 만든 목적은 인간이 자각하고 동참하면 행복과 즐거움이 공공으로 드러난다. 한울님과 인간의 공공작용으로 말미암아 이 세상이 '樂' 의 세상이 되어 가는 것이다.

18 『龍潭遺詞』 「敎訓歌」.

19 『東經大全』 「論學文」, "조화는 그저 저절로 됨이요, 정(定)이란 그 덕에 합하여 마음을 정립함"(造化者 無爲而化也. 定者 合其德 定其心也)이라고 하여 '저절로' 와 '스스로' 의 공공작용임을 밝힌다.

20 趙鏞一, 「東學의 造化思想에 관한 硏究」, 東國大學校 博士學位論文, 1985, 23쪽.

21 "하느님을 모신다고 함은 안으로 신령(神靈)이 있을 뿐만 아니라 밖으로 기화(氣化)함도 공공으로 있다. 온 세상 사람들이 저마다 모신 자신의 '시천영기'(侍天靈氣)만은 그 어느 누구도 결코 옮기지 못할 조화성 자체임을 스스로 깨달아 알게 된다.(侍者 內有神靈 外有氣化 一世之人 各知不移者也)."

22 『해월신사법설』「영부주문」, "內有神靈者 落地初赤子之心也 外有氣化者 胞胎時 理氣應質 而成體也 故外有接靈之氣 內有降話之教 至氣今至 願爲大降者 是也.

23 『周易』「繫辭」上 四章. "樂天知命, 故不憂."

24 東學 修行의 目的은 道成德立하여 地上神仙의 君子共同體를 이룩하는 것으로, 布德天下, 廣濟蒼生, 輔國安民, 地上天國建設의 4대목적의 실현을 위하여 수행하는 것이며, 이를 단순화 하면 사람의 道理를 실천하기 위한 것이다.

25 윤석산, 『주해 동학경전』, 동학사, 2009, 94쪽.

26 위의 책, 99쪽.

27 이영노, 『해월신사법설해의』, 천법출판사, 2001, 473-478쪽.

28 『海月神師法說』「三敬」.

29 박종혁, 「노자의 무위자연과 경물중생」, 『중국학논총』20, 2004, 92쪽.

30 海月神師法說』「三敬」.

31 위의 책, 495-496쪽.

32 김지하, 『밥: 김지하 이야기 모음』, 분도출판사, 1984 참조.

33 청학 울리싸만코, 『3일 만에 꿈을 이루는 마법의 수면명상』, 잔치국수, 2009, 261쪽. 남녀 합궁에서 '음양상균'은 포태를 가능하게 하는 것으로 기술한다. 이 원리를 '공사상균(公私相均)'에 적용하면, '공사' 사이의 균형은 '公의 저절로'와 '私의 스스로'의 사이의 균형으로 공공행복의 토대가 가능할 것으로 추론할 수 있다.

34 『龍膽遺詞』「興比歌」, "무궁히 살펴내어 무궁히 알았으니 무궁한 이울 속에 무궁한 나아 닌가."

35 『義菴聖師法說』「性靈出世說」, "宇宙元來靈之表顯者也 靈之積極的表顯 是有形也 靈之消極的攝理是無形也 故無形有形也 卽靈之現勢力 潛勢力之兩轉輪也 玆有一物從之而忽有靈性之活動 是以靈之結晶 生物之組織也 以物之組織 又生靈之表顯也 故 靈與世不過同一理之兩側面而已."

36 이영노, 『義菴聖師法說解義(下)』, 천법출판사, 2000, 315-344쪽.

37 『天道教經典』「修道法」, "我是天天是我也 我與天都是一體也 然而氣不正而心有移故 違其命 氣有正而心有定故 合其德 道之成不成 都在於氣心之正如何矣."

38 오지영, 『동학사』, 대광문화사, 1994, 120쪽.

39 앞의 책, 123쪽. "우리가 의(義)를 들어 차(此)에 지(至)함은 그 본의가 단단(斷斷) 타(他)에 있지 아니하고 창생을 도탄의 중(中)에서 건지고 국가를 반석의 위에다 두고자 함이

라. 안으로는 탐학한 관리의 머리를 베고 밖으로는 횡포한 강적(強敵)의 무리를 구축(驅逐)하고자 함이라. 양반과 부호의 앞에 고통을 받는 민중들과 방백과 수령의 밑에 굴욕을 받는 소리(小吏)들은 우리와 같이 원한(冤恨)이 깊은 자라. 조금도 주저치 말고 이 시각으로 일어서라. 만일 기회를 잃으면 후회하여도 미치지 못하리라. 갑오정월 호남창의 대장소(湖南倡義大將所) 재백산(在白山)"

40 유동식, 『풍류도와 한국의 종교사상』, 연세대학교 출판부, 1997, 162쪽.

41 이상익, 「유교적 공동체: 이론, 영상, 전망」, 『사회과학논문집』 38집 1호, 2007, 25쪽.

42 정미라, 「동학에 나타난 교육사상에 관한 연구」, 원광대학교 석사학위논문, 1992, 42쪽.

43 이영노, 『海月神師法說解義』, 「內修道文」, 천법출판사, 505-514쪽.

44 『海月神師法說』 「內修道文」.

45 민회는 1893년 보은취회 당시 이루어진 보은 장내리의 시위공동체와 연동된다. 1차 기포 및 전주화약 이후에 결성된 '집강소' 는 '민중자치체(民衆自治體)' 이다.

46 포접제는 1880년대에 정비되면서 '기포' 에도 활용되고 있다.

47 김홍철 외, 『한국종교사상사 III』 연세대학교출판부, 1992, 70쪽.

48 민회는 호메로스의 서사시(敍事詩)에서 아고라(agora), 아테네에서 에클레시아(ekkl?sia), 스파르타에서 아펠라(apella)와 연동된다.

49 김창수, 「신원운동(伸冤運動)의 전개」, 『東學革命100年史』(下), 동학농민혁명100주년기념사업회, 1994, 439쪽.

50 위의 책, 442-443쪽.

51 졸저, 『세계윤리교육』, 청주, 도서출판 개신, 2009, 245쪽.

52 앞의 책, 『東學革命100年史』(下), 517-518쪽.

53 서윤애, 「파니카의 우주신인론과 수운의 시천주 사상비교」, 이화여자대학교 석사학위 논문, 1998. 95쪽.

54 계연수 지음, 고동영 옮김, 『환단고기』, 서울: 한뿌리. 2006, 114-124쪽.

55 최동환 해설, 『삼일신고』, 서울: 지혜의 나무, 2005, 502-505쪽.

56 위의 책, "帝曰 爾五加衆 蒼蒼非天 玄玄非天 天無形質."

57 『삼일신고』, 「一神 五十一字」, "自性求子 降在爾腦."

58 김병수, 「러셀역설과 하도」(LA 10차 '한' 사상 대회 발표문) 참조.

59 마이클 센델 저, 안진환, 이수경 역, 『왜 도덕인가』, 한국경제신문사, 2010, 25쪽.

60 위의 책, 43쪽.

61 Aristoteles, Augustine, Acquinas 등은 영문 이름이 'A' 로 시작하며, 이원론·기계론·실체론의 사고를 하여 참과 거짓을 이분법으로 나누어 논리적으로 사고하기에 A형 논리에, Eublaides, Epimenedes, Eckart 등은 영문 이름이 'E' 로 시작하며, '거짓말쟁이 역설' 을 사용하여 참과 거짓을 역설적으로 일치시키는 논리를 수용하여 상보성·매개성·초월성

을 인정하기에 E형 논리라 한다.

62 김상일, 『동학과 신서학』, 서울; 지식산업사, 2000, 36-38쪽.

63 Matt, Daniel C., *God and Being*, Woodstock Jewish Lights Publishing, 1996, 41쪽. 도를 도라고 하면 영원한 도가 아니듯, 존재의 근원은 존재 자체이다. 플로티노스는 플라톤의 이데아에 대해 이데아가 존재자체를 손상시키는 것으로 보고 제3의 역설을 모색하였다. 그 결과 소유권과 자체권(its own being) 사이의 가교를 만들어 '존재의 소유권 비우기' 방안으로 해결을 모색하였다.

64 김상일, 『한의학과 러셀역설 해의』, 서울; 지식산업사, 2005, 361쪽.

65 河北醫學院. 『靈樞經校釋(下)』, 北京: 人民衛生出版社, 1982, 270쪽.

66 김영선, 『뜻으로 본 주역』, 서울: 선일문화사, 1991, 551쪽.

67 강진원, 『알기 쉬운 역의 원리』, 서울: 정신세계사, 2006, 62쪽.

68 김상일, 앞의 책, 189-190쪽.

69 버트런드 러셀 지음, 서상복 옮김, 『러셀 서양철학사』, 을유문화사, 2009, 128쪽.

70 김상일, 앞의 책, 350-352쪽.

71 이종권, 「의미론적 역설과 진리개념」, 『철학탐구』 19, 2006, 18쪽. 의미론적 역설은 언어적인 문제로 가장 오래된 것 중 하나인 거짓말쟁이 역설과 리차드, 베리, 칸토어의 역설 등을 들 수 있다. 역설은 패러독스를 번역한 말로 역리라고도 한다. 패러독스는 그리스어인 Para(반대)와 Doxa(상식적인 견해)의 합성어로 '상식에 반하는 사고방식'을 의미한다. 일상생활에서 역리란 겉으로 보기에는 불가능하며 심지어 자기모순 같지만, 실은 참으로 성립하는 경우를 가리키는 말로 사용할 수 있다. 이솝우화의 이야기가 그러하다.

72 김상일. 앞의 책, 353-354쪽.

73 백세명, 『동학사상과 천도교』, 동학사, 1969, 78쪽 참조. 우리의 인체에는 세 가지 시스템이 있다. 혈관 시스템에 의해 우리 인체에 피가 공급되며, 영양이 공급된다. 신경 시스템에 의해 각 장기와 기관을 관장된다. 경락 시스템은 우리 인체의 기를 운행시키고 전달하는 역할을 한다. 경락 시스템은 혈관 시스템이나 신경 시스템보다 광범위하게 인체를 보호하고 조절한다. 임맥과 독맥의 경락으로 우리 인체의 기가 크게 순환한다. 임·독맥이 잘 소통되고 운행되는 사람들은 질병과 탈에서 벗어나기 쉽다. 기가 잘 막히고 순환되지 않는 원인은 감정의 손상으로 혈관 시스템이나 신경 시스템보다 경락 시스템에 우선 충격을 주게 된다. 침을 맞거나 뜸을 뜨거나 명상하는 것은 이러한 경락 시스템을 다시 복구하고 회복시키는 사이를 이어주는 공공의 매개 방안에 해당한다.

찾아보기

[ㄱ]

가악(歌樂) 40,41
각성(覺性) 54
감각기관 22,23
강령 65
강화 252
개벽 68
개벽시대 45
개신(開新) 135,265
개혁 정치 68
거레얼 73,75,76
격치만물 289
결사체 170
겸손 38
경(敬) 28,261
경물 126
경물(敬天)사상 67,138
경인 176
경천 58,176
경천(敬天)사상 165
경천애인사상 309
고신교(古神敎) 204
고운(孤雲) 19,164,222,225
공(公) 180,248,289
공(公)윤리 159
공경 130,235,257,258
공경의 삼경 265
공공 13,42,134,279
공공 상실 319
공공인격 형성 281
공공(公共)윤리 147,159
공공가치 188
공공교육 31
공공권 148

공공매개 260
공공무궁 175
공공사회 175
공공성 135,138,159,173,184,192,293
공공세계 16,56,117,123,170,245-248,250,
        252,255-258,261,265,266,295
공공수련 82
공공윤리 13,43,94,151,159,169,180
공공인격 127,287,288,291,292
공공작용 85,99,102,103,109,268
공공책임 314
공공철학 119,121,124,125,129,133-135,14
        9,246
공공행복 45,71,275,279,280,288,290,292,2
        96,307,310,313,319-321
공공행복 가치 300,304
공공행복 영성공동체 309
공공행복 인륜공동체 308
공공행복의 기치 309
공동운명체 71
공동체 52,148
공사 150
공사공매 168
공인종교 228
광명이세 224
광제창생 15,70,302
교조신원운동 305
교토포럼 149
구미산 91,250
국선풍류도 203,222,226
국선화랑 226
국토순례 31
군자공동체 296
궁궁 99,296
궁궁세계 83,84
궁궁영부 109
궁궁을을 99
균형 261

기연 13
기의 존재론 28
김개남 300

[ㄴ]

나철 201,202
난랑비 서문 32
난랑비서 30,44,84,222
남조선신앙(南朝鮮信仰) 227
내단 32
내수도문 132,303,309
내원암 250
내칙 132
노이무공 231
노자 52
논학문 90

[ㄷ]

다시 개벽 15,32,163,164,172,197,198,201,
        247
다시 개벽 사상 229
단군 216
단군 삼신신앙 222
단군 신앙 213,222,228
단군신화 213,215,288
단위공동체 304
당지 65
대도 209
대인접물 174
대종교 201,202
덕목 38
덕성 교육 45
도가사상 85
도교 18
도덕 236
도덕법칙 112,116,274

도덕가 34
도덕교육 157,158
도덕성 116
도덕적 107,140
도덕적 동기화 184,185,193
도덕적 상상력 55,108,112,117,194,239,26
        8,272,274,275,321
도덕적 절대주의 243,244,270
도덕적 추론 238
도통·전수 83
도학사상 61,66
동경대전 13,101,204
동귀일체 15,52,71,238
동귀일체 사상 297
동방지학 88
동인의식 19
동학 19,28,54,55,57,66,76,88,90,147,209,
        280,296
동학 민회 307
동학농민혁명 299,300,302,307
동학농민혁명군 301
동학당 169
동학도 306
동학사상 64,66,68,150,291
동학운동 150,168,281,295,304
동학의 공공성 231

[ㄹ]

레스트(J. Rest) 153,154,156,191,192

[ㅁ]

만사지 288,296
멋 20,42
모심 131,182
무교 42
무교신앙 209

무궁주의 174
무극 94,96,97,100,102
무극대도 64,83,84,99,102,109,110
무극도 92-95
무속신화 215
무위이화 103,174
무위자연 18
무체법경 173
물건공경(敬物) 293
민권이념 65
민족애 222
민족의식 34
민족종교 21,199,200,201,204,206,226-229
민족종교운동 227
민학 65,166,167
민회 305-307,170,171
믿음 235,265

[ㅂ]

변통 24,25
보국안민 69,163,227,302
보은집회 305,306
복지 평등주의 69
본능적 욕망 279
본래의 나 173
불교 18,55,60
불도 237
불연 13
불연기연 54
비트겐슈타인 240,241,243

[ㅅ]

사(私) 180,248,289
사람 20
사람공경(敬人) 293
사이 128,129,134

사이비 종교 228
사인여천 61,172,173,176,181,186,259,293,
   309
삶 20,42
삼경 125,174,178,258,259
삼경 윤리 179
삼경사상 120,124-128,135,136,138,182,26
   1,281,293,294
삼교 17
삼교사상 18
삼교합일 62
삼국사기 40
삼국유사 221
삼미덕(三美德) 33,39,45
삼미덕 사상 30
삼신사상 219
삼신신앙 213-217
삼일신고 208,209,221,311
삼일정신 222
삼재 121
삼진(三眞) 122,211
삼태극 314
상생 73
상생관계 71
상제 231
생·겸·관·검(生謙寬儉) 37
생명 67
생명 섬김 176
생명 존중 교육 37
생명 창세 사상 215
생명주의관 71
샤머니즘 44
서사 79,80,104-106,108,110
선(仙)사상 223
선도 60
선어(仙語) 237
선천 32
섬김 127,182,186,261

성(誠) 28,252,254-256,258
성·경·신 236,239,245,246,265
성경 271
성경신 206,268,270,273,275
성령출세 263,266,298
성령출세 사상 281,297
성령출세설 299
성심신삼단 174
성인 98,267
성통공완 218
성현 117
세속오계 30,33,45
소통 28
손병희 63,83,262,280,297,299,300
수기심정기기(守其心正其氣) 289
수덕문 74
수도 132
수련 95,98
수심정기 46,51,66,74,76,89,99,104,160,16
1,167,174,265,248
수운 19,46,58,60,64,66-88,91,101,123,151,
164,165,177,181,198,199,230,251
수운교 100
수운사상 227
순천절물 18
승평성화 301,302
시(侍) 291
시·정·지(侍定知) 290
시천주 15,59,61,63,74,92,104,161,257,28
1,288,290,309
시천주 사상 172
신(信) 28
신(新)민족주의 64
신격화 66
신명세계 16
신민 171
신비 체험 249,251
신선사상 52

신인합일 45
신종교 226
신한류 74
실심실학 128

[ㅇ]

야뢰 176
양수 283
양천주 63,121,167
여시바위골 249
연·불연(然·不然) 53
연기(緣起) 18
영부(靈符) 99,101,110
영부도 100
영성 체험 90,91,99,110,231,253,254
영성공동체 280,308-310
영성회복 16
오심즉여심(吾心卽汝心) 88,177
오행 297
용담유사 13,15,67,70,101
우주 67
운행 286
원방각 310,316,317
유(儒)·불(佛)·도(道) 18,30,33,47,92
유교 18,57,58,60
유도(儒道) 237
유불선 102
윤리 57,147
윤리지침 160
을묘천서 249,250
음수 283
음양상균사상 281
음양오행 285
의무판단 153
이돈화 65,173-175,263
이상향 175
이신환성 63

이천식천 127,128,171,185,261,295
이화세계 217
인간 80
인간주의의 의미 71
인격 273
인격교육 33,152,156-158
인격 함양 147
인격형성 159
인권 65
인내천 56,62,173,175,262,288
인류 개벽 175
인본주의 67
인성교육 135,138,139,141
인습 155
인즉천(人卽天) 16
인지발달 184
일기(一氣) 59

[ㅈ]

장자 53
적멸굴 230,250
전봉준 300
전인교육 31
전주화약 307
접화군생 188,189,223
정령 127
정령신앙 127
정성 235,257
정심수도 172
정운구 249
정의 190
제석본풀이 205
조선 단학파 225
조화정 103,288,290,296
종교 21,65
종교체험 90
종교혼합물 281

종법주의 170
주돈이 93,96-98
주문 45,103
주역 290
주자학 58
지기 237
지기금지(至氣今至) 104
지상신선 52
지상천국 175
진단 93-95,108

[ㅊ]

참 나 237
참여적 합일 262
참전계경 220,221
창도 64
창의문 301,302
천도 32
천도교 100,175,247,280
천도교창건사 46
천부경 208,211,219,221
천인합덕 291
천인합일 62
천인합일 사상 59,60
천주 104,150,231,287
천지인 63,121,308
천지인삼재 127,129,141,182,208,265,310,
311
청우당 65
청일전쟁 300
최고운 86,204
최시형 83,280 ,289
최옥 88,206
최제우 83,199,280
최치원 17,30,32,44,188
최한기 22,128
충 34

충·효·우·용(忠孝友勇) 34

[ㅌ]

태극 97,102
태극도 96
태극도설 97
통유문 136
통의 인식론 28
통합 156,157

[ㅍ]

폐정개혁안 309
폐정개혁안 12개조 307,308
포덕문 45,47,207
포접제 304
풍류 43,188
풍류도 16-21,32,33,42-45,47,61,76,84-
          86,88,164,189,204,223-226
풍류정신 224
풍류화랑 28,29,40

[ㅎ]

하늘 311
하늘 신앙 42
하늘공경(敬天) 293
하도 282,284-286,311,313,315
하도형상 282
학교폭력 142-144
한 20,42,54,86,179,185,219,224
한국 선도 225
한단고기 218
한류 74
한울 57,172
한울님 15,51,57,71,122,123,150,151,231,
          257,263,292

해월 118-120,124,130-133,135,136,138,16
          7-169,178,289,294
향가 31
현묘지도 20,44,189
현세 175
혜강 24
혼(spirit) 69
홍익인간 187,217,218,288
화랑 40
화랑도 29-31,34,41,28
화엄사상 318
화이부동(和而不同) 73
효 35
효제온공(孝悌溫恭) 259
후천 32
후천개벽 61,68,212,280

[기타]

21자 주문 235
7조목(七條目) 303

도덕적 상상력과 동학의 공공행복

등 록 1994.7.1 제1-1071
1쇄 발행 2012년 10월 25일

지은이 김용환
펴낸이 박길수
편집인 소경희
편 집 김문선
관 리 위현정
디자인 이주향
펴낸곳 도서출판 모시는사람들
　　　 110-775 서울시 종로구 경운동 88번지 수운회관 1207호
전 화 02-735-7173, 02-737-7173 / 팩스 02-730-7173

출 력 삼영그래픽스(02-2277-1694)
인 쇄 (주)상지사P&B(031-955-3636)
배 본 문화유통북스(031-937-6100)
홈페이지 http://blog.daum.net/donghak21

값은 뒤표지에 있습니다.
ISBN 978-89-97472-18-5　　93250

이 도서의 국립중앙도서관 출판시도서목록(CIP)은 e-CIP 홈페이지
(http://www.nl.go.kr/ecip)에서 이용하실 수 있습니다.
(CIP제어번호: 2012004584)